U0680182

李萍 ［日］寺西宏友 主编

构建21世纪之新文明

——池田大作新文明思想研究

人民出版社

构建21世纪之新文明

——池田大作新文明思想研究

李萍 [日] 寺西宏友 主编

人民出版社

目录

池田大作致辞（代序）…………………………………………………………（1）

文明篇

新文明的构建与大学的使命
——从《成为创造性的人》谈起……………………………山本英夫（3）
新文明与池田大作的“人间革命”思想……………………………高桥强（9）
东方智慧与21世纪全球文明
——从《畅谈东方智慧》看池田大作的文明观…………………汪鸿祥（24）
东方文明与21世纪新文明………………………………………………陈鹏仁（41）
迈向人道世纪——池田大作文明观探讨…………………………刘焜辉（50）
从池田大作文明观谈两岸文明发展之展望………………………唐彦博（64）
《与大自然对话》：生态、文化与21世纪
新文明………………………………………………………………颜淑娟（93）
池田大作的文明观
——以池田大作与汤因比《展望21世纪》对谈录为中心………孙彬（104）

良知，理性，平等，交往——对未来文明基本要素
的思考……李海春 任前方（115）
池田大作文明观的特点和影响……温宪元（127）
池田大作文明观：基于环境思想的视角……曾建平（139）
从“共生性道德气质”看池田大作先生的文明观……夏广兴（152）
和平、共生与对话：21世纪新文明的核心价值
——池田大作文明观探析……黄顺力（161）
池田大作文明观及其在教育中的实践……章舜钦（176）
池田大作整体主义文明观的当代价值……李春泰 谭木桂（187）
池田大作的地区文明观与亚太区域合作……刘少华（199）

文教篇

论池田大作的“新的文艺复兴”思想……谭桂林（213）
池田思想生命观的特点与冯契哲学的比较……樋口胜（227）
东亚儒家文化对21世纪新文明的贡献……刘卓红 彭玉峰（240）
文明的物质性和文化的精神性探讨……陈立新（248）
池田大作的“人性革命”思想及其启示……曾学龙（264）
从池田大作的音乐文化思想来看大众文化的特性
（池田大作の音楽観に見る大衆文化の様相）……董芳胜（273）
池田大作先生的生命教育论……黄富峰（289）
池田大作办学理念探索……罗英才（303）

以人为本与教师的职业关心
——兼论池田大作以人为本的教师思想……………………………蒋 菊（314）
池田大作道德教育思想溯源——中国古代的人本主义
道德教育与池田大作的道德教育思想……………………………柳 媛（322）
21世纪新文明视域下池田大作的人本
德育思想探析………………………………………………………陈志兴（332）

生态篇

池田大作生态观及现实启示…………………………………刘俐 王丽荣（347）
论工业经济的低碳发展模式
——基于低碳技术与低碳产业视角……………陈晓春 施卓宏 赵珊（360）
非物质经济、可持续发展与生态文明………………………………………卢风（371）
人与自然互领——关于池田大作环境保护思想的一点认识………曲鸿亮（383）
建设21世纪科学技术文明的哲学思考……………………………刘继生（394）

后记……………………………………………………………………………………（411）

池田大作致辞（代序）

尊敬的黄达人校长

尊敬的李萍副书记

中山大学以及各大学的老师们

女士们，先生们：

此次举办意义深远的国际学术研讨会，承蒙多方鼎力支持，我作为创价大学创始人，谨此致以衷心的感谢！

尤其是承蒙各位尊敬的硕学先生，于百忙之中从蓬勃发展的广州市及各地惠临，谨此表示最大的敬意和谢意，并请允许我献上致辞。

花城广州自古作为海上丝绸之路的要冲而繁荣，是海上贸易港口，是向世界广阔开放的国际城市。

这里是以伟大的孙中山先生为首的追求理想的众多逸才涌现的天地，是近代中国国民革命的策源地。对于我来说，1974 年 5 月首次访问贵国迈出第一步，并受到热烈欢迎的就是广州。这里是我毕生难忘的日中友好原点的天地。

在广州，冠以孙中山先生大名，自豪地高举先生提倡的十字校训，即“博学”、“审问”、“慎思”、“明辨”、“笃行”的名门大学，就是贵中山大学。

展望此次学术研讨会的主题《构建21世纪新文明》，我觉得再没有比贵校更合适的舞台了。

2011年是1911年辛亥革命一百周年。凝望新的百年，遐思人类所指向的地球文明的前景，这时在我们心中回响的，不正是孙中山先生的“天下为公”宣言，以及“大同思想”的精神吗？

我认为此中有中国学的世界性权威李约瑟博士所说的，悠久的中国文化给世界带来的“非常宝贵的礼物”。

中国传统的和平思想“大同”就是人类能明快共有的理念，是世界应分享的“共生气质”的巨大源泉，这绝非言过其实。

孙中山先生说：“物种以竞争为原则，人类则以互助为原则。社会国家者，互助之体也；道德仁义者，互助之用也。人类顺此原则则昌，不顺此原则则亡。”

孙中山先生明确地提出了以“互助”为基轴，把人类历史从弱肉强食的残酷的生存竞争阶段，转变为共生与和谐的和平世界的“大同”构想。

几乎与孙中山先生同时，我们的“创价教育学”创始人牧口常三郎先生也在1903年撰著的巨著《人生地理学》中，把“竞争”和“人道”的对立概念统合并提升为“人道竞争”的理念。他认为应放弃贵国贤哲们始终力戒的军事、政治、经济层面的“蜗牛角上的争斗”，主张互相触发，竞相为人类做贡献的“人道竞争”才是历史应趋向的潮流。牧口先生自身以佛教的“菩萨道”的勇敢实践，兴起了人道竞争的潮流，最后与日本军政府权力对决，死在狱中。

这部《人生地理学》被贵国来日本留学的英才们翻译成中文出版。近年，贵中山大学图书馆也确认入藏。贵校出于厚谊，曾惠赐复刻本，借此机会再次表示感谢。

贵国所流淌的“大同思想”，是丰饶而壮大的精神水脉。

19世纪末，康有为的《大同书》按照佛教的四个基本真理——四谛(苦谛、集谛、灭谛、道谛)，论述了到达和平世界“大同”的过程。此书也注目到，中国佛教精华之天台哲学、华严哲学也贯穿着把充满苦恼的现实世界变革为和平世界的，与“大同思想”一致的理想。

以“仁爱”为精神支柱的大同世界，和佛教以“慈悲”为根本精神的常寂光土，其靓丽的共生概念可谓异曲同工。

这个“大同思想”，是如何雄壮地演奏出人类灵魂的美妙共鸣呢？

日前，我和伊斯兰世界的大贤、对儒教也深有理解的印度尼西亚哲人领袖、前总统瓦希德出版了对谈集《和平的哲学·宽容的智慧》。遗憾的是这本书成了瓦希德前总统的最后遗著。该书中他说道：“意见即使不同也在同一个框架里”，即“多样性中的统一”，这一印尼自豪的传统其实是从广州启程航海的唐代义净等中国佛教徒们传来的。同时，对于多民族国家印尼来说，从室利佛逝王国时代起，受到中国佛教徒启发而传播的“尊师精神”、“为公益效力的精神”、“与社会构建良好关系的精神”成为发展的动力。前总统满怀感激之情论述了这一历史观点。

广州就是编织出一幅幅触发与融合的历史锦绣画卷的人类大交流的要地，广州搏动的开放的“大同”精神，充满了活力，令人互相尊敬，互相学习彼此的差异，谋求和谐，实现新的创造。可以说，这正是今后的文明所必需的活力。

“大同”一词在《礼记》的《礼运》篇中做了生动的描写，实在是悠久精深。值得注意的是，诚如儒教研究大家杜维明博士所尖锐指出的，大同思想源自各种思想体系产生之前的“民众的智慧”。始终志向大同的“智慧”，进而构建大同世界的“仁爱”和“慈悲”，在根源上都蕴藏于民众的生命之中。如何生气勃勃地引发这种“智慧”，如何使“仁爱”、“慈悲”之心赫赫辉煌，以及如何把各民众的“智慧”、“仁爱”、“慈悲”的能量超越国境或民族进行结合和集结呢？我认为只有反复通过民众的坚持不懈的教育和善的团结，才能构建任何时代激流也动摇不了的地球文明的稳定基础。

我心中铭刻着无限敬爱的邓颖超先生和廖承志先生在抗日战争期间进行的震撼心灵的对话。在日本长大的廖先生说：“日本人民、民众永远是朋友。我就是为珍惜并捍卫这种友情，与日本军国主义战斗。”对此，邓女士也说：“我们不是与日本人民战斗，是与军国主义、侵略者战斗。请珍惜你和日本朋友们的友情，将来必定有用处。”重要的是民众之间的心心相连，是友情和信赖。

贵国和我们民主音乐协会的文化交流，今年迎来了三十五周年。今年中国杂技团来日公演，炉火纯青的人间艺术感动了整个日本。预定明年邀请丝绸之路的古都西安的陕西省歌舞剧院来日公演。东京富士美术馆计划举办“女性的故宫”展。

我的脑海里回想起把贵国仰慕为第二故乡的日本诗人草野心平。他曾留学贵校前身的岭南大学，和贵国青年们结下了深厚的友谊。当时正处于抗议日本无理至极的“二十一条”的运动漩涡中。但1923年日本发生关东大地震时，岭南大学的学生自治会一方面坚持抗日运动，另一方面发起了救援运动，“要向遭受天灾的邻国伸出救援之手”。贵国青年所表现的充满人道主义的“宽容的应对”感动诗人，成为他终生的精神之宝。

1968年9月我倡言“日中邦交正常化”之际，对一万数千名学生说：“日本青年和中国青年必须携手合作互相欢笑地建设光明的世界。以日中两国的友好为基轴，到了亚洲所有民众互助互卫的时候，就能驱散笼罩今天亚洲的战争残虐与贫困的乌云，迎来希望与幸福的阳光灿烂的时代。”

和周恩来总理以及贵国各位先生们共同开辟了通向大同世界的道路，青年绝不能止步不前。也绝不容许后退，定要培养更多年轻英迈的世界市民，培育更多超越国境的友情。

地球环境的污染、世界经济的不景气、自然灾害的环生、精神世界的荒废、新疾病的流行等，人类必须大同团结共同对付的难题堆积如山。正是现在，我们要立足于民众幸福、世界和平、人类繁荣的大局，携手合力，集结众智，充分发挥创造价值的力量，开辟新路。

贵国翻译的人类宝典《法华经》，以壮丽的“三草二木譬喻”阐述了与大同思想不谋而合的生命共生的世界。

——三千大千世界的大地上繁茂地生长着各种丰富多彩的草木、丛林、药草，名称、形态各异。但哪种草木都平等地沐浴雨露，发挥各自的个性，开花结果。

将此比喻进而引申的话，就是在多姿多彩的民族精神的大地上，普降教育和文化的甘露与阳光，年轻多彩的人华互相启发，互相使幸福与和平的花朵盛开，这正是未来文明的理想，可以说是与“三草二木譬喻”一致的景象。

我坚信，历经数千年的岁月，东方民众所培育传承的这种“万物共生的精神气质”，正是开垦21世纪和谐与创造的新文明沃野的无穷的希望源泉。

我要和尊敬的先生们一起，更加辛勤地耕耘精神的土壤，在有生之年把丰富的精神营养赠给年轻一代。这是我的决心，并以此结束我的致辞。

最后，衷心祝愿敬爱的中山大学以及与会的各大学繁荣发展，衷心祝愿各位先生健康如意。

谢谢！

创价大学创始人

池田大作

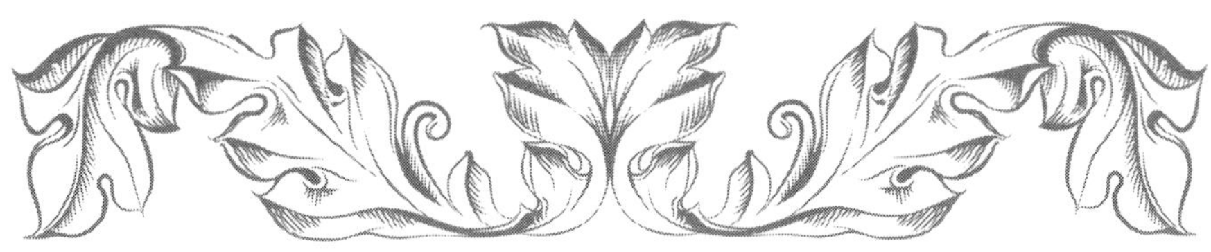

文明篇

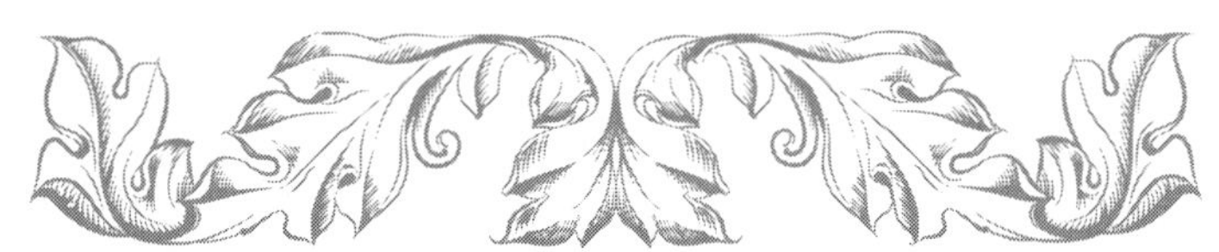

新文明的构建与大学的使命

——从《成为创造性的人》谈起

山本英夫[①]

引　言

今天，我们创价大学能与中山大学共同举办“池田大作思想国际学术研讨会”，感到非常高兴！谨此代表创价大学向中山大学黄达人校长、李萍副书记、教育学院钟明华院长等中山大学有关各位同仁，为学术研讨会的召开所做的积极准备，表示衷心的感谢！并向中国各地前来出席学术研讨会的各位来宾和各位学者专家，表示热烈的欢迎和诚挚的谢意！

本届学术研讨会的主题是“构建21世纪新文明”。今年3月在创价大学北京办事处召开了学术研讨会的筹备会议，关于本届学术研讨会的主题进行了讨论。在讨论中谈到了现代文明的停滞和“构建新文明”的必要性。筹备会议的与会者决心“通过池田先生思想的研究，促进新文明的构建”，由此产生了本届学术研讨会的主题。

在此我想指出，池田先生从事教育事业、创办创价大学的目的就是在于“构建新文明”。重温约四十年前创价大学创建时池田先生发表的演讲，就能确认这一观点。

---

① 日本创价大学校长。

一、创价大学的建校精神

创价大学建校两年前的 1969 年 5 月 3 日，创价学会总部大会上发表了创价大学的建学精神。①这一天是池田先生就任创价学会会长九周年纪念日。作为创价大学的基本理念，当时池田先生提出了三个宗旨：第一，“成为人间教育的最高学府”；第二，“成为新型大文化建设的摇篮”；第三，“成为捍卫人类和平的要塞”。

关于这三个宗旨，池田先生分别做了以下的阐述。关于第一点“成为人间教育的最高学府”，指出：“针对无视人性的现代教育界的现实状况，创价大学无论如何也必须成为培养出引领社会的富有睿智和创造性的全面人才的学府”；关于第二点“成为新型大文化建设的摇篮”，指出：“处于停滞不前的现代文明之中，必须担负起以大乘佛法为根基，以人类生命无限发展为基调的新型大文化建设的重任”；关于第三点“成为捍卫人类和平的要塞”，指出：“无论新文明还是未来社会，没有和平是不可能实现的。……创价大学必须成为站在民众立场的、捍卫民众幸福与和平的要塞和大本营”。

由此可见，三个宗旨是互相关联的。就是说面对“停滞不前的现代文明”，需要繁荣“新型大文化”，为此，必须培养“富有睿智和创造性的全面人才”，而且，无论新文化还是新文明，“没有民众的幸福与和平是不可能实现的”。换言之，“新文明必须是为了和平的文明，即必须是为了民众幸福的文明，为此，培养富有创造性的人才是必不可缺的”。

包含上述意义而提出的“教育”、“文化”、“和平”三个宗旨，作为本校的建校精神得到了继承和发扬，在这个精神的指导下，本校正在推进人间教育的事业。

① 《創立者の語らい》，创价大学创立 15 周年纪念，创价大学学生自治会编，第 33—40 页。

二、创价大学的创建与创始人

本校于1971年创建，2011年4月迎来了创建四十周年。四十年前创建时，日本社会处于学生运动风起云涌、许多大学不能正常上课的时代。在此状况下，池田先生致力于创建担负新型大文化建设使命的大学的事业，必须构建新文明、必须捍卫民众的幸福与和平，这也可以说是池田先生的信念。为了实现这个信念，池田先生致力于创建大学的事业，并向亲手创建的创价大学提出了上述的建校精神。我认为，这正是池田先生为了“构建新文明”的具体行动的重要一步。对此，池田先生在创价大学第三届入学典礼上作的《成为创造性的人》的演讲中进行了精辟论述。[①]

池田先生自创建创价大学以来，为创价大学的建设和发展不断尽力。不仅入学典礼和毕业典礼，而且平时在百忙之中也亲临大学，有时与学生进行恳谈，有时在有关活动仪式上发表演讲，在创价大学留下了他的精神。迄今为止的创价大学的发展，没有创始人的尽力是不可能实现的。这对于我们大学的教职员工和学生来说，真是感激不尽！

上述的创价大学第三届入学典礼上的演讲，是池田先生初次在创价大学正式的活动仪式上的演讲。某种意义上来说是指明今后大学发展方向的演讲，对于创价大学来说是最重要的演讲之一。无论是我校的教职员工还是每个学生，包括每年入学的新生，都共同学习了这个演讲的内容，继承这个演讲的精神。今天，请允许我介绍一下这个演讲的要点。

三、何谓大学的本来使命——从《成为创造性的人》谈起

在此想探讨一下池田先生在创价大学第三届入学典礼上的演讲内容。

---

①《創立者の語らい》，创价大学创立15周年纪念，创价大学学生自治会编，第56—73页。

这个演讲中提出，大学“为了人类，为了社会的人们，为了无名百姓的幸福，应该做什么，能够做什么”，并由此展开了论述。这对我们大学来说是至关重要的课题。

（一）从大学历史的考察

池田先生首先对大学给社会带来什么影响的问题，从历史的观点进行了考察，举例分析了中世纪波洛尼亚大学和巴黎大学的学术发展与文艺复兴的关系。池田先生作了以下阐述：“我认为，成为这种探讨学术的精神基础，是人文主义，即人道主义。随着市民阶层的增加和市场交易的活跃，在大学为顶点的知识阶层中人文主义逐渐扎根，作为贵族统治框架以外的潮流，文艺复兴的时机成熟了。”进而指出：“关注人，追求真理的旺盛的求知欲，不久掀起了讴歌人道的文艺复兴。如果文艺复兴的根底肤浅，而只是随心所欲的文学和艺术的话，无疑就不会成为改变历史潮流的重大变革。其基础具有摆脱旧社会束缚的人的自我觉醒，具有深邃的学问的确切根据，因而才成为时代的杰作。”

大学的学问发展和知识积累以及研究教育的成果，将会促进“摆脱旧社会的束缚”，开辟新的时代。池田先生指出：“为了一个文明的隆兴，进而为了该文明的长久存在，并在广范围产生影响，其根基必须具有深邃的思想遗产。”创造出文明根基的思想遗产，是大学的作用。他进而指出：“大学是知识性财产的聚集场所。在那里如何进行有意义的研究和教育，将会决定国家或社会以至文明本身的消长。”

池田先生不仅仅限于欧洲的文艺复兴，而且还谈到无论伊斯兰教的世界还是佛教的世界，都存在类似大学的学问的聚集场所。作为其事例，他提到了公元前5世纪至公元7世纪的“那烂陀”[①]，进而指出：“以这个大学为渊源，可以探寻到东方的精神文化，尤其是从印度传到中国、日本的佛

① “那烂陀”，是古代印度摩揭陀国著名佛教寺院中心的遗址。

教文化的伟大潮流。”

池田先生的结论是：“随着学术根基的加深和展开，不久就会成为伟大文化的渊源”，从而阐明了大学的重要性。

（二）可能成为文明根基的大学

那么，长久地广范围地产生影响的文化和文明的根基学问，是如何构成的呢？池田先生以古代希腊哲学家苏格拉底对待学问的态度为例进行了阐述。评价苏格拉底的源于实践的学问“是立足于人的本质、为了雅典变革、应该永远留存的学问”。而且，作为古代欧洲最高学府的代表，例举了苏格拉底的弟子柏拉图所创立的学院，指出：“在那儿进行的教育是富有人性的教育。”

关于古代印度释迦牟尼的教育方法，池田先生提到释迦牟尼传达悟法内容的手段是问答的形式。进而指出：“其渊源始终是人的接触，由此开始磨练道德和追求真理的步伐。”

为什么苏格拉底、柏拉图能够长期影响欧洲的历史呢？为什么释迦牟尼能对东方产生重大影响呢？池田先生指出其原因是：“因为追求真理，并将以人为基础，阐明其本质，进行道德启发作为最大的目标。”“不以人为根本的学问，真理的追求就会成为抽象的空虚的东西，成为轻浮的粗浅的东西。”

从这些例子可以看到，成为池田先生教育观的关键词汇是“人性”、“人的”或者“以人为基础”、“以人为根本”等词汇，因而在他看来，通过人性丰富的重视人与人接触的学问和教育，才能够形成支撑新文明根基的思想。而且，积累新文明根基的学问，构建新的富于人性的思想，正是“大学本来的使命”。

池田先生以“认识这种大学本来的使命”为前提，呼吁学生们“成为创造性的人”。指出：“希望在创价大学学习的全体学生，培养创造性的能力，成为富有未来性的对社会做出一定贡献的人。”进而指出，为了“成为创造性的人”，“无论如何也会出现‘何谓人’这个问题，必须返回人学”，“脚踏实地的立足于构建人的学问发展和真理追求之步伐，将会成为社会变革的巨大动力”。从而阐明了将着眼点置于“人”的重要性。

结 语

作为这次演讲的结论，池田先生指出：在大学学问的自由发达中“文明的灿烂花朵将会盛开”，而且，“我相信这将超越仅仅只为了人类生存的消极目标，将会构建新的人间赞歌的文明”，他尤其强调为了新文明的构建，需要长时间的“富于人性教育”的实践，以及“以人为根本”的学问的积累。

池田大作执笔的小说《新人间革命》，现在继续在《圣教新闻》上连载。最近的连载中有如下的叙述：“我认为，当今以人的异化为首的现代的停滞不前，是人类陷于政治优先，经济优先，人性迷失的结果。”① 池田先生现在仍然一贯主张将着眼点置于“人”。

今天，借此学术研讨会之际，以池田先生的演讲为基础，介绍了本校“构建新文明”的姿态。

池田先生在演讲结尾时指出：“今后必须进行的壮大的人类斗争中，创价大学如果能够承担重任，而且如果能够做出一定的贡献的话，那么创价大学的建校宗旨就取得了成果。”我们将与在此汇聚一堂的每位同仁携手合作，为了“构建21世纪新文明”而共同努力，并希望能够“承担重任”。

本次学术研讨会上，关于人类追求的新文明和池田先生构想的新文明，究竟是什么样的文明，期待着与会学者专家的精彩发表。本次学术研讨会如能对“构建新文明”和开拓人类的未来具有一定意义的话，我将感到不胜荣幸！

谢谢大家。

① [日]池田大作：《新人间革命》，《圣教新闻》2010年10月25日，第3页。

新文明与池田大作的“人间革命”思想

高桥强[1]

序

在《展望二十一世纪》一书中，汤因比与池田大作针对新文明与宗教（思想）之间的关系进行了讨论。[2]

汤因比的主要观点如下：“衍生新文明，并支撑其前进的未来的宗教（思想），应是与威胁人类生存的各种‘恶’对抗，并能够给予人类克服这些‘恶’的力量的思想。这些‘恶’之中，最可怕的是人类历史中最早就开始了的事物。那就是和生命有着同样久远历史的‘贪欲’，和与文明有同样久远历史的古代战争和社会不平等。并且，还有与其几乎同样可怕的新的‘恶’，那就是人类为了满足自己的私欲而利用科学技术创造出的人为的环境。”

池田对此表示全部赞同，并认为贪欲产生于人的内心，战争与社会等级产生于人与人之间，即产生于社会，而环境破坏问题则产生于人类与自然的关系之中，也就是自我—社会—环境这三个范畴的问题。同时，他也提出了解决方向：“我认为，必须为实现这三者关系的正常化做最大的努力。

---

① 创价大学国际部副部长，文学院教授。

② [日]池田大作、[英]阿诺尔德·汤因比：《展望二十一世纪》，圣教新闻社 2003 年版，第 134—136 页。

为此，每个人都应以实现自我生命的内在改革为目标。能够将这一理想变为可能的宗教（思想），我认为才是能够支撑未来的应有的宗教（思想）。”[①] 池田将这种“自我生命的内在变革”称为“人间革命”，并坚信人间革命会转化为社会革命与环境革命。[②]

本文将探讨池田如何通过“人间革命”思想来解决自我—社会—环境这三个范畴的问题。

一、自我克制

（一）抑制贪欲与慈悲

池田认为慈悲在更深一层面的意义上，是人生命中的内在的欲望。[③] 其主要观点如下：

“人有各种欲望。我想有一种冲动的能量，可以称它为‘本源的欲望’。在生命内部深处它能够把这些欲望生动的激发起来，向着创造人的生命的方向发展。这里我所说的‘本源的欲望’是追求和宇宙生命合一的欲望。它从宇宙的底流汲取创造生命的能量。各种欲望都跟这个‘本源的欲望’有着联系。

但是另一方面，在人的生命内部深处，也有一种推动力量，这种力量似乎在寻找征服、破坏别人和自然的方向。把各种欲望改变成以自我为中心的欲望，并切断‘本源的欲望’与各种欲望之间的联系，把各种欲望置于自己统治之下，这种欲望被称之为‘魔性的欲望’。

为解决欲望的问题，人们有必要抑制‘魔性的欲望’，并为发现‘本源

① ［日］池田大作、［英］阿诺尔德·汤因比：《展望二十一世纪》，圣教新闻社2003年版，第134—136页。

② ［日］池田大作：《法华经的智慧》（1），圣教新闻社2001年版，第211页。

③ ［日］池田大作、［英］阿诺尔德·汤因比：《展望二十一世纪》，圣教新闻社2003年版，第165页。

的欲望’进行反复不断的战斗。‘魔性的欲望’本来就存在于人的生命内部，是不能彻底消除的。在这层意义上，大乘佛教也主张不把消灭欲望本身作为目的，而认为把慈悲的实践贯彻下去的时候，自己的欲望就会自动的升华，就会得到控制。”

“慈悲”这种欲望，能够在与“本源的欲望”保持联系的同时，增强新的创造性。因此，在进行慈悲的实践时，也就能够更好的从宇宙的底流汲取创造生命的能量。并且，本源的欲望得到更好的发现的同时，慈悲的欲望的创造性也将会得到提高，这种欲望与以自我为中心的欲望正相反。这样也就抑制了“魔性的欲望”。

（二）小我与大我

池田在与汤因比的对谈中，用“小我”与“大我”的观点在有关慈悲的实践问题上展开了进一步探讨。池田阐述了如下观点：

“大乘佛教（其中包括《法华经》的哲学）并不提倡无我论，追求清除欲望，而是主张宇宙和其他一切生命跟自我之间的调和及融合。主张这里才有人生的理想和幸福。为实现这种幸福，其实践就是表现在由慈悲而产生的‘利他’。通过这一高尚的理念，自然的就把欲望克服下去。”①

汤因比对于上述观点进行了以下回答：“达到‘自我克制’的具体方法就是要顺从‘小我’本来的欲望之一——慈悲的引导。这种慈悲就是使‘小我’所关心的范围扩大，并使整个‘大我’也容纳进去的欲望。也就是说，‘自我克制’就是人在使‘小我’向‘大我’统一融合的道路上，去克服缠绕在自身的‘小我’的欲望。幸福就在‘小我’向‘大我’接近之中。”②

池田从“利他”的视角为汤因比的“小我”“大我”论增加了新的解释，他说：“‘小我’是自己的欲望以及私心，‘大我’是宇宙中广阔的生命，也

---

① [日]池田大作、[英]阿诺尔德·汤因比：《展望二十一世纪》，圣教新闻社 2003 年版，第 174 页。

② [日]池田大作、[英]阿诺尔德·汤因比：《展望二十一世纪》，圣教新闻社 2003 年版，第 179 页。

可以说是贡献于他人的生活方式。从‘小我’向‘大我’的转变才是人类克服各种问题的关键。”①

大乘佛教中，“大我”即是宇宙生命的本身。人的生命可以说就是宇宙生命的个体化。从前面所讲的“‘大我’是宇宙中广阔的生命，也可以说是贡献于他人的生活方式”来看，宇宙生命的志向也就成为了“贡献于他人的生活方式”。大乘佛教的生命观的终极，就是我们个人的生命在其深处和宇宙生命成为一体。②于是，“利他”的行为，也就是将个体化的人的生命表现为宇宙生命的面貌的状态。

（三）菩萨的实践与佛界

对其他生命的存在所表露出的“慈悲”作用，就是菩萨界。③菩萨界是大乘佛教中所说的生命观“十界论”中的一个范畴。“十界论”是根据生命所感受的幸与不幸的内容，分为地狱、饿鬼、畜生、修罗、人、天、声闻、缘觉、菩萨和佛十种。从地狱界到天界，是把生命在同外界发生的关系中所感到的幸或不幸的状态加以分类的。对此，要确立完全不受来自外界的缘所左右的自我的主体性，则是声闻、缘觉和菩萨。④由于“菩萨界”是对利他，即因拯救别人而感到的喜悦。因此慈悲具有实践的特征。⑤

佛界是菩萨修行的结果而达到的境界。认为这个境界已经穷尽了宇宙和生命的“终极的真理”，达到自己跟宇宙，整个生命存在融为一体的感觉。它是一种醒悟到生命的永恒性，是绝对的幸福境界。换句话说，佛的境界就是指醒悟存在于包含整个宇宙的“法”，与“法”合为一体而得到“大我”

① [日]池田大作、张镜湖：《教育与文化的王道》，正因文化2010年版。

② [日]池田大作、[英]阿诺尔德·汤因比：《展望二十一世纪》，圣教新闻社2003年版，第179页。

③ [日]池田大作、[英]阿诺尔德·汤因比：《展望二十一世纪》，圣教新闻社2003年版，第225页。

④ [日]池田大作、[意]奥锐里欧·贝恰：《二十一世纪的警钟》（下），圣教新闻社2009年版，第17—18页。

⑤ [日]池田大作、[英]阿诺尔德·汤因比：《展望二十一世纪》，圣教新闻社2003年版，第95页。

的人格。[①]

汤因比对于池田的观点表示赞同，说“菩萨是通过修行，把个人自我想得更加开阔，把精神扩大到宇宙的自我”[②]。大乘佛教不是否定“小我”，而是教导人们通过利他而扩大自己跟“法”这个“大我”的本质合为一体，克服欲望、愤怒和保存自己的本能。所以，大乘佛教是在肯定“小我”的同时，使“小我”向“大我”扩大。[③]

（四）菩萨的实践与阿摩罗识（第九识）

菩萨的实践，在大乘佛教的“九识论”中十分重要。九识论是把心（精神）识别事物的作用分为九种的一种思想方法。九识论认为，眼、耳、鼻、舌、身（皮肤）五种感觉器官都分别有识，另外，心所具有的识由四层组成。这种心识中最肤浅的表面活动称作意识（第六识），起着把通过感觉器官所获得的来自外界的信息加以综合的作用。其次为末那识（第七识），这种识是不依赖来自外界的信息而进行的思考，也称作思量识。

更深处有储存人以前的行为结果（善业和恶业）的阿赖耶识（第八识）。阿赖耶是储存所、储藏库的意思，其中也包含还未成为意识的过去的记忆等。从更深的意义来说，还包含着即将显现为各个人的精神的和肉体的特性的因素。决定一个人在其人生中将遇上什么命运的因素也储存在这里。[④]

自身进行思考的末那识，受到包含在阿赖耶识中的一种更深的力量的束缚。要征服深藏在阿赖耶识中的这种冲动的力量和宿命的力量，就必须在那里确立一种可以与这种丑恶的力量相对抗的善的力量。菩萨的实践就

---

① [日]池田大作、[英]阿诺尔德·汤因比：《展望二十一世纪》，圣教新闻社2003年版，第95、100页。

② [日]池田大作、[英]阿诺尔德·汤因比：《展望二十一世纪》，圣教新闻社2003年版，第96页。

③ [日]池田大作、[英]阿诺尔德·汤因比：《展望二十一世纪》，圣教新闻社2003年版，第99页。

④ [日]池田大作、[意]奥锐里欧·贝恰：《二十一世纪的警钟》（下），圣教新闻社2009年版，第15—16页。

是从这种思想出发来积累善的行为。①

到阿赖耶识为止，可以称之为形成和显现个人的特质的层。与此相反，阿摩罗识（第九识）则是普遍的“生命”本身存在的基础。阿摩罗是清净无垢的意思，表明它尚未受到过去行为的结果等的污染。②也被称为慈悲与智慧的生命能量。③

通过直接发现最根本的阿摩罗识，在现实的人生和行动中确立了既不受外界的束缚又不为内在冲动支配的主体性。我们把这种人称之为佛。④阿摩罗识在十界论中相当于“佛界”。⑤

二、和谐社会

（一）慈悲的内涵

池田以大乘佛教为基础，对“慈悲”做了以下说明。“慈悲就是‘拔苦与乐’的意思。所谓‘拔苦’，就是除掉潜伏于人生命之中苦的根本原因。‘拔苦’是建立于‘同苦’（使痛苦相同）的基础之上的。也就是把对方的痛苦的呻吟，作为自己内心的痛苦去感受。在这样共同感受的基础上，来根除这种痛苦。”⑥

池田接着对于同苦的重大意义进行了展开。“如果没有‘同苦’，就不

① [日]池田大作、[意]奥锐里欧·贝恰：《二十一世纪的警钟》（下），圣教新闻社2009年版，第17—18页。

② [日]池田大作、[意]奥锐里欧·贝恰：《二十一世纪的警钟》（下），圣教新闻社2009年版，第15—16页。

③ 命运研究班编：《命运可以改变》，第三文明社2005年版，第80页。

④ [日]池田大作、[意]奥锐里欧·贝恰：《二十一世纪的警钟》（下），圣教新闻社2009年版，第17—18页。

⑤ 命运研究班编：《命运可以改变》，第三文明社2005年版，第81页。

⑥ [日]池田大作、[英]阿诺尔德·汤因比：《展望二十一世纪》，圣教新闻社2003年版，第221页。

能产生对对方的关怀，也不可能有想除掉痛苦的实践。还可以说，这种‘同苦’的感情，是由于发达的优秀智能而产生的。就是说，看到了自己以外的存在的痛苦，于是自己也同样感到痛苦。这是需要由相当高度发达的智能活动而产生的想象力。所以，对其他个体的痛苦而感到强烈的痛苦，这是人的一个特质。生物的智能越不发达，越是对其他个体的痛苦和死亡漠不关心。‘同苦’是具有高度发达的智能的人的证明，是对他人的责任。”①

从第一章中所述“魔性的欲望”的视角来看，拔苦是抑制“魔性的欲望”，并消除这些欲望所引起的各种苦恼。“同苦”的感情越深，拔苦的实践就越强。

至于“与乐”，字义上是给人以快乐。但是，佛法上所说的“乐”，绝不是一时的、局部的自我满足，更不是逃避现实。它意味着生本身的快乐，即“生之快乐”。当然，物质方面的快乐也是乐的一部分，这是对的。但是，其中也包含着精神方面的快乐。若没有生命本身深处的充实和生命感情所发出的强有力的欢乐，是不会得到真正有意义的“乐”的。从生命深处涌现出纯洁的、强有力的欢乐，才是佛法所说的“与乐”。②

从第一章中所述“本源的欲望”的视角来看，在抑制魔性的欲望时，本源的欲望就会更多的从宇宙的底流汲取创造生命的能量，这样就会涌现出欢乐。这就是佛界的境界，或者说是阿摩罗识的发现。

慈悲的行为从头至尾都是优秀的利他行为。

（二）人际关系——慈悲的对象

对人来说接触最多的环境就是人。人从出生到死去，大部分的时间都是在与他人的接触中度过的。在与他人接触时，利他这种慈悲的行为，不得不与利己的本能发生冲突。也就是说，任何生命都把保护自己的生存当

---

① ［日］池田大作、［英］阿诺尔德·汤因比：《展望二十一世纪》，圣教新闻社 2003 年版，第 221 页。

② ［日］池田大作、［英］阿诺尔德·汤因比：《展望二十一世纪》，圣教新闻社 2003 年版，第 222—223 页。

作至高无上的目的，这是生命世界里的原则。极端的说，保卫自己和追求自己利益的这种利己主义，是生命体所具备天生的、本能的机能。这样考虑的话，为了“爱”与“慈悲”不惜抛弃自己的生命，绝对是与生命的本能完全相反的行为。①

但是，即使违背生命的本能也要实践“爱”与“慈悲”的行为的情况还是存在的。最典型的例子就是在对于一些特定的人的时候，如自己的父母、子孙、妻子和兄弟姐妹等。② 对此，池田提出了以下观点。“要使‘爱’与‘慈悲’所付诸的对象不单纯限于自己的子孙、妻子或兄弟姐妹这些特定的人，而遍及所有的人与生物，那就必须要从单纯的本能的‘爱’与‘慈悲’前进一步。”③

大乘佛教中有“缘起”的思想，也就是“产生因缘”，这是人界及自然界中的所有现象通过各种原因和条件相互产生关联的意思。意味着所有事物并非独自成立，而是由于相互依存与影响才能够成立。同样，人也无法独自存在，要和他人在一起并且互相帮助才能生存下去。④

池田对此阐述了以下观点：

“从这一思想中，完全看不到排除他人的想法。倒不如说，这个思想是在考虑如何使他人生存，如何建立更好的人际关系，以及怎样创造价值。”⑤由此可以看出，“慈悲”这一优秀的利他行为，也有了更好的立足点。

另一方面，大乘佛教认为，人从遥远的过去开始，就在不断的重复生与死。而所降生到的世界，并不限于这个地球，也包括大宇宙中的无数的

① [日]池田大作、[意]奥锐里欧·贝恰：《二十一世纪的警钟》（下），圣教新闻社2009年版，第160页。

② [日]池田大作、[意]奥锐里欧·贝恰：《二十一世纪的警钟》（下），圣教新闻社2009年版，第160页。

③ [日]池田大作、[意]奥锐里欧·贝恰：《二十一世纪的警钟》（下），圣教新闻社2009年版，第160页。

④ [日]池田大作：《新·人间革命》（第1卷），圣教新闻社2003年版，第182—183页。

⑤ [日]池田大作：《新·人间革命》（第1卷），圣教新闻社2003年版，第182—183页。

世界。由于自身不同的原因，而降生在与各自相符的世界中。

对此，池田认为："在某一次人生中虽是父子的关系，但在下一个人生中就有可能变为兄弟或朋友，也有可能完全成为陌生人。因为是这么反复经历无数的人生，所以现在生活在这个世界上所有的人，在过去的一些人生中，有可能是父母，有可能是兄弟，还有可能是子女。"①

"因此，如果所有人都能自觉的认识到全人类在前世的什么时候曾是自己的父母、兄弟姐妹或者子女，那么，这就会成为人与人之间通过'爱'与'慈悲'的关系相结合、在这个世界上和平相处的坚实的基础。"②

（三）社会组织内部关系——统治欲与慈悲

由于要有效地开动这种人与人组成的社会组织，就产生了"统治与被统治"的关系——即设定目标、筹划和指示工作的进展的人们同遵照其指示而工作的人们的关系。这种关系本身是由于社会组织要进行活动而必然产生的。但是，由于决定意志的自由为下指示的人们所垄断，被指示的人们在这个范畴内丧失了决定意志的自由，因而就产生了不平等。另一方面，下指示的一方——即统治者，感到一种用自己的意志自由的操纵许多人的行动而带来的喜悦。池田对于社会组织内部的人的关系，提出了以上认识，并关注于探讨这种统治者所追求的喜悦。③

大乘佛教认为，这种由于统治欲的满足而带来的喜悦是一切欲望满足的喜悦的顶点。它把欲望满足的喜悦分为六种，并把统治欲满足的喜悦放在其中的顶点，起名为"他化自在天"。但是，佛教还同时告诉人们，这种

---

① [日]池田大作、[意]奥锐里欧·贝恰：《二十一世纪的警钟》（下），圣教新闻社2009年版，第164页。

② [日]池田大作、[意]奥锐里欧·贝恰：《二十一世纪的警钟》（下），圣教新闻社2009年版，第166页。

③ [日]池田大作、[意]奥锐里欧·贝恰：《二十一世纪的警钟》（下），圣教新闻社2009年版，第154—155页。

喜悦中潜藏着可怕的魔性。[①]

简单来说，这种魔就是指剥夺人们的幸福的活动。人类社会中的统治者甚至可以摧毁被统治者生存的权利。战争就是这种大规模的压抑权利的典型。[②]

想要统治他人的欲望，可以说就是第一章中所讲的“魔性的欲望”。想要抑制和控制魔性的欲望，就必须通过慈悲的实践。

不过，池田认为，“人与人的关系并不是始终受统治与被统治的关系所束缚。那里还有着在其他任何生物中都可以看到的、通过美丽的心灵活动而产生的结合。那就是‘爱’与‘慈悲’”[③]。

要想加深慈悲的力量，前面所述的“同苦”的感情在这里同样重要。特别是对于统治者，这种影响力尤为重要。池田在领导者的哲学中认为，如何拯救处于苦难中的人们，才是领导者们的所有哲学与领导理论的精髓。[④]池田再强调“同苦”。统治者应有前面所讲的大我的生活态度，即大宇宙的广阔的生命，和贡献于他人的生活方式。

三、自然与共生

（一）依正不二

池田曾对现代人类与自然的关系做出如下阐述。“现代文明倾向于将自然与人类对立，认为自然要被人类所支配与征服。结果引起了人类自身的

① ［日］池田大作、［意］奥锐里欧·贝恰：《二十一世纪的警钟》（下），圣教新闻社2009年版，第154—155页。

② ［日］池田大作、［意］奥锐里欧·贝恰：《二十一世纪的警钟》（下），圣教新闻社2009年版，第156—157页。

③ ［日］池田大作、［意］奥锐里欧·贝恰：《二十一世纪的警钟》（下），圣教新闻社2009年版，第158页。

④ ［日］池田大作：《池田大作名言100选》，中央公论出版社2010年版，第110页。

孤立与被支配的现象。”“如很多学者所述，为开拓二十一世纪，当务之急是要改变一直以来的自然观和宇宙观。近年来，‘共生’被作为走向未来世纪的关键词引人注目。”[①]“共生”所倡导的就是构筑新的人与自然的关系。这在当今世界非常必要。

池田以大乘佛教的理论为基础，对于这一新关系的构筑，提出了以下观点。

佛教认为，人与其周围的人类社会及自然、宇宙环境是不可分离的。这之中有一个被称为“依正不二”的原理。“正报”为人的自身，“依报”为围绕在人周围的环境。人的自身与周围环境，说到底是一体的，是在相互影响和相互渗透中进行调和下去的。这是佛教的基本理论。

佛教的“缘起”思想中所包含的“依正不二”理论认为，宇宙中森罗万象的事物存在相互依存的关系，任何一种事物都无法独立存在。人类应返回原点，作为地球的重要一员重新肩负起责任与使命，为与大自然共同生存下去开辟新的道路。[②]

“人”与“自然”有着相互依存的关系，从佛教的思想来看，“人”与“自然”所交织成的和睦景象，绝不是一个静态的画面，而是创造生命的生机勃勃的场景，是充满生气的世界。这种生气，会将进步与创造、挑战与开拓等能动的能量一点不漏的摄取与扩大。[③]

（二）没有“正报”就没有“依报”

前面所述的“正报”与“依报”的关系，在佛教中简单来说就是“没有正报就没有依报”以及“正报由依报产生”。首先讨论一下前半部分，也就是“没有正报就没有依报”。

大多数情况下认为，人与环境是不可分离的。

① [日]池田大作、张镜湖：《教育与文化的王道》，正因文化 2010 年版，第 176 页。
② [日]池田大作、张镜湖：《教育与文化的王道》，正因文化 2010 年版，第 176 页。
③ [日]池田大作：《“人本主义”大地万里无垠》，第三文明社 2008 年版，第 67 页。

某位学者曾经说过："对于'没有正报就没有依报'的观点，人即使在死去之后，他所生存的环境与世界还是会照常运转吧。但这里的'正报'，应指的是主观的事物。若是客观的看，是没有所谓'正报'的。因为假设从客观来考虑的话，那么哪怕一个人死去了，环境世界就应该全部发生改变……严格来讲，地球上存在有多少个个体，就有多少个数量相等的环境存在。并且，一个人在高兴时和痛苦时，所感受到的环境是不同的。同样，生命的环境不同，环境也不同。"①

对此观点，池田通过"大我""小我"论进行了展开。"比如，即使我们死了，人类还是继续生存下去的。极端来讲，即使人类灭亡了，也不意味着宇宙就会终结。并且，'依报'的存在也包含在'正报'之中，要是说'没有正报就没有依报'的观点指的是人与环境不可分离，不如说是在相信宗教的基础上的主观判断。这一判断的根源就是佛教中的'一念'。'没有正报就没有依报'的观点就是跨越'一念'的大地以及时间和空间，扩大到大宇宙的'大我'。或者说，这一判断的最合适的生存方式，就是大乘佛教中的'菩萨道'，追求舍'小我'求'大我'的生存方式。"②

（三）"正报"由"依报"产生

"正报由依报产生"与前面所述的"没有正报就没有依报"有着相互补充的关系。池田认为，前半部分所说的虽然有主观判断以及唯心论的成分，但是以最新的生态学视角进行了补充，给了"依正"很好的平衡。这种重视环境的视角，与"没有正报就没有依报"的意志相融合，人与环境相互渗透，扬弃了真正的"共生"状态。③

对于作为"正报"的人来说，"依报"——也就是环境由自然环境与社会环境组成。没有社会环境，也就不可能有作为社会性存在的人。一方面，

① ［日］桐村泰次：《佛法与人的生活方式》，第三文明社 1973 年版，第 118 页。

② ［日］池田大作：《"人本主义"大地万里无垠》，第三文明社 2008 年版，第 68 页。

③ ［日］池田大作：《"人本主义"大地万里无垠》，第三文明社 2008 年版，第 69 页。

人创造了社会环境是一个事实。另外，自然环境诸如大地、水、太阳、空气以及一切动植物，这些也都与作为生物性存在的人的关系紧密。另一方面，人创造了新的人为的环境也是一个事实。于是，社会环境与自然环境所融合的整体就是“环境”，它在创造人的同时，也在不断的被人所创造。①

池田认为，“揭示人与环境的相互联系，就如同‘正报由依报产生’一样，环境（自然生态环境）的活动维持着人的成长与发展。另一方面，如同‘没有正报就没有依报’一样，环境也在等待着人的生命活动而得到形成与变化。因此，创造怎样的环境这一主观性的行为，其责任就在作为‘正报’的人这边”②。

大乘佛教承认所有生物中人的独特性。人这种生命存在的独特性，是与菩萨道有着联系的。也就是说，只有人，才能认识到缘起观这一世界的相互关系，才能去为生态环境与其他生物服务。一句话而言，只有人，才可以将慈悲与非暴力影响到一切有生之物。并且，人对于能够生存在这样相互联系的自然界中深存感激，并用这份心情控制自己的心，从而谋求生活方式的改变。池田将人的使命定位于一切生物的“调节者”与“保护者”的位置之上。③

另外，还需要谋求的生活方式是“知足寡欲”。佛教中有“知足者常乐，不知足者虽富亦贫”一说，还有“即使一针一线也不得随意盗取”这样禁止人们因贪欲而引发的偷盗行为。另外，“菩萨应该有佛性的孝顺与慈悲之心，常帮助所有人，并创造福与乐”。在这之中，贯穿着“不能把自己的幸福建立在他人的痛苦之上”以及“己之所欲亦施之于人”的大乘佛教的基本理念。不以贪欲盗取他人之物，就是不将自身的繁荣建立在他人的牺牲之上。与他人的不幸“同苦”，并发现克服不幸的方法，这就是菩萨的生活

---

① [日]桐村泰次:《佛法与人的生活方式》，第三文明社 1973 年版，第 119 页。

② 季羡林、蒋忠新、[日]池田大作:《畅谈东方智慧》，东洋哲学研究所 2002 年版，第 284 页。

③ [日]川田洋一:《创价学会的目标》，第三文明社 2000 年版，第 103—104 页。

方式。[①]

人与环境的相互联系中，若站在池田的“主观性的行动，其责任在人这边”的观点上，那么，一旦人能够做到慈悲、非暴力和控制欲望，“依正不二”理论就能够成立。[②]

总　结

池田所强调的“自己生命的内在变革”即“人间革命”中，慈悲的活动非常重要。

和慈悲的实践的程度相呼应，“本源的欲望更多的从宇宙的底流汲取创造生命的能量”，慈悲的欲望就加强了其创造性，同时抑制了魔性的欲望。对这一点兴趣很大。“本源的欲望更多的从宇宙的底流汲取创造生命的能量”，就是佛界的境界，或者说是阿摩罗识的发现吧。也就是说，通过慈悲的实践，局限于利己之心的“小我”，就会被大宇宙的广阔生命的贡献于他人的生活方式的“大我”所包容。

大乘佛教中的慈悲的概念，即“拔苦”“与乐”的内容极为明确。前者是以“魔性的欲望”的存在为前提，以消除从中产生的痛苦开始；后者是以探求佛教的境界，或阿摩罗识的发现为目标的。在此之中感受到了强烈的慈悲的实践的力量。池田在慈悲的实践中找到了“同苦”的重要意义，正是由于这是人普遍具备的品质，因此能够感受到慈悲的实践其实就在身边。

对于慈悲的实践所面向的对象，通过缘起思想进行了空间性的展开，同时通过永远思想进行了时间性的展开，在将其扩大的同时，巩固了这一实践的基础。这也是个重要的视角。在此之中，关于慈悲的实践所面向的对象问题，子女、兄弟姐妹、朋友和陌生人之间也不再有区别。并且，对

---

① [日]川田洋一：《创价学会的目标》，第三文明社2000年版，第105—106页。

② [日]川田洋一：《创价学会的目标》，第三文明社2000年版，第105—106页。

于容易被统治欲这一魔性所控制的统治者，更需要其自身进行慈悲的实践。

慈悲的实践通过包含依正不二论的缘起思想，还跨越了“人”，遍布到自然环境与社会环境融合一体的“环境”范畴。并且在人与环境的相互联系中，由于人是主观性的负有责任的一方，因此，依正不二（人与环境共存）理论只有建立在人的慈悲与控制欲望的基础之上才能够得以实现。

东方智慧与21世纪全球文明

——从《畅谈东方智慧》看池田大作的文明观

汪鸿祥[①]

前　言

构建21世纪全球文明是人类社会共同关心的重要课题。池田大作先生（以下省略先生的尊称）历来十分关注人类社会的文明问题，长期致力于构建21世纪全球文明。

《畅谈东方智慧》[②]一书是池田大作与中国著名学者季羡林、蒋忠新进行“鼎谈”的基础上整理而成的对谈集。2007年温家宝总理访日期间会见池田大作时，不仅高度评价池田大作对中日友好的卓越贡献，而且特地提到：“来日前，我读了池田先生的两本书。”[③]一本是池田大作与汤因比的对谈集《展望二十一世纪》，另一本就是《畅谈东方智慧》。

池田大作在《畅谈东方智慧》的前言中开宗明义地指出：“为了把‘战争与暴力的世纪’改变成‘和平与共生的世纪’，‘东方的智慧’能够承担什么样的使命——围绕这个人类历史性的课题”进行了“鼎谈”。[④]换言之，

① 复旦大学研究生班毕业，曾任日本东京大学客座研究员，现任日本创价大学教授，庆应大学兼职教师。主要从事国际关系研究。

② [日]池田大作、季羡林、蒋忠新：《畅谈东方智慧》，四川人民出版社2004年版。

③ 日本《圣教新闻》，2007年4月13日。

④ [日]池田大作、季羡林、蒋忠新：《畅谈东方智慧》，四川人民出版社2004年版，前言第1页。

“鼎谈”的目的是探讨东方智慧及其在21世纪的使命。

池田大作在“鼎谈”中，围绕着东方智慧这个中心题目，广征博引，说古道今，展开了广泛深入的论述，其时空跨度可谓“上下数千年，纵横几万里”①。《畅谈东方智慧》所体现的池田大作文明观对构建21世纪全球文明具有重要启迪意义。本文以《畅谈东方智慧》一书为基本线索，重点探讨池田大作的文明观。主要从以下三个视角进行考察：1．解决现代文明危机需要东方智慧；2．运用东方智慧创造21世纪全球文明的理念；3．运用东方智慧描绘21世纪全球文明的蓝图。

一、解决现代文明危机需要东方智慧

池田大作在《畅谈东方智慧》中指出：“随着全球化的进行，全球规模的生态系统遭到破坏，遍及世界的市场经济扩大了贫富差别，爆发了难民剧增、病毒性疾患蔓延等‘全球性的问题群’，此外，人的精神颓废，引起精神疾患，特别在发达国家，人性的崩溃日益严重。这些‘全球性的问题群’以及人性的迷失等，已成为一种包含东方在内的全球性的危机，正袭击着整个人类。”②

上述论述中提到的“全球性的问题群”和“人性的迷失”两大问题，实际上就是明确地指出了现代文明危机不仅包含物质方面的危机，而且包含精神方面的危机。换言之，现代文明危机既有现代科学技术文明的危机，也有现代人的精神危机。

（一）“全球性的问题群”与现代科学技术文明的危机

所谓“全球性的问题群”，主要是指当代人类社会所面临的一系列超越

① ［日］池田大作、季羡林、蒋忠新：《畅谈东方智慧》，四川人民出版社2004年版，第218页。

② ［日］池田大作、季羡林、蒋忠新：《畅谈东方智慧》，四川人民出版社2004年版，第274—275页。

国家和区域界限，关系到人类生存与发展的严峻问题。主要有经济发展不平衡、南北差距、贫富差别等经济问题；战争、区域纠纷、核武器、恐怖主义等政治与安全问题；人口剧增、贫困、难民、宗教纠纷、跨国犯罪、传染疾病等社会文化问题；资源、能源、粮食、环境等生态环境问题。“全球性的问题群”可以概括为人与社会、人与自然、社会与社会之间的问题。其基本特征是：第一，全球性，原因和结果、规模和范围都是全球性的。第二，综合性，囊括人类生活所有领域，囊括政治、经济、文化诸多因素，囊括人类、社会及自然。第三，普遍性，超越了意识形态、社会制度、民族国家。第四，严重性，危及人类文明，并把人类困境推向极限。[①] 池田大作尖锐地指出：“现代文明的危机甚至会带来人类的灭绝。”[②]

“全球性的问题群”的产生有各种原因。其根本原因是近代科学技术文明发展所带来的后果，也是近代西方文化的思维方式所产生的结果。池田大作指出：“近代西方采取的做法是‘武斗’，也就是使人与大自然对立，企图通过对自然生态系统的统制来满足人的欲望。其结果，‘欲望’变成了‘贪欲’，‘统制’也随之变成了暴力性的‘榨取’。”[③] 这种人对自然界的“贪欲”和“榨取”，导致了严重的生态危机。以大量物种灭绝和全球气候变化为特征的生态危机向人类社会敲响了事关人类存亡的警钟！

“人与大自然对立”的错误思维与西方文化的分析思维密切相关。池田大作指出：“西方文化具有的‘分析思维’的局限性，现在从自然观、生命观到政治、经济、教育等一切领域都已经显露出来了。”[④] “西方世界逐渐培育了把人与自然分离，客观看待自然和企图支配自然的思想。不可否认，正是这种思想成为近代科学文明发展的基础。”[⑤] 西方的“分析思维”“已经

① 参见汪鸿祥：《文明对话与国际关系》，《多元文化与世界和谐》，人民出版社2008年版。

② [日]池田大作、季羡林、蒋忠新：《畅谈东方智慧》，四川人民出版社2004年版，前言第2页。

③ [日]池田大作、季羡林、蒋忠新：《畅谈东方智慧》，四川人民出版社2004年版，第198页。

④ [日]池田大作、季羡林、蒋忠新：《畅谈东方智慧》，四川人民出版社2004年版，第218页。

⑤ [日]池田大作、季羡林、蒋忠新：《畅谈东方智慧》，四川人民出版社2004年版，第236页。

由人对自然的统制发展到对自然的破坏了”①。

必须指出，池田大作在考察文明问题时，既见树木，又见森林。谈到东西方思维之别时，池田大作不是片面地全盘否定西方，他指出：“东方也有分析思考，西方也可以看到综合思考。特别是20世纪以来，综合思考在西方也日益显著。”②

（二）现代人的精神危机

池田大作指出：“近代文明危机的本质是在于‘道德的隔阂’。也就是说，科学技术以压倒的优势发展，而道德、伦理和精神都停滞不前，从而产生了断裂。尤其在发达国家，物质不断丰富，而精神的混乱却极其严重。人们本来可以通过信息革命而享受到大量的信息，反而为洪水般的信息所播弄，精神日益丧失自律性，呈现一种茫然自失的状态。”③

上述论述深刻地剖析了现代人的精神危机。第一，危机的本质在于“道德的隔阂”。现代社会的各种问题，从表象来看似乎是人以外的问题，但是透过现象看本质的话，其根本原因在于人本身，来源于人的认识思维。第二，现代人精神的停滞不前。在现代科学技术高度发达的同时，现代人逐渐丧失了作为人本来应有的道德、伦理和精神。“人的精神颓废，引起精神疾患，特别在发达国家，人性的崩溃日益严重。”第三，现代人精神的混乱。所谓“精神的混乱”，就是精神处于没有规范的“茫然自失”的状态。本来应该认真思考和判断并付诸于行动的人的精神，失去了作为依据的规范，陷入了不知如何判断，不知如何去做为好的状态。换言之，就是意味着精神的自我丧失的状态。中国网络上所说的“无梦、无痛、无趣的‘橡皮人’”现象，可能就是一种精神的自我丧失的状态。第四，现代人精神自律性的丧失。自律就是精神的自我约束。现代社会尤其是发达国家过度地追求物

---

① [日]池田大作、季羡林、蒋忠新：《畅谈东方智慧》，四川人民出版社2004年版，第214页。

② [日]池田大作、季羡林、蒋忠新：《畅谈东方智慧》，四川人民出版社2004年版，第208页。

③ [日]池田大作、季羡林、蒋忠新：《畅谈东方智慧》，四川人民出版社2004年版，第294—295页。

质财富，人们拼命挣钱，疯狂消费，致使精神不能发挥本来应有的自律性。产生了所谓“物质的丰富性”和“精神的贫困性”，精神本身出现“空洞化”，甚至连自己都不能约束自己，不知自己的人生究竟为了什么，不能正确地表达自己的主张。精神自律性的丧失，就是意味着精神危机的到来。正是在这个意义上，现代文明危机也可称为现代人的精神危机，现代文明的最大危机可以说是现代人的精神危机。

如何才能克服这种“精神贫困”的危机呢？池田大作指出：“为了争取精神的发展，只有打破精神的停滞，开展不间断的‘精神斗争’。”[①] 就是说，通过“不间断的精神斗争”消除精神的混乱，使精神的自律成为可能，充实和发展精神自身。为了解决“精神贫困”，需要进行“自我变革”。这就是池田大作所说的“精神斗争”的意义。

面对现代文明危机，人类社会正在寻求解决危机的各种有效办法。“寻找冲破这黑暗的希望的曙光。”[②] 那么，希望的曙光在哪儿呢？池田大作明确地指出：“光明来自东方”[③]，“‘东方智慧’一定会克服‘全球性的问题群’，开发人类的创造力，不断地创造出全球价值”[④]。运用东方智慧解决现代文明危机进而构建 21 世纪全球文明，这是池田大作在《畅谈东方智慧》中的重要结论。

二、运用东方智慧创造 21 世纪全球文明的理念

东方智慧博大精深、内涵丰富，是一个包括东方世界一切优秀文化和思想的伟大智慧体系。克服现代文明危机的需要，为东方智慧提供了新的全球舞台。东方智慧不仅只是东方的智慧，也应成为全人类的智慧，成为

① [日] 池田大作、季羡林、蒋忠新：《畅谈东方智慧》，四川人民出版社 2004 年版，第 295 页。
② [日] 池田大作、季羡林、蒋忠新：《畅谈东方智慧》，四川人民出版社 2004 年版，第 271 页。
③ [日] 池田大作、季羡林、蒋忠新：《畅谈东方智慧》，四川人民出版社 2004 年版，第 289 页。
④ [日] 池田大作、季羡林、蒋忠新：《畅谈东方智慧》，四川人民出版社 2004 年版，第 298—299 页。

构建21世纪全球文明的人类共同价值。池田大作文明观实际上是东方智慧的重要组成部分。池田大作文明观从东方智慧的传统中吸取了大量的精神营养，同时又为东方智慧的发展提供了丰富的思想精华。池田大作以大乘佛教（日莲正宗）的哲学思想为根本出发点，以超越时空的宏大视野，对人类文明发展的历史、现状和未来进行了深入的分析，对东方智慧的哲理进行了精辟的阐述，为构建21世纪全球文明提供了一系列重要的理念。

池田大作在《畅谈东方智慧》中指出："人类的目的，文明的目的都是'创造价值'。而当前需要的，是创造'大同'、'共生'和'和谐'这些全球性的价值。"[①]池田大作文明观包含了一系列"全球性的价值"。人间主义、生命尊严、和谐这三个理念就是具有"全球性的价值"意义的基本理念。

（一）人间主义的理念

池田大作在《畅谈东方智慧》中大量地提到"人间"或"人"的词汇，强调指出："一切要以人为根本"[②]，"人是能够自觉地体现包含在宇宙生命中的慈悲和智慧，实行'人间革命'的生命的存在"[③]。池田大作文明观以"人"为根本，始终围绕着"人"这个主题而展开。

关于"人间主义"，池田大作有大量的论述。池田大作的代表作《人间革命》和《新人间革命》，围绕着"人间"这个主题，描绘了气势恢宏的人间主义的画卷，谱写了丰富多彩的人间主义的篇章。池田大作在《我的人间学》一书中围绕着"人间"的主题，通过对著名历史人物和著名文学作品的评论和分析，对人间主义理念做了精辟的论述。人间主义理念是池田

① [日]池田大作、季羡林、蒋忠新：《畅谈东方智慧》，四川人民出版社2004年版，第298页。为了更好地表达作者的原意，笔者将译著中的"协调"一词改译为"和谐"。

② [日]池田大作、季羡林、蒋忠新：《畅谈东方智慧》，四川人民出版社2004年版，第272页。

③ [日]池田大作、季羡林、蒋忠新：《畅谈东方智慧》，四川人民出版社2004年版，第186页。译著中将日文的"人间革命"一词译为中文的"人性革命"。笔者认为"人性革命"一词不能全面表示"人间革命"的意义。因此，本文直接使用原著"人间革命"一词。

大作思想和哲学体系的核心价值，也可以说是池田大作文明观的核心价值。

如果说人间主义是池田大作文明观的核心价值的话，那么可以说“人间革命”则是池田大作文明观的重要实践。正是人间革命的大量实践，大大地丰富了池田大作人间主义理念的内涵。池田大作关于人间革命有大量的论述。在与汤因比对谈时指出：“要想克服恶的生命，就必须加强善的生命，我们称其为‘人间革命’。”[①] 在《探求一个灿烂的世纪》中指出：“我们的人间革命，是用自己的手来开拓内在宇宙—自身内在的创造性生命，争取人自立的变革工作。”[②]

人间革命的本质是人的精神革命、人的内心世界的变革。通过人间革命，使人成为勇敢的人、智慧的人、慈悲的人。通过个人这一“小我”的人间革命，进而实现“大我”的人间革命即实现全社会和全人类的和平与幸福。人间革命是创造价值的最大要点。创价学会的“创价”一词所包含的创造价值的最大意义，就在于为了创造全球性价值而进行人间革命。

池田大作在其名著《人间革命》的卷首中深刻地表达了一个重要的命题，指出：“一个人的伟大的人间革命，不久将会实现一国的命运的转变，进而可能转变全人类的命运。”[③] 这一论述实际上指明了构建 21 世纪全球文明的根本途径就是实行人间革命。作为池田大作文明观核心价值的人间主义理念，是构建 21 世纪全球文明的共同价值。

人间主义这一理念，在强调“一切要以人为根本”的基本认识上，与“以人为本”理念的意义是相通的。可以说池田大作的人间主义理念与当今中国提倡的以人为本的理念是一脉相通的，都是东方智慧的表现。

---

① [日]池田大作、[英]汤因比：《展望 21 世纪》，荀春生等译，国际文化出版公司 1985 年版，第 149 页。

② [日]池田大作：《探求一个灿烂的世纪》，北京大学出版社 1998 年版，第 68 页。

③ [日]池田大作：《人间革命》第 1 卷，圣教新闻社 1965 年版。

（二）生命尊严的理念

池田大作在《畅谈东方智慧》中提出："共同创造一个'东方智慧'光辉普照的时代——'生命的世纪'。"[①] 池田大作早就将21世纪定位为"生命的世纪"。1972年出版的《文明：西方与东方》中，池田大作表示："我想将21世纪命名为'生命的世纪'。"[②] 在新世纪开始的2001年发表的第26届SGI日纪念倡言的题目就是《涌向生命世纪的巨大潮流》。池田大作强调21世纪是生命的世纪，具有深刻的现实意义和深邃的思想意义。

现代社会中，糟蹋生命的现象屡见不鲜，损害生命的事例不胜枚举。不仅是对自己的生命不珍惜（如自杀率上升），而且对他者（人及动物、植物）的生命也不珍惜（如战争和环境破坏）。在所谓"生命危机时代"的现代社会，理解生命的真谛，进而确立生命尊严的理念，具有重大的时代意义。池田大作关于生命的理解，不是仅仅停留于"珍惜生命"的认识上，而是主张把"生命尊严"作为21世纪的基本理念。

池田大作指出："社会体制与幸福，物质的丰富性与幸福感并不是直接相连的，必须意识到人的生命这一难以把握的但是不能无视的实体存在其中。不，那不单是存在其中。实际上，只有'生命'才是包含一切的总体，必须最优先考虑生命的尊严。"[③] 这一论述告诉我们，现实世界中，由人建立的社会体制和由人创造的物质财富未必给人带来幸福。幸福的源泉在于生命，最重要的是"包含一切"的"生命"。站在生命的原点上，心灵和身体，精神和物质，个人和社会，人类和环境就能相连。必须将生命第一、生命尊严的理念摆在最优先的地位加以确立。

池田大作还指出："生命的尊严是普遍的绝对的基准，生命的尊严没有等价物，是任何东西都难以替换的。"强调了生命尊严的普遍性和绝对性，

① [日]池田大作、季羡林、蒋忠新：《畅谈东方智慧》，四川人民出版社2004年版，第299页。

② [日]池田大作、[澳]卡勒鲁奇：《文明：西方与东方》，1972年版。

③ [日]池田大作：《池田大作全集》第1卷，圣教新闻社1998年版，第132页。

强调了生命尊严是无价的、至高无上的存在。尊重生命意味着必须保护人权。每个人生来就有不可侵犯的人权，池田大作将21世纪称为“人权的世纪”，在池田大作的思想中充满了尊重人权的理念。尊重生命意味着必须保障人的自我价值的实现。如以身份、信仰、国籍、政治、经济等各种理由阻扰人的自我价值实现，就谈不上是尊重生命。池田大作十分重视人的自我价值的实现。尊重生命还意味着非暴力。暴力的行使就是杀伤生命，就是损害生命的尊严。因此生命尊严意味着非暴力状态的确立。暴力可以分为两类，一类是“直接的暴力”，包括战争和恐怖活动；另一类是“结构性的暴力”，包括贫困饥饿，人权抑制，环境破坏等。池田大作主张不仅要根绝“直接的暴力”，还要消除“结构性的暴力”。

池田大作进而指出：“今后必须构建的文明，从其最基础的底部到其顶部，都必须是以‘生命的尊严’这一哲理的纯白的结晶来筑成的高峰。”① 这一论述阐明了“生命的尊严”这一哲理是构建21世纪全球文明的基本理念，也可以说“生命的尊严”是池田大作文明观的哲学基础。

（三）和谐的理念

《畅谈东方智慧》中有数十处使用了“调和”一词以及类似的词汇。日文的“调和”一词就是中文的“和谐”之意。“调和”与“和谐”的英文表达都是harmony。

和谐是万物均衡匀称的状态；和谐不是固定的而是变动的；和谐就是万物协调发展，整体保持均衡。和谐的概念是一个以人为中心，表示人自身的均衡、人与人的均衡、人与自然的均衡的概念。

和谐这一概念是自古就有的东方智慧。和谐与佛教的“缘起”思想密切相关。佛教的“缘起”思想认为，世上万物不是孤立存在的，而是互相依存的。佛教的“缘起”思想中“因缘而生”的概念就是具有变动的意义。

---

①［日］池田大作：《池田大作全集》第1卷，圣教新闻社1998年版。

现代社会中，不仅人的内在关系、人与人之间的关系，而且人与自然的关系都出现了危机。战争是人与人关系危机的典型表现，环境问题是人与自然关系危机的集中反映。为了克服现代危机，构建21世纪全球文明，池田大作主张将和谐理念作为指导21世纪的重要理念。

池田大作文明观主要追求三个层次的和谐：一是人的内在的和谐，包括人的理性、情感、意志的和谐；二是人与人之间的和谐，包括个人、家庭、民族、国家、区域之间的和谐；三是人与自然的和谐，包括人与地球生态系统以至宇宙生态系统的和谐，以及各种物种之间的和谐。这三种和谐是内在关联的，缺一不可的。

所谓人的内在的和谐，就是人的修行，就是人的自身修养。池田大作指出："《法华经》的教义是'即身成佛'"[①]，"任何人都可显现本来具有的清净的佛界，都可以成佛"[②]。"智慧与慈悲之心就是'法华经的精神'，就是永恒的真理。"[③]池田大作对人性的"善"与"恶"作了精辟的论述，提到了佛教的"十界论"。[④]佛教把表现在每一瞬间的生命的境地分为地狱、恶鬼、畜生、修罗、人、天、声闻、缘觉、菩萨、佛十种境界。"所谓'善人'就是'菩萨界'或'佛界'，就是能节制自己本能的生命状态。"[⑤]虽然池田大作讲的都是佛教思想，但是实际上是一种人生哲学，深刻地阐明了实现人内在和谐的关键是从善，引导人们修善积德，以实现人的内在的和谐。

所谓人与人的和谐，就是怀有慈悲之心，实行"菩萨道"。池田大作引用佛典的话："为人点灯，给他人照亮，也照亮了自己。"进而解释说："为他人效力，实际上是发挥自己的才能，不顾他人的利己主义，实际上是损

---

① [日]池田大作、季羡林、蒋忠新：《畅谈东方智慧》，四川人民出版社2004年版，第148页。

② [日]池田大作、季羡林、蒋忠新：《畅谈东方智慧》，四川人民出版社2004年版，第151页。

③ [日]池田大作、季羡林、蒋忠新：《畅谈东方智慧》，四川人民出版社2004年版，第116页。

④ [日]池田大作、季羡林、蒋忠新：《畅谈东方智慧》，四川人民出版社2004年版，第186页。

⑤ [日]池田大作、季羡林、蒋忠新：《畅谈东方智慧》，四川人民出版社2004年版，第186页。

害了自己。"[①]"要在现实生活中具体地实践不断地提高为他人着想的行为的比率的人生——菩萨道。"[②]"应当通过'菩萨道'的慈悲的实践，使现实社会朝着好的方向变革。"[③]池田大作深刻地阐明了实现人与人的和谐的关键是互惠双赢。指出为了他人实际利于自己；利己主义实际损害自己。提倡实践为了他人的"菩萨道"，实现社会变革。池田大作不仅主张人与人的和谐，而且主张家庭的和谐，民族间的和谐，国家间的和谐，区域间的和谐，提倡一切人种、民族、宗教、国家间的互相交流，互相理解，互相尊重。池田大作所讲的"慈悲之心"、"菩萨道"与中国古代哲学中的"仁爱"思想是异曲同工的。

所谓人与自然的和谐，就是实现人与自然的共生。池田大作多处提到，21世纪应该成为"共生的世纪"，指出"人本来是大自然的一部分"[④]，"能不能同大自然协调、和平共处，对人类来说，是关系到生存的问题"[⑤]。与共生精神相关，池田大作特别强调了东方思想精髓的"依正不二"思想与"天人合一"思想。他指出："佛教是把大宇宙、大自然与人的生命的关系当作'依正不二'论而展开的"[⑥]，"这一哲理认为，作为'依报'的环境和作为'正报'的人的生命，在其根本上是'不二'的"[⑦]。所谓"依正不二"，就是主体和客体的内在关系，就是重视人与自然的关系。池田大作从依正不二论出发，主张人与自然的一体性，提倡人与自然的和谐，反对为了经济发展而破坏自然。自然环境的破坏就是人的破坏，就是生命的破坏。环境危机威胁人类生存。因此，池田大作大力呼吁保护环境，爱护环境。

当今中国领导人在国内倡导构建和谐社会，在国际上提倡构建和谐世

---

① [日]池田大作、季羡林、蒋忠新：《畅谈东方智慧》，四川人民出版社2004年版，第52页。
② [日]池田大作、季羡林、蒋忠新：《畅谈东方智慧》，四川人民出版社2004年版，第186页。
③ [日]池田大作、季羡林、蒋忠新：《畅谈东方智慧》，四川人民出版社2004年版，第191页。
④ [日]池田大作、季羡林、蒋忠新：《畅谈东方智慧》，四川人民出版社2004年版，第195页。
⑤ [日]池田大作、季羡林、蒋忠新：《畅谈东方智慧》，四川人民出版社2004年版，第232页。
⑥ [日]池田大作、季羡林、蒋忠新：《畅谈东方智慧》，四川人民出版社2004年版，第232页。
⑦ [日]池田大作、季羡林、蒋忠新：《畅谈东方智慧》，四川人民出版社2004年版，第233页。

界。池田大作文明观的和谐理念与当今中国领导人提倡的“和谐”理念也是一脉相通的，都是东方智慧的表现。

上述三个基本理念密切相关。池田大作从以人为本的原点出发，阐明了人所具有的纵向的与横向的关系，即纵向的生命尊严与横向的和谐。因此，人间主义、生命尊严、和谐这三个理念内在相联，互为一体，密不可分，缺一不可。

三、用东方智慧描绘21世纪全球文明的蓝图

池田大作在《畅谈东方智慧》中指出：“现在摆在东方面前有一个课题，那就是能不能为人类描绘出一份‘全球文明’的蓝图。”[①]池田大作运用东方智慧为描绘21世纪全球文明的蓝图，进行了卓越的理论研究和杰出的实践活动。不仅对21世纪全球文明的发展趋势等进行了深刻的分析，而且对构建21世纪全球文明的途径进行了精辟的论述。

（一）21世纪全球文明的发展趋势

首先，在分析21世纪全球文明的发展趋势时，明确地指出了文明中心的转移问题。

综观人类文明发展的历史，各种文明兴亡盛衰，此长彼消，既有文明冲突与文明融合的交替，又有文明中心与文明边缘的换位。有人提出：“现在世界文明的中心正在向东方转移。21世纪，是东西方文明冲突、融合和交替的时代。”[②]季羡林引用中国俗话“三十年河西，三十年河东”，认为：“从21世纪开始，‘河东’将取代‘河西’，东方文化将逐渐主宰世界。”[③]池田大作进一步明确地指出：“文明的中心19世纪是在欧洲，20世纪转移到

① [日]池田大作、季羡林、蒋忠新：《畅谈东方智慧》，四川人民出版社2004年版，第275页。

② [日]村山节、浅井隆：《东西方文明沉思录》，平文智、夏文达译，中国国际广播出版社2000年版。

③ [日]池田大作、季羡林、蒋忠新：《畅谈东方智慧》，四川人民出版社2004年版，第273页。

欧洲派生的美国和苏联。我展望，接着的21世纪将一定是‘亚洲太平洋的世纪’。”还特别提到“东亚地区”“仍在发挥生气勃勃的发展的活力”[①]。池田大作的这一论述，阐明了东西方文明递相兴衰的规律，论证了文明中心转移的史实，进而指明了21世纪文明中心将转移到亚洲太平洋地区的趋势。还特别重视“东亚地区”“发展的活力”。根据池田大作文明中心转移的论述，深入探讨亚洲太平洋地区尤其是东亚地区在构建21世纪全球文明中的作用和影响，具有重要的意义。

其次，在分析21世纪全球文明的发展趋势时，明确指出了关系到人类生存的两个重大课题。

人类文明作为一个整体正处在十字路口。回顾刚刚过去的20世纪，风云激荡，人间沧桑。对20世纪人类文明影响最大的是世界大战的爆发和科学技术的发展两件大事。两次世界大战给人类社会带来了深重的灾难。科学技术的发展为人类社会的进步做出了重大贡献，同时也带来了许多问题。蒋忠新认为，鉴于20世纪的教训和经验，21世纪全球文明面临着关系到人类生存的两个重大课题，即和平问题与发展问题。池田大作肯定了蒋忠新的观点。[②] 和平问题所要处理的主要是人与人之间的关系，发展问题所要处理的主要是人与自然之间的关系。没有人类社会的和平，就不可能实现人类社会的发展；没有人类社会的发展，也不可能实现人类社会的和平。所以，和平与发展是21世纪全球文明的两大主题。和平有两种，一种是消极的和平，另一种是积极的和平。发展也有两种，一种是恶性的发展，另一种是良性的发展。在构建21世纪全球文明中，实现池田大作文明观所追求的积极的和平与良性的发展，是人类社会的共同课题。

再次，在分析21世纪全球文明的发展趋势时，明确指出了“变革的主人翁”是民众。

---

① ［日］池田大作、季羡林、蒋忠新：《畅谈东方智慧》，四川人民出版社2004年版，第274页。

② ［日］池田大作、季羡林、蒋忠新：《畅谈东方智慧》，四川人民出版社2004年版，第276页。

池田大作指出："我们民众的每一个人都是变革的主人翁，都有开辟光明未来的责任。""民众是有智慧的，他们会聪明、敏锐地分辨真正优秀的事物，只有得到民众广泛支持的事物才会长远存在下去。"[①] 这一论述确定了民众在构建21世纪全球文明中的主人翁的地位，阐明了民众在构建21世纪全球文明中的责任，强调了民众在构建21世纪全球文明中的作用，指出了民众的支持在构建21世纪全球文明中的重要性。只有民众才是推动历史前进的动力，只有民众才是构建21世纪全球文明的主体力量。池田大作十分重视民众的力量与作用，尤其重视民众的文明意识的形成。为了增强民众的文明意识，必须在民众中积极开展文明的启蒙、文明的教育、文明的传播。发挥民众的积极作用，是构建21世纪全球文明的重要基础。

最后，在分析21世纪全球文明的发展趋势时，十分重视中国的积极作用和重要影响。

池田大作多处提到中国文化和思想的影响力，指出："中国有着以儒教、道教以及中国佛教为基础的精神的土壤，从那里可以发现基于人道主义和和平主义的伦理道德。""人类应当学习中华民族所培育的'精神'、'伦理'。"[②] 不仅肯定了中国伦理道德具有人道主义与和平主义的特点，还强调了在构建21世纪全球文明中应当学习中华民族的精神。

（二）构建21世纪全球文明的重要途径

1974年池田大作与苏联部长会议主席柯西金会见时，柯西金问池田大作，根本的理念是什么？池田大作当即明确回答说："和平主义，文化主义，教育主义，其根底是人间主义。"[③] 如果说构建21世纪全球文明的根本途径是实行"人间革命"，那么作为实行"人间革命"的具体途径，主要可以概括为和平与对话的途径、文化的途径以及教育的途径。

---

① [日]池田大作、季羡林、蒋忠新：《畅谈东方智慧》，四川人民出版社2004年版，第278页。

② [日]池田大作、季羡林、蒋忠新：《畅谈东方智慧》，四川人民出版社2004年版，第295页。

③ [日]池田大作：《创价教育的源流》，创价大学创友会2006年版。

第一，和平与对话的途径。

池田大作表明：“我希望21世纪能斩断从憎恶到憎恶的连锁，同暴力与战争诀别，成为充满和平与友爱的世纪。”①“没有和平就没有民众的幸福。”②在池田大作的思想体系中，和平问题的内容最为丰富，和平问题的论述最受注目。池田大作在其名著《新人间革命》的卷首，写了一段震撼人心的名言：“没有比和平更珍贵的，没有比和平更幸福的，只有和平才是人类进步的根本的第一步。”③

为了实现“和平的世纪”，必须进行对话。池田大作指出：“对话是打开和平之门的钥匙。……只要开诚布公地商谈，我相信任何问题都可以找到解决的办法。互相理解和信任就是和平的基础。”④对话就是为了实现和平，为了构建21世纪全球文明。

池田大作通过文明间的对话，为构建21世纪全球文明进行了卓越的实践。池田大作从20世纪60年代起，访问了54个国家和地区，与世界各国首脑和有识人士进行了7000多次对话。池田大作的对话超越了不同的宗教，遍及佛教文化圈、基督教文化圈和伊斯兰教文化圈；冲破了不同的意识形态和政治制度的壁垒，遍及资本主义国家和社会主义国家。⑤池田大作的对话促进了21世纪全球文明的构建。池田大作重视对话的渊源来自佛教。日莲的重要著作《立正安国论》就是通过主人与客人之间的对话展开论述。通过对话可以打破壁垒，促进沟通；消除不信，促进理解；化解隔阂，促进融合。和平与对话的途径是通向21世纪全球文明的充满光明的大道。

第二，文化的途径。

池田大作指出：“‘文化’是人类创造的复合体。习惯、法律、艺术、道

---

① [日]池田大作、季羡林、蒋忠新：《畅谈东方智慧》，四川人民出版社2004年版，第54页。
② [日]池田大作、季羡林、蒋忠新：《畅谈东方智慧》，四川人民出版社2004年版，第164页。
③ [日]池田大作：《新人间革命》第1卷，圣教新闻社1998年版，第11页。
④ [日]池田大作、季羡林、蒋忠新：《畅谈东方智慧》，四川人民出版社2004年版，第165页。
⑤ 参见汪鸿祥：《文明对话与国际关系》，《多元文化与世界和谐》，人民出版社2008年版。

德、科学、宗教等都是构成高度发达的复合体的因素。”[①] 池田大作还指出：“优秀的文化和艺术可以把人的心连结在一起，可以超越国境和体制，用共同的‘感动’把人们连结在一起。‘文化之路’是盛开优美的人性与智慧的花朵之路，是心灵之路，因而也是和平之路。”[②] “‘把人类文化提到一个前所未有的高度’——我觉得这是实现‘全球文明’的美好的理想。提高人类文化，就是要使人更像人，使文明更像文明。”[③] 上述论述，阐明了人类在文化创造中的主体性，阐明了提高人类文化水平与实现全球文明的关联性，阐明了通过文化的途径构建 21 世纪全球文明的重要性。

池田大作非常重视文化的作用。他亲手创立了民主音乐协会、东京富士美术馆、东洋哲学研究所等一系列文化机构，为文化的发展和文化的交流做出了杰出的贡献。池田大作文明观中文化具有重要的位置。促进各种文化的互相理解，互相借鉴；承认文化多元，促进文化创造。这是构建 21 世纪全球文明的充满智慧的大道。

第三，教育的途径。

池田大作指出：“教育是人生最神圣的事业。我个人也继承牧口先生、户田先生的遗志，创立了创价大学、创价学园。为教育不惜奉献自己的一切，是我毕生的信念。”[④] 他还指出：“我也在争取实现全面具备‘德、智、才、识’的人的教育。”“具有高尚的道德和洞察人生与社会的动向的智慧，发挥自己内在的才能，学习人类遗产的旺盛的求知欲——这才是‘全面的人’。”[⑤] 上述论述阐明了教育的意义，把教育视为神圣的事业，表达了为教育而奉献的信念。进而阐明了教育的方针就是要培养“全面的人”。

池田大作亲手创立的创价大学的建学理念是“人间教育的最高学府，

① [日]池田大作、季羡林、蒋忠新：《畅谈东方智慧》，四川人民出版社 2004 年版，第 203 页。
② [日]池田大作、季羡林、蒋忠新：《畅谈东方智慧》，四川人民出版社 2004 年版，第 49 页。
③ [日]池田大作、季羡林、蒋忠新：《畅谈东方智慧》，四川人民出版社 2004 年版，第 291 页。
④ [日]池田大作、季羡林、蒋忠新：《畅谈东方智慧》，四川人民出版社 2004 年版，第 36 页。
⑤ [日]池田大作、季羡林、蒋忠新：《畅谈东方智慧》，四川人民出版社 2004 年版，第 60 页。

新型大文化建设的摇篮，捍卫世界和平的要塞”。这个建学理念，阐明了教育在塑造人格、创造文化、捍卫和平中的作用，实际上也是阐明了教育在构建21世纪全球文明中的重要意义。池田大作文明观中教育具有重要的位置，建设为了教育的社会，通过教育创造新的文明价值，是构建21世纪全球文明充满希望的大道。

结　语

东方智慧对于构建21世纪全球文明具有重大的意义。作为东方智慧重要组成部分的池田大作文明观为构建21世纪全球文明提供了一系列核心价值和重要理念。

池田大作在《畅谈东方智慧》的序言中指出：“希求东方智慧能在争取万物共生共存的‘和平与希望’的世纪显示其雄姿，成为指导‘人类文明’的‘光明’。”[①] 对于东方智慧在21世纪全球文明中的重要影响和指导作用寄予殷切的期望！

当今世界存在着危害文明的各种因素。但是，对于人类社会的未来，池田大作表示自己“属于‘乐观派’”，“强烈地感到有一种要立足于‘胸怀宽广的乐观主义’，创造人类光辉未来的责任”。[②] 笔者也是乐观派，相信“东方智慧的曙光照亮世界的时代一定会到来”！[③]

① [日]池田大作、季羡林、蒋忠新：《畅谈东方智慧》，四川人民出版社2004年版，前言第6页。

② [日]池田大作、季羡林、蒋忠新：《畅谈东方智慧》，四川人民出版社2004年版，第296页。

③ [日]池田大作、季羡林、蒋忠新：《畅谈东方智慧》，四川人民出版社2004年版，第289页。

东方文明与21世纪新文明

陈鹏仁[1]

一

20世纪是革命和战争的世纪。有过1911年之中国的辛亥革命和1917年的俄国革命。更发生过规模空前、极为凄惨的第一次世界大战和第二次世界大战。在第一次世界大战，战死者大约1000万人，受伤者大约1000～3000万人，直接战费大约为1800亿美元。[2]

人们为着终止人类再次发生战争，维持世界和平，一次大战后成立了国际联盟。但1939年德国点燃了二次大战的火花，更有日本之侵略中国爆发了太平洋战争，是为第二次世界大战。二次大战，有人说战死者大约2200万人，受伤者3440万人左右，但如果加上在中国和东欧未确认之死者人数，当在4000万人以上，战费多达一兆一千五百四十亿美元。[3]

二次大战之后，为了阻止战争，维护世界和平与安定，创立了联合国。但在二次大战之后的世界，由于以美国为首的自由主义集团，与以苏联为龙头的共产主义集团展开了"冷战"，互相猜忌，随时有爆发第三次世界大战的可能性。唯因具有慧眼和良知的前苏联总统戈尔巴乔夫（Mihail

① 台湾中国文化大学教授。

② [日]下中邦彦编:《小百科事典》增补改订版，东京平凡社1982年版，第821页。

③ [日]下中邦彦编:《小百科事典》增补改订版，东京平凡社1982年版，第833页。

Sergeevich Gorbachyov）和美国前总统里根（Ronald Wilson Reagan）的坦诚相见，结束了“冷战”[①]。在这种意义上，我认为戈尔巴乔夫和里根是20世纪人类之救星，堪称为世界的伟大政治家。

以意识形态为基础的国家与国家之间的对立，虽然暂时告一段落，但以种族和宗教为本位的人类之彼此歧视和反目，还是未能间断。美国哈佛大学教授亨廷顿（Samuel P. Huntinton）所著《文明之冲突》一书，就是从这个观点来讨论这个问题的。[②]

亨廷顿把东方社会分属于六个文明：即日本文明、中华文明、东方正教会文明、佛教文明、伊斯兰文明和西欧文明。另外，南亚有印度文明。他说，西欧鼎盛的几个世纪，重要的国际关系，皆为强而有力的西欧诸国之间的竞争，迨至18世纪，俄国才参加，20世纪日本才抬头。大国间之纷争和合作，欧洲是其主要舞台，冷战时期超大国的对峙前线还是在欧洲。[③]

美国曾经把7个国家说成是“恐怖国家”，也就是“制造麻烦的国家”。其中5个是伊斯兰（回教）国家，即伊朗、伊拉克、叙利亚、利比亚和苏丹；其他两个国家为古巴和北韩。美国高官骂他们是“流氓”、“无赖”，因此主张以武力来制裁。[④]伊斯兰教徒之攻击纽约贸易中心的“9·11”恐怖行动，更令美国人有这样的看法。

就西欧而言，基本问题是伊斯兰教本身。伊斯兰教为与西欧完全不同的文明，伊斯兰教徒坚信其文化优于其他文化，但对于其国力不如其他国家而不满。相反地，就伊斯兰教而言，问题不是美国中央情报局或国防部，

① [俄]戈尔巴乔夫、[日]池田大作：《二十世纪的精神教训》（上），陈鹏仁译，正因文化事业有限公司2004年版，第181—182页。

② [美]亨廷顿：《文明之冲突》一书，笔者使用的是日译版，系由铃本主税所译，1998年7月，东京集英社出版的版本。

③ [美]亨廷顿：《文明之冲突》，铃本主税译，东京集英社1998年版，第330—331页。关于五百多年来世界历史之演进，请参看曾任东京大学校长林健太郎著，陈鹏仁译《世界近代史》一书，此书由台北水牛出版社出版，至今已出15版。

④ [美]亨廷顿：《文明之冲突》，铃本主税译，东京集英社1998年版，第327页。

而是西欧本身——西欧的文明。西欧人认为他们的文化具有普世价值，其势力虽然在衰退，但因拥有优势的国力，故认为向全世界扩张其文化为他们的义务。因此，这是伊斯兰教与西欧纷争的根本原因。①

着实，世界有十亿的伊斯兰教徒人口。他们的宗教信仰非常坚定。为抗拒西欧文明之扩张，我个人认为他们与西欧文明的抗争势将继续下去。

二

但人类不能也不应该再有战争。世界必须维持和平。尤其在武器极端发达的今日，如果发生使用核子武器的战争，交战者必将两败俱伤，甚至于导致人类的毁灭。基于这样的认识，池田大作与中国大儒季羡林和蒋忠新之对谈集“论东洋之智慧”，实具有21世纪新文明的意义。

首先，我们来介绍他们对于东洋文化和西洋文化的看法。

池田大作说：“文化或文明是，包括知识、信仰、艺术、法律、习惯等，作为社会之成员者所得能力与习惯之复杂的总体。”②他认为，文化和文明，在根本不应该有所区别。

季羡林表示：“据说世界的学者对于文化所下的定义超过五百种。这等于没有定义。”根据粗浅的理解，“文化”是人类在精神、物质两方面所创造之一切的优秀东西。“文化”是人类所创造的复合体。习惯、法律、艺术、道德、科学、宗教等，都是高度发达的复合体。③

---

① [日]下中邦彦编:《小百科事典》增补改订版，东京平凡社1982年版，第329页。

②《池田大作全集》第111卷，对谈集，东京圣教新闻社2008年版，第503页。

③ [日]下中邦彦编:《小百科事典》增补改订版，东京平凡社1982年版，第504页。季羡林去世于2009年7月11日，享年九十八岁。台北《传记文学》杂志（2010年5、6月号）刊有关国煊、胡志伟之季羡林小传，共计二十六页，极为详细，非常值得参考。1999年3月，季羡林应法鼓人文社会学院邀请，访问台北，参加该学院在国家图书馆举办之“人文关怀与社会实践系列研讨会”之“人的素质”讨论会，来去仅十天。他曾去南港中央研究院“胡适墓园”献花行礼，并参观“胡适纪念馆”，同时去台湾大学“傅园”参拜傅斯年墓。

蒋忠新说："基于这样的定义，文化可以说是人类社会物质上财产和精神上财产的总和。[①] 我个人认为，"广义地来说，文化是一个国家或民族的生活方式"[②]。

其次，关于文化的起源，季羡林表示，"大致上只有两种说法，第一个是一元起源说，第二种说法是多元起源说"。他支持文化的多元起源说。他认为，世界的任何民族都创造了其文化，对于人类全部文化都有所贡献。不过，各民族所创造的文化，在质和量不同而已。[③]

19世纪是西欧席卷世界的时代。所以黑格尔（G.W.F.Hegel）、马克思（Karl Max）都基于这样的事实，认为"西欧才是世界的中心"。但迨至20世纪，随西欧势力之日趋江河日下，有人开始对于"西欧中心史观"提出异议，在第一次世界大战中撰写《西洋之没落》的史宾格拉（Oswald Spengler）和发表巨著《历史之研究》的汤因比（Arnald Toynbee），便是其代表学者。史宾格拉认为世界有八个高度文化，汤因比说世界有二十一或二十三个文明化圈。[④]

季羡林认为，有史以来，人类有四种文化体系：一为中国文化体系（包括日本文化，它有某种改造和发展）；二是印度文化体系；三为古代希伯来、埃及、巴比伦、亚述、阿拉伯、伊斯兰、塞姆族文化体系；四为古代希腊、罗马和欧美近现代之欧洲文化体系。[⑤]

若是，东西两大文化体系究竟有什么不同呢？季氏认为，其"共同点"是，皆为人类带来幸福，提升了人的素质和人类生活水平及享受，促进了人类社会的发展。而其最大的"不同点"是，"思考模式"的不同。这是这两个文化体系一切不同的基础和根源。即"东洋文化"之思考模式是"总

① [日]下中邦彦编：《小百科事典》增补改订版，东京平凡社1982年版，第504页。

② 陈鹏仁：《日本文化史导论》，台北致良出版社2009年版，第2页。

③《池田大作全集》第111卷，对谈集，东京圣教新闻社2008年版，第564—565页。

④ [日]下中邦彦编：《小百科事典》增补改订版，东京平凡社1982年版，第565—566页。

⑤ [日]下中邦彦编：《小百科事典》增补改订版，东京平凡社1982年版，第566页。

合”，西洋是“分析”。中国的《易经》主张“乾坤”，亦即“阴阳”。自然界有日月、昼夜；宗教、哲学、伦理有光明和黑暗，善和恶等等。[①]

季羡林认为，“分析思考”的特色是，抓住物质，拼命分析，分析到素粒子，简直是见树不见林。从医学上来说是头痛医头，脚痛医脚，没有全面的考察和医法。

而“总合思考”的长处是，“总体概念”和“普遍关系”，换句话说是见树也见林。从医学上来说，是头痛时要医脚，脚痛时要医头。[②]

对于这个说法，蒋忠新以中国汉方医学同时重视人的“身”和“心”，即实现“肉体”和“精神”的“身心健康”来说明其道理。季氏说，这就是中国古代之“天人合一”的思想，为东洋思考模式的最好典型。

池田氏说，汤因比认为西洋文化的“分析思考”已经到了它的局限，此种局限且及于一切领域，包括自然观、生命观以至政治、经济和教育等等。所以在人类的未来，东洋文化之特色的“总合分析”将扮演极重要的角色。[③]

社会的发展靠文化的交流。人类在其历史发展过程中，逐渐由氏族而形成村落，由民族而成立国家。氏族、村落之间，民族和国家之间，皆有文化的交流。交流的范围和内容，日益丰富。时至今日，全世界的民族和国家都频繁地在从事文化交流，因此出现了现今的光辉而多彩多姿的“人类文化”。人类的生活愈来愈丰富，寿命日长。亦即“文化交流”是促进人类社会之发展的最主要力量。[④]今日，人人甚至于在强调“地球村”的出现。

池田大作说，丝路不仅是物资交易的要道，而且是“东”、“西”文化交流的管道。透过丝路、伊朗、斯其泰的文化，对于日后的世界文化有过很大的贡献。诞生于印度的佛教，普及于几乎整个东亚。同时产生于丝路

① [日]下中邦彦编：《小百科事典》增补改订版，东京平凡社1982年版，第568页。
② [日]下中邦彦编：《小百科事典》增补改订版，东京平凡社1982年版，第574页。
③ [日]下中邦彦编：《小百科事典》增补改订版，东京平凡社1982年版，第577页。
④ [日]下中邦彦编：《小百科事典》增补改订版，东京平凡社1982年版，第577—578页。

周遭之基督教和回教等宗教，以美术、建筑为首，对于世界的各种文化，有过极大的影响。为丝路之终点的日本文化，是融合韩国、朝鲜文化与中国文化以及东南亚文化而形成的。[①]

三

汤因比在与池田大作的对谈集《走向二十一世纪的对话》中，对池田说："中国肩负世界之一半甚至整个世界之导致世界统合与和平的命运。"[②]

对于池田大作与汤因比的对谈集，蒋忠新说，季氏于1997年出版的《东西文化议论集》上卷，收录了该对谈集第二部第四章"到一个世界"的第二节至第六节，亦即收录了"汤因比博士对于中国之期待"的数节（中文版），可见季羡林之如何重视该对谈集。而且中国之部分学术杂志，也频频引用和参考此书，可知其重要性之一斑。[③]

池田大作和季羡林都非常重视《法华经》的统合精神。池田说《法华经》的统合精神能够消除分裂和抗争，克服苦闷，进而成为和谐与安稳的泉源。现今社会充满分裂和憎恨。《法华经》的统合精神超越和统合这种憎恨的思想。《法华经》的统合精神，必将"无明"照成"光明"。[④]

季羡林表示，中国古言说"三十年河西，三十年河东"。就几千年的人类历史而言，东西文化的关系就是"三十年河西，三十年河东"。

事实上，中国之汉、唐时代是世界之经济和文化的中心。从明末，西洋学术东渐，情形为之一变。1840年的鸦片战争是一个转折点。该时日本认真学习了西洋文化，乃有1868年的明治维新。……但在21世纪，季氏

① [日]下中邦彦编：《小百科事典》增补改订版，东京平凡社1982年版，第577—578页。
② [日]下中邦彦编：《小百科事典》增补改订版，东京平凡社1982年版，第583页。
③ [日]下中邦彦编：《小百科事典》增补改订版，东京平凡社1982年版，第584页。
④ [日]下中邦彦编：《小百科事典》增补改订版，东京平凡社1982年版，第618页。

认为“河东”将取代“河西”，东洋文化势将日渐支配世界。①

池田氏说，文明的中心19世纪时是在欧洲，20世纪时欧洲文明转移到美国和俄国。他相信，21世纪将是“亚洲太平洋的世纪”。但今日亚洲之政治、经济的发展，与西洋文明之产物的科学、技术、产业具有不可分割的关系。

但随着西洋文明的全球化，生态体系全面地遭到破坏，市场经济扩大了贫富的差距，难民快速增加，病毒疾病蔓延等，出现了“地球的问题群”。人类精神荒废，引起心病，尤其先进国家，其情形更是严重。②

蒋忠新认为，人类文明无疑正走在十字路口。人类需要的是和平、发展与繁荣。和平问题是今日人类最迫切和最需要解决的问题。其核心在于人与人的关系。解决之道为以东洋之“天人合一”的宇宙观为指导原理，以设计和创造合适的社会制度，走向良性之发展的道路。③

池田大作强调，关键在于“人”，“觉醒的人们之联带”。季羡林说，解决和平的问题，需要各国人民的力量，各国民间有识之士和非政府之民间组织的力量。因为创造人类文明的主体是人民大众。人类文明之希望，完全在于人类文明创造者的人民大众。④

季羡林说，西洋的指导思想是“征服自然”，而东洋的指导思想为“与自然万物浑然一体”。东洋对大自然的态度是，与自然为友，理解自然，认识自然。所谓“天人合一”的态度就是哲学上凝结的表现。东洋文化视人和自然为一个总体，人和其他动物皆包含在其中。⑤

季氏又说，自古以来，东洋的几个宗教，譬如佛教就反对杀生，反对吃肉。中国古有思想处处同情鸟兽，“劝君莫打春鸟，子在巢待母归”是人

① [日]下中邦彦编：《小百科事典》增补改订版，东京平凡社1982年版，第620页。
② [日]下中邦彦编：《小百科事典》增补改订版，东京平凡社1982年版，第621—622页。
③ [日]下中邦彦编：《小百科事典》增补改订版，东京平凡社1982年版，第624页。
④ [日]下中邦彦编：《小百科事典》增补改订版，东京平凡社1982年版，第625页。
⑤ [日]下中邦彦编：《小百科事典》增补改订版，东京平凡社1982年版，第627页。

人皆知的著名诗。它表现了孟子所说“恻隐之心，人皆有之”[1]。

蒋忠新说，佛教以“贪、嗔、痴”为人之“三毒”。把“贪”放在第一位，这完全正确。笔者一向坚决主张，贪官污吏，应该予以剥皮装粗糠（台语）。汤因比说：现代人之贪婪，同时消费尽无可取代的资源，欲剥夺未来世代之生存权利。贪婪本身就是恶。贪婪是人性内面动物性的一面。但人既是动物，更甚于动物以上的存在，沉溺于贪婪的人将失去作为人的尊严性。所以我们必须抑制贪婪和实行节约。这样做，最少有三个根据。第一，维护人的尊严；第二，阻止人遭受污染的危险；第三，能为后代保存有限的资源。[2]

池田大作表示，要挽救人类文明危机，必须善用中国之“天人合一”和佛教之“依正不二”的思想。他认为，现今受到重视之“复杂系”的研究，与佛教“缘起的世界观”极为类似。因素互相关联，生成发展，创造新秩序之过程的研究，正是“缘起观”[3]。

池田大作和季羡林都认为，东西文化正在融合，而且未来其融合必将加速。但其融合，也必有主和从。他们皆认为东洋文化必定是主，西洋文化为从。世界的光芒必然来自东方。[4]

在与池田大作的对谈中，汤因比说，东亚拥有许多历史遗产。一为维持21世纪之长的中国民族的经验；二是在这漫长的中国历史过程中，中国民族所获得的世界精神；三是儒教之世界观的人本主义；四为儒教与佛教的合理主义；五为东方人对于宇宙之神秘性的感受性；六为中国哲学主张人与自然的和谐共存；七为东亚的诸国民，由日本人的表现得知，在军事、非军事之科技应用的竞赛上，东方人能胜于西方人；八为日本人和越南人所表

① [日]下中邦彦编:《小百科事典》增补改订版，东京平凡社1982年版，第628页。
② [日]下中邦彦编:《小百科事典》增补改订版，东京平凡社1982年版，第629页。
③ [日]下中邦彦编:《小百科事典》增补改订版，东京平凡社1982年版，第633页。
④ [日]下中邦彦编:《小百科事典》增补改订版，东京平凡社1982年版，第635页。

现，敢挑战西方的勇气。[①]

池田大作说，如汤因比所指出，中国有儒教、道教和以中国佛教为基础的精神土壤，因而显现基于人本主义与和平主义的伦理性和道德性。所以他认为，人类为其“精神的发展”，应该学习中国民族所培养的“精神性”和“伦理性”[②]。

季羡林和池田大作，对于人类的未来，皆属于“乐观派”。最后，我愿以池田大作与前莫斯科大学校长罗克诺夫（Anatolii Alekseevich Logunov）对谈的一句话作为本文的结论。

罗克诺夫说，我们都一起坐在叫做“世界”的这条船上，要互相加油，促进阻止战争的文化交流，和丰富彼此之文化的文化交流。[③]愿全世界的民族和国家，尤其切盼大国的政治领导者，念兹在兹，人类幸甚。

---

① [日]下中邦彦编:《小百科事典》增补改订版，东京平凡社1982年版，第637—638页。

② [日]下中邦彦编:《小百科事典》增补改订版，东京平凡社1982年版，第640页。

③《池田大作全集》第7卷，对谈集，东京圣教新闻社1999年版，第167—168页。关于中国的思想，周阳山编，徐复观等著《知识分子与中国》，时报文化出版企业有限公司1990年版，此书非常值得参考。

迈向人道世纪

——池田大作文明观探讨

刘焜辉[1]

一、问题的背景

最近20年来，“SGI”倡言环绕着人道世纪、和平共生、精神革命、人本主义、全球文明、人性宗教、创造价值等主题提出重要建言。1993年，池田大作在哈佛大学的演讲《21世纪文明与大乘佛教》中，强调“以喜悦的心情与人接触”，提出人本主义的行动准则：“万事俱在相互依存‘缘起’中不断变化。调和、一体性之外，甚至矛盾与对立也可以说是连结的一种表现形式。因此，征服矛盾、向恶挑战是为了抵达大连结而不可避免的试炼。”[2] 可以说是一语中的的见解。

哈佛大学亨廷顿教授的《文明冲突论》中，将终结冷战的意识形态对决分成西方文明、儒家文明、日本文明、回教文明、印度文明、俄国正教会文明、拉丁美洲文明，预测“文明冲突将左右世界政治、文明间的差异导致纷争”[3]。英国史学家伯纳德·刘易斯（Bernard Lewis）也认为“两种文明同居时，各自的文明最坏的部分相遇，引起冲突，他认为文明或文化

---

① 中国文化大学心理辅导研究所教授，专业领域：谘商、心理治疗、辅导、教育。

② ［日］池田大作：《人间主义の旗》，第30届“SGI”纪念倡言，2005年，第30页。

③ 洪镰德：《人文思想与现代社会》，台北扬智文化事业公司2000年版，第115页。

能够同居是错误的想法”[①]。池田大作指出这是“误解与敌意的连锁”[②]。他认为文明或文化是活的，可以变化。为了避免文明的对决，他耐心地进行文明间的对话，强调“21 世纪已经逐渐形成地球文明，从文化的自我赞美主义转变为利他主义运动，我们正站在创造地球文明是否能成功的分歧点”[③]。战争或暴力、压抑或贫困、环境破坏等，当前世界上的问题堆积如山。因此，21 世纪的人应该透过人本身的改造去克服这些问题。人类在自我中发现无限的价值，宣言为普遍的真实，这是非常重要的事情。要使其价值不要磨灭，使理念成为现实的不屈的行动是不可缺的。首先各人要反省自己，从身边开始采取行动。与人人联系去解决问题。总之，“一个人的变革就是转变全体人类命运的钥匙”[④]。为了“共享未来”，他提出三个具体的建议作为建设和平共生国际社会的支柱，促使落实“人道竞争”，转变目前的全球问题。这三个建议是：“（1）为解决环境问题而共同行动；（2）促进国际合作，为全球社会争取公众利益；（3）为共享和平而废除核武器。”[⑤] 本文拟针对池田大作对人类新文明的建言加以探讨，作为现代人的指标。

二、池田大作文明观的内涵

（一）21 世纪新文明的特征

孔特·斯蓬维尔（Comte Sponville）将人类社会区分为四至五种秩序：“第一种秩序是经济技术—科学的秩序，以‘可能’与‘不可能’为相对轴。

① [日]池田大作、ヌ-ル·イヤ-マン：《今日の世界　明日の文明》，东京河出書房新社版，第 138 页。

② [日]池田大作、ヌ-ル·イヤ-マン：《今日の世界　明日の文明》，东京河出書房新社版，第 147 页。

③ [日]池田大作、R·D、ホライトネル：《見つめあう西と东——人間革命と地球革命》，东京第三文明社 2006 年版，第 209 页。

④ [日]池田大作、R·D、ホライトネル：《見つめあう西と东——人間革命と地球革命》，东京第三文明社 2006 年版，第 210 页。

⑤ [日]池田大作：《人道的竞争へ　新たな潮流》，第 34 届“SGI”纪念倡言，2009 年，第 122 页。

第二是法律—政治的秩序以‘合法’与‘非法’为相对轴。第三是道德的秩序，以‘善与恶’、‘义务与禁令’为相对轴。第四是爱的秩序，以‘喜与悲’为相对轴。每一种秩序应受下一种秩序支配。”[①]又说：“离开了人群，人也不能独存。没有‘他人’就没有‘自己’，缺乏人性的社会，会让年轻人感到窒息。……现代文明正面临这种危机，回归人道社会，没有每个人的资质向上，就没有社会的改革，也不可能有良好的社会秩序。没有个人的觉醒，就没有优越的上升。”[②]他为“人道世纪”做了最好的注解。

池田大作与印度的洛克什·钱德拉（Lokesh Chandra）博士对谈而结集的《畅谈世界哲学》一书序文“让21世纪成为‘和平’与‘共生’的世界”中说，“人本主义思想是润泽人类生命，赐予无限活力，成为生存指标的深远精神水脉”[③]。又说：“20世纪被喻为‘战争世纪’，我们必须将21世纪转换成‘和平世纪’、‘生命世纪’、‘人权世纪’。它的根本就在于‘精神革命’。意即‘人性变革’。若不进行‘人性变革’则无法转换人类的宿命。深植东方社会的尊重多元性、积极宽容性将成为21世纪的正确指标。”[④]

池田大作对于文明史观非常关心。他推崇汤恩比所强调的“自然环境并非决定民族创造力强弱的要因，如何对待困难的环境才是创造文明的弹簧”[⑤]。汤恩比提出了打破以往居优势的西欧中心史观之历史观，倡导文化间没有优劣之分的文化相对论，这方面，他是开创者，由此以宽容与共生为主轴的新地球文明逐渐形成。1995年制定的SGI宪章特别增设一项：SGI尊重各种文化的多样性，推进文化交流，以建构互相理解与协调的国际社

---

① [日]池田大作：《生命の变革　地球平和への道标》，第32届“SGI”纪念倡言，2007年，第61页。

② [日]池田大作：《生命の变革　地球平和への道标》，第32届“SGI”纪念倡言，2007年，第64页。

③ [日]池田大作、[印]洛克什·钱德拉：《畅谈世界哲学》，台湾创价学会译，台北正因文化事业公司2007年版，序言第1页。

④ [日]池田大作、[印]洛克什·钱德拉：《畅谈世界哲学》，台湾创价学会译，台北正因文化事业公司2007年版，第8页。

⑤ [日]池田大作、[美]马吉特·德拉尼安：《21世纪的选择》，陈鹏仁译，台北正因文化事业公司2006年版，第189页。

会。甘地所主张的“不容歧视他人的平等主义、人与自然的整体观、多样性、共生等思想，源自佛教的世界和平思想”[①]。池田大作说：“近代文明朝向‘自由的个人’专心要使人摆脱一切束缚、羁缠。结果获得财富与方便利益很大，但是，失去的更多。”[②]“既然文明已经到了连个人也要消灭的地步，除了引导出民众的活力之外，不可能开辟新文明的地平线。”[③]他主张21世纪是“生命的世纪”就是基于这种想法。

（二）池田大作的新文明观

具体而言，池田大作的新文明观可以归纳为下列几点：

1. 重视和平与共生的文化

《新人间革命》劈头说：“没有比和平更可贵的，没有比和平更幸福的，和平是人类应该踏出的第一步。”[④]追求和平是池田大作未曾停过的目标，2001年的SGI倡言以“生命世纪的伟大潮流”为题，特别强调“以共生与自发的精神力量，建设裨益人类的新文明”，池田大作引用鲍林在对话中所说的话：“21世纪将是一个人的生命本身更受瞩目、人类的幸福与健康更受重视的时代。”[⑤]欲期如此，下列三点是不能忽视的：

（1）尊重多样性

池田大作主张人类的和平共生，尊重多样化是必然的。他说：“唯有尊重多样性才能把彼此的差异化为创造新价值的泉源，互相积极影响，共存

---

① [日]池田大作、[印]洛克什·钱德拉：《畅谈世界哲学》，台湾创价学会译，台北正因文化事业公司2007年版，第50页。

② [日]池田大作：《新民众の时代へ平和の大道》，第31届“SGI”纪念倡言，2006年，第94页。

③ [日]池田大作：《新民众の时代へ平和の大道》，第31届“SGI”纪念倡言，2006年，第96页。

④ [日]池田大作、ヘイゼルヘンダ-ソン：《地球对谈·辉く女性世纪》，东京主妇之友社2003年版，第24页。

⑤ [日]池田大作：《万年の远征——カオスからコスモスへ》，第23届“SGI”纪念倡言，1998年，第1页。

共荣，才能建设一个把任何国家、任何民族都视为不可替代的存在来尊重的和谐的地球社会。”① 他从佛教的观点阐明生命变革、人格形成的特征，即规范性、普遍性、内发性，并举出强而有力的人本主义脉动，即：“第一，‘开’，要开拓出自身内面依为生存的根本规范。人人都有形成理想人格的种子、可能性，此即规范的开显。第二，‘具足’是把自我向普遍性扩大，绝不容许有部分观与歧视观。人与人之间，甚至自然与宇宙也是平等地完全具足，必须有整体观、总括性的世界观。第三，‘苏生’，即发自内心的创造性生命。”②

汤恩比曾经列举中国文明精神遗产的美好素质：其一，“取协调而舍对立，取结合而舍分裂”的世界精神；其二，不是二者取一，而是通过实践摸索出“最佳选择”的人本主义精神。在印度悠久历史中流传着的精神性，如释迦牟尼、阿育大王、甘地等伟大人物一贯的精神源流，能打破近代人文主义不断把人缩小的极限，使我们看到宇宙大的人本主义光辉。那是一种舍弃以力量的征服，而志向于以“法”为基础的共生；不以歧视、排他进行分裂，而志向于尊重多样性的协调社会。

（2）实践“对话”

池田大作一生献给对话，对他来说，对话是一种挑战。他指出对话一则来自恩师的教育，一则佛法本身重视对话。他说：“户田先生的愿望是从地球上祛除悲惨二字。为了实现它，首先要和人见面，以人格相对，重要的是，透过对话结合全人类形成开放性对话，否则将陷于独善。只顾自己，不顾他人的宗教，不仅不能增进人的幸福，甚至可能成为纷争和不幸的原因。不仅宗教如此，不同文化、民族、国家间也是如此。”③ 户田城圣的理念，

---

① 唐凯麟、高桥强主编：《多元文化与世界和谐——池田大作思想研究》，人民出版社2008年版，第4页。

② ［日］池田大作：《21世纪文明与大乘佛教》，台北正因文化事业公司1999年版，第156页。

③ ［日］池田大作、［美］哈维·科克斯：《21世纪的和平与宗教》，刘焜辉译，台北正因文化事业公司2009年版，第19页。

影响了池田大作的一生。

他和世界上的许多有识之士或领导者对谈，就是实践这个教诲。尤其与汤恩比的对谈是以一百年、一千年为单位俯瞰人类史的文明论或宗教论，对他来说是终生难忘的对谈。他说："不只是汤恩比博士，所有对谈的人都洋溢关心人类未来的真挚的责任感。相信这是超越一切差异把互相的心连结在一起的强固的'精神系绊'。"① 他强调人与人的对话成为现今焦点的文明间的对话。"唯有人与人间的对话，才能打破非友即敌这二择一的关系，站在人性的共同的大地，开诚布公的对话，才能找出解决问题的开端。"② 他的对话成果是有目共睹的。

池田大作认为现在人类所要追求的，正是如何集结拥有各种文化、宗教基盘的多样化智慧。"文明间的对话，正是使地球上的世界市民孕育出创造性的文明，开启光辉灿烂的 21 世纪的关键。"③ 毫无疑问的，宇宙观才是人类共有的真理，高高凌驾在以人为中心的世界之上。"任何国家、任何民族都不能让它孤立，不能关闭对话之路。在分断与对立日深的世界，超越互相的差异去连结人与人间的《对话》就是架《心桥》的作业。"④ 池田大作投入对话的成果受到各界人士的肯定。

汤恩比说："中国人具有中国文明的精神遗产之种种美质，例如大同思想所代表的共生的特质，与他人自然共生的特质。"⑤ "唯有实践东方的天人

---

① [日]池田大作、ヘイゼルヘンダ-ソン：《地球对谈·辉く女性世纪》，东京主妇之友社 2003 年版，第 114 页。

② [日]池田大作、[美]马吉特·德拉尼安：《21 世纪的选择》，陈鹏仁译，台北正因文化事业公司 2006 年版，第 42 页。

③ [日]池田大作、[印]洛克什·钱德拉：《畅谈世界哲学》，台湾创价学会译，台北正因文化事业公司 2007 年版，第 296 页。

④ [日]池田大作、ヌ-ル·イヤ-マン：《今日の世界　明日の文明》，东京河出書房新社，序第 7 页。

⑤ [日]池田大作、季羡林、蒋忠新：《东洋の智慧を语る》，东京东洋哲学研究所 2002 年版，第 329 页。

合一思想、民胞物与的精神才能拯救人类。天道与人道的根本是一致的，此天人合一论形成中国思想的人生论、宇宙论的根源。”① 佛教的一念三千论与印度哲学的梵我一如、中国思想的天人合一是相通的东方思想的极致。

（3）洞察普遍性

人类文明正处于十字路口，需要下决断。20世纪，世界发生许多重大事件。其中影响人类文明最大的两大事件是世界大战和科学技术的迅速发展。和平问题和发展问题与人类生存有关。和平问题要解决的是人与人的关系，发展问题要解决的是人与自然的问题。池田大作认为21世纪将是亚太的世纪，其关键是“人”，“觉醒的人的连带”②很重要。孟子的“恻隐之心”或释尊的“慈爱心”是人的生命与万物的深厚的“共鸣”。东方民族孕育这种和大自然“共生”之心，足以为慰。

池田大作认为继承西方文化数百年辉煌的功绩，以东方文化的总和思考去拯救西洋文化的分析思考，把人类的文化发展到更高、更新的层次，这是对于地球文明最好的展望。“人类文化的增进是使人更人性化，文明更文明化。东方要超越东西的二元的对立，为了增进人类文化更发挥其创造力。”③

创价学会的首任会长牧口常三郎主张人生的目的是“价值创造”，池田认为人类的目的、文明的目的也是“价值的创造”，而现在所需要的是创造“大同”“共生”“调和”等全球性的价值。有学者呼吁：“21世纪全人类能追随池田大作的世界和平思想，领悟万物共生理念，以宽容之心，和平共存，实现世界市民社会，发挥共生文化，为全人类之利益，以达共生文化

① [日]池田大作、季羡林、蒋忠新：《东洋の智慧を语る》，东京东洋哲学研究所2002年版，第331页。

② [日]池田大作、季羡林、蒋忠新：《东洋の智慧を语る》，东京东洋哲学研究所2002年版，第390页。

③ [日]池田大作、季羡林、蒋忠新：《东洋の智慧を语る》，东京东洋哲学研究所2002年版，第410页。

与人类幸福之境界。”[①]

2. 女性世纪来临

池田大作对于女性世纪着墨甚多。他说：“21 世纪是生命的世纪，同时也是女性的世纪。”[②]“波士顿 21 世纪中心自 1993 年成立以来，‘女性的参与’成为研究活动的一大支柱。该中心提出的口号是‘成为照亮生命世纪的灯塔’，希望能扩张女性积极参与的和平研究网络，使它成为照亮‘生命世纪’的一盏明灯。其实从家族、家庭趋于崩溃的事件，也能看到走向‘女性世纪’的预兆。”[③]女性地位的提升、女性的活跃对于解决地球环境问题是很大的关键。环境问题同时是政治、经济，尤其是教育的问题。因此，环境问题是人的价值观或生存方法、社会趋势的人类的问题。池田强调，“要让更多女性的声音反映到社会，从女性的立场形成新时代的潮流”[④]。

男性与女性互相发挥特质，例如家庭或家属的相互尊重，非常重要，池田大作提出“创造家族”的概念。只要父母对任何事情都积极面对，对社会、对小区都以开放的心，有创造性的生活，必然会铭记在子女的生命中。他也指出：“要把人类的历史从‘战争与暴力时代’转移到‘和平与共生时代’，女性的任务非常重要。”[⑤]

① 林彩梅：《池田大作“共生文化”与人类幸福》，华中师范大学池田大作研究所、日本创价大学合编：《池田大作：和谐社会与和谐世界》，华中师范大学出版社 2007 年版，第 32 页。

② [日]池田大作、ヘイゼルヘンダ-ソン：《地球对谈·辉く女性世纪》，东京主妇之友社 2003 年版，第 26 页。

③ [日]池田大作：《万年の远征——カオスからコスモスへ》，第 23 届“SGI”纪念倡言，1998 年，第 9 页。

④ [日]池田大作、ヘイゼルヘンダ-ソン：《地球对谈·辉く女性世纪》，东京主妇之友社 2003 年版，第 185 页。

⑤ [日]池田大作、ヘイゼルヘンダ-ソン：《地球对谈·辉く女性世纪》，东京主妇之友社 2003 年版，第 255 页。

3. 宗教人性化的实现

1903年，牧口会长在其著作中呼吁国家之间进行“人道竞争”，他希望能终止为本国争取利益的纠纷状态，携手协力建设“共存共荣的世界”。池田大作说：“大乘佛教所说的‘大我’，可称为‘开放人格’，把一切众生之苦当作一己之苦，经常面向现实社会的人群，展开拔苦与乐的行动。这样的伟大人性相关与共，才会呈现突破‘近代自我’的闭塞，朝向新文明的地平线。‘生也欢喜，死也欢喜’的生死观，就能在这种生气勃勃的大我脉动中确立起来。”[①] 对于宗教宽容，他说：“宗教宽容是互相确认各自的宗教之共通点，对于其他宗教的独特性表示敬意，互相学习。”[②] 宗教是为了使人自由，走向自我实现而存在的，绝不是要束缚人。不是为了宗教才有宗教，“为了人的宗教，为了民众的宗教，这才是21世纪所需要的”[③]。他和许多不同宗教人士的对谈就是最好的明证。注重“对话”，绝对不用权威或权力来强迫，这是宽容的出发点，也贯穿着佛教的精神。

池田大作以印度阿修卡大王皈依佛教后并未否定其他宗教的存在，而倡言要尊重一切宗教的人，保障“信教的自由”，强调“SGI是根据佛法的人性主义推动和平运动”[④]。池田大作对于宗教的共同伦理列举四项：“（1）非暴力与和平；（2）公平的经济，即禁止对于他人的诈取；（3）男女平等与共同精神，禁止性的诈取，也包括种族、民族、文化的平等；（4）酿成信赖，即不撒谎的伦理，要求说真实。”[⑤]

宗教有两个层面：一为“独特性”，使人对于信仰有荣耀。这是一种同

---

① [日]池田大作：《21世纪文明与大乘佛教》，台北正因文化事业公司1999年版，第34页。

② [日]池田大作、[印]尼拉坎达·拉达克里希南：《迈向人道世纪》，刘焜辉译，台北正因文化事业公司2010年版，第256页。

③ [日]池田大作、ヌ-ル·イヤ-マン：《今日の世界　明日の文明》，东京河出書房新社，第42页。

④ [日]池田大作、ヌ-ル·イヤ-マン：《今日の世界　明日の文明》，东京河出書房新社，第46页。

⑤ [日]池田大作、ヘイゼルヘンダ-ソン：《地球对谈·辉く女性世纪》，东京主妇之友社2003年版，第234页。

族的忠诚心，称扬团体精神，也常成为宗教间对立的根源。二是“道德性”与“伦理性”，这是宗教发动力的深层的精神层面。池田大作强调：“宗教判断的标准是此宗教是使人变成强或变成弱，成为善或恶，成为贤或愚的站在人为本位的观点去看宗教。”[①]SGI为了在分断化的世界架起相互理解和友好的桥梁，而积极从事文明间对话与宗教间对话。

4. 珍爱地球

（1）地球环境的危机感

池田大作与罗马俱乐部的创办人奥锐里欧·贝恰（Aurelio Peccei）的对谈集《21世纪的警钟》是很重要的里程碑。该会的“成长的极限”对人类的未来敲响警钟，带给世界很大的冲击，提升现代文明的检讨之机运。两人的对谈以“成长的极限”危机处理，论及环境、能源、人口问题等多方面的问题。池田推崇他从全球的观点提出人类课题的功绩。他说：“彻底改变现代人的自然观、生命观、价值观，一定能改变走向毁灭的人类的未来。”[②]

池田大作从佛教的观点，提出地球环境问题的基本方针有下列几点：“a. 地球生态系与人类在根源上是一体的，因此，在现象面要站在互相关联，两者是命运共同体；b. 人类如果未被人＝自然生态系的调和、共存系统所支撑是不可能存续的；c. 人类的文化、社会环境要建立在人＝自然生态系统上，即消除贫困，实施公正的经济活动，消除性别、种族、民族的差别，创造民主和平的文化，尤其贯彻非暴力精神；d. 人类是‘万物’尊严性的‘保护者’，是对于地球生态系统的创造性进化的‘调整者’；e. 人类是驱使自行创造的文化、社会环境，对于自然生态系的创造发展有所贡献的‘贡

① [日]池田大作、ヌール·イヤ-マン：《今日の世界　明日の文明》，东京河出書房新社，第240页。

② [日]池田大作、ヘイゼルヘンダ-ソン：《地球对谈·辉く女性世纪》，东京主妇之友社2003年版，第154页。

献者'。"[1] 由此可见，池田大作对于地球环境问题有深入洞察。

（2）环保伦理的建立

亨德逊（Henderson）说："要当'地球市民'并不困难。媒体发达的现代，了解地球的问题是很容易的，关于环境破坏、贫困、饥饿的知识也可以透过电视或其他通信手段了解，学习的环境比从前更齐全。重要的是对于这些问题，作为住在同一个地球的人，在自己现在居住的地方要发起一切可能的行动。这正是狄波斯（DeBorst）博士所说：'思考全球化，行动地区化'的精神。"[2] 这个原则，发人深省。

池田大作所提倡的宇宙论之人本主义包含下列两种环境伦理：一为自然与人的合作。即强调人要尊重自然，与自然相互依赖地生存。自然与人的平等的友谊，需要同时承认人的独特性和自然的独特性。人的独特性是超越自然的理性或精神性。自然的独特性承认自然本身的固有价值。二为万物调和的人的领导力。池田虽然以自然和人的相互依赖为前提，"也要正确认识自己所受的恩惠，自己为环境或其他生物的贡献。日莲佛教把中道真理深而广的浸透人的社会，建构地球环境的安定的调和称为'立正安国'"[3]。"立正安国"的理念在池田大作的谈话中经常出现。

佛法以"依正不二"说明人与环境的关系。即人的生命"正报"和环境"依报"虽然是以"两种"现象出现，却是互相密切关联的，其本质是"不二"的关系。换言之，"依报"环境的保全与再生是依恃"正报"人的主体性和智慧。[4]

地球环境问题的出发点的理念有四点："即（1）尊重地球和富于多样性

---

① 东洋哲学研究所编：《地球環境と佛教　大乘佛教の挑戰3》，东京东洋哲學研究所2008年版，序文第10页。

② [日]池田大作、ヘイゼルヘンダ-ソン：《地球对谈·辉く女性世纪》，东京主妇之友社2003年版，第98页。

③ [日]松冈干夫："善的研究和深生态学"（Deep Ecology）——宇宙论人本主义的探究。

④ [日]池田大作、R·D、ホライトネル：《見つめあう西と东——人間革命と地球革命》，东京第三文明社2006年版，第90页。

的一切生命。（2）以理解和关怀、爱情之心珍惜生命共同体。（3）建构公正而可以直接参与、而且可能持续的和平的民主社会。（4）为现在与未来的世代确保地球的丰硕和美丽。尤其强调‘女性的价值观’和‘原住民的价值观’。”[①] 内容非常精确。

5．重视人性尊严

池田大作和波林（Pauling）博士的对话中，对于“生命”表示了很深的关心，主张要让21世纪成为“生命赞歌”的世纪，共生哲学，生命尊严的哲学有引导世界走向繁荣的方向之力量。生命尊严是人人所承认的普遍的价值，生命的不可侵性在各宗教列为最基本的伦理规范之首。佛教的五戒以不杀生界为第一，摩西十诫有勿杀。这些生命不可侵性除了禁止致身体死亡之杀害之外，也把带来精神、存在、灵魂层次的死亡之暴力、结构性暴力放在视野，只要翻开各宗教的盛典就能了解。换言之，就是从生命发现无限的可能性，禁止阻碍此可能性的开花或增进。

就人与人的相互关系来说，应该把尊重其他所有人的权利和维护人格尊严作为基本，这种根本伦理就是基督教所宣扬的“爱”，佛教所表明的“慈悲”。早在2002年的SGI倡言，池田大作就提出“中道人本主义”的观念，他强调文明的命脉在于对共存的意志。池田说：“基于‘中道人本主义’，就会领悟到‘生而为人’，对他人的任何事情不认为与己无关的这种人本主义的宗旨。在我们跟前，必定会开拓出超越差异、能与所有人毫无隔阂地交心、对话的大道。”[②]池田大作说：“杜维明教授和我都以为：‘儒教人道主义’和佛法‘人本主义’共同具有的尊重人的思想正是使富有多样性的人类能够和平地建构‘多元文化与和谐的基础精神’。其重要支柱之一，是儒教的

① [日]池田大作、ヘイゼルヘンダ - ソン：《地球对谈·辉く女性世纪》，东京主妇之友社2003年版，第232页。

② [日]池田大作：《人间主义——地球文明の夜明け》，第27届“SGI”纪念倡言，2002年，第9页。

‘中庸’和佛法的‘中道’思想。”[①] 东方思想受到肯定是值得欣喜的。

池田大作主张基于佛法的人本主义，他说：“人本主义的结构有三个项目：1. 所有的现象是相对的，可变的；2. 要培养能看透现象的相对性、可变性的观察能力；3. 以这种观察能力、主体为基础的人本主义，不会根据思想形态、种族、民族而将人‘定型化’，进行压迫或歧视，也不会拒绝对话。”[②] 对于一切生命发现其“至高的尊严”是佛教的思想。释尊反复主张要打破“拘泥于差异”，大乘佛教强调的“菩萨”的生活就是其具体化的人格。对于烦恼的人，真心伸出救济之手，此菩萨的行为是人的美丽的实证，超越分断去联结共鸣的钥匙也在于此。

结 语

现代世界一方面全球化不断推进，另一方面却产生种种弊害，人人的心趋于内向，分断化的趋势与社会摩擦趋于显著。因此，以人与人的“友谊”为基础的互相了解或超越立场、思想去面对地球的问题群的连带更显得重要。

美国创价大学的四个指标：“一，培养文化主义的地方领导者；二，培养人文主义的社会领导者；三，培养和平主义的世界领导者；四，培养自然与人类共生的领导者。”[③] 正反映了池田大作新文明观的理念。

池田大作提倡“人道竞争”的理念，人道竞争的理念是源自牧口会长的观点，牧口会长把生存竞争分为：（1）军事竞争，（2）政治竞争，（3）经济竞争，（4）人道竞争四种形式。要迈向人道竞争时代，池田大作加以

① 唐凯麟、高桥强主编：《多元文化与世界和谐——池田大作思想研究》，人民出版社2008年版，第3页。

② [日]池田大作：《地の空へ　人间主义の旗》，第30届“SGI”纪念倡言，2005年，第5页。

③ [日]池田大作、ヘイゼルヘンダ-ソン：《地球对谈·辉く女性世纪》，东京主妇之友社2003年版，第282页。

延伸说:“不是只顾及自己的幸福而不顾他人的‘对立的竞争’，乃是人我都幸福的‘协调的竞争’。”[①] 又说:“文明之间，并非要求彼此只能选择对立或某一个统合的价值观，而是彼此都要提升。也就是说当今的全球化风潮，必须伴随着从‘竞争’转为‘共创’的意识革命，人间革命，才能发挥价值。”[②] 人类有深化精神，才能成为真正伟大的人类。

发自生命深处的共鸣。可说是深入生命内在时所出现之透彻的平等观和尊严观，这正是人类共和世界的泉源。

21 世纪，因恐怖行动的威胁与核子武器的扩张等，紧张程度有增无减，且以暖化为首的地球环境问题及日渐严重的贫困问题，使人类的未来蒙上阴霾。这样的情况我们不能坐视不管，应该由将人心团结一致的对话与教育的力量，超越国家、民族、文化的差异，建构起人类的羁绊才对。池田大作文明论述的范围很广，本文所述，只是其中的一部分而已，由于他持续的倡导与耕耘，“迈向人道世纪”的理想必然会有开花结果的一天。

---

① [日]池田大作、[印]洛克什·钱德拉:《畅谈世界哲学》，台湾创价学会译，台北正因文化事业公司 2007 年版，前言第 12 页。

② [日]池田大作、[印]洛克什·钱德拉:《畅谈世界哲学》，台湾创价学会译，台北正因文化事业公司 2007 年版，第 295 页。

从池田大作文明观谈两岸文明发展之展望

唐彦博[1]

前　言

社会贫富差距扩大、国际间纷争不断、自然环境恶化等严重问题是在人类文明和人类追求现代化过程中所造成的。科学文明发展的恶果不可能单靠一国文明的方式去解决，必须有赖世界各国及全人类来共同努力，因此要在根本上解决好人类社会的文明观问题，就必须严肃检讨和反思人类现有的占主导地位的文明模式。

由于经济发展过快，导致台湾与中国大陆各自内部贫富悬殊愈来愈大，社会矛盾、环境恶化也就日趋严重，成为进一步提升的制约因素。其次，两岸关系的发展攸关台湾海峡以及亚太地区，甚至世界的和平稳定发展，2008年5月台湾政权再次轮替，中国国民党重新取得执政之后，两岸良性互动频繁，双方互相释出善意，并恢复海基会与海协会会谈，展开多项交流合作，尤其两岸在签署“经济合作框架协议（ECFA）”之后，更迈向新的里程碑。国台办主任王毅指出，两岸关系目前总的发展趋势是好的，2008年以来，两岸关系全面改善，进入了和平发展的新阶段。未来中国将沿着先经后政、先易后难的思路，稳步推进两岸关系的发展。在已经达成

① 台湾育达商业科技大学校长。

共识的基础上，深化两岸政治互信，以提供两岸关系和平发展的新动力。因此，中国将致力推动两岸各项经济交流议程，把 ECFA 实施好、落实好。也将扩大与台湾各领域的交流，特别是教育、文化领域。拓展交流范围、丰富交流内容、提升交流效果，使之更加符合两岸的实际需要和民众的需求。[①] 然而，王毅也指出，因为两岸关系改善的时间还不长，两岸之间仍有不少尚未解决的固有矛盾和分歧，又不断面临新的问题和挑战。[②] 事实上，现阶段两岸仍存在着主权上的认知差异、不同的政治立场、是否撤除大陆沿海对台飞弹布署、台湾国际空间如何开展等问题，以及台湾内部朝野政党依旧缺乏共识的情况下，两岸关系的开展仍有不少阻碍。职此之故，未来两岸关系发展如何进一步开展，是值得关注的。

池田大作是世界文明的重要支柱，也是维护者、传承者与创新者。池田大作同时亦是世界著名卓越的和平运动家、哲学家、思想家、教育家、宗教家。他毕生致力于反对战争、维护世界和平的事业，并呼吁："今日我们应该开发'慈悲'与'智慧'此人类无限潜在的可能性。我认为这样丰富的'人本主义'，乃是将'战争与暴力的世纪'转为'和平与非暴力的世纪'的主轴。"[③] 此外，池田大作先生重视社会贫富差距扩大之严重问题，并指出该问题已成为 21 世纪的人类社会所必须面对的课题，而且要纠正如此的不公平。此时，研究与探索池田大作的文明观，对促进两岸文明发展具有重要意义。

本文首先试图从池田大作先生的众多之著作与演讲中归纳出他的文明观之精义、文明善果之核心理念、文明善果之努力方向；其次，探讨两岸文明发展之展望；最后，依据池田大作先生思想提出结论。

---

① 李志德：《王毅：两岸存在一些不稳定》，《联合报》，2010 年 9 月 29 日，第 A12 版。

②《王毅在美国发表演讲：谋求两岸关系的稳定发展》，《中华人民共和国中央人民政府网站》，2010 年 10 月 20 日，http://big5.gov.cn/gate/big5/www.gov.cn/jrzg/2010-10/20/content_1726543.htm。

③ 杜维明、[日] 池田大作：《对话的文明：谈和平的希望哲学》，陈鹏仁译，台北正因文化事业有限公司 2008 年版，第 190 页。

一、池田大作文明观之精义

“文明”一词很早就见于中国经典。易经乾卦文言:“见龙在田、天下文明。”唐孔颖达疏云:“天下文明者，阳气在田，始生万物，故天下文章而光明也。”又贲卦彖曰:“文明以止，人文也。”魏王弼、晋韩康伯并注云:“止物不以威武，而以文明，人之文也。”唐孔颖达疏云:“文明，离也，以止艮也。用以文明之道，裁止于人。是人之文德之教。”依王、韩二氏之说，文明是用以止物的。而孔氏则认为文明为一种道理或一种方法，是用于教人的，所以称之为文德之教。换言之，文明和教育是密切相关的。至于现在所谓“物质文明”、“精神文明”，所用“文明”一词的意义，非常广泛，乃是近百年西学东渐以后的事。[①]

英文中的文明（Civilization）一词源于拉丁文“Civis”，意思是城市的居民，其本质含义为人民生活于城市和社会集团中的能力。引申后意为一种先进的社会和文化发展状态，以及到达这一状态的过程，其涉及的领域广泛，包括民族意识、技术水准、礼仪规范、宗教思想、风俗习惯以及科学知识的发展等。[②]

文明是人类文化发展的成果，是人类发展进程中的物质和精神成果的总和，是人类社会进步的标志。人类文明经历了三个阶段。第一阶段是原始文明，人们必须依赖集体的力量才能生存，物质生产活动主要靠简单的采集渔猎。第二阶段是农业文明，铁器的出现使人改变自然的能力产生了质的飞跃，农业技术和农业文化得到了快速发展。第三阶段是工业文明，源于18世纪的英国工业革命，这一阶段，人类拥有极为丰富的物质财富，

① 王云五总编纂:《云五社会科学大辞典》，第十册，台北台湾商务印书馆1971年版，第66页。

②《文明》，百度百科，http: //baike.baidu.com/view/17788.htm。

但是，其中绝大多数都是通过开发资源和损失生态环境获得的。[①]

人类历史归根结底是一部文明史。文明是人类社会史实践过程中所创造的物质财富和精神财富的总和，包括物质产品、精神产品、社会的意识形态，以及与此相适应的制度和组织机构，它是人类社会发展进步的反映。[②]文明是决定和影响人类活动的基本因素。冷战结束后，特别是随着“文明冲突论”的提出，各种文明观的讨论逐渐演化成“文明学”的各种派系。1993年美国哈佛大学政治学者亨廷顿在美国《外交事务》（Foreign Affairs）上发表《文明冲突》（The Clash of Civilizations）一文[③]，提出冷战后国际政治秩序将以不同文明之间的冲突为主旋律的观点及1996年他出版的《文明的冲突与世界秩序的重建》（The Clash of Civilizations—Remaking of World Order）一书。[④]他认为随着冷战的结束，新的国际张力将受到八大文明——西方、东正教、拉美、伊斯兰、中国儒家、日本、印度和非洲——之间的冲突所主宰。之后，“文明学”才成为学术界的显学。学者纷纷从外交学、历史学、国际关系学、政治学、社会学甚至军事学的角度对它进行了阐释。在目前学术界流行的三种文明观为：（1）文明冲突；（2）文明对话；（3）文明交流。[⑤]

综观池田大作之著作、对话集及演讲有关文明之论述，对学术界流行的三种文明观都曾谈论过，在《展望21世纪——汤因比与池田大作对谈集》一书及《21世纪文明与大乘佛教》（1993年9月24日美国哈佛大学演讲）

① 张国庆：《和谐林业：生态文明建设的基础》，2007年12月15日，http：//www.sciencenet.cn/blog/user_content.aspx?id=12723。

② 辞海编辑委员会：《辞海》（下），上海辞书出版社1979年版，第3510—3512页。

③ Samuel Huntington，“*The Clash of Civilizations*，” Foreign Affairs，June 1993，www.foreignaffairs.org/19930601faessay5188-p0/samuel-p-huntington/the-clash-of-civilizations.html.

④ Samuel Huntington，*The Clash of Civilizations—Remaking of World Order*，Remaking of World Order，New York：Simon & Schuster，1996.

⑤ 闫文虎：《文明冲突、文明对话、文明交流——三种文明观的外交理念和实践及发展趋势》，重庆邮电学院学报》（社会科学版），2006年第3期，第347—351页。

中有较多的论述，兹将池田大作文明观之精义归纳如下：

（一）文明生机的根基源泉

考究一下世界历史，就会发现文明正如生命体一样，按发生—发展—衰亡的过程，在反复流转着。以埃及的历史为例，从古至今就有多种文明、文化在发生、发展和衰亡着。池田大作针对文明反复流转的过程与趋势，提出两个问题：一个是给这文明以生机的是什么？另一个问题是使这种文明产生并赋予生机的根源是什么？关于上述问题，池田大作认为："为使文明发生和发展，不但需要有社会、群体生活，还要有剩余时间。这三者是跟提高生产力紧密相连的。"他进一步指出："生产力的剩余、社会组织、人的愿望，都是建设文明的素材，但它还不是文明应当具备的灵魂。也就是说，即使文明素才已经齐备，这还不够，还要有更深的前提，即'为什么而建设'这一思想意识。人力资源的动员，设计者的意图，都要从这一问题出发。而看准这一方向，掌握这一方面的智慧，是来自宗教，来自哲学。"①

（二）现代文明的重要支柱

池田大作指出："组织机构与技术、情报，都是现代文明的重要支柱，它给人类的恩惠是无法估量的。但是，它的反面对人类又是重大的威胁，这也是事实。也就是说，人创造出的组织、社会——当然是反映人的意志的——还具有另一个侧面：这种社会机构的确还会带来与人们的愿望相反的结果。我认为，这种组织机构或社会的自我约束运动，明显地压制和歪曲了人性，是现代的悲剧。"②因此，池田先生认为，在研究现代文明的时候，必须根本上来认识组织机构的问题。

① [英]阿诺尔德·汤因比、[日]池田大作：《展望21世纪——汤因比与池田大作对谈集》，台北正因文化事业有限公司1999年版，第370—372页。

② [英]阿诺尔德·汤因比、[日]池田大作：《展望21世纪——汤因比与池田大作对谈集，台北正因文化事业有限公司1999年版，第155页。

（三）文明社会的改革顺序

池田大作所抱持的改革现代文明社会的基本设想，是这样一个顺序："首先是确立现代的哲学和宗教，然后就是在这个基础之上，进行意识形态的革命——其实质就是人性本身的革命，最后才是组织和社会的变革。"池田大作特别表达："人们正在尝试对现代组织机构中的这些矛盾，进行各种各样的改革。有的人想从自己组织的内部进行积极改革，有的人不打算像以前那样依附于组织，而想采取一种建立在每个人自主精神之上的、共同体的运动形式。但解决现代这种矛盾的钥匙，绝不在技术的尝试。这种矛盾并不是单靠改革一种社会体制或机构，便能立刻解决的。"池田先生认为"人们首先应该从进一步探讨构成自己行动准则的价值观念本身着手。也就是说，要进一步考察对于现代人来说，最普遍、最有价值的生活准则是什么。"历史学家汤因比与池田大作对话时，认同池田大作的说法，同时指出："根治现代社会的弊病，只能依靠来自人的内心世界的精神革命。社会的弊病不是靠组织机构的变革就能根除的。"[①]

（四）文明发展的负面现象

池田大作指出人类在文明发展过程中所呈现的不良行为或信念归纳有：

1．拜金主义：2008 年美国的次级抵押贷款变成呆账所酿成的金融风暴的根源，在于人对金钱的贪欲，对这抽象而没有实体的货币的不正常的执着。这正是存在于现代文明底部的拜金主义病理。冷战后，意识形态崩溃，人们尚存的一丝希望，却完全栽倒在财神爷的魔掌之中。席卷全世界的拜金主义，凸显了资本主义的负面因素，如全球收入差距的扩大、就业的不稳定、环境破坏等等。不但如此，这次的金融经济危机，使人甚至开始怀

---

① [英]阿诺尔德·汤因比、[日]池田大作：《展望 21 世纪——汤因比与池田大作对谈集》，台北正因文化事业有限公司 1999 年版，第 157 页。

疑资本主义的正面价值，怀疑它究竟是否真正能为人带来财富。[①]

2．虚无主义：池田大作在第35届“SGI日”纪念倡言中表达了忧心的问题：就是弥漫在现代社会的悲观主义（pessimism），或甚至可说就是虚无主义（nihilism）。他指出，全球化主义的矛盾所产生的荒凉景象中，弥漫着像瘴气般的虚无主义这种文明病理。拜金主义的反面，就是虚无主义。这两种表面上处于两极端的主义，其实无可否认正是现代文明所诞生的双胞胎。于这个可被称为价值真空的时代，金钱是衡量一切事物的尺子，除此以外再没有其他价值基准。甚至在讨论全球主义负面价值的贫穷或收入差距等问题时，也是以金钱作为其价值基准依据，令整个问题浮现出的只是对前程的不安，累累的伤痕，和冷冰冰、空荡荡的回响。[②]

3．抽象化主义：第二次世界大战结束不久，法国哲学家马塞尔（Gabriel Marcel）在论文《抽象化主义成为战争的因素》（The Spirit of Abstraction, as a Factor Making for War）中提出了一个敏锐的观点。他指出，能理解和操纵抽象概念，当然是人的理性活动中不可或缺的，但“抽象化主义”（spirit of abstraction）也具有破坏性，因在那过程中，抽象的概念将成为背离现实的独立存在。马塞尔以“抽象化主义”来形容偏离具体性时的破坏体质。他指出无视敌人的人格和人性是打仗杀敌的先要条件，这意味着先把敌人贬为纯粹的法西斯主义者、共产主义者、犹太复国主义者、伊斯兰原教旨主义者等抽象形态。换言之，“抽象化主义”不是一种中立价值的概念，它会伴随着一种狂热的否定和愤恨意识，随之而归结为一种贬低对方的概念。就是说，当把对方贬低成为某种抽象的概念，就可以视对方为没有价值、低级的存在，甚至是一种应被铲除的有害物体。对方的人格、尊严已经消

① [日]池田大作：《人道主义竞争——历史的新潮流》（第34届“SGI日”纪念倡言），2009年1月26日，《池田大作中文网》，http://www.daisakuikeda.org/cht/peace-proposal-2009.html。

② [日]池田大作：《迈向新的价值创造时代》（第35届“SGI日”纪念倡言），2010年1月26日，《池田大作中文网》，http://www.daisakuikeda.org/cht/peace-proposal-2010.html。

失得无影无踪。[①]

4．战争和不公平：与池田大作对话时，汤因比指陈："战争和不公平"，在任何情况下，都是伴随着各种文明而产生的两种社会弊病。这种致命的社会弊端，有可能使文明社会生机枯竭。……每当一个民族，对自己的宗教失去信仰时，他们的文明就会屈服于来自内部的社会崩溃和来自外部的军事进攻。由于丧失信仰而使之崩溃的文明，将为新的文明——从别的宗教中获得生机的文明所替代。"[②]其次，社会上不公平事件层出不穷，池田先生指出，贫困问题现已发展到全球规模。拥有一份正当职业是人的本分，就业机会若因贫困而受威胁，人就会失去其生存意义、希望和尊严，甚至连社会的存亡也将受到影响。我们必须倾注全力来应付这个严重问题。[③]池田大作重视社会贫富差距扩大之严重问题，并指出此问题已成为21世纪的人类社会所必须面对的课题，而且要纠正如此的不公平。他说："现在，伴随着国际化的进行，贫富的差距也越来越大。在一部分国家大量消费资源来享受富裕生活的同时，占世界总人口1/4的人们却生活在贫穷状态下，甚至连人的尊严也时常受到威胁。对于地球社会说来，21世纪的人类社会所必须面对的课题就是要纠正如此的不公平。"[④]

（五）文明善果的核心理念

从池田大作相关论述中，归纳出文明善果的核心理念有五：1．肩负去恶扬善的责任心；2．重视道德伦理的智慧心；3．发挥宗教宽容的慈悲心；4．体认人道竞争的道德心；5．秉持和平共生的同理心。阐述如下：

---

① [日]池田大作：《人道主义竞争——历史的新潮流》（第34届"SGI日"纪念倡言），2009年1月26日，http：//www.daisakuikeda.org/cht/peace-proposal-2009.html。

② [英]阿诺尔德·汤因比、[日]池田大作：《展望21世纪——汤因比与池田大作对谈集》，台北正因文化事业有限公司1999年版，第372—373页。

③ [日]池田大作：《人道主义竞争——历史的新潮流》（第34届"SGI日"纪念倡言），2009年1月26日，《池田大作中文网》，http：//www.daisakuikeda.org/cht/peace-proposal-2009.html。

④ [日]池田大作：《和平文化 对话硕果》，http：//sgichn.org/sgichn/index.php?id=278。

1．肩负去恶扬善的责任心。1995年诺贝尔和平奖得主约瑟夫·罗特布拉特（Joseph Rotblat）与池田大作对谈时，强调："'责任'不只是科学家的问题，所有市民对自己的行为都有'责任'，如此才会有社会。……与此同时，对他人的责任也加重，这就是所有人肩负的社会责任。最好能体贴别人，因为这样做最后还是对自己有利，这是文明的基本教训之一。"池田大作认同此一论述，并觉得"非常重要，但遗憾的是，在现代，这种意识变得太淡薄了，这是发生各种社会问题的重要原因之一"。罗特布拉特进一步响应，他"一向主张科学家具有特别的责任，这是因为科学对于社会的影响愈来愈大的缘故。近一百多年来科学的发展，及其应用于社会的结果，使我们的生活完全改变。科学家有创造新思维、新生活的方式、新物质的特别的责任。而因为大量破坏武器的开发更显得肩负此责任的迫切，这是由于我们已到达可能破坏人类文明的程度"[①]。

池田大作也指出："20世纪的战争与暴力无止无休，而最为遗憾的是出现了空前未有的大屠杀时期。究其原因，一方面可归咎于科技使武器的杀伤力增大，而另一方面，更是由于近代文明的颠倒价值所致。我们没有把价值基准搁置于人，没有正确地掌握教育这人的本源活动。"[②]

池田大作继承着首任会长牧口常三郎的"要过一个为自他做出贡献的大善生活"的精神，以及二任会长户田城圣的"从地球上消除悲惨二字"的誓愿，池田大作不断地透过对话运动，去唤起各人生命中的善意。他深信这是于地球上建构和平与人道大联盟的最佳方法。他再三强调"创价"就是创造价值的意思。SGI成员，决心向虚无主义全面挑战，使一个将要失去的美好文明复苏。这是人类史上一个至为重要的挑战。拨开虚无主义的乌云，让奄奄一息的"善的价值"和"善的词汇"恢复生气。这也是一

① [波兰]约瑟夫·罗特布拉特、[日]池田大作：《探索地球的和平》，陈鹏仁译，台北正因文化事业有限公司2007年版，第176—177页。

②《建设"为教育的社会"21世纪与教育——我的感想》（纪念创价学会创立70周年《教育倡言》），国际创价学会中文网站，http://www.sgichn.org/works/cht/proposals/edu2000-cht.html。

个使人类精神复苏，让一般市民苏醒的运动，促使人类通过自律去选择行善，拒绝走向自灭的恶的深渊。[①]

2．重视道德伦理的智慧心。池田大作认为：“我们必须大大地改革自身的价值观和精神。”并提出：“应该如何利用人类所获得的知识，造就人类的幸福？人类必须具备这样的智慧。‘知识’与‘智能’虽然相似，层次却完全不同，事实上，不能说人因为知识增加就变得更聪明了。恩师户田城圣第二代会长曾强调：‘知识和智能的混淆’是现代文明最大的误解之一。……即使有再多的知识和才能，若忽视道德和伦理，完全依照自己的欲望过活，就只会为人类带来极大的灾难。”“智慧是在自己人生经验和辛苦中，透过智力和人格的陶冶而获得。这才是人身为人有像人的作为，创造和平、幸福和价值的泉源。”[②] 文明是不断的进化所呈现的结果，罗特布拉特主张：“进化的过程本身是伦理的基本。因为物种愈强，最后会产生更优秀的物种。从长远来看，我们藉由进化的发展过程，应该能往‘更高度的伦理标准’前进。如果想生存下来，必须向‘善’的方向努力，否则，必定灭亡。”[③]

3．发挥宗教宽容的慈悲心。池田大作强调：“佛教也主张‘智慧’和‘慈悲’的重要性。佛教以‘智慧’之光照耀人类，同时以‘慈悲’的能量包容一切。”[④] 池田大作提及第二代会长户田洞察“宇宙是慈悲的当体”。同时，池田先生进一步说明：“大宇宙的慈悲作用孕育人与自然生态系，交织成创造性的进化。立足于这种宇宙论的佛教的慈悲、非暴力的生态系，将成为

① [日]池田大作：《迈向新的价值创造时代》（第35届“SGI日”纪念倡言），2010年1月26日，《池田大作中文网》，http: //www.daisakuikeda.org/cht/peace-proposal-2010.html。

② [英]约瑟夫·罗特布拉特、[日]池田大作：《探索地球的和平》，陈鹏仁译，台北正因文化事业有限公司2007年版，第178—179页。

③ [英]约瑟夫·罗特布拉特、[日]池田大作：《探索地球的和平》，陈鹏仁译，台北正因文化事业有限公司2007年版，第186页。

④ 杜维明、[日]池田大作：《对话的文明：谈和平的希望哲学》，陈鹏仁译，台北正因文化事业有限公司2008年版，第190页。

彻底拯救人类的哲学基础。因为环境教育的核心思想在于此。”[①] 池田大作进一步针对“慈悲”的语源加以阐述，他说：“‘慈’与‘悲’原本是个别的语汇，从语源来说，‘慈’意味着‘真实的有情’，‘悲’是‘同情’、‘体贴’、‘亲切’的意思。以这样的原义为前提，印度著名的大乘论师龙树，将‘慈’解释为‘与乐’，‘悲’解释为‘拔苦’”。也就是说，所谓的‘慈悲’，不是单纯的‘内面伦理’，而是与他人的苦恼有关，是要拔除痛苦，给予快乐的积极行动，由此培养对他人的体贴、同苦和真实的友情。因此，‘慈悲’不仅是要包容他人的‘亲切’，更有打破引起他人生命痛苦之‘恶’的‘强大力量’。”[②] 哈佛大学杜维明教授与池田大作对谈时，也特别指出：“为了战胜现代巨大的暴力和恐怖，需要‘仁’的力量或大乘佛教‘慈悲’的力量。”[③]

汤因比对宗教的诠释为，宗教是对人生的态度，在这种意义上鼓舞人们战胜人生中各种艰难的信念。换言之，宗教对于有关宇宙的神秘性和人在中间发挥作用的艰难性这一根本问题上，给我们提供了精神上的满意答案；并在人类生存中给予实际的教训规戒，由此鼓舞人们去战胜人生征途上的困难。[④] 池田大作归纳大乘佛教对21世纪文明能有所贡献，主要有三点：（1）开创和平的源泉；（2）人复权的机轴；（3）万物共生的大地。[⑤]

随着全球化进展，人的闭塞感益发深刻。见利忘义、自以为是的人群只顾盲目追求利润，以为自然环境和文化受到破坏而人类社会仍然可以生

---

① [印]尼拉坎达·拉达克里希南、[日]池田大作：《迈向人道世纪：谈甘地与印度的哲学》，刘焜辉译，台北正因文化事业有限公司2010年版，第244页。

② 杜维明、[日]池田大作：《对话的文明：谈和平的希望哲学》，陈鹏仁译，台北正因文化事业有限公司2008年版，第196页。

③ 杜维明、[日]池田大作：《对话的文明：谈和平的希望哲学》，陈鹏仁译，台北正因文化事业有限公司2008年版，第195—196页。

④ [英]阿诺尔德·汤因比、[日]池田大作：《展望21世纪——汤因比与池田大作对谈集》，台北正因文化事业有限公司1999年版，第373页。

⑤ [日]池田大作：《21世纪文明与大乘佛教》（1993年9月24日于美国哈佛大学演讲），《池田大作中文网》，http://www.daisakuikeda.org/cht/lecture-16.html。

存。我们忘记了何塞·奥尔特加·伊·加塞特（José Ortegoy Gasset）就人与环境共存共荣的不朽箴言："我的存在包括自己与自己的环境。假如我不能挽救环境，我就救不了自己。"①

4. 体认人道竞争的道德心。池田大作认为：为了回避全球化所带来的危机，应采取某些措施来对应，因此要从更高的层次展望，开拓新时代的理念。池田大作特别介绍创价学会首任会长牧口常三郎在1903年、他三十二岁时所著作的《人生地理学》。池田大作认为其中有可以把我们从现今的死胡同解放的新思维，特别是牧口的"人道竞争"概念。牧口会长综观人类历史，指出生存竞争大致上可以分类为三种，即军事竞争、政治竞争和经济竞争。但这不是能截然区分开来的。比如，有以军事竞争为背景的经济竞争，同时也有正相反的例子。许多情况，是在相互重迭下渐进地变化。只要我们对这过程进行认真并且大胆的分析，就可清楚看到人类发展的基本方向。②

牧口会长的见解："无论是自然或人为事物，若没有自由竞争，会变得沉滞、停顿和退化。"竞争是人类社会活力的泉源，不重视竞争的价值，天真地认为只要消除阶级存在，就可以实现一个美好的人类社会，或许这正是社会主义衰竭的原因。放任自流的利己主义自由竞争，会陷入弱肉强食的自然淘汰主义。而以适当的结构及规矩为基础的竞争，将为人与社会带来活力。"人道竞争"的价值便在于此。这概念在认同竞争存在的必要性的同时，也确保竞争不与人道精神脱节。"人道竞争"将竞争所包含的活力，与人道主义所关注的课题牢牢地联系起来。这不正是21世纪所需的主流思

① ［日］池田大作：《人道主义竞争——历史的新潮流》（第34届"SGI日"纪念倡言），2009年1月26日，《池田大作中文网》，http：//www.daisakuikeda.org/cht/peace-proposal-2009.html。

② ［日］池田大作：《人道主义竞争——历史的新潮流》（第34届"SGI日"纪念倡言），2009年1月26日，《池田大作中文网》，http：//www.daisakuikeda.org/cht/peace-proposal-2009.html。

想模式吗？[①]

5．秉持和平共生的同理心。池田大作先生具有前瞻性眼光，1992年10月14日在中国社会科学院以“二十一世纪与东亚文明”[②]为题发表演讲，致词时特别强调，21世纪正渴望一个“共生的道德气质”。他认为在比较温和的气候、风土里孕育出一种心理倾向，就是取调和而舍对立、取结合而舍分裂、取“大我”而舍“小我”。人与人之间、人与自然之间，共同生存，相互支持，一起繁荣。池田大作先生主张人与人相互之间不应加任何恐怖于对方，衷心互信互爱，而且要根除暴力所引发的因素——贫困和压迫；同时，经由每人每天加以实践宣扬。最后，进而成为地球市民典范，所谓的“地球市民”，可以说就是：（1）具有深刻认识生命相关性的“智慧之人”。（2）对人种、民族、文化的差异，不畏惧、不排斥，而是去尊重、理解，并视这些差异为成长资源的“勇敢之人”。（3）对受苦受难的人，无论远近，都能给予关怀提携的“慈悲之人”。为了具体实现这智慧、勇气、慈悲，池田先生认为最扎实的基础就是佛法的世界观，尤其是其中那森罗万象相依、相关性的原理。佛典中记载了许多表现多种相互依存的美妙譬喻。[③]

（六）文明善果的努力方向

文明有善果也有恶果，孙中山先生说：“文明有善果，也有恶果，须要取那善果，避那恶果。”此与池田大作之论述暗合，为取那善果，努力方向有三：1．和平教育；2．文明对话；3．人间革命。叙述如下：

1．和平教育：人类社会的发展必须是和谐发展，而和谐发展要以共生

---

① ［日］池田大作：《人道主义竞争——历史的新潮流》（第34届“SGI日”纪念倡言），2009年1月26日，《池田大作中文网》，http：//www.daisakuikeda.org/cht/peace-proposal-2009.html。

② ［日］池田大作：《二十一世纪与东亚文明》（荣获中国社会科学院《名誉研究教授》称号之纪念演讲），《和平世纪的倡言》，香港天地图书有限公司1997年版，第9—18页。

③ ［日］池田大作：《探讨“地球市民”的教育》（在美国哥伦比亚大学的演讲），《和平世纪的倡言》，香港天地图书有限公司1997年版，第144页。

观念为基础。在其中，教育发挥了至关重要的教导启迪作用，教育是实现人类社会和谐发展、追求世界和平的不可或缺要素。教育的目的，是在“知的创造”，必须确认教育根本理念不只传授知识，还要教导、培育“做人应有的道理”①。教育所追求的和宗教相类似，必须深入了解人生的意义与目的，发现正确的生活方式。② 池田先生把教育视为自己人生最重要的终身事业，他强调：“人要活得像个人，作为真实的人，悠然且堂堂正正地达成真善的使命，原动力就在于教育。只重视增长知识，结果会制造大量的屠杀兵器。相反地，为人类社会带来最大的便利，透过生产，使社会丰饶的也是知识的增长。要把一切知识导向人类幸福与和平，唯一的原动力就是教育。所以，教育必须成为人道主义的永远的推动力，我把教育视为自己人生最重要的终身事业。”③ 因此，池田大作先生毕生致力于教育、文化、和平之志业，尤其对教育投入之深与贡献之多，令人景仰推崇。

池田先生论及“佛法上，具备智慧、勇气、慈善，为别人行动不懈的人格称为‘菩萨’”。而“教育本来就是菩萨的事业。教育必须带有光荣的使命感，要在有形、无形上，为未受教育的人做出贡献。……教育应该促进自身的人格完成，培育伟大的心胸以包容和奉献他人。教育的意义在于给人战胜自己的力量和胜任于社会、开拓人类未来的能力”④。

池田大作先生一直的信念是“为了将人类从战争此最恶劣的状况里解救出来，教育的力量是不可欠缺的”，“教育才是打开世界上无知、社会病态等人间苦恼、解放人们的‘武器’”⑤。池田先生更强调：“时代的焦点在教

① [日]池田大作、松下幸之助：《人生问答》（下），台北正因文化事业有限公司2003年版，第68页。

② 张镜湖、[日]池田大作：《教育与文化的王道》，刘焜辉、陈鹏仁译，台北正因文化事业有限公司2010年版，第46页。

③ [日]池田大作：《探讨“地球市民”的教育》（在美国哥伦比亚大学的演讲），《和平世纪的倡言》，香港天地图书有限公司1997年版，第142页。

④ [日]池田大作：《探讨“地球市民”的教育》（在美国哥伦比亚大学的演讲），《和平世纪的倡言》，香港天地图书有限公司1997年版，第147—148页。

⑤ [日]池田大作：《教育指针》，台北正因文化事业有限公司2000年版，第23页。

育，世界也透过教育连结起来。要开拓未来之道，除了仰赖教育的力量外别无他法。因此，我确信，教育的胜利才是人类的胜利、和平的胜利、永远的胜利。”

2. 文明对话：池田大作强调：“人必须超越国家、民族、宗教的差异，朝着和平与幸福此共同目的，心意相通一起‘旅行’。那第一步，就是真挚且谦虚倾听的‘对话’。”[①] 池田大作还指出：“佛法的根本是‘对话’。释尊也透过‘对话’教导民众，许多经典是用对话方式说示的。日莲大圣人也是一样。佛法的目的，是要发现人类生命内在崇高至尊的存在——即‘佛性’，使其熏发、开展。因此使用巧妙的比喻，使用生动‘对话’的方法，使对方对‘真理’觉醒——相信这种佛教的‘对话精神’在现代社会更具有意义。”池田先生强调：“圣雄甘地的精神，是以有确信的‘对话’去启发、鼓舞民众。”拉达克里希南（Neelakanta Radhakrishnan）在与池田大作对话时，认为：“现代社会弥漫诸多暴力、犯罪、憎恶和榨取。主要原因之一是‘沟通不足’、‘信赖不足’、‘对话不足’。现在可以说是缺少各种层面对话的时代。举凡国家、团体、民族、宗教、家族、亲子、朋友——所有层面都欠缺互相理解。”他进一步指陈：“人类必须从‘冲突’转移到‘对话’的层面，而此对话必须是‘文明间的对话’。有意义对话的必须条件之一，在面对不同立场或背景的人们时最重要的因素是‘敬意’。全球化社会必须从斗争走向和解、从暴力走向非暴力、从对决走向对话、从榨取走向共有。将一切生命视为‘瑰宝’加以尊敬的佛教思想，其重要性即在于此。”拉达克里希南并推崇“池田会长在促进‘文明间的对话’上掌握‘主导权’，这一点已受到各领域的肯定。会长致力于以‘对话的力量’改变这充满暴戾和憎恶的世界”[②]。

---

① [印]尼拉坎达·拉达克里希南、[日]池田大作：《迈向人道世纪：谈甘地与印度的哲学》，刘焜辉译，台北正因文化事业有限公司2010年版，第203页。

② [印]尼拉坎达·拉达克里希南、[日]池田大作：《迈向人道世纪：谈甘地与印度的哲学》，刘焜辉译，台北正因文化事业有限公司2010年版，第204—207页。

池田大作强调文明间的对话必须是平等的对话，他说："平等的对话唯有与对方站在同样的观点才有可能。轻视、歧视对方的态度是不可能有'对话'的；而是在相信、敬爱并尊重对方生命所具备的尊严性中油然而生。"① 同时，池田大作深信："对话有无限的可能性。只要有把暴力文化转变为和平文化的志向，这是任何人于何时何地也可以进行的挑战。"② 他以身示范，例如在 1974 年至 1975 年对立气氛高涨的冷战时期，多次前往中国、苏联和美国拜会当地领导阶层，以一介平民身份，尽己所能缓和当时剑拔弩张的紧张关系。之后，他一直为架设国际间友好与信赖的桥梁努力至今。池田先生全力搭建异文化间的友谊之桥，藉由和许多不同领域的有识人士和领导人会谈，突破分断人的各种围墙，甚至在思想形态对立的国家之间展开对话交流，长年的努力结晶为已出版的五十余册的对话集。

3．人间革命：池田大作先生指陈，今天地球社会面临错综复杂的危机。战争、环境破坏、"南北"发展的差距，民族、宗教、言语不同而衍生出来的人类分裂……问题堆积如山，解决之道看来遥不可及。然而，这一连串问题的潜在原因，到底是甚么？池田先生认为这是各个领域丧失了"人性"、忘记"人类幸福"这根本目的而导致的失败。所以，我们必须回归"人性"，从这个原点重新出发。地球社会需要人间革命。③

此外，池田大作认为："开发精神性、宗教性的作业，说来容易，但那是如俯瞰人类史的文明论课题，各人、各家庭、各界、各团体若不结合各自的立场、方法和力量来面对此事，则是一座无法攀越的崇山峻岭。当然，那也是创价学会（SGI）的课题。我常说我们的佛教运动同时也是'人间革

---

① [印]尼拉坎达·拉达克里希南、[日]池田大作：《迈向人道世纪：谈甘地与印度的哲学》，刘焜辉译，台北正因文化事业有限公司 2010 年版，第 207 页。

② [日]池田大作：《人道主义竞争——历史的新潮流》（第 34 届"SGI 日"纪念倡言），2009 年 1 月 26 日，http://www.daisakuikeda.org/cht/peace-proposal-2009.html。

③[日]池田大作：《探讨"地球市民"的教育》（在美国哥伦比亚大学的演讲），《和平世纪的倡言》，香港天地图书有限公司 1997 年版，第 142 页。

命’，其意义就在此。也就是，宗教使命与人的使命、社会使命是相即不离的，前者必须朝后者升华，并开花结果。如果把两者分离，则宗教使命会被歪曲成独断的宗派使命，结果会沦为危害人类，反人性、反社会的存在。这就是许多狂热教团所易堕进的陷阱。”①

池田大作特别指出：“现代人类生存的危机是自己招致的。因此，解决这个危机的钥匙也是掌握在人类自己的手中。总之，如何把道德知识付诸实践，问题的核心在于如何处理人的自利问题。……那么，怎样才能做到呢？只是作为一种知识来传授和普及，当然不行。要从一个人的意识深处，加以要求，对人进行全面彻底的改造。当然，这不能靠外来力量去强制，而要靠本人追求高尚品德的意志。至少这样的哲学，必须对信守这种哲学的人，赋予实现自我改造的足够力量，我所说的人间革命，就是这种对人的全面彻底的改造。”② 因此，在展望地球未来时，为了人类和平与发展，唯有人心变革、唯有人间革命一途。③

二、两岸文明发展之展望

近两年两岸关系在双方各级政府不断释出善意后，两岸彼此互动是越来越密切，尤其在双方签署两岸经济合作框架协议后，面对新的时代，双方应积极主动寻求更有利的良性互动空间与机会，以建立互信的坚实基础，创造和平发展，互利共荣的新局面。在做法上参酌池田大作文明观之精义，建议可朝下列方式进行：

---

①《建设“为教育的社会”21世纪与教育——我的感想》（纪念创价学会创立70周年《教育倡言》），国际创价学会中文网站，http：//www.sgichn.org/works/cht/proposals/edu2000-cht.html。

②［英］阿诺尔德·汤因比、［日］池田大作：《展望21世纪——汤因比与池田大作对谈集》，台北正因文化事业有限公司1999年版，第400页。

③［印］尼拉坎达·拉达克里希南、［日］池田大作：《迈向人道世纪：谈甘地与印度的哲学》，刘焜辉译，台北正因文化事业有限公司2010年版，第242页。

（一）解决内部贫富差距，追求社会公平和谐

池田大作先生的文明观不仅要促进社会和谐，同时也要迈向世界和平。有关贫富悬殊扩大的问题，池田会长主张要缩小经济差距，要实现“人道政治”，不用说，经济力变成必需。因此，要扩充经济基础，整备交通网，把贸易扩展至其他区域或国家。与此同时，实践释尊教示的经济伦理“分配给所有人的原则”，努力缩小经济差距。

由于经济发展过快，导致台湾与中国大陆各自内部贫富悬殊愈来愈大，社会矛盾也就日趋严重。两岸经济发展的结果有其值得肯定之处，但也有必须面对的严峻课题，特别是现今社会人民贫富差距扩大现象及其衍生的问题。

在台湾方面，昔日曾引以为傲的所得分配平均，过去十年来因内部贫富差距不断扩大而破灭，现阶段台湾贫富差距课题，主要反映了几个现象：经济成长起伏，失业居高不下；所得差距扩大，贫富悬殊加剧；生存环境恶化，痛苦指数增加；低生育少子化，生孩难养孩难。[①] 受全球金融海啸波及，2009 年台湾经济转呈衰退，失业率明显攀升，年平均高达 5.85%。依据统计数据显示，2009 年台湾每人 GNP 为 14453 美元，较 2006 年（14724 美元）为低。[②] 在失业问题方面，台湾失业率 2007 年为 3.91%，但随而大幅跃升。2009 年 7 月失业率首度突破 6%，在亚洲四小龙中敬陪末座。隔月更创历史新高，8 月失业率高达 6.13%，受失业波及人口达 141 万人，亦创下史上新高。2009 年整年失业率为 5.85%，为史上最高。[③] 再者，台湾所得分配呈现持续恶化的现象，在 20 世纪 90 年代最高所得组（前 20% 的家庭）

① 唐彦博：《从中山先生的均富思想谈台湾贫富差距课题》，《2010 孙中山与国家发展学术研讨会论文集》，台北，2010 年 10 月，第 1—20 页。

②《国民经济动向统计季报》，第 130 期（2010 年 8 月），《“中华民国”统计信息网》，http：//www.stat.gov.tw/ct.asp?xItem=27987&ctNode=3565。

③ 行政院主计处：《2010 年 8 月人力资源调查统计结果》，2010 年 9 月 23 日，http：//www.dgbas.gov.tw。

与最低所得组（后20%的家庭）的所得差距，渐上升至5至5.55倍，2001年更跃升为6.39倍，创历史之新高，随后逐年缓降，2001年后改善幅度仍有限，近九年来徘徊在6倍左右，除了2007年低于6倍，为5.98，但随后攀升，至2009年达到历史之次高6.34倍。[①]

马英九政府注意到社会上贫富差距不断扩大问题，在就职两周年记者会中提出六项主张："创新强国、文化兴国、环保救国、宪政固国、福利安国、和平护国。"有关"福利安国"部分，他特别强调："有几个重点是我们未来一定要做的。第一，政府在为人民创造财富、追求成长时，千万不能忘记分配正义，不要让贫富差距持续扩大，所以，租税改革仍要持续进行。第二，少子化对台湾冲击很大，现在台湾人口增加率全球最低，高龄化对我们的冲击很快就会出现，所以，社会安全网一定要做些调整才能够因应，一方面，一定要提供好环境让年轻人安心成家、安心生产。过去两年政府所做的努力还不够，这些努力包括育婴假、购屋贷款利息补贴。""再来就是我们希望幼托制度改善的步伐能够再加快。""至于高龄化的问题，将来如何能够将长照保险做好，是我们未来面临很大的挑战。"[②]其次，马英九在2010年中枢暨各界庆祝"国庆"大会致词中，特别指出，政府施政的核心理念，就是"建立公义的社会"。他指陈："过去十年来台湾贫富差距持续扩大，反映财富累积出现不平均现象。现在台湾经济固然快速复苏，但是经济发展的果实，如果不能为全民所分享，创造再高的经济成长率又有什么意义？追求经济成长固然重要，但经济成长只是手段，目的要能建立繁荣均富的公义社会。所以，今后台湾经济发展的策略不会只注重成长，一定要做到成长与公平并重，也就是提高经济成长的同时，一定要设法改善失业与贫穷问题。""政府将尽一切的努力，调整产业结构，增加就业机会；

---

① 台湾行政院主计处：《家庭收支调查报告》，http://win.dgbas.gov.tw/fies/doc/result/98/a11/Year04.doc。

② 《大步向前开创黄金十年》（就职2周年记者会），《"中华民国"总统府网站》，2010年5月19日，http://www.president.gov.tw/Default.aspx?tabid=1070。

扩大社会福利，照顾社会弱势，同时必须持续推动税制改革。总之，政府绝不会坐视社会上有贫穷家庭求助无门。贫穷在哪里，政府的关怀与援助就要到哪里！”[①] 由此可知，台湾行政部门已警觉问题的严重性，今后政府施政重点要能建立繁荣均富的公义社会，未来经济发展的策略不会只注重成长，一定要做到成长与公平并重，换言之，提高经济成长的同时，一定要设法改善失业与贫穷问题。

在中国大陆方面，“十一五规划（2006—2010 年）”即将结束，有很多的问题有待解决；人民网列举了 8 大项“十二五”将面临的巨大挑战：（1）经济结构失衡；（2）分配存在不公平；（3）工业产品国际竞争力不强；（4）公共服务领域发展滞后；（5）城乡二元结构突出；（6）生态文明建设压力较大；（7）市场经济体制改革任务艰巨；（8）软实力有待提升。其中，分配存在不公平：政府、企业和居民三者之间分配关系明显失衡状况，劳动报酬增长速度长期低于 GDP 增长速度，城乡之间、地区之间、行业之间的收入差距都有扩大的趋势。[②] 社会发展失衡所带来的冲突，已经引起决策部门的关注。

目前中国正在进入社会财富倍增与贫富差距加大同步进行的社会发展不平衡期，如何建立一个福利共享的和谐社会的问题。社会福利公平共享的问题如果解决不好，将会使中国经济与社会发展陷入动荡困局。[③] 根据新华社文章指出，中国的基尼系数已从改革开放初期的 0.28 上升到 2007 年的 0.48，这两年又不断攀升，实际已超越 0.5 的警戒线，若不采取行动解决，可能会引发社会动乱。另外，文章也指出，中国收入分配失衡的表现，包括政府积累财富的比重愈来愈大，而个人收入占比越来越小。根据中国人民银行的统

① 马英九：《改革、开创、追求公义》（2010 年“国庆”大会），《“中华民国”总统府网站》，2010 年 10 月 10 日，http：//www.president.gov.tw/Default.aspx?tabid=131&itemid=22494&rmid=514。

②《十一五留下 8 大严峻挑战》，《旺报》，2010 年 10 月 15 日，http：//news.chinatimes.com/focus/0，5243，50106926x112010101500117，00.html。

③《“十二五”规划应突出三个功能》，《中国评论新闻网》，2010 年 3 月 20 日，http：//www.chinareviewnews.com/doc/1012/6/4/6/101264630.html?coluid=7&kindid=0&docid=101264630。

计数据，中国“政府存款”项目的资金额从1999年的1785亿元，一路上升到2008年的1兆6963亿8400百万元，猛增9.5倍，但民众劳动报酬和居民储蓄所占的份额越来越萎缩。表面看来中国的储蓄率很高，但其中真正属于民众的储蓄占比并不高。2007年中国企业储蓄占国民收入的比重从十年前的12%上升到23%，而家庭储蓄所占比重却一直徘徊在20%左右。再者，中国的财富愈来愈向少数人集中，而工农基层民众收入偏低。财富越多地向管理层集中，而广大职工却没有相应提高收入和福利。据统计，中国现有中央企业155家，管理层年薪动辄数十万、数百万甚至上千万人民币，而大多数员工月工资一两千元，差距悬殊。此外，文章又指出，中国1%的家庭，掌握全国41.4%的财富，财富集中度远远超过美国等其他国家，已经成为全球两极分化最严重的国家。①

中共中央已注意到“十一五”延伸下来的问题有待解决。中国共产党第十七届五中全会在2010年10月15日至18日于北京举行，审议《国民经济和社会发展第十二个五年规划》（又称“十二五”规划），决定中国未来五年经济、社会和民主民生等方面的发展路径与全景图。其中胡锦涛提出“包容性增长”概念，此概念是2010年9月16日他在北京举办APEC人力资源开发部长级会议开幕致词时首次提出，意指不能单纯发展经济，而需要全面均衡发展，才能使经济增长、社会进步与人民生活的改善同步进行。

第十七届五中全会会议指出，当前和今后一个时期，是全面建设小康社会的关键时期，是深化改革开放、加快转变经济发展方式的攻坚时期。未来五年，必须深入贯彻落实科学发展观，适应国内外形势新变化，顺应各族人民过上更好生活新期待，推动科学发展，加快转变经济发展方式，深化改革开放，保障和改善民生，巩固和扩大应对国际金融危机冲击成果，促进经济长期平稳较快发展和社会和谐稳定，为全面建成小康社会打下具

① 《贫富差距大 陆恐引发动乱》，《联合报》，2010年5月22日，第A25版。

有决定性意义的基础。要坚持科学发展，更加注重以人为本，更加注重全面协调可持续发展，更加注重统筹兼顾，更加注重保障和改善民生，促进社会公平正义。要把加快转变经济发展方式贯穿于经济社会发展全过程和各领域，提高发展的全面性、协调性、可持续性，坚持在发展中促转变、在转变中谋发展，实现经济社会又好又快发展。要坚持把经济结构战略性调整作为加快转变经济发展方式的主攻方向，坚持把科技进步和创新作为加快转变经济发展方式的重要支撑，坚持把保障和改善民生作为加快转变经济发展方式的根本出发点和落脚点，坚持把建设资源节约型、环境友好型社会作为加快转变经济发展方式的重要着力点，坚持把改革开放作为加快转变经济发展方式的强大动力。[①]

“十二五规划”强调，发展为了人民，发展依靠人民，发展成果由人民共享。经济社会发展的根本目的在于保障和改善民生。规划针对人民群众普遍关心的实际问题，提出了一项项保障和改善民生的新举措。其主要重点着力保障和改善民生，必须逐步完善符合国情、比较完整、覆盖城乡、可持续的基本公共服务体系，提高政府保障能力，推进基本公共服务均等化。促进就业与构建和谐劳动关系、合理调整收入分配关系、健全覆盖城乡居民的社会保障体系、加快医疗卫生事业改革发展、全面做好人口工作、加强和创新社会管理。“十二五规划”关于民生议题之重要政策如表 1 所列。

“十二五规划”将“国富民贫”现象扭转成“国富民富”列为未来重点工作；若能成功推展，推估人均 GDP 将从 2010 年的 3000 美元跃升至 2015 年为 5000 美元，推进收入分配，全面建成小康社会。

---

① 《中共中央政治局召开会议讨论拟提请十七届五中全会审议的文件：中共中央总书记胡锦涛主持会议》，《中华人民共和国中央人民政府网站》，2010 年 9 月 28 日，http: //www.gov.cn/ldhd/2010-09/28/content_1712111.htm。

表1　中国“十二五规划”关于民生议题之重要政策内容

项　目	重　要　政　策　内　容
就业是民生之本	实施更加积极的就业政策，大力发展劳动密集型产业、服务业和小型微型企业，多渠道开发就业岗位，鼓励自主创业，促进充分就业。
改革收入分配制度是民生焦点	健全统一规范灵活的人力资源市场，为劳动者提供优质高效的就业服务。
	把解决高校毕业生、农村转移劳动力、城镇就业困难人员就业问题作为工作重点。
	加强劳动执法，完善劳动争议处理机制，改善劳动条件，保障劳动者权益。
	努力形成企业和职工利益共享机制，建立和谐劳动关系。
	努力提高居民收入在国民收入分配中的比重，提高劳动报酬在初次分配中的比重。
	创造条件增加居民财产性收入。
	健全扩大就业增加劳动收入的发展环境和制度条件，促进机会公平。
	逐步提高最低工资标准，保障职工工资正常增长和支付。
	加强税收对收入分配的调节作用，有效调节过高收入，努力扭转城乡、区域、行业和社会成员之间收入差距扩大趋势。
社会保障体系是消除百姓生活后顾之忧的“安全网”	坚持广覆盖、保基本、多层次、可持续方针，加快推进覆盖城乡居民的社会保障体系建设。
	实现新型农村社会养老保险制度全覆盖，完善实施城镇职工和居民养老保险制度，实现基础养老金全国统筹。
	推动机关事业单位养老保险制度改革。
	扩大社会保障覆盖范围，逐步提高保障标准，实现城乡社会救助全覆盖。

续表

项　目	重　要　政　策　内　容
医疗卫生事关亿万人的健康	把基本医疗卫生制度作为公共产品向全民提供，优先满足群众基本医疗卫生需求。
	加强公共卫生服务体系建设，扩大国家基本公共卫生服务项目。
	健全覆盖城乡居民的基本医疗保障体系，逐步提高保障标准。
	新增医疗卫生资源重点向农村和城市小区倾斜。
	积极稳妥推进公立医院改革，探索形成各类城市医院和基层医疗机构合理分工和协作格局。
加强和创新社会管理	按照健全党委领导、政府负责、社会协同、公众参与的社会管理格局的要求，加强社会管理法律、体制、能力建设。
	健全党和政府主导的维护群众权益机制，完善人民调解、行政调解、司法调解联动的工作体系，整合各方面力量，建立调处化解矛盾纠纷综合平台。
	建立重大工程项目建设和重大政策制定的社会稳定风险评估机制。
	健全对事故灾难、公共卫生事件、食品安全事件、社会安全事件的预防预警和应急处置体系。

资料来源：《“中共中央关于制定十二五规划的建议”诞生记》，《中华人民共和国中央人民政府网站》，2010年10月29日，http：//www.gov.cn/jrzg/2010-10/29/content_1733575_2.htm。

（二）扩大双方对话机制，平等协商循序渐进

要创造一个和平共生共处的两岸，最主要的途径之一即是创造一种“对话的文明”。对池田先生而言，对话的文明是提倡世界上不同文明之间的对话，对话是和平行动的原点。池田先生认为，21 世纪是人类社会的新世纪，人与人之间、国家与国家之间要相互尊重，增加理解。池田先生主张，在各种文明之间，在各种国家之间，要用对话代替对抗，用互信代替互疑，

用交流代替交战，建立精神上的丝绸之路和国家民族间的共生共存关系。①

中共中央关于“十二五规划”的建议提出，将把握两岸关系和平发展主题，反对“台独”分裂活动。并巩固两岸关系发展基础，推进两岸交往机制化进程，构建两岸关系和平发展框架。未来将继续深化两岸经济合作，落实两岸经济合作框架协议（ECFA），促进双向投资，加强新兴产业、金融等现代服务业合作。积极扩大两岸各界往来，加强两岸文化、教育等领域交流合作，依法保护台湾同胞正当权益。充分发挥海峡西岸经济区在推进两岸交流合作中的先行先试作用。② 这是中共中央首度将落实ECFA写入“十二五规划”的工作重点，同时将积极扩大两岸各界往来，加强两岸文化、教育等领域的交流合作。

两岸应积极“对话”而不“对抗”，现阶段应以交流互惠建设性对话，双方藉由海基会与海协会沟通管道，讨论军事互信机制之建立，乃至两岸签订和平协议。唯有透过两岸不断的对话、合作、协商与整合的过程，并兼顾两岸特殊的历史关系，才能营造一个渐进式的两岸和平进程，化解双方的敌意与误解，建立真正的两岸友谊与和平。

追求两岸“互利双赢”、“共荣发展”，是两岸政府与人民共同的目标；推动两岸扩大对话与协商，建立能为双方共同遵循的交流规范，是现阶段双方努力达成的重点工作。今后两岸协商将秉持三个原则：一是先易后难、先经济后政治；二是平等协商、循序渐进；第三就是搁置争议、求同存异。③ 在ECFA签署后仍有几项待协商，包括货品贸易协议、服务业贸易协议及投资保障协议等。

① 王学凤、刘卓红：《池田大作和平教育思想探讨》，《和平与教育——池田大作思想国际学术研讨会》论文集（北京师范大学，2008年10月），第58—59页。

②《中共中央关于制定国民经济和社会发展第十二个五年规划的建议》，《新华社》，2010年10月27日，http: //news.xinhuanet.com/politics/2010-10/27/c_12708501.htm。

③ 黄国梁：《九二共识怎么解读？江丙坤：搁置两岸争议》，《联合晚报》，2010年8月12日，第A9版。

（三）拓展文化教育交流，深植文明善果理念

在海峡两岸文化与学术交流日益密切的今日，两岸各级学校之间的互访也愈显频繁，双方的关系是良性的竞合关系。在两岸成功签署 ECFA 之后，尽快把落实第五届两岸经贸文化论坛提出 29 条“共同建议”中提出的“共同探讨协商签订两岸文化教育交流协议，建立两岸文化教育合作机制”的建议提到议事日程，有效地集中双方的资源、资金和创意，努力构建两岸文化教育交流新格局。[①] 通过加强两岸文化教育界高层互访、举办海峡两岸文化教育高峰论坛等举措，推动两岸文化教育交流制度化、规范化、多元化、长期化。

全面推进和深化两岸文化教育交流合作，被视为两岸关系未来前途的一个关键因素，在很大程度上决定着两岸关系和平发展能否稳定持续，并不断取得更大的实质性突破。两岸教育发展迄今各具特色，两岸教育可以相互学习、相互借鉴、优势互补、实现双赢，共同培养能够适应经济全球化的新型人才。两岸人民在逐步交流的过程中建立互惠、互信，与对等的两岸对话机制。如此，双方相互理解、互相包容、求同存异，深植同胞情谊，建立深厚互信基础，当可避免双方冲突，甚至战争。两岸文化教育交流是时势所趋，可以预见的未来，两岸将有更多的学术单位与团体进行多元的交流。未来双方应本着更务实的做法，加强各项交流，深植文明善果理念，将有助于化解政治的纠葛，共创两岸共存共荣之局面。

（四）建立军事互信机制，签订两岸和平协议

中国大陆评选一百个“最具中国文化意义”的汉字，其中“和”字被公认为“最中国”。“和”字在中国思想史或艺术史上都蕴涵着相当重要且丰富的概念。孔子说：“礼之用，和为贵，先王之道斯为美”，即是显例。其

① 陈恒光：《国共论坛 / 侯湘华：盼两岸文化教育交流协议商签加快脚步》，《中央日报网络报》，2010 年 7 月 10 日，http：//www.cdnews.com.tw/cdnews_site/docDetail.jsp?coluid=111&docid=101223432。

次，若自伦理角度来看，中国人一向强调“和谐”才是家庭、社群，乃至国家永续发展的基石。孟子所谓“天时不如地利，地利不如人和”，即可做如是观。[①]两岸关系无疑也亟需要“和”——和解两岸、和谈两岸、和好两岸、和谐两岸、和平两岸。

在中国大陆改革开放以前和改革开放之后一段时间内，“发展”问题完全不能进入两岸关系研究者的视野，甚至到21世纪初，在对台领域中使用最多的词组还是“和平统一”，而鲜少提及“和平发展”，直到2006年4月胡锦涛提出“和平发展是两岸关系的主题”之后，这个词组才渐渐在两岸流行开来。胡锦涛在十七大政治报告中，强调要“牢牢把握两岸关系和平发展的主题，真诚为两岸同胞谋福祉、为台海地区谋和平”。他指出：和平发展之路是中国政府和人民根据时代发展潮流和自身根本利益做出的战略抉择。解决发展中遇到的诸多问题需要和平的周边环境与和平的两岸关系。和平是经济高速发展的基本前提，失去和平，不仅难以继续进行经济建设，曾经获得的发展成就也将毁于一旦，没有和平，谈不上任何意义的发展。而发展又是解决台湾问题的关键，不论最后是以和平方式还是以非和平方式，都要靠发展积蓄实力。不管经济还是政治意义上的发展，都关系到两岸人民的共同利益和共同繁荣，是促进两岸和平统一的重要基础。[②]

2010年9月22日时任国家总理温家宝在纽约会见华文媒体时，表示“对话比对抗好，伙伴比对手好，互信比猜忌好”，论及两岸形势，指出这两年办了两件大事：一是全面实现三通；二是ECFA签署和生效，这两件事都是两岸和平发展局势的关键。他表示在ECFA签署及两岸关系更加紧密后，两岸可进一步推进政治互信及军事互信。在温家宝会见华文媒体之前，中国国防部主动提及，在两岸军事互信前提下，可讨论军事部署、包括撤

① 许又方：《和 两岸、全球都需要》，《联合报》，2010年10月16日，第A27版。

② 黄嘉树：《和平发展与大陆对台战略的调整》，《中国选举与治理》，2008年12月2日，http://www.chinaelections.org/NewsInfo.asp?NewsID=138822。

除对台飞弹问题。温家宝说："这个问题，最终会得到实现。"台"行政院"陆委会对此回应说，自2008年"五二〇"以来，两岸关系和平稳定发展是两岸共同努力的成果。有关大陆领导人愿意务实面对撤除对台飞弹部署问题，我们认为这是应该要做，也是大陆单方面可做到的，台湾人民当然希望能尽快实现。[①]

马英九在一场"华人企业领袖高峰会"上表示，台湾要做和平的缔造者、人道援助的提供者、文化交流的推动者以及新科技与商机的创造者。[②]在全球经济愈来愈密不可分的今天，两岸如果发生军事冲突，除了广大民众遭殃，对全球产业更是一大灾难。为了避免此一灾难之发生，两岸应建立"军事互信机制"，就彼此军事演习互相交换讯息，以消弭两岸间的紧张对立，营造友好气氛。吾人深信两岸政府维持海峡和平安定的政策与决心不会改变，希望藉由善意的互动，缓和两岸关系。如果两岸能建立军事互信机制，进而签订两岸和平协议，不但可以避免不必要的误解、消除紧张敌意，更可以正面促进两岸及亚太地区的和平与安定。

结　论

文明的起源、文明的延续乃至文明的衰亡，大都与支撑文明的人类观念有着密不可分的关系，而人类发展史中，人类大部分时间都在为生存、生活、生命而努力，国家则应善尽保民、养民、育民、乐民之责，因此，人民与领导者之文明观在其中扮演了极为关键的角色。

池田大作之文明观是在科学文明的背景下，以和谐发展观为指导，协调解决人类社会发展中的人与人之间的矛盾与冲突，国与国之间的敌对与战

① 王良芬、陈筑君：《对台撤飞弹 温家宝：终会实现》，《中国时报》，2010年9月24日，第A1版。

② 苍弘慈、庆正：《马总统：台湾要做和平缔造者》，《旺报》，2010年10月19日，http://www.want-daily.com/News/Content.aspx?id=0&yyyymmdd=20101019&k=17915aed7bb9a81196139f84ceafb832&h=c6f057b86584942e415435ffb1fa93d4&nid=K@20101019@N0058.0012010/10/19。

争，甚至人类与自然界之破坏，实现人际间和谐相处，国际间和平共荣，人与自然间共生永续。池田大作文明观之精神是人类大我精神的发扬，是和谐社会、共生地球、和平世界的卓越推动者。池田大作是世界文明的重要支柱，也是维护者、传承者与创新者，人类精神生态化的圣药。让池田大作文明观之精神与理念融入我们每一个人的心灵之中，开启智慧之窗，为促进人类社会的和谐发展，维护自然共生的永续发展，谋求世界和平而努力。

就当前两岸关系而言，共生观念在促进两岸经济稳定发展、政治互信开展、人民深化交流、和平共荣营造，起着不可替代的作用。建设和谐的两岸关系，促进两岸经济和谐发展，深化两岸人民交流，增进人们形成和谐的生命共同体。在此由衷的盼望，两岸领导人都具有池田大作之文明观，海峡两岸能抓住当前难得的历史机遇，强化文明对谈，深化文化教育交流，建立互信、搁置争议、求同存异，取那文明善果、避那文明恶果，共创双赢，共同开启和平共荣的历史新页。

《与大自然对话》：生态、文化与21世纪新文明

颜淑娟[1]

池田大作先生除了致力于文化、教育、和平与人权之外，本身也是一位业余摄影师。数十年来，周游列国，从多种视野及全球角度，利用“生命相机”拍下无数动人的照片，珍藏毫无矫饰的自然与瞬间之美，将刹那化为永恒。正如同法国美术史学家路奈·尤伊古所言：“这是用眼睛吟咏的诗。他以‘生命探索者’的锐利眼睛捕捉一切生物的脉动，向人们展现永远的生命。”[2]于是，人与自然界的对话融入了艺术文化，真实地呈现在池田先生的摄影镜头下。透过与自然的邂逅，池田先生盼能凝视内心深处、人类本质和生命的宽广度：“摄影，是无言之诗。/美丽的自然光彩，没有国界。/摄影，这‘和平的映像诗’/可说在刹那间，使人的心与心结合的/‘奇妙的世界语言’。”[3]池田先生更谦虚地表达了他对于摄影的寄思：“我的技术并不高明。不，也许说一窍不通更为恰当。不过，我觉得这也无妨。因为，摄影包含着一种哲学，它不是单纯的技术，而是透彻心灵的作业，是表现自我的手段。一张出色的照片包含着某种能打动鉴赏者心灵的东西，那恐怕是由于通过镜

---

① 英国曼彻斯特大学英国文学博士，台湾高雄大学西洋语文学系副教授兼主任。

② ［日］池田大作：《与自然对话》，台北国立历史博物馆2002年版，第7页。

③ ［日］池田大作：《与自然对话》，台北国立历史博物馆2002年版，第10页。

头而形象化了的摄影家的生命激情而脉脉地传到鉴赏者心中的缘故。我暗自认为，这样的照片才是最美的作品。”[①]

大自然生生不息的创造力，让池田先生有了不一样的联想与体会，在《与自然对话》的摄影集中，他以日本的四季风采为摄影对象，观察到自然的功能：“自然是面‘镜子’。自然不动，但人会动。自然不变，而人却时时刻刻在改变，透过自然这片明镜，我们能凝视内心深处，人类本质和生命的宽广度。”[②]池田先生运用摄影镜头捕捉地球上万物生命的脉动，文化和自然交织在一起，进而构成了一幅人与自然的和谐画面：

由大宇宙的慈爱编织而成的地球，
是无上尊贵的生命宝库。
当人站在毫无装饰的自然之前，
就会被那无垢的美丽，
净化了心灵。
大地的造化交织出美丽的表情，
成为一面照览我“心”的“明镜”，
因发出润泽万物的伟大活力，
这里，“无言之诗”的照片，
由此诞生。[③]

池田先生的摄影集绝非只是单纯的艺术文化表现，或将自然建构为人类文化的一部分而已，其实暗藏了许多新世纪文明的时代意义，他的艺术美学引领大家抒发对于自然生态与文明发展如何能够和谐共生及永续发展

---

① [日]池田大作：《池田大作中文网》，http: //www.daisakuikeda.org/cht/nature-overview.html，2010年8月22日。

② [日]池田大作：《与自然对话》，台北国立历史博物馆2002年版，第10页。

③ [日]池田大作：《与自然对话》，台北国立历史博物馆2002年版，第15页。

的省思。如同他在摄影集里所言："摄影不仅只是拍摄事实，而是与其中所蕴含的真实，和本质的生命在战斗。"[①] 在国际创价学会的《池田大作中文网》网站里，我们看到阿拉斯加的极北诗情之旅，让池田先生感受到自然与文明的冲突，在凝视着蓝光闪闪的冰川之时，他深刻体会到雄大的冰川如何拥抱着地球数万年的历史。他写道："1977 年，美国土著代表出席了在日内瓦召开的国际会议，他们在发言中说：'争取全人类的权利'固然重要，但自然界的权利又将如何呢？野牛、鹫的席位在哪里？流淌在大地的水、树木森林的代言人又在大会的哪里？谁来替鱼、鲸、海狸和我们的孩子发言？"[②] 日本京都充满色彩生命的春天自然环境的变迁更让池田先生想起佛法对于生命的赞歌："佛法有云'一色一香，无非中道'。所有的色彩、所有的芳香、所有的物质、鸟兽人华、千草万木、世间绚丽多彩的森罗万象，无不都是'中道实相'这一佛生命的表现。'草木成佛'则源于此。"[③] 池田先生的摄影美学隐约透露出文明系统的背后隐藏着生态自然系统的强大支持，他摄影作品中的自然书写"引领大众重新审视大自然的存在，亲近及珍视大自然的美与和谐，尊重大地环境并关怀生命价值"[④]。

生态环境问题在 21 世纪文明的视野下的确是全球性的重大课题，人类如何从保护和爱护自然环境的生态价值观出发，以追求人与自然相和谐为目标，成为世界各国的轴心话题。大自然的反扑，如全球暖化、能源危机、环境污染、资源枯竭等，开始在人类近代的文明历史留下记载，如何恢复及重建人与自然的平衡关系，促使物质文明与精神文明相互成长，已成为当代最重要的议题。生态环境保护的声浪不绝而起，近几十年崛起的"环

① [日]池田大作：《与自然对话》，台北国立历史博物馆 2002 年版，第 13 页。
② [日]池田大作：《池田大作中文网》，http://www.daisakuikeda.org/cht/nature-overview.html，2010 年 8 月 22 日。
③ [日]池田大作：《池田大作中文网》，http://www.daisakuikeda.org/cht/nature-overview.html，2010 年 8 月 22 日。
④ [日]池田大作：《与自然对话》，台北国立历史博物馆 2002 年版，第 5 页。

境伦理”概念清楚地将人与环境生态的关系分为三阶段，从“人类中心主义”发展至“生命中心伦理”，再扩展至“生态中心伦理”。“人类中心主义”视人为万物之主，从人的利益来判定万物的价值和扩张对自然的征服，自然的屈服因而促成人类文明和文化的进步，但也造成人类和自然对立且冲突的关系。“生命中心伦理”乃是将所有生命，包括人类、动物、植物等个体，都看成具有天赋价值。“生态中心伦理”则是最符合现代文明需求，着重生态系整体价值，强调整体生态系的平衡与稳定比个体生命的生存还重要。美国知名环境研究学者奈许教授（Roderick Frazier Nash）在《大自然的权力》（The Rights of Nature）一书中明确指出人类环境伦理信念的演进过程，如下图所示：[①]

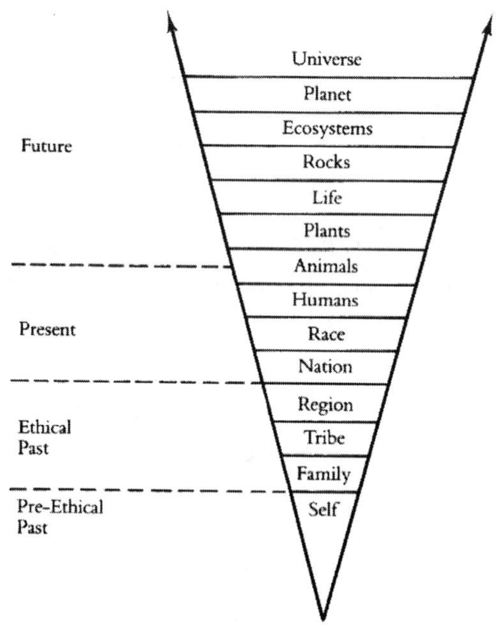

图一　环境伦理概念的演进过程

① Roderick Frazier Nash, *The Rights of Nature: A History of Environmental Ethics*, Wisconsin: The University of Wisconsin Press, 1989, p. 5.

事实上，池田先生的自然生态理念与“生态中心伦理”的理论有异曲同工之处，他主张，人不是这个世界的唯一中心，人类应尊重和考虑自然界中任何其他生命或无生物的内在价值。池田先生曾经在和英国历史学家汤因比的对话里提到，人和自然是相互依存的关系：“地球是人类借以生存的宇宙中的绿洲。我们无论如何要挽救这唯一宝贵的地球免于毁灭。为此，我认为必须严肃考虑人类行为对自然运行、自然界的协调所产生的影响，严格限制那些尽管十分微小但却孕育着危险的行为。”[①] 自宗教的观点，他并引用佛法说：“自然界本身是维系独立生存的生命的一个存在。”并说：“人类只有和自然——即环境融合，才能共存和获益。此外，再没有创造发挥自己的生存的途径。”[②] 利用宗教的理念来改变现代人的思想，池田先生加以说明，佛法把自然，亦即大宇宙本身当作“生命”来理解。[③] 佛法认为人与自然本来是一体的，两者融合起来形成更大的生命体，称之为“依正不二”。在环境污染的时代，最需要这种思想。[④] 透过关注、省思、对话和对永续环境议题的关注与参与，池田先生试图凸显环境变迁与生态变化间的关系，譬如科学与环境的议题来说，现代的科学文明，是以对立关系处理人和自然的，它的出发点是为了人的利益，要去征服和利用自然。但科学技术不应该被用于征服和统治包括各种生物在内的自然界这一目的上。科学应该是用来使人类与自然的节奏协调，使其有规律的活动，发挥最大限度的效用。[⑤] 池田先生更深入环境议题，与汤因比讨论消费、生产、污染及公害等现代文明问题，思考如何提出具体化行动，如重新思考消费行为

① [英] 汤因比、[日] 池田大作:《展望 21 世纪——汤因比与池田大作对谈集》，台北正因文化事业有限公司 2009 年版，第 44 页。

② [英] 汤因比、[日] 池田大作:《展望 21 世纪——汤因比与池田大作对谈集》，台北正因文化事业有限公司 2009 年版，第 37 页。

③ [日] 池田大作:《人生箴言》，卞立强译，中国文联出版社 2004 年版，第 196 页。

④ [日] 池田大作:《人生箴言》，卞立强译，中国文联出版社 2004 年版，第 197 页。

⑤ [英] 汤因比、[日] 池田大作:《展望 21 世纪——汤因比与池田大作对谈集》，台北正因文化事业有限公司 2009 年版，第 46 页。

及减少浪费资源，不要让物质的占有与享乐文化成为消费及感官享乐的同义词。城乡的生态环境同时也是两人的共同话题，城市道路、住宅、上下水道、垃圾处理、绿地不足、交通拥挤、物价高涨、环境污染所造成的气候变异和生态破坏的问题等皆暴露了现代文明的缺陷。城市的地价暴涨使得大部分的人想要拥有自己住宅的愿望落空，楼层高楼化使得人与人之间关系疏远的倾向更加严重。池田先生因而建议需有更好的城市计划与土地利用计划，让大众和睦相处的同时，也能促进人与自然的和谐。

人类现代的文明已面临生态灾难的挑战，自然资源有限，但人类欲望无限的困境，人类过度开发自然资源对环境生态之冲击非同小可。对此，池田先生提出荐言，他呼吁大家不要认为自然是人的附属物，应明白人类文化和人类生存力本身的衰亡与全球规模的自然破坏有密切的关系，并指出大自然对于人类的生存扮演着重要角色，是繁荣文化、文明的泉源，对自然的破坏和损害包含着直接导致人类的衰退和死亡的危险性。反过来说，维持和增进丰富的自然的规律是人类永远繁荣的最大关键。[①] 池田先生认为要“提倡保护自然，尝试利用自然，但在此之前，在破坏自然不断发展的现代，当务之急是建立囊括一切人们智慧的新的自然学”[②]。由此看来，要解决现代社会所面临的公害，也就是对自然的破坏和污染的结果，根本办法应当是究明人的存在的本源，进而谋求人与环境的调合与一体化。

重新探讨人类对环境的价值观，建立新的环境伦理不得不成为扭转21世纪文明危机的转机。池田先生在《时代精神的潮流》一书中特别剖析21世纪地球社会所不能避免的环境问题，这也是为何世界各国召集相关代表针对全球性环境问题产生的危机意识，进行反思以及讨论人与自然环境、地球、宇宙等如何维持共生永续发展的和谐关系。2002年巴西里约热内卢所召开地球高峰会议、在南非召开的WSSD（世界可持续发展高峰会议）

① [日]池田大作：《人生箴言》，卞立强译，中国文联出版社2004年版，第195—197页。

② [日]池田大作：《人生箴言》，卞立强译，中国文联出版社2004年版，第198页。

和 2001 年在日本京都签署的京都议定书，皆是世人出自对于人与自然共同利益的关心。在 WSSD 的会议召开之前，池田先生甚至建议讨论三点方案：设立“联合国环境高级专员”与其公署，分步骤地合并各环境条约公署，同时设置“地球绿化基金”（扩大森林面积的植树活动、保护生态环境），及早缔结“促进能源再生条约”（积极导入太阳能、风力、波力等保护环境的能源，如 2000 年在九州岛·冲绳高峰会议后成立的 G8 再生能源特别研究委员会），这些方案皆强调适当的开发利用，换句话说，人类需要遵循自然生态规律，才能维持生态平衡。①

在池田先生众多的出版书籍当中，《珍爱地球：迈向光辉的女性世纪》一书最能反映他如何以宏观角度检视全球环境变迁对整体生态系统之影响。书中主要汇集池田先生与女性知名行动未来学者海瑟·亨德森博士（Hazel Handerson）的对话，从美国海洋生物学家瑞秋·卡森（Rachel L. Carson）在 1962 年所写的《寂静的春天》谈起，评论农药和杀虫剂等化学物质对于环境所造成的污染及危险性。对此，亨德森博士特别指出：“人类破坏大自然，自然必须承受后果，并由此得到教训，才能使自然环境生态朝着更人道的方向持续前进。”而面临环境各种压迫，人类应将这些压迫转变为“警讯”和“觉醒”。②池田会长则响应，“守护其他生命、地球生态系，也就是守护‘自己的生命’，相反的，如果伤害他们，就等于是伤害自己”。认为改变藐视自然生态、唯利是图的社会，是当务之急的工作，因而提倡“让二十一世纪成为‘生命的世纪’”③。

针对“地球市民”的话题，亨德森引用美国学者勒内·杜博斯（Rene Jules Dubos）所说的“胸怀世界，立足乡土”（Think Globally，Act Locally）

① [日]池田大作：《时代精神的潮流》，香港商务印书馆 2005 年版，第 229—232 页。

② [日]池田大作：《珍爱地球：迈向光辉的女性世纪》，台北正因文化事业有限公司 2007 年版，第 41 页。

③ [日]池田大作：《珍爱地球：迈向光辉的女性世纪》，台北正因文化事业有限公司 2007 年版，第 27 页。

来解释如何了解地球的问题。综合杜博斯的思想与哲学，亨德森补充说明现代人应该必须采取地球规模的行动，也就是“立足世界”（Act Globally）。池田先生则响应说：“不将视野局限在国家或民族的狭隘范畴，而是放眼‘世界’、‘地球’以及‘人类’，另外则在自己生活的地区扎根，为建设更美好的社会，持续踏实地行动。”① 而就节约能源的话题，池田先生以亨德森的专书《地球市民的条件》为例，指出人类“大量生产”、“大量消费”、“大量废弃”等生活形态，会让地球所贮存的石化燃料有告罄的一天。因此，能源使用效率化，远比开发新能源更重要。同时池田先生并将亨德森所主张的“光之时代”和“太阳能时代”，切入风力、太阳能、氢燃料电池、波力、地热、生物量等主题，归纳为以下几点：（1）将社会转变为以可再生能源为主的社会；（2）将人类脱离大自然走向文明化的社会，转变为深刻认识大自然与人类为一体关系的社会；（3）重新理解“大地之母”的古代价值观，建立男女平等与协调关系的时代。②

池田先生深具环境伦理观意识，他体会到人类不再是大自然的主宰，人类与自然应该是一个密切联系的整体，人类现代的文明已面临生态灾难的挑战，如地球温室效应、森林破坏、人口增加、水源污染、水位降低、动植物濒临灭种等，也变成政治、经济、教育，甚至是人权和伦理的问题——“环境问题可说是有关人的价值观、生存态度、社会应有姿态的‘人的问题’。”在环保运动中，缔结同盟关系显得特别重要，池田先生特别分析：“‘在同盟的意识中，同时发挥各自的特色’、‘充分发挥各自的个性，同时也认识彼此的个性’有其重要的关键意义。”③

---

① ［日］池田大作：《珍爱地球：迈向光辉的女性世纪》，台北正因文化事业有限公司2007年版，第107页。

② ［日］池田大作：《珍爱地球：迈向光辉的女性世纪》，台北正因文化事业有限公司2007年版，第168页。

③ ［日］池田大作：《珍爱地球：迈向光辉的女性世纪》，台北正因文化事业有限公司2007年版，第189、191页。

就自然和宗教的关系而言，池田先生和亨德森两人认同生态学和佛法的第一法则，即所有的事物都是彼此息息相关。池田先生以其对佛法的认识，解释森罗万象皆“因缘而起”，互相依存。就人类濒临危机的现在，与其比较相互的差异性，不如强调共同性，缔结同盟关系。[①] 针对地球温室效应带来的影响，全球平均气温上升、日本樱花提早开放、北极冰河消融等现象，池田先生认为人类对追求繁荣的物质文明的态度应有所改变，资源回收及再利用可成为解决的对策，企业也可透过资源回收利用，获得利益。此外，民众物质消费的习性需修正，尽量不要受到商业媒体的宣传手法影响及刺激。池田先生特别呼吁大家要有“绿色消费”的概念，改变过去以自己为主体的消费方式，也就是消费者本身需思考到环境消费的问题，积极选择对环境有益的商品，进而抵抗有害化学物质对生命的残害。[②]

池田更进一步以2002年在南非约翰内斯堡所举办的“永续发展世界高峰会”里所提到的环保领域国际型行动计划为议题，将“地球宪章”视为迈向“环境世纪”的指针。亨德森随即解释“地球宪章”的想法在1972年的斯德哥尔摩会议中就诞生了，但尚未有明确的内容，之后才慢慢成为“针对阻止环境破坏与保护、恢复生态系等世界面临的课题，将取得共识的行动规范整合成的一份文件”[③]。池田先生则又补充说明，“地球宪章”是根据斯德哥尔摩会议通过的“人类环境宣言”、1982年的世界自然宪章及1992年的里约宣言等成果形塑而成，透过民众亲手起草的历史性宣言，以建立更普遍的环境伦理、人类意识为目标。[④] 池田先生引用“地球宪章”的前

① [日]池田大作：《珍爱地球：迈向光辉的女性世纪》，台北正因文化事业有限公司2007年版，第192页。

② [日]池田大作：《珍爱地球：迈向光辉的女性世纪》，台北正因文化事业有限公司2007年版，第200页。

③ [日]池田大作：《珍爱地球：迈向光辉的女性世纪》，台北正因文化事业有限公司2007年版，第218页。

④ [日]池田大作：《珍爱地球：迈向光辉的女性世纪》，台北正因文化事业有限公司2007年版，第220页。

言，“人类是广阔、持续进化的宇宙的一部分，我们的栖息之所地球上，有各个种类的生命体共存着”①。这些话与佛法的“生命一体”的观点有异曲同工之妙。“佛法认为所有人的生命内在，存在着广大的宇宙。‘内在的宇宙’当中，存在着无穷的宝藏，亦即蕴藏着‘善性’，被称为‘佛性’这种尊贵的存在，这是所有生物内部都潜在的，并发出光辉。”②“佛法洞察万物与我们生命是一体的，因此所有事物都是互相关联的实相。”这也是“缘起”的观点——“不管人或自然界，都不可能单独出现。万物之间息息相关、互相依存，形成一个宇宙，奏出生命的韵律。这也是促使人内省，以这种万物一体的生命观点来看自己是何定位，应如何生存的一种思想。”池田先生的这一番话，娓娓道来人类应要有如何彻底守护地球生态系的伦理价值观。③响应池田先生，亨德森最后道出她心目中“生命一体”的思想，是明确地反映在“地球宪章”内文的四大架构上：“尊重生命看顾大地”、“维护生态完整性”、“社会正义经济公平”、“民主、非暴力、和平”。池田附和亨德森的看法，阐述此四大架构是以地球环境问题作为出发点的理念，可以下列文字表现：

第一，尊重地球和丰富多样的所有生命。

第二，以了解、怜悯和爱心，来照顾生命共同体。

第三，建立公义，分享、可持续与和平的民主社会。为当代和未来世代，确保地球的丰富和美丽。

第四，为当代和未来世代，确保地球的丰富和美丽。④

---

① [日]池田大作：《珍爱地球：迈向光辉的女性世纪》，台北正因文化事业有限公司2007年版，第230页。

② [日]池田大作：《珍爱地球：迈向光辉的女性世纪》，台北正因文化事业有限公司2007年版，第231页。

③ [日]池田大作：《珍爱地球：迈向光辉的女性世纪》，台北正因文化事业有限公司2007年版，第232页。

④ [日]池田大作：《珍爱地球：迈向光辉的女性世纪》，台北正因文化事业有限公司2007年版，第233页。

综合以上所述，池田先生的生态观点皆出自宗教、道德和伦理的人道思维，以表达他对自然环境的关心。他并不是所谓的自然科学家，但他认为建立新文明之钥，就在推动“大我”的地球革命，亦即“不局限于个人的‘小我’，而是体悟到‘大我’，也就是‘自己与宇宙所有生命息息相关’。我们应立于这种自觉，脱离欲望无穷的价值观，付诸行动”[①]。根据此道理，自然生态与文明发展才能和谐共生、永续发展。

① ［日］池田大作：《珍爱地球：迈向光辉的女性世纪》，台北正因文化事业有限公司 2007 年版，第 211 页。

池田大作的文明观

——以池田大作与汤因比《展望21世纪》对谈录为中心

孙彬[①]

前　言

古往今来，关于人类自身以及与人类自身相对立的自然的问题始终是众多哲学家们思考的重要问题。人类是什么？人类生存的价值与目标又是什么？自然是什么？自然因何而存在？这些都是思想家以及哲人们已经探讨过甚至是正在探讨的问题。然而，人类并不是孤立存在的，哲学家与思想家不可能将人类自身的问题与自然界的问题完全分割开来。首先，人类本身就是自然界的产物，人类自身的生理现象、生理反应以及欲望、情感等都是自然的产物。其次，人类不仅要在自然界中寻求安身之所，而且还要在其中谋求更安全、更舒适、更良好的生活状态。因此，在这个意义上，可以说人类与自然的问题是不可分割的两个问题。提到人类的问题，必然会面对人类如何面对自然、如何顺应自然，甚至如何改造自然等种种问题。而上述种种人类与自然的问题，正是关于人类文明的重要课题。池田大作与汤因比关于文明的对话也正是基于这一问题而展开的。关于池田大作的文明观，可以解读如下。

① 清华大学人文社科学院外文系教授。

一、作为生命体的文明

池田大作认为正如一个生命体一样，文明是活生生的。就像人类有着诞生——成长——衰老的生命过程一样，文明同样也要经历产生——发展——衰亡这样的过程。对于这一过程，池田大作用了一句佛教用语来概括——“流转”[①]。在这里，池田大作以埃及为例，阐述其中多种文明的生成、发展与衰亡的情况。这其中有法老时代，有罗马统治下的原始基督教繁荣的时代，有伊斯兰教统治的时代，还有现今的共和制时代等不同的文明形态。

值得注意的是，池田大作将这种同一区域的不同文明的产生、发展与衰亡的情况称为“流转”。作为佛教用语，“流转”一词与“轮回”涵义相同，经常连用。相比在中文的语境下，“轮回”一词使用频率较高，在日语中“流转”一词则更加常用。“流转”在佛教中指的是生死、因果等无限轮回、永无止境的情况。在通常意义上，佛教中所说的“六道轮回”或“流转轮回”等情况的主体都是人与其他生命体。通常情况下，人或者其他生命体等一般的生命体会在“地狱”、“恶鬼”、“畜牲”、“修罗”、“人”和“天”等“六道”中不断轮回，永不间断，这就是所谓的“六道轮回”。只有在修行达到相当高的程度时，才有可能走向更高的层次与境界，即“声闻”、“缘觉”、“菩萨”以及“佛”。只有达到这四种更高层次的境界时，人才能摆脱“六道轮回”的“流转”。

池田大作认为文明就如同一个活生生的生命体，也同样会“轮回”与“流转”，这是非常值得深思的想法。很多人也会在做比喻的时候把文明看作是一个生命体，但那基本上都是在积极的意义上阐明文明是生生不息的情况下的一种方式与手段。而池田大作将文明看作生命体，则既不是在我

① 参见［日］池田大作、［英］汤因比：《展望21世纪——汤因比与池田大作对谈录》（下），圣教新闻社2003年版，第107页。

们所谓的“生生不息”的那种积极的意义上，也不是消极意义上的说法，而是一种基于其宗教信仰与历史观之上的客观阐述。文明是由人类所创造的，而人类正是“生生流转”的生命体，而这种“生生流转”的人类生存的目的与价值以及结果正是在于创造与建构文明，这应该是池田大作将文明看作生生流转的生命体的基本思想。

二、宗教信仰是构建文明的灵魂

池田大作认为，宗教是文明的灵魂，能够给某个民族带来生气与活力，并且能够构建新的文明。对于文明的构建问题，池田大作认为文明的创建仅仅有余暇和余力这样的剩余价值是不够的，更重要的是人们共同的宗教信仰。池田大作认为，剩余生产力、社会组织以及人的欲望等皆是构筑文明的材料，但却不是给文明带来生气的灵魂。在他看来，即便构筑文明的材料齐备，亦需要更进一步的前提，即“为何构筑文明”这样的问题意识。也就是说，人力资源的动员与设计者的意图都必须要以此作为出发点，只有这样才能能够对其方向性进行把握和决定。池田大作认为这样的智慧是存在于宗教与哲学之中的。①

池田大作认为，构建文明的灵魂在于宗教与哲学。他以埃及金字塔的建造为例，阐述了这一问题。他认为，当时的埃及能够建造如此巨大的宏伟的建筑物，不仅仅因为其具备了相应的人力资源、社会组织与经济组织以及土木建筑技术，更重要的是，当时的埃及人普遍具有的生死观作为建造金字塔的动力起了关键的作用。正是这种宗教上的生死观念才能起到激起人们劳动欲望、支撑人们进行长期的高强度劳动的重要作用。而且，池田还谈到，上述情况不仅限于埃及，玛雅人、阿斯特克人以及印加人的神

① 参见［日］池田大作、［英］汤因比：《展望21世纪——汤因比与池田大作对谈录》（下），圣教新闻社2003年版，第110页。

庙与祭坛的建造同样也是基于其传统的宗教情绪以及宗教热情。这一共同的宗教信仰不仅成为人们精神上的动力，也使得公共事业的推进成为可能，进而会产生出经济上的剩余价值，从而会更加促进其宗教信仰的深化。

汤因比认为，文明能给人类社会带来良好的秩序与发展，但是文明之于人类社会也是一把双刃剑。所有的文明的发展都会给人类社会带来两大致命的弊端，即战争与社会分工的不平等。然而，宗教却拥有着能够使因这两大弊端而衰落的人类社会继续维持下去的力量。宗教信仰之于个人，其意义在于解决人之为人所与生俱来的人生难题；宗教信仰之于民族，其意义在于统合民族内部之文明。如果某个民族对于自身的宗教丧失了信仰的话，从内部来看，这就会对其文明带来全盘的社会性的崩溃；从外部来看，其文明终将会屈服于外来的军事攻击与压制。以近代中国为例，鸦片战争以后，原本以儒教为主导的古老的中国文明日渐衰退下去，最终由以共产主义为主导的新中国文明所取代。

对于上述汤因比的看法，池田大作采取认同的态度，同时指出，伴随着一个文明的衰退，既有由此而衰退的民族，也有吸收了其他文明从而构建其新文明而兴起的民族。在这里，池田大作以古代日本与近代日本为例证进行了说明。日本在其历史上曾经两度经受了外来文明的挑战，并能将这种挑战化为文明的营养进行吸收消化，从而创建了日本式的新文明。第一次挑战是在公元6—7世纪之间，日本吸收了佛教这一新文明。日本这时所吸收的佛教已经远远不是印度佛教本来的面目，而是经过中国文化消化吸收的中国式版本。日本吸收了这一文明而将其发扬光大。第二次挑战是近代日本从明治维新开始对于近代西欧文明的同化与吸收。通过这次对于西方文化的同化吸收，日本开始了“殖产兴业”与“富国强兵”等政策，最终顺利走上了近代化的道路。可以说第一次挑战时的佛教与第二次挑战时的西欧文明这两大外来文明给日本带来了巨大的进步。

外来文明除了会给上述像日本等国带来正面影响之外，从历史上来看，负面影响占了绝对多数。从近代以来，由西方殖民者给各殖民地国家带来的除了领土完整的缺失与经济上的侵略之外，更重要的是对各殖民国家传统文化与已有文明的侵略而给各殖民地国家人民心理上带来的难以弥补的精神上的隔离与分裂。

因此，在这个意义上，池田大作认为，虽然从20世纪后半期开始，各殖民地国家出现要求民族独立的风潮，并出现西方殖民地国家相抗衡的局面，但是这些殖民地国家尚未达到真正意义上的民族传统复兴。“しかし、このような被支配民族の伝統の復権は、いまのところ、まだ本当の意味での民族文化の復権とはいえないと思います。ある場合は先進国による保護政策の結果であり、ある場合は文化人類学等の関心の高まりや観光客の増大に対応するための演出である——といった例が数多く見受けられるからです。”[①] 这是因为有的国家和地区尚在发达国家的保护政策统治之下；有的国家和地区对于传统文明的重视仅仅是出于对文化人类学兴起的回应；有的国家和地区则仅仅是出于满足外来游客的猎奇心理而已。

池田大作对于这些曾经作为殖民地国家的传统文化复兴的上述见解可以说是非常敏锐，入木三分。尤其对于有些国家和地区对于传统文化的重视完全出于满足外来游客的猎奇心理这一点，可以说其认识非常深刻。笔者认为，这一点正是对现今中国的传统民族文化现状非常有力的解读。比如泰山的孔子文化节，比如大理的纳西古乐，甚至可以说以张艺谋为代表的《红高粱》之类的中国黄土地题材的影片，以及奥运会开幕仪式的表演等等，都只停留在表演给外国人看的层面，中国普通的老百姓并未真正地从心理上、精神上参与到其中。

另外，不仅是曾经沦为殖民地或半殖民地国家面临上述传统文明复兴困难的问题，曾经作为殖民地国家的欧洲发达国家也面临着传统文化丧失

① [日]池田大作、A・トインビ:《二十一世紀への対話》〔下〕，聖教新聞社2003年版，第115页。

的问题。西方国家在殖民过程中曾经对东方各民族进行了军事上以及政治上的侵略，而结果却招致了这些地区人们以宗教为武器的反击。这使得他们在地中海沿岸不得不转向基督教，而曾征服了中亚与西巴基斯坦地区（巴克特里亚王国）的希腊人则开始转向佛教。

当两种文化或宗教相碰撞的时候，较成熟的宗教文化与较初级、原始的宗教文化之间将形成一种势差，势差越大，强势文化的影响力越大。当希腊进驻印度这一相对封闭而又自我发育相当成熟的文化体时，则受到印度佛教的强烈冲击与影响。当时印度有自己的一整套宗教、哲学发展体系，如“顺世论”否认逻辑推理的效用，又如密教中信仰神秘莫测和修行实践的“唯身论”将自身看成一个小宇宙。[①] 在约前 155（或前 165）年米南德一世成为最强大的印度-希腊君主，曾将其疆土扩大到印度旁遮普的东部。这个强大的君主甚至改信佛教，并出现在《弥兰陀王问经》这一佛教经典中。

对于上述这种传统文化衰退的情况，池田大作提出“新しい文明が育ち、栄えていく道を、もう一歩深く探る必要がある”[②] 的想法，认为有必要重新探索新的培育新的文明并使之重新繁荣之路。

同时，针对这种东西方国家同时面临的传统文化衰退的情况，池田大作进行了进一步的深入探讨，即民族强盛的根本原因与文明创造的根本动力的问题。对于池田大作的这一疑问，汤因比认为，文明的兴起与衰落与各民族的传统宗教有着不可分割的密切关联，即文明是由构成其基础的宗教的性质所决定的。对于此种看法，池田大作持肯定态度，并进一步提出自然环境与民族强弱的关系的问题。

---

① 参照耿杉：《希腊式佛教艺术的宗教地理解析》。

② ［日］池田大作、A・トインビ：《二十一世紀への対話》〔下〕，聖教新聞社 2003 年版，第 116 页。

三、人们对自然环境的顺应与改造是创造文明的直接动力

对于民族精神的强弱问题，曾有学者提出过气候、风土决定论等学说。即生活在热带的人们基本上会反映出相对怠惰、追求享乐生活的特性，其民族精神则会表现出一时冲动、经不起考验与打击等抗压能力相对较弱的特性；与此相反，生活在温带与亚寒带地区的民族则比较坚韧、顽强，具有踏实肯干的特性。针对上述学说，池田大作提出了自身的疑问。

作为其反论，池田大作首先指出，如果一个地区的气候以及风土情况的确与民族性格有着关联的话，那么，我们不能忽视这一关联的中间环节的问题。这一问题就是生产活动与生活习惯等要素。举例来说，对于住在热带地区的人们，相对于其他地区的人们来说，其食物的自然供给率要相对大一些，而居住环境方面也相对比较容易解决；然而，对于温带或亚寒带地区的人们来说，为了确保粮食的供给，人们必须进行共同劳动以及社会组织的配合。另外，在居住条件方面，为了抵御冬日的严寒，对房屋的要求相对较高。因此，除了要求建材的坚固耐用性质外，在建造技术方面也要求专业人员的指导。在这个意义上，池田大作首先得出结论，指出所谓民族生命力并不是简单地由气候或风土培养起来的，而是通过上述生活上的必要性以及从由此而产生出来的生活习惯上而来的知识与经验，甚至是上述情况的历史的累积所培养起来的。

另外，作为气候决定论、风土决定论的反论，池田大作还举出了古代埃及人与印度人作为例证。如果从气候决定论或风土决定论的观点来看，生活在热带地区的人是怠惰的、没有活力与创造力的。然而，不仅从历史上来看，就是从现在的生活来看，埃及人与印度人从肉体与精神上都充满了活力，而且，作为一个民族同样也是充满了活力与创造力的。

由此，池田大作指出，自然环境本身并不能决定一个民族创造力的强弱，而只有人们对自然环境的顺应与改造才是创造文明的直接动力。用池

田大作自己的话来说，人们如何对应解决自然环境中的困难，才是创造文明的直接动力。[①]

池田大作对“气候决定论”与“风土决定论”的批判本身就是对人类文明中“人”这一主体能动性的承认。无论是“气候决定论”还是“风土决定论”都只强调了自然环境要素的决定性，认为人类在文明中是无作为的，人类的努力最终没有任何意义，这实际上是对人类自身在文化或文明中的作用的否定。而肯定人类在文明中的能动表现的池田大作的文明观则重新找回了人类在文明中的重要地位，重新赋予了人类在文明中的积极作用与意义。

四、现代社会的文明危机

在面对“气候决定论”与“风土决定论”之时，池田大作提出人们对自然环境的顺应与改造是创造文明的直接动力的说法，重新找回了人类在文明中所处的重要地位以及由此所发挥的重要价值。然而，池田大作同时也指出，正因为人类在文明中的重要地位，以现代科学技术为代表的文明最终会带来人类文明的危机。

这集中表现在三个方面。一是，在科学技术急剧发展的今天，人为的环境以及人类活动的环境方面的条件已经给欧洲文明带来了巨大的负面影响；二是，现今的这种从科学技术发展起来的文明最终会导致垄断权力的少数人与知识分子中的领导者和广大人民大众之间的隔绝的不断深化；三是，由上述情况所导致的人性上的脆弱化程度的加剧。池田大作认为，这种人性上的脆弱化最终会带来分裂社会的出现。

池田大作注意到了现代文明给人类带来的负面影响。诚然，现代科学技术的发展的确给人们的生活带来无数便利，但是随之也带来了我们赖以

① ［日］池田大作、A・トインビ:《二十一世紀への対話》〔下〕，聖教新聞社 2003 年版，第 119 页。

生存的地球环境的恶化。轿车、飞机、轮船等交通工具的确给人们的出行带来了方便，但是由此带来的废气的排放以及燃油等能源问题也成为我们文明生活的一大污点；另外，人类的文明却给人类的朋友——野生动物带来了巨大的危机，从宫崎骏的影片以及《阿凡达》等影片中都看到这样的描写，这是人类自身给人类文明发展敲响的警钟。野生动物不仅失去了它们赖以生存的土地，还将失去它们的同伴甚至自己的生命，最终它们将从人类文明史上被彻底删除。一部人类文明史，实际上同样是一部野生动物的血泪史，这样的人类文明不知还能否被称之为“文明”？另外，科学技术的进步带来人类的文明同时也伴随着人与人之间的战争。人类文明发展到相当高度之后的产物——第一次世界大战和第二次世界大战带来了无尽的伤痛与死亡，核战争甚至成为现在世界各大文明发达国家进行互相牵制的必要手段。统计表明，地震、火山、海啸等天然灾害给人类带来的死亡远远小于人类自身之间的战争所带来的伤害。池田大作指出，科学技术除了给人类带来方便与便捷，同时还给人类带来不同阶层之间的相互隔绝。不仅如此，池田大作还看到，人类文明的发展最终会带来人性上的脆弱化，从而彻底摧垮人类。

小　结

对于人类文明的这种危机，池田大作与汤因比进行了深刻的思考，试图寻找解决的方案，最终，他们将解决的答案归于宗教。池田大作指出，宗教作为文明的源泉，是人类文明创造性的原动力。[①] 虽然近代西欧文明看起来是从宗教中脱离出来，池田指出，这是否是真正意义上的脱离宗教还存在着探讨的余地。池田大作认为，如果将宗教的概念广义化的话，那么近代科学技术文明可以说也是拥有某种宗教的。比如，人们对丰富的物质

① ［日］池田大作、A・トインビ:《二十一世紀への対話》〔下〕，聖教新聞社2003年版，第122页。

生活的憧憬以及科学进步的信念都可以说是现代人所拥有的一种“宗教”。[①]也就是说近代西欧文明并不是没有拥有宗教，而只是改变了其拥有的宗教的模式而已。

池田大作指出，宗教的本质就是人类对于自身的生活方式所进行的思想方面的理论支撑，从这一点来看，现代人对于物质生活的追求以及对于科学进步的信念毫无例外与宗教所起的意义毫无二致，已经起到了宗教的作用。因此，在这个意义上来看，近代科学技术文明所拥有的人们对于科学进步的信仰实际上也是一种意义上的宗教。[②]

池田认为，基督教、伊斯兰教以及佛教等是传统宗教，而对科学进步的信仰、国家主义以及共产主义等则是新形式的宗教。比起压制个人欲望与个性的传统宗教来说，新形式宗教则强调解放欲望与满足欲望。而人类这种欲望则是一切罪恶的源泉。正是这种欲望产生了伴随人类生命历史的贪欲、伴随人类文明史的战争与社会不平等。池田大作与汤因比认为，能够解决现今人类文明的危机的重任只有宗教才能担负。而这一宗教不仅能够产生新的文明，而且还必须克服上述传统宗教以及新形式宗教所面临的难题——贪欲、战争、社会不平等。

池田大作认为，贪欲是人类自身内部问题，而战争、社会不平等则是人与人之间也就是社会的问题，另外，环境破坏等问题则是人与自然的问题。[③]池田大作从佛法的角度认为，佛法将这种从人类自身的关系上产生出来的多样性称为“五阴世间”，将人与人之间的关系也就是社会关系称为“众生世间”，将人与自然环境之间的关系称为“国土世间”。上述三个“世间”是生命存在的不可或缺的要素，同时也是相互关联、相互影响的。

综上所述，池田大作认为，为了克服上述问题，人类要尽最大的努力

① [日]池田大作、A・トインビ:《二十一世紀への対話》〔下〕，聖教新聞社2003年版，第122页。
② [日]池田大作、A・トインビ:《二十一世紀への対話》〔下〕，聖教新聞社2003年版，第123页。
③ [日]池田大作、A・トインビ:《二十一世紀への対話》〔下〕，聖教新聞社2003年版，第135页。

使得上述三个“世间”的关系正常化，不仅如此，人类要从自身出发，必须要从自己生命的内部开始变革，只有能做到这些的宗教，才是将来的人类文明所需要的宗教。

良知，理性，平等，交往

——对未来文明基本要素的思考

李海春　任前方[①]

随着交通和信息技术的进步，全球化进程加速，人类交往的扩大使全球的经济发展逐渐整合成为一个互相关联的整体，而人类的文明也将如经济生活一样，在不断的交往和碰撞中构造成新的人类文明格局。那么在未来的文明发展中，哪些要素将构成各文明的基本架构，并决定着各个文明之间的交往原则呢？

文明发展的过程必然是在不断吸收其中的积极因素的基础上前进的，综观人类文明发展的历史和文明成长的过程，有四个要素在当前体现着人类文明发展的优秀成果，它们也将是人类文明未来形态的基本要素，它们分别是——良知，理性，平等，交往。本文将选取人类文明历史中具有代表性的观念，对四个要素的基本内容进行简单说明。

① 李海春，哲学博士，北京师范大学副教授。任前方，博士，中国传媒大学讲师。

一、良知

良知，是指人类内心中趋向善良、光明的那些认识、情志和素质。良知是人类生活向好的基础，它不仅表现为一种选择的倾向，也是一种应对的态度，一种选择的能力。只有良知被焕发出来并引导社会的发展，人类生活才有向好的可能。在个人，良知体现为以善意来处理彼此之间的关系；在人类群体和文明形态中，良知体现为对美好事物的选择和追求。

应该说，在任何文明中都存在着与“良知”相近的内容，在这些与良知相关的论述中，中国儒家的思想家孟子的“良知”说在当前仍然具有重要的价值。

首先，良知是社会“向好”的逻辑基础。在儒家的传统中，孔子从“仁”出发提出了他的大同理想：“大道之行也，天下为公。选贤与能，讲信修睦，故人不独亲其亲，不独子其子；……货，恶其弃于地也，不必藏于己。力，恶其不出于身也，不必为己。是故谋闭而不兴，盗窃乱贼而不作。故外户而不闭，是谓大同。”①

孔子的大同理想是基于“仁”这一观念提出来的，“仁”虽然在孔子的思想中具有重要的位置，但是不可否认的一个事实是，孔子的“仁”缺少必要的逻辑基础，所以有人认为孔子的思想只属于伦理范畴，并不具备哲学的意义。由于没有逻辑基础，使孔子的思想和他的大同理想往往呈现为“乌托邦”状态，找不到人类走向大同社会的必然依据，因为“仁者爱人”并不能导致“人不独亲其亲，不独子其子”这样的状态，这一点给孔子的学说留下了一个亟待解决的问题。

孟子在孔子思想的基础上向前推进，提出了人本性为善的“性善论”，从而为孔子的思想补充了缺失的逻辑基础。由于人性是本善的，如果发挥

---

①《礼记·礼运》。

了人的善良本性，自然可以建立一个理想的大同世界。所以在孟子那里，与良知相关的性善论是以逻辑基础的方式存在的，由于人性本善，沿着性善论的方向发展下去，人类必然会走向一种优良的生活。也就是说，人类的生活必然是“向好”而发展的，这种“向好”虽然在今天看来无法得到有力的形而上学说明，仍然是人类对自身生活保持信心的前提。

其次，良知是指来自先天本性的良善。孟子认为人有良知和良能：“人之所不学而能者，其良能也；所不虑而知者，其良知也。孩提之童，无不知爱其亲也；及其长也，无不知敬其兄也，亲亲仁也，敬长义也。”[①] 也就是说良知和良能是先天具有的，不是靠后天的“习”而获得的，是人性中本然的内容。这一点与孔子的“性相近也，习相远也”[②] 相契合。在孟子那里，良知与良能基本体现为四端：“恻隐之心，仁之端也；恭敬之心，礼之端也；羞恶之心，义之端也；是非之心，智之端也；仁义礼智，非有外铄我也，我固有之也。”[③] 这四端都是先天的，是处理人和人之间关系的基础，它们既体现为处理人和人之间关系的基本态度——恻隐、恭敬，同时也体现为审美和判别善恶的能力——羞恶、是非。当这些态度和能力具备后，一个好的社会秩序便是可以期待的了。

四端所强调的是对他人的同情，对他人的尊重，同时能够对不善者心存憎厌，能区分是非。一种文明在发展的过程中，既要对他文明处以同情和尊重，同时还要能够区分自身虽面临的是非善与不善，存其善弃其不善。

再次，良知为善之萌芽，人应该努力使其骏发。正如我们现实生活中所见到的一些不好的现象，孟子也承认，人的良知良能并不是在所有人身上同等显现，甚至在一些群体那里只能看到不善的内容。为了对这一问题进行解释，他提出良知只是一个善的萌芽，努力生长则会成就善，反之则

---

①《孟子·尽心》。

②《论语·阳货》。

③《孟子·告子》。

会出现不善，不善并不是先天的缺失而是后天的努力不够。“乃若其情，则可以为善矣，乃所谓善也。若夫为不善，非才之罪也。”[①]而对本性中良知的萌芽完全不加滋长的人，他认为他们不是一个真正意义上的“人”。“由是观之，无恻隐之心，非人也；无羞恶之心，非人也；无辞让之心，非人也；无是非之心，非人也。”[②]所以他说：“我善养吾浩然之气”；“其为气也，至大至刚；以直养而无害，则塞于天地之间。其为气也，配义与道；无是，馁矣。”[③]这里所说的浩然之气之所以可以成为至大至刚的气，在于人自身的倾向并不断骏发它，这样，这些善良的萌芽才会成长为茁壮的大树。

现代文明所面临的最大问题就是理性被工具化之后导致价值方向的缺失，要对这个问题进行补救，人类必将要求助于内心中的良知，能否使人性中良善的内容不断生长并充塞人类的生活，将是判断一种文明进步与否的基本依据。

在儒家的后学中，王阳明发展了孟子的“良知”说，并给予其至高无上的地位，这一方面显示了良知说的可能，但是同时也昭显出了“良知”一旦上升为形而上学准则的困境。

王阳明是对孟子“良知”理论阐发得最突出的儒家，他把良知置于本体论的位置，使其成为天地万物的本源：“良知是造化之精灵。这些精灵，生天生地，成鬼成帝，皆从此出，真是与物无对。”[④]所以，良知既是有情之人心灵的本体，“良知者，心之本体”，同时也是无情之物的本体。“人的良知是草木瓦石的良知，若草木瓦石无人的良知，不可以为草木瓦石。岂惟草木瓦石为然，天地无人的良知，亦不可为天地矣。”[⑤]

如牟宗三先生所说，王阳明的良知说推到极端，就成为“道德的形而

①《孟子·告子》。

②《孟子·公孙丑》。

③《孟子·公孙丑》。

④ 王阳明：《传习录》。

⑤ 王阳明：《传习录》。

上学”，从而良知成为一切正确价值判断的终极依据，也是人的安身立命之地。对于任何人来说，凡是出于良知的行为，都是有价值的、正确的行为；凡是违背良知的行为，都是无价值的错误行为。[①] 这样，“良知”就对其他事物具有了指导意义，有了裁夺相关行为的能力。那么人类如何去判断一个人的所谓“良知”是真知还是半知呢，因为“良知”只能用体悟的方式获得，缺少切实的可证性，这就给伪“良知”留下了空间。在人类历史上，以“良知”的名义对“异类”进行裁夺的事例比比皆是，如曾深受朱子学和阳明学影响的日本武士道，为东亚地区开出了共“荣”的救济之方[②]，而西方的宗教力量也曾以“良知”和正义的名义压制对自身进行质疑的人，甚至消灭其生命。

这是文明发展过程中的困境，也是各文明交往过程中的困境，谁具有更好的良知？谁是良知的代言？所以，良知说应用于人类社会，应用于文明之间的交往，必然要佐以人类可以度量、可以制衡的标准，从而指向理性。

二、理性

理性，简单来说，是区别于感性和知性而存在，主要是指通过逻辑推理获得更加准确的认识的能力。如良知一样，理性的思想倾向在各种文明形态中都以不同的方式而存在，而其中具有代表意义的，是西方思想传统中以理性为逻辑起点的理性主义。在希腊哲学时期，理性主义的萌芽在欧洲出现，随着文艺复兴和启蒙运动，现代的理性主义逐步开出了“现代化”的道路，从而成为现代社会的基础性理念。

---

① 宋志明：《正统理学的终结者：阳明心学发微》，《中国人民大学学报》，2010 年第 4 期，第 73 页。

② 参见 [日] 新渡户稻造：《武士道》，商务印书馆 1993 年版。山本常朝：《叶隐闻书》，广西师范大学出版社 2007 年版。

首先，理性是目前衡量人类知识确定性的最有效手段。如何获得确定性知识——何谓“真”，是西方哲学所追求的主要内容。在古希腊哲学早期，从泰勒斯的“水本原说”开始，尝试跳出对世界本源的空洞臆想转而投向对人类经验事物的关注。这种思考虽然带有粗朴的直观性和不确定性，但是从根本上实现了思维方式的转向，为其后西方理性主义奠定了基础。苏格拉底的“助产术”继承了智者学派反诘的传统，不过他不再像智者学派那样通过诘难否定知识，而是把辩论发展成为一种建立知识的有效方法，为理性思辨方式的发展开了先河。柏拉图继承苏格拉底的方法，超越了早期哲学的直观性，用二分法区分了人类感官所见之知识和理性所知之知识。他开始了规范地区分、推导的理性推演过程，同时把理性置于更高的位置，使人类迈入理性主义的门槛。亚里士多德在柏拉图的基础上进一步发展了逻辑推导的原则，使三段论的推导方式在现代理性主义之前成为讨论知识最科学的方法。在中世纪，信仰者用亚里士多德的逻辑推导方法论证神学问题，从而成就了经院哲学。被称为近代哲学之父的笛卡尔用他的知识论原则，以理性为手段重建了知识大厦，从而使理性主义走进现代，把人类带入现代文明。如今，精确的经验描述、严格的逻辑演绎以及对前提的不断追问成为获取科学和真知的基本方法，是人类知识确定性的基本要求。

在今天，理性已经成为人类显示自身力量的一个基本工具，没有理性作为基础，人类很难获得确定性知识，缺少了理性的判断，任何文明的进步都可能只是自说自话，很难获得有效的说明。

其次，理性主义是以人为本的。在现代理性主义诞生之前，人类虽然可以发挥理性去认知事物，但是理性的位置并不是核心性的，人也不是世界发展的最终目标。在古希腊哲学之前，神是世界的主宰者，是人类社会生活准则的来源，取悦于神是人类生活的目标。而在中世纪，经院哲学虽然借用了理性的思维方式，但是对理性的看法也是不同的，如当时极端信仰者对理性的批判、拒斥态度“惟其不可能我才相信”就是显著的代表。由于人是上帝的所造物，就应该卑微地匍匐在上帝面前，不断去涤除自己的原罪，社会发展的目标便是如何接近上帝，听从上帝的旨意。

随着理性的追问和发展，文艺复兴之后，人开始在上帝面前抬起头来，逐渐寻找着自己的位置。而笛卡尔彻底扭转了这一局面，他通过对人类知识基础的不断追问，确认了从人类理性的思考获取知识大厦第一块基石的思维模式，以“我思故我在”建立了人类认识世界的基本方式。从此上帝虽然仍存在于人类知识体系之中且具有崇高的位置，但是已经从社会的主宰者和先天不可追问者转变成为人类理性的设定，思维着的人逐渐走向社会的中心位置。经过启蒙运动之后，宗教对人类社会生活的实际控制转向精神层面的需要和设定，人成为这个世界的中心，经理性主义的洗礼，让“最大多数人获取更多的幸福”成为社会发展的基本目标。所以，人既是社会生活的创造者、建立者，也是社会发展的目标。

当前，任何文明的发展都将会以人为基本的价值目标，那些忽略人、蔑视人、压制人的文化和思维方式都是需要改变的。

再次，理性主义是以人类的经验为基础的。如前所言，理性主义最早的萌芽就体现为对人类自身经验的重视。在后来的发展过程中，更是不断去区分经验与超验的界限，现代理性主义对这一界限做出了严格的限定。这在自然科学领域体现为只讨论人类可共同经验之事物，而在社会科学领域则体现为对实证主义方法的强化，对现象尽量做客观的描述和解读。正如霍金在《时间简史》中对科学所下的定义一样：“理论只不过是宇宙或它的受限制的一部分的模型，一些联结这模型和我们所观察的量的规则。它只存在于我们的头脑中，（不管在任何意义上）不再具有任何其他的实在性。”①

正如康德在《纯粹理性批判》和《实践理性批判》中所讨论的那样，人类的理性可以处理经验之中的事情，而对经验之外的事物则无能为力，虽然它不断向经验之外发问，但是要解答这些问题靠后天的理性能力是无

① ［英］霍金:《时间简史》第一章，吴忠超、胡小明译，湖南科学技术出版社 2007 年版。

法完成的，最终仍然要求助于“道德律令”。所以当理性主义及其所开设出来的内容具有了价值能力、成为判断价值标准的时候，群体间的压制和掠夺就会随之而来，而且由于现代理性主义支配着可以展示人类力量的器物，压制和掠夺就在器物上获得更大的支持。理性主义不能成为价值判断的标准，理性的困境最终指向“良知”。

理性和良知二者是互相补益，交互存在的，在当前，有些文明的理性主义缺失，有些文明的良知力量缺失，这里并不存在优劣的问题。缺失理性和缺失良知，同样都是文明的缺憾，而且也会给未来的发展和文明间的交往带来一系列问题。

三、平等

平等是公平正义理想所开设出来的基本原则，它要求给予对象平等的地位，在各种文明形态都有对平等的持续追求。如佛教的众生平等观念，儒家思想的“己所不欲，勿施于人”，基督教的“爱人如己”等等。

平等观所面对的主要问题是如何与不断发展的“对象”和现实情境相契合。人类所面对的世界极其广泛，当论及平等时，这种平等所面对的究竟是哪种对象？在其现实情境中是否可能？就成为必须思考的问题。如儒家所倡导的君子行为“己欲立而立人，己欲达而达人”[①]，曾经在中国封建社会中占据主流意识形态地位，可是农民起义者多是为了简单的衣食问题揭竿而起，中国历史上的起义者多数以“均贫富”为基本主张，从人格上提出“等贵贱”要求的起义者却很少。其他诸文明形态也多存在此类问题，如基督教思想中既有“若一个肢体受苦，所有的肢体就一同受苦，若一个肢体得荣耀，所有的肢体就一同快乐。你们就是基督的身子，并且各自作

①《论语·雍也》。

肢体”[1]的主张，同时也存在“起初，男人不是由女人而出。女人乃是由男人而出。并且男人不是为女人造的。女人乃是为男人造的”[2]的说法。甚至在近代资本主义发展以来，以“天赋人权，人人平等”为基本主张的欧洲文明可以大肆劫掠其他民族的人群为奴隶。所以，平等的观念在现实操作过程中往往带有极其复杂的形式和过程。

在人类社会发展的过程中，尤其是近代理性主义以来，对平等的观念如何与社会现实的发展相接持续做出了探索。大致可以说，人类自进入现代社会以来，人类群体先后经历了主权平等、机会平等和条件平等的三个阶段。也就是把“天赋人权，人人平等”的原则从民族国家内部拓展到全人类，从人和人之间的关系拓展到不同民族国家之间的关系。当前，人类对平等观念的强调已经开始超出人类自身，逐渐向与人类相伴的生物种群，甚至自然界去发展。

在人类扩大视野的过程中，佛教的平等观念可以给人类更多的启示，应该说佛教的平等观念向人类展示了人类关于平等的终极可能。在原始佛教时期，佛教的平等观主要从“四姓平等”推及“一切众生悉皆平等”，在这时，众生的概念更多地倾向于有生命情感的“有情”。而随着大乘般若学对佛教思想的发展，对平等的关照成为般若智慧的一个重要方面，理解也有了大幅度的进步，在般若思想的性空的境界里，一切人、一切事物都没有自性，在这种意义上它们都是平等的。而般若学发展到中观学派时，“中道”思想成为其中的重要观念，“中道”的平等为“不二平等”，也就是将世间所有的差别都统统泯灭，从而打通了入世、出世、真谛、俗谛。正如华严宗所倡导“一切诸法都相互为体，相互为用，举一尘即亦理亦事，谈一事即亦因亦果，缘一法而起万法，缘万法而入一法”的“互即互入”、“一

①《圣经·歌林多前书》。

②《圣经·歌林多前书》。

切平等”的“圆融无碍”境界。[①] 在这种平等境界中，凡可以进入人类思维领域内之事物，都是平等的。

从历史发展的过程可以看到，随着人类对自身所处位置的不断反思，平等的观念也不断在发展，今天人类已经从人和人之间的平等向努力克服自我中心困境、寻求人与其他生命的平等，甚至探索人和自然界之间的平等。当然，今天的平等还带有明显的人类“自我中心”的痕迹，佛教思想中的平等思想仅仅停留在个别群体的自我体验，但是随着文明的进步，自我中心的痕迹将越来越淡化，佛教的“一切平等”观念会是人类文明中平等观念发展的方向。

在文明发展的过程中，平等观念既体现为对内部各构成因素之间平等的追求，同时也体现为对文明间地位、机会、条件平等的主张和要求，在这两个方向的发展中，都离不开理性和良知的辅佐。没有理性，则平等会失去次序；没有良知，平等会失去方向，而失去次序和方向的平等必然带来更多的不平等。

四、交往

英文中的文明（Civilization）一词源于拉丁文“Civilis”，有“城市化”和“公民化”的含义，引申为人们和睦地生活于“社会集团”中的状态。从这里可以看到，西方意义上的文明本身就包含着促进人类交往方式改变的意义。

马克思说：“人的本质不是单个人所固有的抽象物，在其现实性上，它是一切社会关系的总和。”[②] 也就是说人是一种社会性的动物，与人类相关的生产、生活、关系、意识等都是在这种社会交往中形成的，文化和文明也

① 参照唐忠毛：《佛教平等思想的现代意义》，《法音》，2006年第4期，第19页。

②《关于费尔巴哈的提纲》，《马克思恩格斯选集》第一卷，人民出版社1995年版，第56页。

是如此，所以文明本身就是交往的产物，人类社会发展、文明进步的过程往往就是人类交往不断转变和扩大的过程，文明产生于交往，也在交往中发展。所以，文明之间的交往既是一种文明得以进步的条件，同时也是人类文明可以获得发展的前提。

在中文中，从“文”和“明”的本意来看，也具有一定的启示意义。许慎的《说文解字》对文的解释是：“文，错画也。错画者，交错之画也，考工记曰，青与赤，谓之文。”[①]也就是说，文的意思是不同的事物、不同的色彩之间的交错存在，单一的事物不足以成为“文”。而明的意思是：“明，照也。照明也。小徐作昭，昭，明也。大雅。皇矣传曰。照临四方曰明。凡明之至则曰明明。明明犹昭昭也。”[②]也就是说把事物突出地显示出来，所以“文明”合用，就是把事物相互交错而存在这一事物规则显示出来。在《易经·贲》中有：“分刚上而文柔，故‘小利有攸往’。天文也。文明以止，人文也。观乎天文，以察时变。观乎人文，以化成天下。”[③]从这里可以看到，刚柔相错，是自然的规则，当自然的规则被彰显出来，人间的规则依此建立起来，这样通过理解自然的规则，来判断自然的变化；通过观察人和人之间的规则，可以有效地治理社会。从这里可以看到，所谓文，其本意就是以刚柔相济为基本规则的自然规律，这里包含着多元交错的意义。所以，文明本身就具有多元并存的意义。

综观当前人类文明的发展，在多元基础上的交往仍然是一个需要不断重述的观念。多元在一定意义上意味着对文明间平等的认可，而交往则是文明得以发展的基本条件。人类文明虽然有区域之分，有类型之分，但是首先必须把它看作一个总体，是各个部分的总和。在这个总和中，既要认可各个部分之间的差别和特色，同时也要追寻人类文明的整体方向。多元

① 许慎：《说文解字》，上海古籍出版社1988年版，第425页。

② 许慎：《说文解字》，上海古籍出版社1988年版，第314页。

③《易经·贲》。

必然是交往过程中的多元，而不是因多元而割据、而分治；交往也必然是多元基础上的多元，不是因交往而消灭多元，因为没有多元就不可能存在交往。文明可能会表现为一个部分在某个时期的独立生长，但是从人类发展的整个历史来看，从人类文明中一些相似的因素来看，完全独立生长的文明是不存在的。

以上四个要素在总体上是四位一体的，在一定意义上可以说，真正理性的文明应该是具有良知的、追求平等的、在交往中生长的文明；而真正具有良知的文明也应该是融合理性的、追求平等的、在交往中成长的文明。同样，平等的文明、交往的文明也应该是具有其他三个要素的。在未来文明的发展过程中，只有以这四个要素为基本要素，灿烂的世界才会用人类的双手缔造出来！

池田大作文明观的特点和影响

温宪元[①]

池田大作是著名的宗教哲学家、思想家和社会活动家，他的思想和主张是多方面的。其中最有代表性的一个方面是对人类的文明及对人的心灵的思考和探索具有强烈的崇拜情结，成为他人生的主旋律之一。早在20世纪70年代，池田先生提出的“人间革命”，就是要对人类的自身进行革命。进入21世纪后，池田大作先生更多的是在哲学思想、在人类文明的深层次上展开，思考人类的生存方式，探讨人类的本质和未来。现如今，82岁高龄的池田大作先生，依然行走在现实的世界上，跋涉在人类文明的群山中，驰骋在比海洋和天空更加宽广的人的心灵世界。由于长期充满宗教哲学思考的池田先生实际上已经成为了一位名副其实的思想独特的著名哲学家，他出版的各类著作尤具是几十种对话录，与其说是宗教作品，倒不如说就是具有深邃哲学思想的哲学著作才更符合实际。如果将池田大作关于人类文明的哲学思考等同于纯理性主义哲学，恐怕很难把握其要领的。因而，我们需要更加深入地探讨和研究池田大作的文明观，必将有助于我们更好地整体把握池田大作的思想品格和理论特征。

① 广东省社会科学院副院长，研究员，广东池田大作研究会副会长，广东省政协委员。

一、池田大作文明观的主要特点

迄今关于什么是“文明”？怎样来给出定义，还没有一个统一的说法。查阅《不列颠百科全书》没有设立“文明”这个条目；而《中国大百科全书》设有“文明”条目，给出的定义是：“人类改造世界的物质和精神成果的总和；社会进步和人类开化状态的标志。”这个说法实际上就是要把文明和文化视为同义词；在查阅《恩卡塔电子百科全书》中是把“文明”定义为“具有历史和文化统一性的一种社会的发展状态”，这又是突出了一种文化或社会的“状态”。而学者们在实际运用中，是把“文明”视为具有某种共同文化特征的族群组成的国家或国家群体，这样的国家或国家群体被视为一个“文明单位”。英国的阿诺尔德·汤因比指出，世界历史上先后出现过20多个“文明单位”，至今还存在的只有5个文明，即西方基督教文明，东欧、俄罗斯的东正教文明，伊斯兰文明，南亚欧次大陆的印度文明，中国、朝鲜半岛和日本的东亚文明。“文明是由构成其基础的宗教的质来决定的。”美国的塞缪尔·亨廷顿则认为，文明是一个“文明单位”或“文化单位”，那些单位“被历史、语言、文化、传统，尤其是被宗教分隔出来”，它可以只在于一个国家，如日本文明，也可能是覆盖若干个具有相同历史文化传统的“亲族国家”。他说：当今的“世界形势很大程度上取决于七八种主要文明的互动，它们包括西方、儒家、日本、伊斯兰、印度教、斯拉夫——东正教、拉丁美洲，还可能包括非洲文明等”。1993年，亨廷顿向世界发出了“文明的冲突”的警告。

池田大作本着对世界和平与文明和谐的关注，2007年，与儒家学者杜维明发表了《对话的文明——谈和平的希望哲学》。在论及“超越文明的差异”话题中，池田指出，亨廷顿把“冷战”这一意识形态对立结束后的世界分为八种文明，在这一基础上预测“文明的冲突将左右世界的政治”，“文明之间的差异将成为未来的纷争的疆界”。由此“文明的冲突”、“文明的对立”这些概念在国际上备受关注。在这种状况下，联合国把2001年定为“文明之间的对话年”，表明尊重文化的多样性正是争取世界的和平与繁荣的前提条件。而且象征着在个人与个人、团体与团体、国家与国家以及文化与文化的关系中，这是一种全新的思维。池田先生进一步指出，以前为避免因互争文明的优劣而产生的悲剧所制定的办法，可以说是一种“文化相对主义”[①]，是一种“宽容”的概念。但是，我不能不说，单纯承认他人的存在这一认识论上的“消极的宽容”[②]有其脆弱性，一旦发生对立时，就会极其简单地消失。池田先生说，不能这样，而要尊重他人的存在，积极地与他人密切联系，向他人学习。甚至把差异当作创造价值的源泉，共同争取开出更富人性的花朵。我们追求的正是这样的生活态度。这就是佛法倡导的“多样性光辉的世界观”。池田先生具体讲述了佛法倡导“樱梅桃李”的原理。意思是说，没有必要，也不可能让所有的花都变成樱花或梅花。只要樱花作为樱花，梅花作为梅花，都富有个性，光彩夺目就好。这就是最正确的生活态度。当然，“樱梅桃李”只是一种比喻。但不论是人还是社会，在尊重多样性这一点上都是相同的。池田并且进一步讲述了佛法主张“自体显照”[③]的道理。这就是重视各个人从内部发挥出自身本来的个性。只有各个人的个性都能开花，才能呈现百花齐放、馥郁芬芳的花园般的和谐。佛法就是这样宣示了这种富有多样性光辉的世界观。池田先生也正是这样始终贯彻这种佛法“多样性光辉的世界观”的文明思想，这成为他文明观的一个鲜明特点。

池田大作从佛教哲学的文明角度展开互益的对话，其内容相当广泛，对社会具有强烈的责任心，对人类文明具有强烈的渴望。通过窥视对话，

① 文化相对主义：企图超越认为自己的文化是最高的“本民族中心主义”而产生的一种概念。对待各种文化，主张不以自己的文化为中心来分优劣，需要相对地承认多样性。

② 消极的宽容：对相互的差异不分优劣，由承认多样性产生的一种弊端。

③ 自体显照：所有的事物和生命都遵循的真理、法则，可以显照出自身的本体，能够以本来的面貌发挥最高的个性和智慧。不必变成生命特别的样子，也能充分地发出自己真正的光辉。

让我们对池田大作文明思想的若干观念有一个清醒的认识，并深深感到“对话的文明”之美好，显然也碰撞出一些非常有意义的思想。例如池田先生强调了人类文明的人本主义精神，一种旨在避免全球性悲剧的“全球文明精神”，这些都是需要引起并值得我们所关注的。

二、研究池田大作文明观的当代意义

21世纪，已经进入一个世界多极化不可逆转、经济全球化不断加速发展、综合国力竞争日趋激烈、价值理念冲突不断升级的新时代。科技成为富足和进步背后的主要动因。科技的发展能够提高经济活动的效率，推动生产力迅速发展；科技能够改善人类社会的卫生、医疗、教育等状况，提高人们的生活质量。但是，就整体而言，当今人类社会的生存问题仍然面临着灾难性的三大威胁。

第一，地球环境不堪重负，全球气候变暖威胁人类，极端气象灾害事件在世界各地频繁出现。地球经历50万年才积累起来的碳载体能源，将在几代人以后枯竭。而燃烧排放的二氧化碳，导致全球变暖和威胁人类的各种极端气象灾害事件，如暴雪、干旱、洪灾、冰冻等频繁发生，人类对此无能为力。2006年重庆的干旱、2007年东北的暴雪、2008年南方的冰冻及四川的地震，已经给我们敲响了警钟。人与自然、环境的关系，正处在走向恶性循环的拐点上。

第二，全世界的穷国与弱国面临西方富国与强国的政治颠覆与军事打击。自20世纪90年代以来，局部战争和地区冲突接连不断，如前南斯拉夫的种族清洗、波黑内战、海湾战争、巴以冲突、科索沃战争、北爱冲突、车臣战争、印巴冲突、伊拉克被占等一系列血与火的战争冲突。中亚一些前苏联加盟共和国在西方国家的幕后操纵下先后发生导致战争局势动荡和更替的“颜色革命”。池田先生在发表于2008年1月26日的《第33届“SGI日”纪念倡言》指出，在与国际新闻社（Inter Press Service，简称IPS）的联合国联络局主任迪恩（Thalif Deen）专访时，迪恩首先问到："冷战结束已近20年，世界依然面对着数量与日俱增的纷争事件，国际社会，尤其是联合国为何无法实现永久的和平？"对此，池田大作回答说："联合国有其不足之处，为此招来诸多批评，这是显而易见的。但无可否认的是，联合国是仅有的一个供地球上几乎所有国家讨论全球问题的论坛，是以我在所发表的倡言中一直提议：在世界各地召开的和平活动，皆应透过联合国的机制来进行。20世纪已见证了两个横扫全球的战争的发生，我们绝不可让这悲剧再度重演。"池田大作还进一步谈道："圣雄甘地曾说过：善的进度如爬行中的蜗牛。若因联合国的短处而一味抱怨，又或因社会现实残酷而自暴自弃，我们将一无所成。我们必须积极展开行动，结合民众之心，为联合国的活动给予源源不断的支持——我确信，在数百年后的世界，这将被视为我们这一代人为人类所做的最大贡献。"

第三，贫民血案、恐怖活动等不讲人性与道德的恶性事件，影响着每一个地球公民的日常生活和生命安全。"9·11"事件、印尼巴厘岛爆炸案、莫斯科人质事件、中国的疆独和藏独事件等表明：一方面，现有的世界政治经济体系与社会制度存在严重问题；另一方面，与文化、宗教、价值理念有关的民族的、群体的、个人的暴力冲突，已经成为威胁人类生存、实现和平与社会和谐的新因素。"2008年我国西藏、2009年新疆等地发生的严重暴力事件表明，贫民血案与恐怖活动，已经以一种新的方式进入我国。总之，当今世界，仍然也很不安全，也很不太平和安宁。"[①]

当今全球所面临的种种问题和挑战，包括上述三大威胁，其产生的根源，是对人类社会的发展在思想、理论与实践上的创新严重不足，从而导致人类社会生产与生活方式在全球泛滥有关。例如，有些原社会主义国家，在经济转轨与改革时期，由于机械地照搬资本主义的物质生产与生活方式，照搬资本主义的社会制度和政治模式，没有立足自身的实际进行系统的发

① 《池田大作文明观的特点和影响》，《广东社会科学》，2011年第4期，第38—43页。

展创新，其结果就是国家分裂，经济倒退。有的社会主义国家，经济体制改革很成功，但在理论创新、文化创新与精神信仰创新方面严重落后，结果，物质享乐主义、拜金主义与个人中心主义不断膨胀，人伦道德不断堕落，社会环境日益恶化。今天，全球文明最大的危机是缺乏人本理性创新，尤其是缺乏科学理性与人本理性和谐发展的创新理论对西方强权政治、非平衡发展等陈旧思想的批判和替代。从理论上讲，人类毁灭的危险已经潜伏于缺乏科学理性与人本理性和谐发展作为人性与心灵支撑的全球文明创新发展，以及缺乏科学理性与人本理性和谐发展做理论支撑的全球非均衡一体发展过程中，这必将人类发展推向非和谐、推向极化与失衡，必然破坏生态平衡，必然争夺资源，必然推行强权政治。而强权政治、非和谐发展、破坏生态环境、争夺资源，又是恐怖活动、民族冲突与国家战争的根源。

人类文明要应对可持续发展在当前社会所面临的三大挑战，科学理性精神和人文主义精神的自由共享和流通显得十分重要，特别是贫困国和富国之间的沟通和流动。因此，深入研究和探讨包括池田大作文明观在内的人类文明思想，具有十分重要的现实意义和深远的战略意义。

三、池田大作文明观的世界影响

池田大作由于长期致力于推广世界和平、文化繁荣、教育事业和人类文明进步，不断地与世界各国各方面的名流和专家进行交流对话，获得了世界上200多个高校和研究机构的荣誉教授，以及世界上100多个城市的名誉市民的称谓。池田先生对中日友好事业的推进不遗余力。因其对世界和平的贡献，曾获得联合国和平奖、巴西南十字国家勋章、法国艺术文化勋章、桂冠诗人以及中国的艺术贡献奖、教育贡献奖及和平友好杯等荣誉。池田大作文明观对社会有着诸多深刻影响。

池田先生给联合国提交了诸多建议。在面对21世纪的时候，池田大作更多的把视野投向了世界的和平与发展，更多地探讨人类文明的共同性话题。1998年2月，在日本广岛举行了彻底废除核武器签名册的寄发仪式。这是世界非政府组织中的一个叫“核时代的和平财团”倡议的活动，有相当大的影响。池田大作积极支持这一活动，并将“废除核武器签名册”提交给联合国，每册1万人，共1414册，厚达6米。此后，有关世界和平与联合国的作用问题，更加坚定地成为池田大作毕生倾注心血的事业之一。池田竭力支持联合国，和联合国有关部门一起，多次向联合国提出要求裁军的建议。1994年6月1日，池田大作在意大利博洛尼亚大学发表题为“达·芬奇的宇宙观和人民议会——联合国的未来构想”的演讲：SGI（国际创价学会），身为联合国NGO（非政府机构）的一份子，曾参与及支援联合国的各种活动。从1982年起，在世界好几十个城市与联合国共同主办过“核武器——现代世界的威胁展”、“战争与和平展”、“环境与开发展”等，为解决地球性问题，呼吁结集世界各国的睿智。为了强调人类尊严，又在1993年12月为纪念“世界人权宣言”45周年而举办了“现代世界人权展”。1994年2月，配合联合国人权委员会的会期，在日内瓦联合国欧洲总部举行了第二次的展览。在伦敦举行了第三次的展览。对于肩负21世纪的青少年，妇人和平委员会实施了“儿童人权展”、“联合国教科文组织与世界儿童展”等，也是一项独特的尝试，并且得到很高的评价。再者，以青年为中心，进行了多次救济难民的募捐活动，更为柬埔寨捐赠了大约30万部收音机。他曾三次鼓吹召开联合国裁军大会，并在多次的纪念倡言中，对世界提出了和平、裁军、改革联合国的方案。池田先生毕生为世界和平及人类文明呼号奔波。

五十年来，池田先生多次提倡对联合国进行改造和建立世界议会，并就世界和平与人类文明等重要话题发表重要讲演。1983年起，池田大作于每年的1月26日发表“SGI日”纪念倡言，至2010年1月26日，已发表《第35届“SGI日”纪念倡言》，除2届为教育倡言外，其余绝大部分倡言的内容都涉及和平问题。此外，还在和各种世界名人的对话中，对世界上的各种热点问题发表自己的观点和看法。1989年1月11日，池田先生在与塔新社记者的谈话中指出："在国际政治生活中，人们要认识到时代的发展已经使人类的基本利益与长远利益趋向一致，各国家民族之间应该抛弃前嫌，走一体化之路。"这是池田先生比较早地明确提出有关国家利益和人类长远利益的主张。1993年年末，池田先生在东京会见来日本访问的联合国秘书长加利。在会谈中池田先生谈到了对于联合国现状及改革的一些问题，反映了池田先生在这一时期的思想和对联合国的基本想法。池田先生关于对联合国改革的观点主要包括：一是改革联合国，成立亚洲总部；二是改革安理会；三是日本"和平宪法"的问题；四是目前安理会的大国主导型，容易倾向于行使武力；五是要加强联合国社会经济理事会的力量。之后，池田先生又有多次机会发表有关看法，他对于世界秩序的一个基本出发点就是，要把世界整个人类的利益放在国家的利益之上。当然，什么时候能够达到这样的一个目标，还有待于人类社会的文明实践进程。

池田大作十分关注对宇宙和生命的思考。1984年，日本圣教新闻社出版了《展望21世纪——汤因比与池田大作对话录》，此后，池田大作出版了几十部的对话录，其中《关于"和平"、"人生"与"哲学"：池田大作与亨利·基辛格对话录》影响颇深。从这两部对话录中，我们可以发现池田先生思想的立足点是所谓"佛法"。但是，细究起来又会发现池田先生的佛法逻辑背后横亘着其缜密的对宇宙和生命的哲学思考。毋庸讳言，池田先生的许多表述的确散发着浓烈的宗教哲学气息。例如，在"关于生命"的问题上，池田先生与汤因比有过如下深刻的交流：池田先生说，如果只用有、无这两个概念来研究宇宙的话，宇宙中生命的发生，就只能从无中生有。佛法把生命理解为：它是超越有无概念的。从某种意义上说，它是潜藏着产生有的可能性的一种叫作"空"的无的状态，即把"空"理解为内含于宇宙中的实际存在。这个"空"字，用时间和空间概念是无法论述的……懂得"空"这一概念，我想大概也就容易理解生命这一实际存在的性质了。

汤因比说：我感到生命和"存在即其本身"，仍然是神秘的，用"发现"这个观点是说不透的。池田先生说：我认为佛教主张的生命轮回同时永存的假说，能有效地说明，人虽都有生，而不同的人都有不同的前世报应这一事实。如果不假定一个自己在过去也曾有过生，那么他生来就有的前世报应，将只能由类似神那样的超绝者的意志去决定，后者由偶然性去决定。这种佛法的解释，大概是让人觉醒到自己并不受人类以外的超绝者所支配，而是自己对一切负责，并由此使人树立起根本的自主性。

池田大作与亨利·阿尔弗雷德·基辛格（Henry Alfred Kissinger）对谈宇宙观问题的时候，又有如下一段精彩对话：一位宇航员在太空中俯瞰地球时说："当我们从如此高度俯瞰地球时，竟没有看到一条国境线。所谓国境线，其实是人类主观愿望的产物。从无限的宇宙俯瞰地球时才知道，生息于地球上的我们，不过是世界共同体中的一员。"现如今，我们生活在网络时代，迎来了人类相互交流、彼此往来和相互理解的良机。这就是说，不只是宇宙飞行员，就是我们通过电视和照片的影像来感受宇宙空间卫星图片的现代民众中间，亦潜藏着超脱国家的视野和发起创造和平行动的力量。毫无疑问，古代优秀的哲学即便不借助这些影像，也曾获得过如此伟大的宇宙观和世界观，佛教正是一个具有普遍宇宙观和世界观的宗教。

池田先生对生命的解释中似乎充满了宗教的假设与想象，而其对宇宙观的描述又不乏孩童般的天真和文学家的浪漫。但是，当透过这些表象而深入到具体的哲学问题时，池田先生的理论便具有了某种逻辑魅力和思想深度，也拥有使讨论对象观点发生改变的牵引力量。上述"空"的概念，其实是大乘哲学体系中"三谛论"的一个链环。按照池田先生的说法，"三谛论"是构成佛法认识论基础的一部分。所谓"三谛"中的"谛"是"清楚"或者"明确"的意思。只有从"假"、"空"、"中"三方面的立场上来观察一切东西的面目、本质时，才能认识那个东西的真相。具体讲，在"三谛"的三种立场中，"假谛"是相当于显现在该物的表面、通过人的感觉能感知的影像。与"假谛"相应，"空谛"乃是指一切现象的特征，它是不能作为存在而被感知的。正如此，如果忽视了它，就不能正确地掌握存在。而所谓"中谛"，是指包括"假谛"和"空谛"在内的本质上的存在，它是使形象显现出来，或者决定该事物特征和天性的生命本源的存在。即或外貌形态有所变化，它也不变而贯彻始终。从这个意义上讲，万物的真相应该是由“空”、“假”、“中”所形成的一个整体。然而，汤因比的理解方法就更加有意思，他指出，亚里士多德反对柏拉图过分轻视现象以及本质独立于现象的观点是有问题的；而黑格尔的“正”、“反”、“合”与佛法的“三谛论”反而更加类似。这种对古希腊思想家的责备和对池田先生观点的连类格义，其实暗含了他本人对上述观点在某种程度上的接受。不仅如此，池田先生的“十界论”还引发了汤因比的倾心赞美：“佛教真是做了极为精细的心理分析。它超过了迄今西方所进行的任何心理分析。”基辛格虽然没有回应宇宙飞行员的无国境世界观与佛法宇宙观有无可比性问题，但却称“世界共同体”应当是一个“稀有”的国际组织形式，但是在不胜计数的战争和惨烈的杀戮等事实面前，他不得不承认“世界政府”本身所具有的未来意义，并且认为“在树立世界政府之前，哲学和精神上的变革是必要的准备”。池田先生指出：“关于宇宙的本质问题。归根结底，是要靠哲学和宗教加以解决的。”汤因比指出：“文明是要由构成其基础的宗教的质来决定的。”

池田大作关于东西方文化交流与对话的问题具有许许多多的重要影响。关于东西方文化的问题，池田先生认为，人不仅是自然的，还是社会的，人类有着自己独特的东西，那就是文化。他说：“文化的核心本来就是最有普遍性的、人的生命脉搏的跳动。”如果说1967年在和欧洲思想家卡雷尔基（Kalergi）的对话中，池田就已经注意到东西方文明的话，那么，四十多年来，池田先生一直在思考和探索这个问题，而且更多的是从全球视野来思考人类的文明，思考东西方文化的区别。

在2008年“池田大作‘对话’《羊城晚报》”中，池田先生指出，中国是拥有五千年文明的“世界第一的历史国家”。中国的先人留下了很多书写历史的书籍，当中透彻地记录着社会的兴废盛衰、人间的善恶。在《史记》中，始终肯定着那些蔑视、牺牲民众而获得个人繁荣的人必定会灭亡的历史观。

池田先生说，我认为通过如此卓越的历史书籍，放眼悠久的中国历史，当中搏动着独特的智能。那并非是二者择一，而是始终因应人和现实，灵活而渐进地，探求更佳的选择手段的人性主义思维。而且，是平实地正视充满多元化的现实，活用差异与多样性，将这些都统一起来的“天人合一”、“大同思想”。池田先生认为，这样堪称巨大的人本主义的精神文化，正是中国的“历史智能”，从而孕育出近三十年来“实事求事”和现在的“和谐思想”。池田大作与汤因比在展望人类的未来时曾经指出：“可以说，中国正担负着为半个世界，甚至是全世界带来政治统一及和平的命运。”对中国有所期待的理由，汤因比举出是儒家人道主义、拥有维持庞大帝国的经验以及在历史上所掌握的世界精神。中国将要迎来尽情发展这份历史智能的时刻。

池田先生和我国著名学者季羡林先生有过东西方文化问题的对谈。季先生指出，西方文明目前已经走向衰退，东方文明继之崛起成为21世纪的中心文化。他说：“这个思想不只是我一个人想出的，汤因比、池田大作对此都有相同的观点。”他认为，西方科学技术显然已经无能为力。而要解决人与自然这种矛盾的对立，唯有以“天人合一”思想为中心的东方文明才能有效。他说：“到那时候东方文明将取代西方文明而占主导地位，并且成为处在各种危机之中人类的唯一拯救。”池田大作的观点非常鲜明：“我相信21世纪将成为世界文明发展的转折点。”池田先生还说：“成为近代文明发展最大的推动力、驱动力，不用说，就是科学技术。”“假如把作为发动机的科学技术那失控且唯我独尊的行动置之不理，终归会给人类的命运带来灾难。进入21世纪，核武器技术发展所带来的恶梦，清楚地证明了先进技术加上没有止境的欲望所带来的不堪设想的危险性。”池田先生直呼：“缺乏价值观的科学技术，会成为无法控制的凶器，从根底威胁着人类社会。现在这种倾向不断失控，甚至据说已经到了一个没有回头的地步，难怪德国哲学家马丁·海德格尔（Martin Heidegger）的技术论突然重新受到重视。他指出，真正的问题不在于技术上，而在于面对此挑战而毫无应战能力的我们本身。”

主要参考文献：

1．杜维明、[日]池田大作：《对话的文明——池田大作与杜维明对谈集》，商务印书馆（香港）有限公司2008年版。

2．[英]汤恩比、[日]池田大作：《眺望人类的新纪元：汤恩比与池田大作对谈录》，天地图书有限公司2000年版。

3．[日]池田大作、[伊朗]马吉特·德拉尼安：《21世纪的选择》，商务印书馆（香港）有限公司2010年版。

4．[日]池田大作：《拥抱未来——池田大作随笔集》，紫荆出版社2009年版。

5．[日]池田大作、[美]海瑟·亨德森：《珍爱地球——迈向光辉的女性世纪》，商务印书馆（香港）有限公司2010年版。

6．[日]池田大作：《和平世纪的倡言》，天地图书有限公司1997年版。

7．[日]池田大作：《池田大作选集》，北京大学出版社1988年版。

8．[日]池田大作："软能"之时代与哲学——美国哈佛大学演讲。

9．第35届"SGI日"纪念倡言：迈向新的价值创造时代。

10．第34届"SGI日"纪念倡言：人道主义竞争——历史的新潮流。

11．第33届"SGI日"纪念倡言：以人性的宗教创建和平。

12．第24届"SGI日"纪念倡言：和平凯歌——宇宙主义的复兴。

13．温宪元：《和平发展中的文化力量——兼论池田大作和平文化思想》，梁桂全主编：《和平·文化·教育——和平发展中的文化与教育学术研讨会论文集》，中国社会科学出版社2008年版。

14．张演钦：《池田大作"对话"〈羊城晚报〉：期待中国把"和谐与发展"传遍世界》，《羊城晚报》，2008年2月25日。

池田大作文明观：基于环境思想的视角①

曾建平②

在池田先生的各种著述、对谈、倡言中，“文明”是出现频率极高的词汇之一。根据笔者对2000年至2010年11次“SGI之日”纪念倡言的粗略统计，“文明”一词的出现频度是165次（仅次于“和平”、“对话”之后，这两个词汇分别出现482次、260次）。他甚至把自己与世界各地精英的对谈统称为“文明间对话”或“宗教间对话”，并宣称SGI是最早开展这种对话的国际组织。可见，如果说池田思想即和平思想，那么，其核心就是文明观。在他的环境思想中，文明也是重要概念之一。2002年8月，在约翰内斯堡可持续世界首脑会议召开前夕，作为世界186个国家、地区之“国际创价学会”（Soka Gakkai International，简称SGI）的代表，池田提出“用教育营造可持续的未来”的建言，他明确宣示：环境问题与其他种种的“问题群”具有密切关系，问题的解决必须回溯到“人类的生活方式”、“文明的基本概念”等观点上。③他把自己的文明观称作“地球文明”或“全球文明”。

---

① 创价大学日中友好学术资助项目《环境保护与社会和谐：池田大作环境思想研究》阶段性成果。

② 井冈山大学副校长、教授、哲学博士，江西师范大学博士生导师，主要从事伦理学、马克思主义基本原理研究。

③［日］池田大作：《池田大作中文网》，http：//www.daisakuikeda.org/chs/props.html，2010年9月1日。

一、近代文明与时代危机

人类的文明史大致可分为三个阶段，这也是根据人与自然的关系来划分的。第一个阶段是渔猎文明，即法国艺术史学家尤伊古所说的“先史时代”，在这个阶段，自然力的本性是神秘的，人是透过被认为具有魔力的象征物或象征性形象的手段来利用或躲避自然对人的侵害，几乎全面地依存于自然的秩序。这是人与自然关系的“敬畏阶段”。第二个阶段是农业文明，人类与自然结成了同盟关系，人类理解自然，顺应和利用自然获得生存的条件，从而摆脱了盲目的被动的存在。随着人类智慧的不断出现，人类出现了企图改良现存物，使其发生变化以符合自己的喜好，从而必然逐渐产生进一步统治自然的欲望，比如破坏大片森林，使其变为田园。人类的这种愿望虽然越来越强烈，但由于工具落后，对自然的进攻性力量还受到与自然调和的一般规律支配，人类的堕落和对自然的破坏仍然有限。这是人与自然关系的“妥协阶段”。第三个阶段是工业文明，人类与自然的合作关系断绝，取而代之的是对自然的全面进攻，开始大肆袭击、伤害、榨取自然。池田说，近代工业不仅不依存于自然的秩序，而且恰恰相反，是通过对自然秩序的破坏来进行的，正是这种破坏，终于使得今天人类自身的生命遭遇到了威胁。① 这是人与自然关系的“颠倒阶段”。

近代工业革命以来的历史，在地球数十亿年的生命史中，甚至在数万年的人类史中不过区区一小段，但这数百年却是一段辛酸与悲苦、发展与毁灭交加的时代。它既为人类创造了前所未有的财富，又使人类陷入了前所未有的困境。现代文明的力量已经巨大到足以破坏自然体系的程度。这种力量的源泉在于人类获得了以理性为基石的科学技术和文化。所谓文化，

① [日]池田大作、[法]路奈·尤伊古：《黑夜寻求黎明》，卞立强译，中国国际广播出版社2003年版，第72—79页。

与物化相对，是人类建造的属于自己的精神世界，简单地说就是“化人”。文化作为人与自然沟通的中间环境，建造得愈大就愈使得人类谋求与自然融合的愿望更加强烈。这就像弹簧一样，拉得愈远弹回的力量便愈大。因而，“现代文明使人类愈来愈脱离自然。不仅如此，文化环境的扩大还破坏了自然的环境，使它变得狭窄。……变窄了自然就会丧失适应变异的弹力，很容易遭到破坏”[①]。在近代以来的文明观中，自然的一切都是毫无生命气息的存在，是等待人类去开发去征服的物质资源。这种见解不仅导致人与人之间的相互关系、人与大宇宙之间的关联被截断，而且也使得人类自身沉沦，甚至漠视生命。人类陷入了佛法所说的“小我”的牢笼之中。

人类在近代文明中是如何侵害自然、轻视生命的，并不是池田分析的重点；作为思想家和宗教家，他需要挖掘这种现象背后的哲学道理。在他看来，近代文明与现时代的危机是与生俱来、内在关联的。

近代文明不仅仅给人类带来了环境问题的梦魇，其“最大的缺陷和歪曲，归根结底是在于使人们丧失了凝视自己的内面并加以正确引导的态度”[②]。也就是说，现代的人们总是把心朝外，忽视了内在的提高。所谓“外在”，就是生不带来死不带走的物质性变化。重视工具改进以促进生产力的发展，重视物质财富的增长，这是近代以来科学技术变革的使命所在。人们为了追求这种物质上的进步绞尽脑汁，费尽心思。所谓“内在”，就是人的精神变化，这是看不见摸不着的内在气质。人活着不能仅有物质力量，还必须具有精神世界。可是，近代文明教导人们追求的唯一主旨是物质世界的膨胀，而不是精神世界的丰富，任由精神这种内在性的、气质性的世界坍塌下去，而这正是近代以来文明所带来的时代危机的实质。“破坏自然环境当然是可怕的，但更可怕的是人们精神的颓废。这种可怕的后果已经

① ［日］池田大作、［法］路奈·尤伊古：《黑夜寻求黎明》，卞立强译，中国国际广播出版社 2003 年版，第 205 页。

② ［日］池田大作、［法］路奈·尤伊古：《黑夜寻求黎明》，卞立强译，中国国际广播出版社 2003 年版，第 229 页。

在现代的文明社会的各个方面表现出来。”①

为什么近代文明一方面会使物质财富不断增加，另一方面又会使精神力量不断贫弱呢？这个内在冲突在于文明本身的含义之中。“所谓人类文明，极端地说，不过是为了充分而有效地满足这些欲望而产生和构筑的。”满足无休无止的欲望的要求会促使人们产生征服外在世界的冲动，而人类征服自然所凭借的武器是理性。“在这里起着很大作用的是理性。也就是说，理性一向是为了帮助欲望、满足欲望而发挥了作用。从人类使用最原始的工具的时代起，可以说文明就是理性的产物。”②在西方文化的根底中一直存在着崇尚理性和理性至上的传统，而理性要求思维方式必须以主、客二元分离为前提——在西方文化传统看来，唯其如此，方能保证知识的客观性。于是，探求“知识的客观性”便成为理性向外征服自然的合法性目的。近代以来，特别是培根以后，人们对“知识”的看法不再局限于一种对自然的认识与观解，而是把它看作为一种改造自然与征服自然的“力量”（power），可谓“知识就是力量”。但是，这一客观性的认知活动不是单纯的科学性活动，实际上包含着一种为了人类的利益才去认识、征服和利用自然这一根本目的。池田说：“犹太一神教认为人类是最接近神的存在，所以理所当然地要征服其他生物和自然，使其为人类服务。这种思想深藏在现代思想的底部。”③在这种理性使然之下，由科学所构筑的近代文明，一方面“给人类带来恩惠，使人类的物质生活变得那样的富足，这在过去是无法想象的”。对此，应予以肯定；但是，另一方面它“把解放人的生命内部的各种欲望合理化”。这样，近代文明既实现了将人的欲望完全合理化的内

① [日]池田大作、[意]奥锐里欧·贝恰：《二十一世纪的警钟》，卞立强译，中国国际广播出版社1988年版，第139页。

② [日]池田大作、[法]路奈·尤伊古：《黑夜寻求黎明》，卞立强译，中国国际广播出版社2003年版，第260页。

③ [英]汤因比、[日]池田大作：《展望21世纪》，荀春生等译，国际文化出版公司1985年版，第33页。

在目的，又达到了征服自然合法化的外在目的。然而，这些被合法化的欲望，真是人类的根本需要吗？“被科学文明解放出来的、从人的生命中涌现出的欲望，主要是本能的欲望和物质的欲望以及与这些欲望相关的权力欲、支配欲、名声欲和名誉欲等。”① 如果人类任凭这些“魔性的欲望”支配，就会以欲望的奴隶之名哀求近代文明向自然讨伐以不断充塞无底的欲望之井。在这种欲望的驱使之下，人的向外征服之剑成为了正义之剑。池田深刻地指出：为了遵从神的意志而对统治自然所做的努力，在这里是与人满足其欲望的行为直接联系在一起的。因而西方可以怀着绝对的自我肯定的信心，把满足其欲望的行为看作是正义的——这恐怕就是近代西方的动力。②

池田先生不仅洞穿了文明的欲望本质，而且还深入地分析了企图把自然的产物变为自己所有，为此目的而创造出的文明是资本主义社会的要害。本来，修罗界的胡作非为的性格是人所具有的内在本性，它任何时代都存在寻找飞扬跋扈的机会。但是，科学技术文明与资本主义高度发展的现代社会，却产生了会愈发歪曲人的十界本有生命的种种因素。它使人迷失了方向，日益感到不安，特别在资本主义社会里，人会靠储藏物质，尤其是“货币”，来寻求心灵的安慰。货币，作为满足生活上各种需要的交换手段，当然是绝对必须的。但当把货币作为“财产”或“资本”来看待，则这种“相对需要”会从“手段”变成“目的”，而不断自我进行增值，不断自我膨胀。从而，满足欲望作为人的一种需要就上升为绝对需要，演变成唯一目的。虽说现今是一个价值多样化的社会，实际上是进行着金钱价值的一元化，在不断侵蚀着各种社会价值、生活价值，并且在腐蚀着人所有的秩

① [日]池田大作、[英]B. 威尔逊：《社会变迁下的宗教角色》，香港三联书店有限公司1995年版，第372页。

② [日]池田大作、[法]路奈·尤伊古：《黑夜寻求黎明》，卞立强译，中国国际广播出版社2003年版，第86页。

序感觉。这正是近代文明的本质特征。[①]

由此可见，近代文明与自然体系的破坏和人的内在精神的沉沦之间存在着直接链条关系。但或许这只是一种历史的演绎，时代危机的幕后推手是什么呢？“成为近代文明发展最大的推动力、驱动力，不用说，就是科学技术。”[②]

二、科学技术与环境破坏

严格说来，科学与技术是有差别的。科学是人类探索自然（后来也包括社会和人本身），寻求规律的过程和结果，其基本动力是探索真理的欲望；而技术是人类为满足生活需要而改造自然的方法和手段，其根本动机是谋取利益。但近代以来，科学和技术之间有了水乳交融的联系，因此，通常把它们统称为一个事物，或者在分别陈述科学或技术时总是意味着另外一方的存在。在池田的思想中，科学或技术，都可以看作是科学技术或科技，二者是通用的。

科技给人类带来了前所未有的变化，但就目前世界的现状来看，“富有”不是科学赠给人类的唯一礼品，它似乎还给我们带来了某种时代的危机感。[③]池田先生对科技的这种评判恰如其分。在审视环境危机的性质时，池田得出所有的天灾都是人灾的结论，其基本理据在于“科学能够发挥的力量变得如此巨大，以至不可能有不包含人灾因素的天灾”[④]。其意寓在于，科技活动渗透到了人类生活的各个方面，而且威力无比，以至于人类所遭遇

① 第32届“SGI日”纪念倡言，《池田大作中文网》，http：//www.daisakuikeda.org/chs/props.html，2007年1月26日。

② 第35届“SGI日”纪念倡言，《池田大作中文网》，http：//www.daisakuikeda.org/chs/props.html，2010年1月26日。

③ [日]池田大作：《佛法·西与东》，王健译，四川人民出版社1996年版，第3页。

④ [英]汤因比、[日]池田大作：《展望21世纪》，荀春生等译，国际文化出版公司1985年版，第38页。

的各种灾难都不可能是纯粹的自然活动的结果，而是包含着人的因素，特别是科技因素的后果。

科学技术本来是人类为了保护自己不受伤害而发明的同自然做斗争的力量，为什么却反过来扼住了人类生存与发展的咽喉呢？首先，人的创造物并不总是“为我之物”，也可能脱离创造它们的人而成为一种异己的存在物或异己的力量。生产工具、生产资料和其他物质财富，国家、法律、道德、宗教等，都是人的物质性活动和精神性活动的创造物，但它们并不始终受人所控，也会反过来使人成为其隶属品。技术作为人类进取自然的生产工具，也同样如此，人在技术的内在规定性的指令下不断操纵技术工具大肆掠夺自然界。“人类力量所创造的文明背叛了人类自己，也正被这种文明送进坟墓。”[①] 其次，人类通过技术变革自然的实践活动并没有注重整体综合效应。人的活动总是运用技术在某一方面某一点上实现了对自然事物的积极否定、扬弃，它满足了人的片面需求但却引起了自然的其他关系的连锁性变化，这种变化不为人所控制，是异己的。环境问题即是如此。再次，人借助技术以实现与自然沟通的实践活动，在一定条件下不但不能产生对自我的积极的肯定性意义，反而会产生片面的否定自己的消极效应。海德格尔在剖析技术本质的危险性时，就指出了这种对人的负面意义。因此，技术这种实践活动的中介其实是一柄双刃剑：一方面它对着自然，在向自然争取人的需求满足时也严重破坏了自然的供应力；另一方面它对着人类，在为人类本质力量确证时又使人类深深陷入在技术的孤傲理性中而不能自拔。[②] 池田在分析科学技术时也提到海德格尔的技术论，他还指出，现代这个时代，放纵的欲望同高度发达的理性的产物——科学相结合，形成了巨大的物质文明；另一方面，可以规制和正确引导欲望的传统的道德和禁忌明显地

① [英]汤因比、[日]池田大作：《展望21世纪》，荀春生等译，国际文化出版公司1985年版，第51页。

② 曾建平、杨方：《人与自然的关系构成及道德意蕴》，《江西师范大学学报》（哲学社会科学版），2002年第1期。

变得软弱无力了。[①]如前所述，这是在说，科学的发达所带来的人的“外部世界”的发展并没有同“内在世界”的丰富与扩大联系起来。一方面是高度发达的物质文明，一方面是贫弱虚化的伦理精神，对于科学技术所造成的这种片面和分割，池田与许多智者在对话中都做出了无情的揭露。汤因比说，我们在伦理行为上的这种贫困，跟技术上的光辉业绩相比，是一种耻辱。[②]在现代社会，科技的这种悖论越来越明显。

科学技术缘何造成这种文明世界的“悖论”？根据池田的见解，首先在于科技背离了人本身这个原点。他说，这是由于没有充分洞察人的内在世界，也可以说是由于没有把对人的生命彻底洞察的哲学放在科学发达的核心位置。[③]科技的出现是人类追求美好幸福的理性使然，但是，任何时候科技都必须以人为本，围绕人的幸福生活而存在。易言之，科学从人出发，还要回归于人。[④]一旦离开这个核心目的，科技就会蜕变。现代科技虽然从未宣布与人的分离，但事实上已经把征服自然以满足人的欲望当作根本，这是现代科学的基础和原动力。池田认为，这是使现代的自然和人类的协调关系崩溃的一个原因。显然，当科技偏离了“为人的科学”的航向，驶向了“为科学而科学”的彼岸时，它便丧失了目的性维度，异化为工具性价值。实际上，在科技把人作为欲望主体从而忠心耿耿为之服务时，也使人异化成了可以被操作的客体，是等待科技伤害的对象。尤伊古说，当人类把自身仅当作对物质的世界——即环境世界起作用的手段来考虑时，也就脱离了自身，不考虑丰富自己的人格，丧失了对内部存在的向往，只想到客观的事实，极力从理性上对它加以操纵，因而只考虑发展对客观事物

① [日]池田大作、[法]路奈·尤伊古：《黑夜寻求黎明》，卞立强译，中国国际广播出版社2003年版，第262页。

② [英]汤因比、[日]池田大作：《展望21世纪》，荀春生等译，国际文化出版公司1985年版，第431页。

③ [日]池田大作、[苏]A. A. 罗古诺夫：《第三条虹桥》，卞立强译，中国国际广播出版社1990年版，第184页。

④ [日]池田大作：《佛法与宇宙》，卞立强译，经济日报出版社1997年版，第30页。

发生作用的手段——科学技术。[①]

其次在于科技的善恶问题。科学技术本身是善是恶，抑或亦善亦恶，无善无恶？比起人性的善恶论，这个问题本身并不复杂。池田明确反对科技中立论，认为任何科技的研究和使用都是有着其特定目的的，而这正是标示科技善恶的尺度。可见，武断地断定科技的善恶无济于事，只有把具体的科技放在特定时空领域，放在其应用的领域才能加以合理的评判。池田认为："人类一向把如何更有效、更迅速地达到自己的目的作为其文明经营的根本，至于其目的究竟是善是恶，可以说并未怎么考虑。这在科学技术的领域里似乎特别显著。但是，今后的人类必须要考虑一下这种目的本身的善恶。而且仅考虑对人类的善恶还是不够的，还要考虑'对地球'、'对自然'什么是善、什么是恶。我认为应当把这些一一看准之后，才允许开发作为其手段的技术。"[②] 显然，池田并不反对创造创新科技，而主张需要对科技的指向进行善恶的甄别。这种指向不仅包括人本身，还包括自然、地球。当我们抱定自然是为人而存在的、人是自然之主的信仰时，我们便为科技最大限度地利用自然、破坏自然打开了方便之门，科技的趋恶性便不可避免。汤因比也对科技的善恶指向十分了然。他说，如果人把自己的技术滥用于利己主义、歪门邪道和罪恶目的，那就有致命的危险。正因为此，它才有远比地震、火山爆发、暴风、洪水、干旱、病毒、细菌，还有鲨鱼和猛兽，更加危险。[③]

总之，科技所带来的对自然的破坏、污染，不仅损害了自然，也意味着损害了人本身，对自然尊严的侵犯，最终是对人自我尊严的侵犯。因此

① [日]池田大作、[法]路奈·尤伊古：《黑夜寻求黎明》，卞立强译，中国国际广播出版社2003年版，第137页。

② [日]池田大作、[法]路奈·尤伊古：《黑夜寻求黎明》，卞立强译，中国国际广播出版社2003年版，第82页。

③ [英]汤因比、[日]池田大作：《展望21世纪》，荀春生等译，国际文化出版公司1985年版，第389—390页。

科技不能脱离伦理目的的引导，“缺乏价值观的科学技术，会成为无法控制的凶器，从根底威胁着人类社会”[①]。那么，如何使科技置于高尚的伦理目的之中，池田与其他对话的智者基本上都赞成爱因斯坦的一句名言——“没有宗教的科学是残废；没有科学的宗教是瞎子”，都认为制约科技趋恶的真正力量在于宗教，在于“变革人类的伦理这一现代最紧迫的根本课题”。否则，科学技术“很容易成为带来更大灾害的因素”。

三、人道竞争与地球文明

池田所追求的人类新文明是地球文明或全球文明。这种文明具有“人民受益”、“共存共荣”、“尊重尊严”、“平等对话”、“自他幸福”、“人本主义”等基本特征，而创造它的途径唯有“人道竞争”。

“人道竞争”这个词汇是由创价学会首任会长牧口常三郎在1903年所著的《人生地理学》中首创的。牧口先生综观人类历史，指出生存竞争大致上可以分为军事竞争、政治竞争和经济竞争三种。它们之间没有截然区分开来，而是在许多情况下相互重叠渐进地变化，比如，有以军事竞争为背景的经济竞争，也有相反的例子。只要我们对这过程进行认真、大胆的分析，就可以清楚地看到人类发展的基本方向。牧口并不是以超越历史的观点，而是从历史内在发展的伦理，归纳总结出“人道竞争”是历史发展的方向。他指出：“人道的方式，本来就没有单纯的方法。是要把政治、军事、或经济活动，都包含在人道的范围里。总而言之，其目的是摆脱利己主义，使自己与他人的生活同时受到保障，获得进步。换而言之，就是在有益于他人的同时，又有益于自己。选择如此的方法，

① 第35届“SGI日”纪念倡言，《池田大作中文网》，http://www.daisakuikeda.org/chs/props.html，2010年1月26日。

努力推行共同的生活。”[①] 池田不仅对此推崇有加，而且认为这是疗救人类文明病的唯一希望。

在人道竞争中，科技的力量不能代替道德的力量。当今时代，科技的力量愈来愈强大，以至于“科技迷信”遍布于世。人们相信唯有科技才能带来幸福，唯有科技才能拯救危机。池田先生并不否认科技的伟大，但是他认为，那种秉持科技万能论，以为通过进一步发展科学来消除公害和灾害的主张，“恐怕是过于相信科学的力量了”。这种对科学力量的过于自信，不但不能使人类走出今天所面临的各种危机，反倒会使人们偏离变革“人类的伦理”这一现代最紧迫的根本课题，很容易成为带来更大灾害的因素。汤因比也明确指出：“科学所造成的各种恶果，不能用科学本身来根治。”[②] 因为造成这种恶果的最终根由在于人性危机，在于道德危机。解除人性危机，唯有通过精神的方式，而不是科技的方式：“人们有一种错觉，以为从技术进步所得的力量，可以代替道德所完成的任务。我认为从这种错觉中解脱出来，是解决人们自己招致的现代危机的出发点。”[③] 科技可以解决人们“怎样去做”的问题，但要保证人们“应该如何来做”“应该做什么”却是科学之上的问题，是伦理的问题或宗教的问题。这就如火车头（科学）与铁轨（价值方向）的关系。后者才是人类的方向，脱离了正确的目标，火车头跑得越快，偏离正确的道路也越远。在环境问题上，这便要求科学家以及现代的所有人，无论如何要从自己生命的内部改变对待自然的态度。

本着人道竞争，牧口希望各国能终止为本国争取利益的纠纷状态，携手协力建设共存共荣的世界。池田说，人道竞争的价值便在于此，它在认

① 第 27 届“SGI 日”纪念倡言，《池田大作中文网》，http：//www.daisakuikeda.org/chs/props.html，2002 年 1 月 26 日。

② ［英］汤因比、［日］池田大作：《展望 21 世纪》，荀春生等译，国际文化出版公司 1985 年版，第 38-40 页。

③ ［英］汤因比、［日］池田大作：《展望 21 世纪》，荀春生等译，国际文化出版公司 1985 年版，第 388 页。

同竞争存在的必要性的同时，也确保竞争不与人道精神脱节。只有承认人的理性的无限性的乐观主义哲学，只有扎根于谋求一切人的幸福的人道主义哲学，才能有助于在消除运用于今天的科学成果所产生的危险时进行正确的选择。[①] 在解决地球环境问题时，这一“人道竞争”不正是我们应追求的吗？[②] 为此，池田先生在第34届“SGI日”纪念倡言提出三个具体建议，以此作为建设和平共生国际社会的支柱，促使落实“人道竞争”，转变目前的全球问题，为人类带来新的未来。这三个建议是：（1）为解决环境问题而共同行动；（2）促进国际合作，以期为全球社会争取公众利益；（3）为共享和平而废除核武器。

池田认为，如果人们希望在本世纪目睹地球文明在全球实现，现在已经到了考验的重大时刻，而“自律竞争”、“人道竞争”，是掌握其成与败的关键。因为只有人道竞争是符合21世纪需要的主流思想模式，只有通过这样掌握的与自然的调和以及人与人之间的和睦的态度，才能面对自然的破坏而筑起一道根本的防御线。用与池田对话的贝恰的话说，“在这个具有划时代意义的重新战胜自己的过程中，只有新的人道主义——在理念的动机上不妥协，而且与今天的技术现实相一致的人道主义——才能成为我们的支柱。只有这种教导人们教育应从自己内心开始的人道主义，才能给予我们达到更高境界的力量，这样我们才能仔细认真地研究应当选择什么道路通向未来，我们把这种在现代这一苦难时代人的精神的复兴称之为‘人的革命’。”[③]

2010年著名物理学家史蒂芬·霍金再次以类似于科幻小说家那样的话

① [日]池田大作、[苏]A. A. 罗古诺夫：《第三条虹桥》，卞立强译，中国国际广播出版社1990年版，第204页。

② 第33届“SGI日”纪念倡言，《池田大作中文网》，http://www.daisakuikeda.org/chs/props.html，2008年1月26日。

③ [日]池田大作、[意]奥锐里欧·贝恰：《二十一世纪的警钟》，卞立强译，中国国际广播出版社1988年版，第159页。

语发布了一个震惊世人的预言：地球将在二百年内毁灭，而人类要想继续存活只有一条路——移民外星球。霍金对此解释："由于人类基因中携带的'自私、贪婪'的遗传密码，人类对于地球的掠夺日盛，资源正在一点点耗尽，人类不能把所有的鸡蛋都放在一个篮子里，所以，不能将赌注放在一个星球上。"[①] 霍金的警世之语并非危言耸听。他之所以爆出"二百年内地球将毁灭"的惊世绝论，是由于他对人类的自私贪婪之本性的改变几近绝望。池田先生早在20世纪70年代与汤因比对话中就说到，与以往的世界末日论还相信善良的人会得到拯救的乐观主义不同，今天的世界末日论，连人类生命的善良部分也得不到宽恕，人们陷入了深深的绝望。从那个时候到今天，人类对大自然无节制的巧取豪夺，没有丝毫改变，已经达到了灾难性的程度，霍金显然希望通过这个忠告来阻止人类对大自然的疯狂破坏。池田先生一贯倡导"人性革命""人道竞争"，就是要扭转人类的利己主义，阻止自然的破坏、地球的毁灭。如果以这一思想基点为根本，就有可能从侵略、征服自然的思想转变为共存思想，进而跨越全球化的威胁，创建人本主义地球文明。

① 《霍金地球毁灭论值得重视 保护环境刻不容缓》，《大公报》，2010年8月11日。

从“共生性道德气质”看池田大作先生的文明观

夏广兴[①]

进入21世纪，人类社会发生了巨大的变化，几千年来形成的人类文明也面临着种种挑战。随着工业文明的不断发展，政治、经济的全球化渐次形成，并向纵深发展，不同种族、不同文化、不同信仰的地球村人，在这一国际大环境中，在政治、经济、文化的利益驱使下，结下不可分割的你中有我、我中有你的相互关系。在这一全球化的背景下，地球村里的每一位公民都在极力维护各自民族的文明，但不同种族、不同文化、不同信仰之间该如何和谐共处、共存共荣，是时下人们不可回避的一个现实问题。

一

“共生性道德气质”论题是池田大作先生在中国社会科学院的一次题为“二十一世纪与东亚文明”讲座中提出的。他认为这种气质是“在比较温和的气候、风土里孕育出的一种心理倾向，就是取调和而舍对立、取结合而舍分裂、取‘大我’而舍‘小我’。人与人之间、人与自然之间，共同生存，相互支撑，一道繁荣”。这是他对东亚圈文明性格的一种精辟的概括，也反

---

① 上海师范大学人文与传播学院教授，专业领域为佛学及中国古典文献学。

映了池田大作先生作为东亚人的一种良好愿望。池田大作先生以东方传统文化为中心，结合中国的儒教、佛教等传统思想，深入浅出地分析了“共生”的性质和意义所在，这是池田大作先生以其博大的胸怀，警示人们在发展现代文明的同时，作为代价在共生文明的背后可能产生的恶果。实际上，池田先生对于这一问题的思考已在其多种著作中有所论述，如池田大作的系列著作，特别是他与汤因比的《展望21世纪》、与贝恰的《二十一世纪的警钟》等对话录，通过佛教与东西方多种文化理念的对比分析，充分肯定了佛教思想对保护生态平衡的突出价值。他通过佛教关于“人与自然”、“人与人”、“人的革命”等思想的分析，基本上勾画出了“佛教生态观”体系。因为人类的贪欲等非理智的错误的行为，侵犯了自然的尊严，最终还是通过自然环境的恶化反过来侵犯了人类自己的尊严，两败俱伤。因此，他们认为，佛教的有关理念应该被人类普遍地接受。他以历史学家的广博、哲学家的深邃及宗教家的关怀，对于该问题产生原因的分析及寻求的解答上更有其深刻性与独创性。池田大作先生提出的“共生性道德气质”这一论题，应当引起世人足够的思考。其基本精神以及所伸张的文明观念与生态文明的内在要求基本一致，无不闪烁着生态智慧的光芒。

文明是人类历史文化发展的成果，是人类改造世界的物质和精神成果的总和，是人类社会进步的标志。唐代孔颖达注疏《尚书》时将“文明”解释为：“经天纬地曰文，照临四方曰明。”“经天纬地”意为改造自然，属物质文明；“照临四方”意为驱走愚昧，属精神文明。可见，中国文明的发展与生态息息相关。事实上，生态伦理思想本来就是中国传统文化的主要内涵之一。从中国思想发展史上来看，儒家思想强调“仁”。它的“仁民爱物，仁爱万物”思想，主张把仁（道德）扩展到生命和自然界。它的“天地之性和为贵”思想，高扬儒学的基本精神和思想精髓，主张以“和”实现“天下为公”的大同境界。儒家还主张“天人合一”思想，认为人与自然和谐，其本质是“主客合一”，即肯定了人与自然界的统一。所谓“天地变化，圣人效之”，“与天地相似，故不违”，“知周乎万物，而道济天下，故不过”。儒家肯定天地万物的内在价值，主张以仁爱之心对待自然，体现了以人为本的价值取向和人文精神。正如《中庸》里说：“能尽人之性，则能尽物之性；能尽物之性，则可以赞天地之化育；可以赞天地之化育，则可以与天地参矣。”中国道家提出“道法自然”，亦是“天人一体”的哲学。它主张“道生万物，尊道贵德”，认为人、生命和万物是平等的；它的“万物莫不有”的自然价值思想，“有用之用”是自然对人的价值，“无用之用”是自然内在价值。它主张“自然无为”的生活，要“因任自然”，反对“以人灭天”。强调人要以尊重自然规律为最高准则，以崇尚自然、效法天地作为人生行为的基本皈依。强调人必须顺应自然，达到“天地与我并生，而万物与我为一”的境界。庄子把一种物中有我、我中有物、物我合一的境界称为“物化”，也是主客体的相融。这与现代环境友好意识相通，与现代生态伦理学相合。中国佛家更是如此，认为万物是佛性的统一，众生平等，万物皆有生存的权利。《涅槃经》中说：“一切众生悉有佛性，如来常住无有变异。”佛教正是从善待万物的立场出发，把“勿杀生”奉为“五戒”之首，生态伦理成为佛家慈悲向善的重要的修炼内容之一。佛教生态观，倡扬人与人、人与自然、人自身的和谐，而且有具体的修行途径和方法，不仅对个人道德情操、行为规范有引导、警示的作用，而且能够为社会整体的和谐运作提供有益的推动机制，造福于人民，造福于全人类的文明发展。缘起论是佛教思想的基石。佛教认为，大千世界各个生命体之间是互为因果，相互依存，共同构成一个生命的网络。在这个网络之中，任何一个生命体都不能独自生长，而是与其他生命息息相通。其中，人类与自然万物之间也是共生共荣，不可分离的。佛教的“山川草木，悉皆成佛”所象征的，与自然“共生”的思想，一定会随着环境破坏、资源、能源问题等的深刻化而日益重要。当21世纪宣告黎明时，东亚不仅在经济层面，甚至深入至精神领域，定会为世人瞩目，成为导引人类历史的动力，被寄予极大的期待。可见，佛教生态观中所提倡的大乘菩萨精神，以及对心灵深层的陶冶，都是要塑造高尚人格的。

当今世界，还存在着黑暗面，道德缺失，极端的自私自利，弱肉强食，种种丑恶现象，表现的就是自甘堕落的人格现状。佛教的道德理念与中国传统的仁、义、礼、智、信等美德结合起来，对提升人格是具有重要意义的。人类的生存危机，来自对生态的极大破坏，来自对其他生物的毁灭性侵害所造成的生态危机。生态危机根源于人类的心态危机与心灵污染。人类，不论是古代人还是现代人，都是大自然的子孙而不是大自然的主人。人类如果想保持对环境的优势，就必须使自己的行为符合自然规律。人类征服自然的企图，通常只会破坏自身赖以生存的自然环境。一旦环境恶化，人类文明也就随之衰落。任何一个文明社会存在的基础，都在于一个持续的“生命支持系统”，文明持久的原因是保持了养育人类的土地的可持续性。相反，人类的无节制的错误是人类文明衰退乃至灭亡的主导原因。人类如果不放弃自己的极端自私、贪婪、冷酷、残暴等丑恶的心性，及早戒除贪、嗔、痴等心理疾患，那么，在毁灭其他生命的同时必将走向自我毁灭。因此，维护生态平衡的根本就在于人心灵深处的革命。强调人类心灵的净化与精神的改造，强化人与人、人与自然、人自身的“共生”意识，这正是生态文明的突出特点。

上述可知，池田大作先生所提出的“共生性道德气质”思想内涵与中国传统思想中所倡导的“天人合一”、“天地之性和为贵”等思想有着深刻的渊源关系，是东方文化的重要特征之一。

二

池田大作先生的“共生”观的核心——生态文明，是对东西方文明发展的一个总结，是文明发生到今天所必须要关注的现实问题。

生态文明，是人们在改造客观世界的同时，改善和优化人与自然的关系，是建设有序的生态运行机制和良好的生态环境所取得的物质、精神、制度成果的总和；它体现了人们保护自然、利用自然、尊重自然，与自然协调发展的文明形态。综合时下的说法，我们可以这样定义：所谓生态文明，是人类文明的一种形式，是指以人与自然、人与人、人与社会和谐共生、良性循环、全面发展、持续繁荣为基本宗旨的文化伦理形态。这种文明观强调人的自觉与自律，强调人与自然环境的相互依存、相互促进、共处共融。它的产生基于人类对于长期以来主导人类社会的物质文明的反思，自然资源的有限性决定了人类物质财富的有限性，人类必须从追求物质财富的单一性中解脱出来，追求精神生活的极大丰富，才可能实现人的全面发展。这无疑将使人类社会形态发生根本性转变。

人类文明发展经历了三个阶段：第一阶段是原始文明。新旧石器时代，人们必须依靠群体的生活方式才能生存，物质生产活动原始而简单，主要的生产活动就是采集渔猎，这一过程经历了上百万年的光阴。第二阶段是农业文明。生产力及生产关系发生了变化，铁器出现了，这一发明使人改变自然的能力大大提高，使得改变自然的能力有了质的飞跃，这一过程耗时一万年。第三阶段是工业文明。18世纪英国工业革命开启了人类现代化生活，为时三百年。工业文明的发展使人类丧失了对自然界的敬畏之心，使人类对自然界为所欲为，这种崇拜“在物质上是一种灾难，在道德上是一种罪恶”。工业文明造成的环境污染、资源破坏、沙漠化、“城市病”等全球性问题的产生和发展，人类越来越深刻地认识到，物质生活的提高是必要的，但不能忽视精神生活；发展生产力是必要的，但不能破坏生态；人类不能一味地向自然索取，而必须保护生态平衡。西方工业文明重物质轻精神，对自然界大肆掠夺的严重后果是人类对自然法则的顽抗与对大自然的破坏，技术的高度发展使西方世界制造出威力巨大的原子武器与细菌武器，这使得人间即使居住在天涯海角，死神与战争也不会放过。而在近代西方技术发展中，各文明间已发生频繁的接触与紧密的联系。

池田大作、汤因比这两位东西方哲人在有关文明对话中，已将人类迫切需要解决的全球化所带来的全球性问题罗列出来，并认为，从总体上说，当今世界普遍存在着环境恶化，自然灾害的频繁发生，这一切都威胁着人类的生存。这种灾难不是自发产生的，而是与全球性人类的活动紧密相连的。近年来不断发生的各种大的自然灾害，这些现象的发生实际上就是“以天灾的形成出现的人灾”，并认为这种原因的根源是科技的进步。他认为：“科学能够发挥的力量变得如此巨大，以至于不可能有不包含人灾因素的天灾。”汤因比广泛列举各大洲在20世纪发生的各种自然灾害，并且指出人为的大量污染严重威胁着人类的生存，认为这些异常的现象交织起来将非常有可能招致全球性的异常变化，并认为产生所有这些问题的根本是人与生物圈关系的颠倒。因此，当今世界正处在一个人类生死攸关的转折点上。生态文明是最高的道德文明。然而当今的人们考虑利益多于道德，考虑个人多于别人，考虑家庭多于社会，考虑富人多于穷人，考虑人更多于其他生物。在发展过程中，人类很少对其他生命存在感恩心理，对于给我们提供“衣、食、住”条件的动物、植物、微生物，很少存在“怜悯之心”，很少崇尚自然、敬畏自然，更缺少关爱生命、善待生命的道德良知。如果有一天，全社会能够对不会说话的一草一木给予关注，不是简单地利用它们，而是呵护它们；对野生动物的态度不是吃掉它们，而是欣赏它们、关爱它们，那么，人类社会就进入了一种高度道德文明的生态社会。

由此可知，生态文明的提出，是人们对可持续发展问题认识深化的必然结果。严酷的现实告诉我们，人与自然都是生态系统中不可或缺的重要组成部分。人与自然不存在统治与被统治、征服与被征服的关系，而是相互依存、和谐共处、共同促进的关系。人类的发展应该是人与社会、人与环境、当代人与后代人的协调发展。人类的发展不仅要讲究代内公平，而且要讲究代际之间的公平，亦即不能以当代人的利益为中心，甚至为了当代人的利益而不惜牺牲后代人的利益。必须讲究生态文明，牢固树立起可持续发展的生态文明观。

三

池田大作先生“共生性道德气质”的提出，为人类的文明建设指明了方向，即建设生态文明，培育公民的生态意识至关重要。要教育和引导公民树立正确的生态道德意识、生态忧患意识、生态科学意识、生态价值意识和生态责任意识，通过道德教育与法规约束，把人们尊重自然的意识转化为保护生态的自觉行动。生态文明“这种新形态的人类文明范式，将充分继承和发扬《易》及东西方其他形态的创世纪精神，以对天、地、人大生命共同体的感恩和敬意为最高信仰，超越一切人类中心主义的世界观、人生观与价值观，高扬人与自然、人与社会、人与人全方位和谐发展的大生命观和普世精神，构建大生命理念统领的宇宙观、人生观与价值观体系；这种新人类文明范式，将建立和开拓新的科学时空观，探索与发展关于宇宙的大统一理论，大力倡导自繁归简、以简驳繁、以美为枢的大生命哲学美学的方法论和方略论，掀起当代形态的哲学美学革命、科学技术革命与文化艺术革命，进一步丰富人类的物质生活与精神生活，推动人类生命活动从‘必然王国’向‘自由王国’的不断飞跃；这种新人类文明范式，将大力倡导做人、做事上的大审美观与大审美实践，按照‘美的规律’促进人的大人格生成和社会经济的全面发展，从而实现人类社会从‘适者生存’型向‘美者优存’型的不断上升”[①]。自然界是人类赖以生存和发展的基本条件。保护自然资源，尊重自然规律，爱护自然环境，是改善生态环境最直接也是最有效的手段。尽管生态文明不是取代工业文明的新的文明形态，但是，它是贯穿于所有社会形态和所有文明形态始终的一种基本的文明结构，这是由人（社会）和自然的关系问题在整个人类社会存在和发展过程

① 张涵：《从文明范式看人类文明转型与中华文明复兴》，《郑州大学学报》，2005年第6期。

中的基础性地位决定的。

人与自然的协调发展是影响一切文明产生的自然物质条件。自然界由于自己的内在矛盾存在着一个进化的序列，形成了一系列的物质运动形式；而在自然进化链条上通过劳动诞生的社会运动就构成了社会有机体，人类文明之花就是在自然运动转化为社会运动的过程中绽放的。因此，自然运动是社会运动的前提和基础。而社会运动一旦产生就将自然运动包括在社会运动当中了，人和自然的关系便具有了社会性质，在这个过程中，才产生了人化自然和人工自然。这样，在人类实践的基础上，通过进行物料、能量和信息等方面的物质变换，自然运动和社会运动就在事实上构成了一个生态系统。在自然运动和社会运动之间，存在着一系列的对抗和冲突，这种冲突与对抗的自然发展和人为激化都有可能毁灭人类文明；因此，保证人的正常的生存和发展、保障社会的正常存在和进步、保存文明的果实和演进都需要人类自觉地、人性地、理性地调节这种关系。今天，由于人类社会实践的科技化、智能化、信息化、生态化和系统化等方面的水平的提高，这两种运动的和谐、协同和统一也正在出现一系列新的趋势和特征，有可能在整合、嵌套自然运动和社会运动的功能和属性的过程中，形成一种新的物质运动形式——社会生态运动。由于人类实践及其水平在物质运动中的地位和作用增强，而使物质运动趋向有序、和谐与统一的一种表现。显然，人与自然协调发展的规律，构成了一切文明形态得以产生的宏观的一般条件。如果违背这一规律，任何一种社会形态和文明形态都是不可持续的。

从社会进化的角度来看，人（社会）和自然的关系是一种典型的生态互联的关系。这样，就要求任何一种社会形态和文明形态都必须将物质文明的发展保持在自然生态系统的可重生和可含纳的范围之内。因此，生态文明是作为贯穿于所有的社会形态或文明形态的基础性的文明结构而存在和发挥作用的。每一种文明形态都有自己的生态文明结构，正像每一种文明时代都有自己的物质文明、政治文明、精神文明和社会文明一样，生态文明是贯穿于“渔猎文明→农业文明→工业文明”进程始终的基本的文明结构中。因此，池田大作先生的主张在世界文明发展史上具有重大的历史意义。

和平、共生与对话：21 世纪新文明的核心价值[①]

——池田大作文明观探析

黄顺力[②]

刚刚过去不久的 20 世纪在人类历史发展进程上究竟应做出如何的评价？这似乎是一个很难回答，且仁者见仁、智者见智的问题，若从众多被殖民地的国家和人民摆脱殖民奴役、争取民族独立的角度加以观察，20 世纪可以说是一个世界上大多数中小国家和民族挣脱各种枷锁、获得人民解放的世纪；而若从全球化人类文明的视野加以审视，在 20 世纪的前半个世纪就连续爆发过两次惨绝人寰的世界大战，其中还包括了“绝对恶”的核武器的出现和使用，再加之战后又长达半个世纪之久的世界性“冷战”，以及各种各样的局部战争和武装冲突……将其称为“战争与暴力的 20 世纪”也完全符合客观的历史事实。由于认知上的不同，对此仁智互见的问题，虽然我们可能一时还无法完全做出恰如其分的价值判断，但面临已经到来的 21 世纪，如何认识和阐扬新世纪人类文明的核心价值，努力避免重复 20 世纪曾发生过的人类文明浩劫和惨剧，消弭危及人类生活及尊严的各种威胁，却是我们应正视并在思想认识上加以解决的现实问题。正如池田大作

① 本文为 2009 年创价大学中日友好学术研究资助计划“从牧口常三郎到池田大作——创价思想体系的传承与创新”的课题成果之一，特此致谢！

② 厦门大学人文学院历史系近代史教研室教授、博士生导师。

先生在2005年“SGI日”和平倡言中指出的：“只要是由人引起的问题，人就一定能用自己的双手来解决。无论花费多少时间，只要不放弃努力解决问题的信念，就一定能够找到解决问题的办法。”[①] 笔者认为，池田先生所提倡的“和平、共生与对话”深刻地体现了21世纪新文明的核心价值，也是21世纪寻求世界和平与人类共生的确实可行的方法和途径。

一、和平：新世纪人类文明的倡言

和平是池田大作文明观最主要的基石，也是21世纪人类新文明最重要的核心价值。

1999年1月26日，在新世纪即将到来前夕，池田先生发表了第24届“SGI日”题为“和平凯歌——宇宙主义的复兴”的纪念倡言。他在倡言中开宗明义，提出了一个严肃而又令人深思的“世纪之问”——“21世纪的到来，意味着‘第三个千年’的大门即将开启。迎接我们的21世纪，将会是20世纪这个充满战乱和不人道时代的延长？还是像字面所写的，作为一个‘新世纪’，面向未来充满和平与希望的时代？人类正站在一个关键的岔路上。”[②] 新世纪究竟是“战争与暴力”的延续？还是“和平与希望”的开启？这真是一个令人震撼的“世纪之问”！

在池田先生看来，无论是从普遍的人性的角度，还是从佛教徒或佛法人道主义的角度，20世纪都带给人类太多的战乱和悲哀。两次世界大战和无数的杀戮、冲突和流血，夺去了数以亿计的宝贵生命，给人类带来了亘古未有的肉体创伤和精神摧残。对战争的极度厌恶与对和平的热烈向往，促使池田先生发出铿锵有力的、和平世纪的倡言。

---

① [日]池田大作：《面向新世纪——人本主义的对话》（单行本），国际创价学会2005年编印，第5页。

② [日]池田大作：《和平凯歌——宇宙主义的复兴》，《时代精神的潮流》，香港商务印书馆2005年版，第89页。

以往学界在讨论有关池田和平思想形成的原因时，基本上都强调了其切身的战争体验和虔诚的佛教信仰，以及东西方思想文化，包括中国传统文化的影响等。[①]情况也的确如此。

首先，因战争失去亲人的痛苦体验而使池田深怀对和平的衷心祈愿。由于在战争中池田的四位兄长都曾先后被送上战场，大哥喜一后来在缅甸战死，给他的父母和家人带来极大的痛苦。池田曾在不同的场合多次说过："我的大哥就是在第二次世界大战中战死的。我至今仍不能忘记母亲听到这个消息时的悲痛的面孔。出于生命的痛苦而反对残酷的战争，是扎根于共同的体验之中，所以我们的心是相通的。这种反对战争的立场是超越理论或政治范畴的、出自内心深处的愿望。这也可以说是来自生命的冲动或呼喊吧。"[②]由于亲身感受到世上再没有像战争那样悲惨和残酷的事情，反对战争、向往和平就成为他终生孜孜以求的崇高目标。因此，痛定思痛，在新世纪到来之际，告别"战争与暴力"的旧世纪，呼吁创造"和平与希望"的新世纪，成为其文明观的最主要基石。

其次，尊重生命是佛法人道主义思想的精髓，也是池田文明观的核心。作为佛法人道主义思想家和虔诚的佛教徒，池田极其强调对生命的尊重，他说："必须把生命的尊严看作最高价值，并作为普遍的价值基准。"不论是以何种冠冕堂皇的名义或形式设置出比生命更高的"价值"，以凌驾于生命之上，都"最终会招致对人性的压迫"[③]。而各种战争，"无论是直接还是间接，所不得不做的就是以杀人、破坏为目的"[④]，可见，战争违背了人性，给人类带来了无穷尽的痛苦，是"绝对坏的东西"。

---

① 相关研究可参阅崔学森：《池田大作世界和平主义思想的原点》，载曲庆彪等著：《回归与超越：池田大作和平文化思想研究》，辽宁师范大学出版社 2007 年；拙文：《池田大作的和平思想与孔墨学说》，载《厦门大学学报》（哲学社会科学版），2005 年第 6 期。

② 卞立强编选：《池田大作选集》，北京大学出版社 1988 年版，第 317 页。

③ [英]汤因比、[日]池田大作：《展望 21 世纪——汤因比与池田大作对话录》，荀春生等译，国际文化出版公司 1985 年版，第 430 页。

④ 何劲松编选：《池田大作集》，上海远东出版社 2003 年版，第 66 页。

池田先生在《通过人类团结建设和平世纪》的倡言中告诉人们："我为什么如此关心战争问题呢？为什么每年用这种形式（指SGI日倡言）向世界发出和平的呼吁呢？为什么提议各国设立专门致力于和平问题的'和平部'，而不是陆军部、海军部、国防部呢？为什么一直主张作为联合国决议通过'世界不战宣言'，并发展为具有约束能力的'世界不战条约'呢？那完全是因为我认为，这个地球上虽然有着种种问题，但战争才是万恶的根源，是绵亘于人类史的'业'。人如同蝼蚁一般被杀戮，战争使这样的疯狂行为日常化，也毁灭了一切人性。"①鉴于20世纪人类所曾经历过的、不堪回首的战争苦难，池田大声疾呼："作为佛法者，我确实认为如不转变'战争'这一人类的业，真正的幸福和安宁就不会降临到每一个人的头上。'没有比战争更悲惨、更残酷的了'，就是人类用巨大代价换来的教训。为了孩子，必须走上通向'不战世纪'的确实道路，这是我们首先应该完成的责任。"②从普遍人性和尊重生命的角度反对战争，把"战争与暴力的世纪"改变为"不战的世纪"，坚定地追求和平遂构成池田文明观的最主要基石，同时也成为21世纪新文明的核心价值。

值得指出的是，除了战争体验、佛教信仰，以及东西方思想文化的影响之外，我认为，和平作为池田文明观的基石和新世纪文明的核心价值，更体现在作为圣哲的池田先生那坦荡无私、大爱无疆和拔苦与乐的悲世、救世情怀上。

池田对和平的理解与追求超越了一切国家主义、民族主义，一切宗教、派别和一切意识形态的界限。例如，对于那些打着国家主义、民族主义等各种旗号所发动的战争，他睿智地指出，爱国心作为一个人的至关重要的问题而言，可以称之为一种美德，但如果这种"爱国心"一旦被利用来卷

① [日]池田大作：《通过人类团结建设和平世纪》，《和平世纪的倡言》，香港创价学会译，香港天地图书有限公司1997年版，第217页。

② [日]池田大作：《通过人类团结建设和平世纪》，《和平世纪的倡言》，香港创价学会译，香港天地图书有限公司1997年版，第218页。

入国家对国家的对立中，就会带上邪恶的色彩。因为“在国家主义的影响下，不知有多少青年的纯真的爱国心被歪曲、被利用、被蹂躏……本来对自己生存社会的纯真的爱，却变成了对其他国家国民的憎恶或蔑视。本来是自己和社会共存的理念，不知不觉变质成为为国家和社会而牺牲自己了。”① 他明确地指出，那些以保卫国家为借口而要求青年们牺牲生命的侵略战争，实际上是“把别国的国民和自己国家的国民都推入苦难的深渊”。因此，就这个意义而言，“现在不可能有什么保卫正义的战争，就是说战争本身已经消灭了正义”②。由于超越了狭隘的国家主义、民族主义的束缚，作为坚决反对战争，追求和平的有识之士，池田先生在许多场合都公开而无情地鞭挞和谴责日本军国主义的战争罪行，显现了极具圣哲风范的、坦荡无私的博大胸怀。

更为重要的是，由于池田先生对和平的理解与追求是基于阐扬普遍的人类之爱，这已不仅仅是一种宗教家、思想家应有的人文关怀，而更体现为一种大爱无疆、拔苦与乐的，圣哲般的悲世、救世情怀。

池田先生认为，一方面“爱众生”，即阐扬普遍的人类之爱是佛教的最高境界，佛法的“慈悲”，体现的就是“人类爱的精髓”③；另一方面，佛法的“慈悲”还有“拔苦与乐”的意思。所谓“拔苦”是建立于“同苦”（使痛苦相同）的基础之上的，是“把对方的痛苦的呻吟，作为自己内心的痛苦去感受。在这样共同感受的基础上，来根除这种痛苦”。为此，他还进一步指出，对其他个体的痛苦而感到强烈痛苦的“同苦”是人类共有的心理特质，这种心理特质能够激发出普遍的人类之爱。如果没有“同苦”，就不

① ［英］汤因比、［日］池田大作：《展望21世纪——汤因比与池田大作对话录》，荀春生等译，国际文化出版公司1985年版，第225—226页。

② ［英］汤因比、［日］池田大作：《展望21世纪——汤因比与池田大作对话录》，荀春生等译，国际文化出版公司1985年版，第235页。

③ ［日］池田大作：《内在的精神革命——创建世界和平的关键》，《时代精神的潮流》，香港商务印书馆2005年版，第282页。

能产生对对方的关怀，也不可能有想除掉痛苦的实践。这种“同苦”的感情，即对其他个体的痛苦而感到强烈的痛苦，是人的一个特质，也是人与其他生物的根本区别所在。正是在这个意义上，“同苦”，无论对爱，对慈悲，都是最基本的前提。只有“有了这种‘同苦’的根基，才可能建立起人类的集体连带关系的”[①]。这正如日莲大圣人所说的：“一切众生所受的苦，悉是日莲一人的苦。”[②]体现了圣哲对民众的痛苦充满同情的悲世情怀。而池田则更进一步强调不仅要“把一切众生之苦当作一己之苦”，而且还要“经常面对现实社会的人群，展开拔苦与乐的行动”[③]。从池田先生数十年如一日致力于人类的和平事业可以看出，他所极力阐扬普遍的人类之爱和大爱无疆、拔苦与乐的和平思想充分体现了这种圣哲的悲世、救世情怀，而这种对人类和平的不懈追求和新世纪倡言正是其文明观和 21 世纪新文明核心价值之所在。

二、共生：新世纪人类文明的构建

“共生”这一理念在佛法上谓为“缘起”，即因缘而起。池田先生在《21 世纪的文明与大乘佛教》的演讲中指出：“佛教指‘共生’为‘缘起’……无论人类世界还是自然界，任何东西都不能单独存在。万物运转而组成现象界，现象界又同时反过来孕育万物。而所有东西又互相关连、相互依存，构成一个活生生的世界。”[④]我认为，池田先生对“共生”的阐释，在语义和

---

① [英]汤因比、[日]池田大作：《展望 21 世纪——汤因比与池田大作对话录》，荀春生等译，国际文化出版公司 1985 年版，第 419 页。

② [日]池田大作：《迈向第三个千年——世界市民的挑战》，《和平世纪的倡言》，香港创价学会译，香港天地图书有限公司 1997 年版，第 249 页。

③ [日]池田大作：《21 世纪的文明与大乘佛教》，《和平世纪的倡言》，香港创价学会译，香港天地图书有限公司 1997 年版，第 46 页。

④ [日]池田大作：《21 世纪的文明与大乘佛教》，《和平世纪的倡言》，香港创价学会译，香港天地图书有限公司 1997 年版，第 43 页。

内涵上有三个互相关联而又相互依存的层次值得我们深思。

其一，“共生”实际上是世界万物的一种本性，即无论人类世界还是自然界，任何东西都不能单独存在。人与人、人与自然、人与国家、国家与国家、民族与民族、地球与太阳、太阳系与银河系、小宇宙和大宇宙等都是相互依存的，体现出一种“共生共存”的性质，由此，世界万物完全可以看成为一个“融合为一”的生命体。

其二，世界万物“共生共存”的相互关系不是单纯静止的，而是在运转中会互相能动地转化，即万物运转而组成森罗万象的世界，世界的存在又同时反过来孕育了万物，也就是说，世界万物体现的是一种相辅相成、相互搏动的、具有创造性“生命共同体”的关系。

其三，由于“共生共存”的本性和彼此“互相能动”的关系，人类可以也应该清楚地认识到是“互相关联、相互依存”的世界万物，包括人类本身，才构成了这个融合为一的、体现出“生命共同体”意义的“活生生的世界”。

可以看出，池田先生对“共生”理念的阐释对21世纪新文明的构建有着极为深远的现实意义和理论意义。

在池田先生看来，20世纪社会生产力和科学技术的发展，虽然创造了前所未有的现代物质文明，但这种以对自然的掠夺和征服所带来的物质文明，人类也为此付出了巨大而惨痛的代价，这不仅体现在20世纪层出不穷的“战争与暴力”问题上，而且也反映在越来越严重的“地球环境的破坏”问题上。他在第22届“SGI日”题为《迈向“地球文明”的新地平线》纪念倡言中说：“（现在）环绕我们人类的状况，可以说陷入了进退维谷的境地。核武等大规模破坏性武器的威胁、民族纠纷的激化、温室效应和臭氧层被破坏等地球环境的恶化、经济上南北差别的扩大、精神病理和残酷犯罪的蔓延等等，前途一片黑暗。这种危机在个人身心、社会及民族、国家，还有生态系统和地球的存续等几重次元上层见叠出，雪上加霜，令人深感现代文明本身简直已走投无路。”[①] 池田认为：“构成现代文明困境的三重苦（一，地球环境的破坏；二，经济发展的需求；三，资源、能源危机）状况令人悲观，每每使人们丧失气概，需要有明确哲理支持的不屈勇气，才能与之挑战，找到突破。”[②]

那么，如何面对这一严峻的时代课题？如何构思、构建起21世纪不可逃避的“地球文明”，也即21世纪新文明的特征、系统和秩序呢？[③]

池田先生强调：“必须通过每个人生命里的变革，即‘人间革命’来实现‘环境革命’和‘地球革命’。”[④] 这种“人间革命”实际上就是转变人们的旧有观念，不仅“为谋求地球问题群的解决，应克服历来以‘国益’为中心的观念，改以‘人类益’为基础来处理事务。地球环境问题的确需要这样转换视点”。也就是说，应该把全人类看作是一个“共生共存”的整体，以全人类共同的生存利益来看待和处理日益严重的地球环境问题，过去那种“关心和责任只局限于恣意在地球上刻划的国境线的时代必须打上终止符了”[⑤]。而且，基于世界万物“共生共存”的本性和彼此“互相能动”的关系，人类还应该以和平的心态，而不是以征服者的心态对待自然界，因为“大自然对于人类的生存，是唯一无二的母体，是基础。它不仅是维持肉体之所需，也是人类精神的基础，是文化、文明兴隆的源泉”[⑥]。“地球是我们人类借以生存的宇宙中的绿洲，我们无论如何要挽救这一唯一宝贵的

---

① [日]池田大作：《迈向“地球文明”的新地平线》，《时代精神的潮流》，香港商务印书馆2005年版，第21—22页。

② [日]池田大作：《迈向“地球文明”的新地平线》，《时代精神的潮流》，香港商务印书馆2005年版，第38页。

③ [日]池田大作：《迈向“地球文明”的新地平线》，《时代精神的潮流》，香港商务印书馆2005年版，第22页。

④ [日]池田大作：《迈向“地球文明”的新地平线》，《时代精神的潮流》，香港商务印书馆2005年版，第38—39页。

⑤ [日]池田大作：《迈向“地球文明”的新地平线》，《时代精神的潮流》，香港商务印书馆2005年版，第39页。

⑥ 何劲松编选：《池田大作集》，上海远东出版社2003年版，第260页。

地球免于毁灭。为此有必要严肃考虑人类行为对自然运行、自然界的协调所产生的影响，严格限制那些哪怕很微小的孕育着危险的行为。”[①] 这是因为“万物运转而组成现象界，现象界又同时反过来孕育万物”。如果一味以征服者的心态对大自然进行无休止的掠夺，将最终导致人类自身的毁灭。

为此，池田先生指出，现代社会所出现的地球环境破坏和生态危机等问题是一种以“天灾”形式出现的“人灾”，“在牺牲自然的基础上，不断‘开发’，建立起了今天的大量的消费文明，这是人的欲望无止境膨胀过程”[②]。地球环境的破坏实际上就是人的“魔性欲望的利己贪欲本质导致的”结果。如果人们的旧有观念不转变，不改变人对自然的支配欲与征服欲，其必然“在对自然的关系中则引发自然破坏和环境破坏”[③]。因此，必须通过“人间革命”转变观念，以“共生”的理念来“实现‘环境革命’和‘地球革命’”，才能构建起21世纪的新文明。

值得我们重视的是，池田有关“共生”理念的思想和阐释，除了佛法的“缘起”学说外，还传承了创价学会第一代会长牧口常三郎的“人地共生”、“人道竞争”思想和第二代会长户田城圣的“地球民族主义”等思想精华。例如，在第23届“SGI日”的《万年远征——从混沌迈向秩序》倡言中，池田在谈及“共同存活、利己利他”的问题时，充满感情地说：“我在此想起创价学会初任会长牧口常三郎在《人生地理学》中提示的理想。这部著作问世于本世纪（20世纪）初1903年，正值被称为‘列强’的各国在富国强兵，争夺霸权，帝国主义和殖民主义席卷整个世界的时代。牧口会长锐利地看清这种时代状况，将世界为了生存的纷争分为四种形式，即军事竞争、政治竞争、经济竞争、人道竞争。进而提倡‘现今已不是军事竞争、政治竞争、经济竞争的时代，人类应该志向人道竞争’。”牧口先生

① [英]汤因比、[日]池田大作：《展望21世纪——汤因比与池田大作对话录》，荀春生等译，国际文化出版公司1985年版，第36页。

② 何劲松编选：《池田大作集》，上海远东出版社2003年版，第51页。

③ 何劲松编选：《池田大作集》，上海远东出版社2003年版，第47页。

所提倡的“人道竞争”，不论是“政治的也罢，军事的、经济的也罢，都置于人道的范围内。要而言之，其目的不在于利己主义。在维护自己的同时，也要保护、提高他人的生活。反过来说，就是选择利他又利己的方法，有意识地进行共同生活”。池田认为，牧口先生的这一思想，“明确提示了未来的理想，即通过人道竞争来影响其他的竞争形式，带来变革，由竞争意识转向共存、共同协力的意识”[①]。

在第30届“SGI日”的《面向新世纪——人本主义的对话》倡言中，池田强调：“对于现代的人本主义来说，重要的是，不能只单纯地考虑人类社会而不顾其他。”人类“如果忘记以谦虚的态度倾耳恭听‘自然界’发出的信号，只是按照人类社会的方便而独断专行，‘反馈环’（意指人与自然的系统互动）变得失效，对自然界体系的破坏就会无止境地进行下去，而‘我（人）—你（自然）’的（共生共存）关系得不到成立，变成人单方面对世界的独裁支配”[②]，最终将自食恶果，陷入进退维谷的现代文明危机中去。在这一问题上，池田很感叹牧口常三郎先生对人与环境的关系充满了先见性的卓见，认为牧口先生在《人生地理学》一书中提出“人与环境的密切接触，可以帮助培养自己的身心和人格”、“人是通过与外界进行各方面的交往而得到全面发展成长，因此，外在的自然界可说是我们的启蒙者、指导者、安慰者。我们与自然界的交往，对于我们适应人生必经的盛衰得失是不可或缺的要务”、“人生的幸福与自然界交往的多寡成正比例”等主张，均鲜明地体现了“人地共生”思想。尽管在20世纪初牧口先生还绝对想象不到今天的地球环境会变得如此荒废，但他所提出的、直接把自然当作人生“伴侣”的“人地共生”的思想却对当今现代文明的构建有着重要的启迪意义，因为，倘若“人生重要的伴侣受到伤害，也就等于我们自身

---

① [日]池田大作：《万年远征——从混沌迈向秩序》，《时代精神的潮流》，香港商务印书馆2005年版，第67页。

② [日]池田大作：《面向新世纪——人本主义的对话》（单行本），国际创价学会2005年编印，第17—24页。

受到伤害。人只能与环境共存，才能活下去”[①]。

在某种程度上可以说，20 世纪人类的不幸在于“人生价值观的差异”而忽视了“共生”的理念。而 21 世纪人类的希望是“世界和平，人类幸福”，如何构建新世纪的人类文明，体现“共生共存”的人生价值？的确需要进行“人间革命”，转变人们的旧有观念。池田先生常以《法华经》中“慈雨滋润大地，草木皆欣欣向荣”的比喻来说明世界万物“共生共存”的要义。通过对其“共生”思想的解读，我们可以看出他对佛法的深刻理解和对牧口、户田创价思想体系的传承与发展，更能从中体会池田文明观与 21 世纪人类新文明的核心和普世价值。

三、对话：新世纪人类文明的途径

“对话”作为通向新世纪人类文明的桥梁和途径，其本身即深刻地体现了 21 世纪人类新文明的核心普世价值。

主张以和平对话的方式和途径解决国家、民族间的争端，解决“绝对恶”的核武器等大规模杀伤性武器对人类的威胁，解决全球性的环境污染问题等，是池田先生的一贯思想，也是其文明观的主要内容。

迄今为止，池田先生可能是世界上开展和平“对话”最多的思想家、宗教家和社会活动家。据前些年有学者不完全的统计，数十年来池田先生与世界各国以及日本国内的各阶层代表人物的对谈已有数千场，有记录的在 1700 次以上，出版了 35 本对谈集。对话的对象有各国贤哲和著名人士，包括哲学家、科学家、作家、诗人、政治家、宗教研究家、企业家、大学校长、艺术家、历史学家以及医生、教师、和平主义者、宗教信徒、青年学生和一般市民等。[②] 完全可以说，池田先生是一位最伟大的和平“对话”

① ［日］池田大作:《面向新世纪——人本主义的对话》(单行本)，国际创价学会 2005 年编印，第 25 页。

② 参见孙立川：《软能：对话的力量》，《回归与超越：池田大作和平文化思想研究》，辽宁师范大学出版社 2007 年版，第 33 页。

之路的开拓者和实践者！

池田认为，对话是能使人类各种文明相互触发、理解而产生相互信赖的磁场，因为对话相当于用不同的光来互相照亮对方前进的道路，“如果没有对话，人类只得在独善其身的黑暗中摸索。对话可说是在黑暗中互相照亮对方足下，找出应行之道的灯火”①。这真是圣哲的睿智之见！因此，他在与英国著名历史学家汤因比的对话中曾预言21世纪是人类文明对话的世纪，人类只有通过文明的对话，才能增进相互间的宽容和理解，扩大共识，消除和避免因误会引起的冲突。

进入新世纪后，池田先生在《面向新世纪——人本主义的对话》纪念倡言中指出：“自从2001年美国发生9·11恐怖活动事件以来，全球的紧张状态一直不断增加。……这种紧张状态促使市民日常生活中的不安异乎寻常地扩大。虽然这种状态与冷战时代有相似之处，但令人感觉到有过之而无不及的威胁。”而且，更令人不安的是“现在不仅看不清对手是谁，而且也不知道什么时候可以终结”。伊拉克混沌的局势、中东和平困难重重的前景、朝鲜半岛的核武威胁以及不断发生的地域纠纷等，“令人担忧‘战争与暴力的20世纪‘又将会重现”②。那么，如何克服21世纪人类所面临的这些危机呢？池田坚定地说：“我认为其关键就是曾于过去的倡言中所提到的‘对话’。‘只有对话才是和平的王道’——只要人类历史不停止其前进，人类就不得不永远肩负这一命题。不管遭受多少冷嘲热讽，到最后也不能放弃这呐喊。”③

因此，在反对战争与暴力威胁的问题上，池田秉承一以贯之的佛法人

---

① [日]池田大作：《人本主义——全球文明的黎明》，《时代精神的潮流》，香港商务印书馆2005年版，第218页。

② [日]池田大作：《面向新世纪——人本主义的对话》（单行本），国际创价学会2005年编印，第4页。

③ [日]池田大作：《面向新世纪——人本主义的对话》（单行本），国际创价学会2005年编印，第5页。

道主义精神，强调当今世界“成为众多纠纷根源的过激主义、教条主义等，都必须以人本主义来修正其弊端”。而人本主义精神需要通过对话来加以实现。他说：“人本主义的力量就好比是方向操作舵的力量。相对于过激主义、教条主义，人本主义绝不是主义与主义的漠然对峙，其原点是人彼此一对一的、开诚布公的对话。”真诚对话的本质就“像一个涟漪，对话的一波推动千波万波。对话与人本主义的巨大浪潮，可以包容并吞没过激主义和教条主义。而且，最重要的是通过真心的面对面的对话，耐心地一个一个打开人们所拘泥或被拘泥的所有疙瘩”[①]。正是基于这种信念，为了人类的和平事业，池田先生提出了不计其数的、具有“对话”意义的倡言、倡议和方案，极力主张通过“对话”这条构建21世纪人类新文明的途径和桥梁，把“对话”扩大和发展为时代的巨大潮流，去共同建立和平与幸福的新世纪。

在反对核武器，阻止核武器扩散的问题上，池田积极建议并想方设法促进有核国家间的会谈，因为“会谈将使双方理解对方想什么，知道对方希望为本国成就什么事业。我深信，虽然这样一个会晤意味着双方必须克服极大的障碍，但这一会晤必将产生大胆的思想和行动，双方可以以这种大胆的思想和行动来打破他们所面临的僵局，为进一步的勇敢抉择铺平道路”[②]。在池田看来，虽然会谈过程有着很多的困难和曲折，但他对此充满信心：“（我们）不必为对话过程的迂回曲折忽喜忽忧，也绝不必为协议事项迟迟不能付诸实现而悲观，只要踏实地积累对话，通过把问题一个一个确实地实践过来，就必定可以创造和平的未来。”[③]因为，只有一直保持着“对话是和平的王道”的坚定信念，才能不断地向着没有核武威胁的和平世纪的伟大目标前进。

① [日]池田大作：《面向新世纪——人本主义的对话》（单行本），国际创价学会2005年编印，第7页。

② 何劲松编选：《池田大作集》，上海远东出版社2003年版，第157页。

③ [日]池田大作：《和平世纪的倡言》，香港创价学会译，香港天地图书有限公司1997年版，第240页。

在有关全球性环境污染、生态遭受人为破坏等问题上，池田同样主张要通过对话来加以解决。这种对话不仅仅在于国家与国家之间、人与人之间的对话，还包括了人与自然的对话。池田认为，就国家与国家、人与人的对话而言，必须让人们了解“地球生态系的保存是超越国境的全人类共同课题，如果每个人没有‘共同生活在一个地球上’的强烈自觉与责任感，要寻找解决的方法是很困难的”。因此，“人不应被国家利益所束缚，而应作为‘共同生活在一个地球上的人’，拥有为人类服务的意识与涵养”[①]。只有坚持这种以“地球利益”、“人类利益”的基本信念，才能在此基础上进行对话，为解决地球环境问题而共同行动。

就人与自然的对话而言，则必须使人们真正意识到“人不应只看到人的世界，还应关注到自然环境”。池田指出：“虽说‘21世纪是人权的世纪’，但如果仅把人权看成是近代人道主义的系统，那么绝对不会有任何结果。个人的自由及尊严这一近代人道主义的原理，如果不顾及环境和自然的侧面，使之相辅相成，则这人权绝对不是一个完美的概念。”为此，他反复强调：“我们的时代更需要认真地认识到，自然并不是我们可以自由滥用索取的对象。自然也拥有它本身的权利。了解这点，才能真正改变现代的文明。”池田还以自己的体验为例，他说：“每当我拿起相机即兴地拍些自然照片时，就会感到如同与自然进行着对话。与布伯的时代（指20世纪初）相比，地球环境不知恶化了多少倍。从构筑和平文化这一观点来看，应更重视与自然的对话。”[②]

应该说，池田以和平“对话”为途径的构建新世纪人类文明的努力已经结出丰硕的果实。当今世界虽然各种冲突仍接连不断，但抛开不同文明不同意识形态的成见，进行各种对话的努力，都在不断地化解着各种矛盾

① [日]池田大作：《以人性的宗教创建和平》（单行本），国际创价学会2008年编印，第18页。

② [日]池田大作：《面向新世纪——人本主义的对话》（单行本），国际创价学会2005年编印，第20页。

与冲突，不断地提升着人类自身理性的成熟。多年前，池田曾把自己与汤因比的对话看成文明对话的出发点，他说："人不能独自一个人而活着，而且，只有通过与其他人的交流才能发现新的自己，因而也会活得更精彩。同理，文明与文明的对话也会碰撞出更为绚丽多姿的火花，必然也会沿着创造价值的大路发展。"① 实践证明，池田先生极力倡导的和平"对话"，已成为当今世界避免冲突、化解分歧、扩大共识而走向和平的有效方式与宝贵的思想财富。

综上简要言之，和平是新世纪的倡言，是人类幸福的希望；共生是"人间革命"、观念变革的重构；而对话则是通往新世纪人类文明的途径和桥梁，这是池田文明观的三个最重要的内容。早在1975年5月，池田先生在莫斯科大学以"东西文化交流的新道路"为题做演讲时说："现今最需要的，是超越民族、体制、思想体系的障碍，一种全球性的精神丝路，从基础上联接起世界的人民。"② 我认为，池田文明观所倡导的和平、共生和对话正是一种能够"超越民族、体制、思想体系的障碍"的"全球性的精神丝路"，从基础上联接起全世界所有爱好和平、追求幸福的人民，为把"战争与暴力的世纪"转变为"和平与幸福的世纪"而努力奋斗。这种具有"全球性精神丝路"的文明观，自然也鲜明地体现了其熠熠生辉的、21世纪新文明的核心价值。

---

① [日]池田大作：《眺望人类新纪元》，香港创价学会译，香港天地图书有限公司2000年版，第5页。

② [日]池田大作：《生命的变革：地球和平的路标》（单行本），国际创价学会2007年编印，第37页。

池田大作文明观及其在教育中的实践

章舜钦[①]

池田大作是当今世界著名的宗教家、思想家、教育家和社会活动家，其思想的内容十分丰富，现代文明观作为他丰富思想的重要组成部分，包括现代政治文明观、现代道德文明观、现代自然文明观、现代科学文明观、世界和平观等。研究池田先生的现代文明观及其在教育中的实践，对我们进一步研究池田先生思想，推动人类进步与文明发展，促进我国教育事业的发展，构建社会文明、建设和谐社会，都具有十分重要的理论意义和现实作用。

一、池田大作现代文明观的主要内容

池田先生虽然没有在国家政治机构中担任过职务，但并不影响他对国家政治的关心和参与。池田先生32岁就任创价学会第三任会长，是日本著名的政治团体公明党的创始人，经常活跃在国内外的政治场合，与各国政要名人会谈，他的许多讲演都具有政治内容。他在对国家政治的关心和参与过程中，形成了自己的政治观。建立在《法华经》基础上的佛教宇宙生命观是池田大作政治观的理论基础，他认为："政治的目的是为了达到个

① 厦门大学法学院副教授，主要研究法学理论、思想政治教育。

人的幸福和社会的繁荣的一致。”[①] 个人的幸福也许可以通过个人的努力来实现，但当社会发生变动时，个人的幸福很可能在一瞬间化为泡影。因此，政治家必须为人民大众的利益而奋斗，政治就是“为民众的幸福而进行的实践活动”[②]。

池田先生认为，道德是构成一般社会的规范。它与法律的不同点是没有形成条文，不具有法律的强制力。“支撑人们道德心的根本原理，可以概括这一句话：‘人作为人应当如何生活’。也就是说，关于人的生活态度问题，从长期的经验和习俗中学到的就是道德的价值。”[③] 关于道德规范的社会作用，池田先生认为，在人类社会推行正确的道德规范，就一定会在物质和精神两方面起到正面的作用，人们只要遵行道德规范，不仅对自己有利，而且对他人和社会也是有利的。当今世界，人类社会的物质生活水平得到了很大的提高，“那么，能不能说物质方面宽裕了，伦理感、道德心就必然地会提高呢？还不能这么说”[④]。现在社会上有些人虽然物质生活水平较高，但是却不遵行社会道德规范，道德素质偏低；而有些人虽然物质生活水平相对较低，但是道德素质却很高。

实现世界和平是池田先生人生奋斗的重要目标，池田先生的世界和平观具有三个特征：一是根绝所有的暴力，倡导积极的和平主义；二是反对一切战争，追求绝对的和平主义；三是彰显生命尊严，奉行彻底的和平主义。[⑤] 池田先生认为，和平是人们希望的最基本的要求。世界上“除发动战争的一部分权力者外，我想世界上任何人无疑都是盼望和平的”[⑥]。虽然和平是

① [日] 池田大作、松下幸之助：《人生问答》，卞立强译，中国文联出版社 2000 年版，第 230 页。

② 王新生主编：《21 世纪东方思想的展望——国际学术研讨会论文集》，北京大学出版社 2005 年版，第 89 页。

③ [日] 池田大作、松下幸之助：《人生问答》，卞立强译，中国文联出版社 2000 年版，第 221 页。

④ [日] 池田大作、松下幸之助：《人生问答》，卞立强译，中国文联出版社 2000 年版，第 381 页。

⑤ 王新生主编：《21 世纪东方思想的展望——国际学术研讨会论文集》，北京大学出版社 2005 年版，第 148 页。

⑥ [日] 池田大作、松下幸之助：《人生问答》，卞立强译，中国文联出版社 2000 年版，第 462 页。

人类的共同愿望，但是战争总是不断发生。池田先生追求的不是暂时没有战争的和平，真正的和平并不只是形式上没有战争的状态，而是将来不会发生战争的世界和平，池田先生世界和平观的核心内容就是反对以战争和核武器为首的一切暴力，具有很强的针对性，其目的是为了杜绝战争。他认为："战争是绝对的坏东西，是向人的生命尊严的挑战。"[①]"排除战争、选择和平，从未像现代这样具有如此的重要性。"[②]"和平并不是可以指望的"，也"不是自己不卷入战争就可以维护的。要实现真正的世界和平，需要进行积极的创造性的努力"[③]。世界和平的到来不是一朝一夕的事，必须付出几代人、甚至几十代人的艰苦努力，要实现真正的和平的世界，就不应当承认战争是解决国际纠纷的手段。实现和平的关键也不在于一时的削减军费、暂停核武试验，而是要通过教育等途径，去播撒和平观念在人们的心中，使之开花、结果，才能带来真正的世界和平。

在人类与自然的关系上，池田先生认为，人类的历史只不过数百万年，地球上其他生物的历史已达数十亿年。"人类应该说是最后加入地球生物集团的一名新伙伴。因而，如果没有人类诞生以前长达三十亿年的生物进化的过程，现在的我们也就不可能在这个地球上。"[④]人类只有和地球上的其他生物和谐共处，自身才能不断得到发展。因此，"生物的存在并不是人类的侵略的对象，而是在地球母体的怀抱中共同享受生命的生物集团中的朋友"。"人类受到了大自然的无数的恩惠，应当怀有感恩之情。"[⑤]但是，人类现在却变成其他生命的破坏者，而人类在破坏其他生命中，自己也是受害者。池田先生还非常关注环境问题，他认为，"现代文明确实有通过科学而

① [英]汤因比、[日]池田大作：《展望21世纪》，荀春生等译，国际文化出版公司1985年版，第230—231页。

② 何劲松编选：《池田大作集》，上海远东出版社2003年版，第54页。

③ [日]池田大作、松下幸之助：《人生问答》，卞立强译，中国文联出版社2000年版，第462页。

④ [日]池田大作、松下幸之助：《人生问答》，卞立强译，中国文联出版社2000年版，第387页。

⑤ [日]池田大作、松下幸之助：《人生问答》，卞立强译，中国文联出版社2000年版，第389页。

防止了自然灾害的功绩，但另一方面，这功绩本身成了人灾、新的灾害的起因”[①]。科学的发达确实给了我们很多恩惠，但这一切都是在发现和利用自然法则的前提下实现的，违反自然法则，必将受到危害。生态危机表面上是天灾，其实是人类内部出现了问题，例如，人类想征服自然；认为科学技术是万能的。人类与自然存在着依存关系，对自然的态度就是对人类自身的态度。自然界是没有国界的，地球是一个整体，全人类是一个命运共同体，自然被破坏所造成的后果也是跨国界而影响全人类的。池田先生认为，随着世界人口的不断增加，一些自资源枯竭是必然的，因此，对一些自然资源的利用，环境危害的治理，都要通过国际间的合作来解决。

现代科学技术的进步，在给人类带来发展的同时，也带来一些问题。池田先生认为：“总的来说，现代文明的特点是科学技术获得了惊人的发展。但是，正如许多人所指出的那样，随着科学技术的发展，也日益暴露出重大的矛盾。”[②]现代科学技术，一方面创造出丰富的物质文明，另一方面也产生了“人的异化”、“人的精神空洞化”。池田先生认为：“现代文明的形成，可以说很多地方有赖于各领域的学问的成果。人们无休止的‘对未知的探索心’、‘发现真理的喜悦’，确实推动了学问的发展，形成了文化。但是，另一方面，正如现代文明本身已成为反省对象所表明的那样，产生像核武器之类丧失人性的文明的原因之一，恐怕也在于这种学问和科学吧。”[③]而且，有许多科学家在其特定的研究领域是专家，但对其他领域就只能根据自己狭窄的视野来发言。可见，要解决科学技术发展过程中的问题，首先要从人入手，才能解决科学发展带来的负面影响。

① 王新生主编：《21世纪东方思想的展望——国际学术研讨会论文集》，北京大学出版社2005年版，第354页。

② [日]池田大作、松下幸之助：《人生问答》，卞立强译，中国文联出版社2000年版，第379页。

③ [日]池田大作、松下幸之助：《人生问答》，卞立强译，中国文联出版社2000年版，第376、377页。

二、池田大作文明观在教育中的实践

现代世界虽然经济与科技得到很大发展，但是人与人之间的不信任感却仍然存在，为了国家、民族利益，有的还发动了战争。“实现和平的致命障碍是什么？就是不信任感！”[①]如何维护世界和平，池田先生认为，“人心”是世界和平的根本。人与人之间的信任是构建世界和平的基础。如果缺少人与人之间的信赖关系，就算在政治、经济上有什么样的关系也是等于空中楼阁。怎样才能连接起人与人之间的“心的纽带”，构筑人与人之间的信任感？在他看来，除了对话、交流之外，教育也是十分重要的途径之一，池田先生一直在为对话、交流，为世界和平尽自己的最大努力，一直奔走在促进对话、交流的道路上。池田先生认为，教育的全部价值在于追求社会和平、人类进步与人类幸福。因此，他特别重视教育在促进世界和平上的重要作用。池田先生认为，人的生命中既有善的一面，也有恶的一面，所以，人通过教育是可以变善，也可以变恶的。日本军国主义教育是引导出恶，走上战争的道路。所以必须对人进行教育，进行变善的教育，让人们树立维护世界和平的理念。

池田先生还认为，解决世界和平问题的根本出路就在于通过“人间革命”，以使人自身成为关爱生命、关注人性的存在。在池田先生看来，其所实施的“人间革命”，除了宗教外，最重要的途径之一就是教育。池田先生在与意大利的奥锐里欧·贝恰的对话《为时未晚》中指出：“除了宗教之外，第二个带来人类革命的因素就是教育了。”教育始终是以人为对象，而且，池田先生认为，作为教育对象的人，不仅指个人，而且指整个人类社会。他说：“教育能启发人的无限潜力，在人与人之间系结平等与共鸣的纽带。”[②]

① [日]池田大作：《我的履历书》，长春人民出版社1984年版，第98页。

② 何劲松编选：《池田大作集》，上海远东出版社2003年版，第269页。

“教育应该担负起培养立足于全球视野的世界公民的职责。”[①] 因此，他不但在日本创办了创价学园、创价大学等教育机构，而且还在世界其他国家和地区也创办教育机构，传授科学文化知识，播种世界和平理念。池田先生创办的创价大学的办学理念就是要成为人的教育的高等学府；要成为建设新的伟大文化的摇篮；要成为保卫人类和平的堡垒。

池田先生认为，口头上倡导和平是容易的，但要实现是困难的。和平又不能通过战争来最终实现，那么，如何才能实现真正的和平呢？池田先生还认为，应当建立以人才为世界和平做贡献的思想。为了发挥人才在维护世界和平中的作用，必须对人进行教育，这点是很重要的。池田先生十分关心“人类的幸福与世界的和平”。他指出，国家不要做军事大国，而要做道德大国、教育大国与人权大国，这将比千万军队更强。教育的目的是为了人的幸福。教育要以人为目的，“教育的目的始终是‘人的幸福’，是‘世界和平’”[②]。

道德是自律规范，与法律规范是通过国家强制力保障实施不同，道德规范只能通过不断教育，使人们自觉遵行。在提升公民道德素质方面，池田先生认为：“道德的普及本来是通过每个人的良心的表露才得以维持的，所以应该说道德本来是以个人的自觉为土壤的。”若“强制推行道德的做法，既违背道德的本义，也是严重的逆时代而行”[③]。因此，要提高公民的道德素质，减少道德败坏的现象，必须通过人间革命才能促进人的发展，而实现人间革命的最好途径之一就是教育。教育就是培养人的道德品质和道德能力，使人成为一个思想成熟的人才，具有创造性的人才、有爱心的人才和对社会有贡献的人才。教育首先要重视“良心”的培养，“教育的终极目的是造就人”，“人本教育应当培养知性与德行相统一的人”。其中“知性”

① 创价学会指导集编辑委员会：《创价学会指导集》，东京圣教新闻社 1976 年版，第 319 页。

② [日]池田大作：《孩子是未来的宝贝》，卞立强译，中国文联出版社 2005 年版，第 153 页。

③ [日]池田大作、松下幸之助：《人生问答》，卞立强译，中国文联出版社 2000 年版，第 221 页。

和“德行”的内涵包括学识、终身学习能力、创造力和道德观、个人修养、道德实践。“教育始终以人为对象，而且大多数是决定承担未来重任的青少年的动向”，“在培养承担今后时代的人们上，首先要求的就是放眼广阔世界的展望和胸怀，也即是普遍性的作为人的自觉和英知”[①]。而所谓“普遍性的”自觉和英知由两个部分组成，即“知识”和“良心”。池田先生强调：“在实施专门领域的教育之前，培养广泛的‘教养’、培养综合的历史观、世界观和哲学——这种培养‘全面发展的人’的教养教育，在向专门化、细分化发展的现代社会，无疑将日益变得重要。”[②]可见，在强调知识教育的同时，更要注意人的良心的教育，也就是要加强思想道德和法制教育，培养对社会有益的合格人才。

池田先生还认为，科学技术不是解决解决环境问题的最后和最本质的途径，为此，必须建立一条以佛法为基础，以人间革命为核心的道路。在人间革命当中，教育占据仅次于宗教的重要地位。教育不但要传授知识，而且在传授道德等。他认为现代教育的失误就是偏重知识教育，而导致人的尊严的失落。应把自然观的教育和人生观的教育结合起来，使人们自觉地协调人与自然的关系。科学技术发展所带来的负面影响，原因不在科学技术本身，而在人。因此，在解决科学技术发展的负面影响时，池田先生认为：“应当对他们进行教育和引导，要他们培养不受自己专业知识的束缚，客观地看待自己和自己的技术的习惯、习性。”池田先生提出：“要变革这一现状，我认为最重要的是要转变人们自身的思想，由以物质为中心返回到以人为中心。”[③]通过教育改变科学家和普通民众对科学文明的认知和态度，从而实现科学文明的发展，使科学技术真正为人类社会服务，并最大限度地减少科学文明所带来的负面影响。

① [日]池田大作、松下幸之助：《人生问答》，卞立强译，中国文联出版社2000年版，第331、333页。

② [日]池田大作、松下幸之助：《人生问答》，卞立强译，中国文联出版社2000年版，第333页。

③ [日]池田大作、松下幸之助：《人生问答》，卞立强译，中国文联出版社2000年版，第375页。

三、池田大作文明观教育实践的启示

我国正在建设文明社会，社会文明也包括物质文明、政治文明、精神文明、生态文明等。所谓物质文明，是指人类物质生活的进步状况。它主要表现为物质生产方式和经济生活的进步。政治文明指人类社会政治生活的进步状态和政治发展取得的成果，主要包括政治制度和政治观念两个层面的内容。精神文明是人类在改造客观世界和主观世界的过程中所取得的精神成果的总和，是人类智慧、道德的进步状态。精神文明主要表现为科学文化方面和思想道德方面。生态文明是指人类遵循人、自然、社会和谐发展这一客观规律而取得的物质与精神成果的总和；是指人与自然、人与人、人与社会和谐共生、良性循环、全面发展、持续繁荣为基本宗旨的文化伦理形态。在社会文明建设中，不管物质文明、政治文明，还是精神文明和生态文明等，关键都在人。只有人的素质提高了，才能促进生产力水平的提升，实现政治文明。而人的素质自然包括科学文化和思想道德方面，既使在生态文明方面，人与自然的和谐，本质上也在于人的素质的提升，实现人的全面发展，这些都离不开对人的教育。

同时，当今世界正处在大变革大调整之中，世界和平虽然面临诸多难题和挑战，但是，和平仍然是时代主题之一，求和平是不可阻挡的时代潮流。中国是世界和平的坚定维护者。怎样建设文明社会，为维护世界和平贡献一份力量，当然有许多战略和方法，其中，池田先生的现代文明观，特别是实现社会文明的教育思想，对我国具有重要的参考价值。

池田先生的教育思想主要包括：以人为本的教育目的思想；以人为本的教育内容思想；以人为本的教育方法思想。关于教育目的，池田先生认为，教育是关于“人”的事业。池田先生明确地指出：“教育始终是以人为对象，而且大多是决定承担未来重任的青少年的动向。”[①]“教育的根本课题

① [日]池田大作、松下幸之助：《人生问答》，卞立强译，中国文联出版社2000年版，第331页。

是在于说明和回答人类应当怎样存在，人生应该怎样度过这些人类最重要的问题。”[①] 以人为本的教育目的思想指教育为的是人的幸福，以人为本，从人生终极目的和意义上来讲就是使人生获得快乐和幸福。幸福就是人们对自己生存和发展等需求现状的一种满意程度的主观体验，人为了满足需求去奋斗，通过奋斗获取了自己所需要的，满足了自己的需求，从而产生快乐感和幸福感。人生是否幸福与其物质生活、精神生活水平，以及社会政治地位和生态环境状况有很大关系。

关于教育内容，池田先生认为，教育当然要传授知识。对于传授知识的重要性，池田大作指出：“教育的目的，不用说是在于‘知的创造’。作为其中重要一环，教授知识当然也可以说是重要的使命。”[②] 知识不论在过去、现在还是将来，对人类社会的进步和发展都是十分重要的，池田先生强调，教育在传授知识的同时，更要培养英知，应启迪智慧、健全人格、感化心灵、培养情操。池田先生十分注重情操教育，他指出：“如果进一步深谈教育的内容可以说是‘知性’和‘情操’的教育。所谓知性，从根本上来说，是指作为人的人格的知性。更详细一点说，那就是为了能为社会人、职业人，给予和学到知识和智慧的教育。另外，我提到的‘情操’，那是指人的心灵的丰富。因为这也是作为一个人的条件。”[③] 教育的终极目标是造就“人”，对于人类来说，广博的知识固然重要，但智慧、人格、心灵和情感方面的修养更为重要。

关于教育方法，就是要坚持以学生为主体，以教师为主导，努力构建学校、家庭和社会三位一体的教育体系。池田先生认为：“教育的根本永远是学生，教育的根本取决于学生有无自觉性，学生是学校的主体。”[④] 以学

---

① [英]汤因比、[日]池田大作：《展望21世纪》，荀春生等译，国际文化出版公司1985年版，第58页。

② [日]池田大作、松下幸之助：《人生问答》，卞立强译，中国文联出版社2000年版，第352页。

③ [日]池田大作、松下幸之助：《人生问答》，卞立强译，中国文联出版社2000年版，第346页。

④ 创价学会指导集编辑委员会：《创价学会指导集》，东京圣教新闻社1976年版，第351页。

生为主体，就是要以每个学生为主体；尊重学生，让学生主动地参与学习活动，充分调动自身的学习积极性，使学生内心得到沟通和启发；尊重学生的个性自由，因材施教。池田大作指出："教育不是埋没个性，而应当发展个性。""一个好的教师应该做到因材施教，他应该知道学生需要接受何种教育。"[①] 以人为本的教育，还要坚持以教师为主导。池田大作认为，教师是教育的首要条件，在教育中起着重要的作用，是教育工作成败的关键；教师是教育活动的组织者，人类文明的传播者，人类自身进步的促进者和人类幸福的缔造者；教师还是教育变革最重要的力量，教育无疑需要随着社会的进步而不断变革或革命，离开教师的参与，教育变革就会落空。要构建学校、家庭和社会三位一体的教育体系，池田先生认为，除了学校教育之外，还要注重家庭教育和社会教育在教育当中的重要作用。家庭教育是人的教育的第一步，是整个教育必不可少的一个组成部分。池田先生还认为，一个人是不可能仅通过学校就完成人格的打造，离开学校之后，也还是要继续学习的，这里就是要充分发挥社会教育在继续教育当中的重要作用。

以人为本的教育还必须坚持以心对心的教育。不同的教育内容要采取不同的教育方法，池田先生认为，知识的传授和智慧的启迪、人格的健全、心灵的感化和情感的培养必须采取不同的教育方法。这是因为"知识本身是客观的，利用讲义、传声器也完全可以传授"[②]。但是智慧、人格、心灵、情感则不能采用这样的方法进行教育，它必须通过以心对心的教育，通过启迪、感化来培养。池田先生认为"能打动人心的只有人心"[③]。智慧、人格、心灵、情感等的教育不能是知识的堆积，而是一种"唤醒"，需要师生之间以民主平等的教育方法，"要通过教师与学生之间的交流和接触才会自然地

① [日]池田大作、[英]B. 威尔逊：《社会与宗教》，梁鸿飞译，四川人民出版社 1991 年版，第 147 页。

② [日]池田大作、松下幸之助：《人生问答》，卞立强译，中国文联出版社 2000 年版，第 352 页。

③ [日]池田大作：《时代精神的潮流》，香港商务印书馆 2005 年版，第 321 页。

刻印在生命中"[①]。正如胡锦涛所指出，思想政治工作说到底是做人的工作，必须坚持以人为本。既要坚持教育人、引导人、鼓舞人、鞭策人，又要做到尊重人、理解人、关心人、帮助人。

池田先生的以人为本的教育目的思想、教育内容思想和教育方法思想，就是他的现代文明观在教育中实践的思想，而且充分体现了东方思想文化的特点。他的这些教育思想，特别是他主张的建设现代文明，除了人间革命，宗教、对话和交流等之外，强调教育在实现现代文明中作用的思想，对增进我国社会文明建设，推动人类进步与文明发展，促进我国教育事业的发展，构建和谐社会，都具有重要理论和现实意义。

① [日] 池田大作、松下幸之助:《人生问答》，卞立强译，中国文联出版社 2000 年版，第 353 页。

池田大作整体主义文明观的当代价值

李春泰　谭木桂[1]

池田大作是日本宗教和文化界的著名人士、社会活动家，多年来他一直关注着人类文明的发展，并立足于人类整体命运的终极关怀对现代化道路进行深刻的反思，对国际社会产生了积极的影响。池田先生的整体主义文明观、整体主义思维不但体现在哲学、科学、宗教、生态环境各个领域，并且展现在他的摄影作品中，被称作“整体主义写真观”并引起广泛关注[2]，关于其写真观已有专文研究，在此不再赘述。本文拟就其整体主义文明观的构成以及它的当代价值做些讨论，以就正于识者。

一、池田大作整体主义的立足点——普遍性生命观

擅长整体主义辩证思维是中国传统文化乃至东方文明的一大特色，根植于东方文明的土壤并基于佛法的角度，池田先生形成了颇具特色的整体主义文明观，其中，普遍性生命观是其整体主义文明观的落脚点。池田先

① 李春泰，教授，早年学习建筑学，大学毕业后在国家建委102从事建筑设计与施工，后在大学从事教研工作，现已退休。谭木桂，现为华南师范大学历史文化学院研究生。在大学时曾于《嘉应教育论坛》2009年第3期发表论文《论池田大作和平思想的哲学基础》。

② 李春泰：《総体主義と呼ぶべき写真芸術》，《圣教新闻》，2009年11月16日，第一版。李春泰：《万物と対話する写真芸術》。Li Chun—tai：“Photos of Dialogue with All Things”，*Soka Gakkal International*，2010，January.

生认为佛教所说的生命，是一切人和一切生物（包括无生物）共同普遍具有的，把一个生命作为示范，来彻底展开其哲理的哲学就叫作“佛法”，这是一种普遍性的生命哲理。

那么这种普遍性生命观的依据是什么呢？池田先生根据佛法的缘起论进一步阐述了这些生命的发生。所谓“缘起”是指一切存在的人间社会或者自然界现象都“因缘而起”，也即在无数纵的时间相互关系和横的空间相互关系中形成了事物存在的“因”和“条件”；所有的事物都是依恃他者（物）或在与他者（物）的关系中存在的。基于这样的观点来理解“生命的发生”，池田先生指出：“由于原始地球上具备了足以使生命作为生命而存在的一切因素和条件——即所谓的‘缘’，因而作为‘起’的生命诞生这一动态就日益显现出来。从这一意义上来说，我认为在广阔的大宇宙中，在地球以外的天体上也有生物存在，这种想法并不是不可思议的。”[①] 基于佛法的缘起论，池田先生把生命赋予了整个宇宙现象，即宇宙本身就是一个大的生命体。“佛法规定，宇宙本身就有生育生物的力量，生命以其冥伏的状态存在于无生的物质之中。这样，佛法把大宇宙本身看成为一个巨大的生命体，从这里出发，展开了逻辑思维。”[②] 现代科学思想认为，生命是在进化过程中自然地发生的，先从无机物中产生了有机物，接着形成蛋白质，进而产生了生命体；大多数宗教则都主张生命包括灵魂和肉体。而池田先生的生命论没有“物质”与“灵魂”的区别，一切事物都是生命性的存在，这样便在理论上大大拓展了“生命”现象的视野，从而突出了生命的普遍性。

池田先生站在普遍性“生命”观点的立场上，提出了大宇宙和小宇宙的共生共存，“小宇宙与大宇宙是作为一个生命体合并起来而‘共生’的一

① [日]池田大作、[苏]A. A. 罗古诸夫：《第三条虹桥》，卞立强译，中国国际广播出版社1990年版，第174页。

② [英]汤因比、[日]池田大作：《展望21世纪》，荀春生等译，国际文化出版公司1985年版，第323页。

种秩序感觉、世界感觉”[①]。即小宇宙与大宇宙是一个相互依存、相互联系的和谐整体性生命存在。这一整体内部包括了人在内的一切生命，佛法有“以一人为例，可见一切众生平等”的教导，因此，尽管不同的事物会呈现出不同的生命形态，但并不存在等级差别，万物在本质上都平等地拥有无可替代的生命尊严。基于对生命如此深刻的理解，池田先生主张热爱包括人在内的一切生命，“因为只重视人的生命，必然忽视人以外的其他生命。这种差别等级的思想不久就会影响到对人的生命的看法，即人的生命也有差别等级”[②]。这里体现了哲学史上“万物有灵论”的观点与佛教“众生平等”、“万物皆有佛性”观点的相结合。

池田先生非常重视事物相互联系的整体性，“佛法中有各种原理，色心不二、依正不二、烦恼即菩提等等，但不管怎样，佛法总是非常重视对事物统一性或综合性的把握的”[③]。但对万物整体性的把握并不是就因此轻视它们的个性，而是要协调个体与整体的关系。在与汤因比的对话中，他指出不管宇宙、自然还是人的生命都会因认识的角度不同而呈现出不同的形态，要认识其本来的面目，按符合其本身的情况加以描述和认识，这不仅要对局部做微观的观察和对全局做宏观的观察，还必须用运动的观点去认识事物。综上所述，可见池田先生所树立的是一种辩证的整体生命观，从生命整体性的观点出发强调协调内部各精神要素之间，精神与肉体之间，人与人之间，以及人与外部世界之间的绝妙和谐状态。

二、人与自然的共存共生

池田先生基于佛法的普遍性生命观，认为万物是相互依存的整体性生

---

① [日]池田大作、[俄]戈尔巴乔夫：《20世纪的精神教训》，孙立川译，社会科学文献出版社2004年版，第189页。

② [日]池田大作：《佛法·西与东》，王健译，四川人民出版社1996年版，第74页。

③ 程郁、禾声编译：《池田大作思想小品》，上海社会科学院出版社1997年版，第90页。

命存在，并且佛教的第一宗旨是要做到跟宇宙和生命中存在的“法”相一致并从中指出人和自然走向融合、协调的道路。“对人类生存来说，大自然是独一无二的母体和基础。它不仅是维持生命的保证，而且是人类精神的基础，是繁荣文化、振兴文明的源泉。因此，破坏、损伤自然，就等于在孕育人类衰退、灭亡的危险未来；反之，维护并促进丰富多彩的自然活动，就等于打开了通往永恒的人类繁荣的大门。”[①] 这指出了人类与自然是共生共存的关系。那么何为自然呢？从广义上来说，自然就是具有多样性的一切存在，而池田先生所指的“自然”就是广义上的自然，即佛教所说的“常住”，它不仅包括天然自然与人工自然，还包括人类社会，人类只是大自然的一个有机组成部分，人的生命只是大自然生命的循环中的一环。因此人与自然的共存共生，可以理解为个体的人与人之间以及人以外的万事万物之间的共存共生。

佛法认为生命的尊贵是无可替代的，但不幸的是，人类残杀同类和蹂躏其他生命的事情屡屡发生。伴随着科技的日新月异，经济、政治、军事的快速发展，生态环境问题已成为一个制约人类可持续发展的国际性问题。池田先生认为之所以出现这种情况的根本原因之一在于人类把自然界视为与人类社会不同的另一个世界，因此忽视了自然界也是作为一个独立的生命的存在，并且其本质上是与人类生命相互关联的。池田先生明确指出：“从人的生命的内在世界到物理宇宙，在扩大的因果律的现象中把焦点对准人类主体，并解释他与环境之关系的法理就是‘依正不二’论。”[②] 所谓“依正”就是“依报”（包括一切的环境）和“正报”（生命主体），“不二”即互为一体。一言以蔽之，“依正不二”的原理，就是说人类和自然本为一体，相互融合，形成一个更大的生命体。

那么人与自然这种生命性的共生共存关系怎样体现出来呢？池田先生

① [日]池田大作：《人生寄语：池田大作箴言集》，上海社会科学院出版社1992年版，第155页。

② 何劲松编选：《池田大作集》，上海远东出版社2003年版，第258页。

认为这主要表现在大自然对人类的恩惠和人类对大自然的贡献的互相促进中，“从根本上来说，佛教的思想认为人的身体是由其他周围的物质形成的，人也受到万物的恩惠，并不是只受到唯一的神的恩惠，自己要为环境和其他生物做出贡献，认为这是人的正确的生活态度”[①]。在这里，池田先生强调的是一种相互作用的辩证整体性。一方面，自然承载了人类的存在；另一方面，人类存在的主体性又必然对自然产生人为的影响。鉴于人类与自然的这种相互作用，一旦人类伤害了自然也就等于伤害了自己，因此必须寻求与自然的和谐共处。这就需要整体主义的立场作为理论先导，即从佛法的普遍生命观出发，树立一种人与自然处于同一平等、共生的相互依存的整体中的理念，一旦人类破坏了自然也即损坏了这一整体的协调性，因此必须从行动上真正做到尊重生命，尊重自然。

三、当代科技的发展与整体性思维

人类的任何一项活动无不受一定的思想方法的支配，科学技术作为人类的一项特殊活动方式，也不例外。在不同的历史时期，科技的指导思想乃至它的社会功能都有所差异。如何看待科学技术在现代文明中的作用，如何改造现代科学的发展，使其更好地增进人类的幸福，已经成为众多学者和科学家关注的焦点。作为一名具有深切人文关怀的学者，池田先生对这一问题做出了深刻的剖析，他立足于佛法对事物整体性的把握而主张当代科技的发展要取得个体与全体的协调及“内在世界”与“外在世界”的平衡。这种基于整体主义思维的科技思想颇具东方特色。

池田先生认为，近代以来科技的发展给予了人类莫大的物质财富并使人类居住的整个地区在技术上已经统一成为一个整体，但科技的发展也随

① [日]池田大作、[意]奥锐里欧·贝恰：《二十一世纪的警钟》，卞立强译，中国国际广播出版社1988年版，第71页。

之使人类面临着时代的危机。这种危机主要体现在两个方面：一方面，科技被用于征服自然而导致环境恶化；另一方面，科学至上主义导致了人类精神的贫乏。可以说这种结果归根于近代科学思想方法对科学活动的支配。在池田先生看来，“近代科学是以‘要素还原论’和‘分析相加论’这两种方法为主要武器而获得了发展，并缔造了今天物质文明的繁荣”①。这样的科学思想方法根源于哲学上的一元论，其认为事物最初是作为个体而独立存在的。池田先生从其信仰的角度指出佛法的“二因说”与此相反，认为个体是在与全体相联系的基础上才能成立的。“佛法的‘二因说’本来称作‘缘起论’。……以这种关联性为基础，个体与个体相互依存的全体性、即个体与全体的平衡或协调才有可能。佛法认为人类社会和自然界都贯穿着这种‘二因说’。所以我相信，佛法的这种透彻的哲理不仅对科学，而且对当前整个现代文明所面临的个体与全体的协调的课题一定会有很大的帮助。”②在这里，池田先生指出了佛法所持的整体主义的协调作用，他还强调以整体性思维引导当代科学技术的发展，只有真正认识到人类之间及与外部环境之间的整体性才能真正使人类立足于生命的尊严走进科学，使科学更好地增进人类的幸福。“科学技术是不应该被用于征服和统治包括各种生物在内的自然界这一目的的。科学应该是用来使人类与自然的节奏协调，使其有规律的活动最大限度地发挥效用。”③

我们不但要意识到人与自然是一个协调的整体，还要看到人类的生命也是物质性与精神性的统一体。因此，科学不但要用来协调人与自然的关系，还应当促进人类“内在世界”与“外在世界”的平衡发展。卡西尔（Ernst

① [日] 池田大作、[苏] A. A. 罗古诺夫：《第三条虹桥》，卞立强译，中国国际广播出版社 1990 年版，第 151 页。

② [日] 池田大作、[苏] A. A. 罗古诺夫：《第三条虹桥》，卞立强译，中国国际广播出版社 1990 年版，第 154 页。

③ [英] 汤因比、[日] 池田大作：《展望 21 世纪》，荀春生等译，国际文化出版公司 1985 年版，第 38 页。

Cassirer）在《人论》一书中“力图论证的一个基本思想实际上就是：人只有在创造文化的活动中才能成为真正意义上的人……”[①]，这表明人不但作为物理性的存在，还是社会性的存在。人作为文明创造的主体，其身心的协调发展正是池田先生所关注的焦点。从整体来看，现代文明是整个人类共同能动作用的结晶，既包含物质财富也囊括精神财富；但从个体来看，现代文明则是作为个体的人不同创造活动的有机集合体，这一集合体中包含了不可忽视的个体精神世界的独特性。池田先生认为佛法的“色心不二”生命观所强调的就是精神和肉体在各自的侧面发挥着生命的能动性，同时在一个生命体中又成为浑然的一体，在这样的相互联系中，生命体才能不断进行新的创造。但是，由于科学至上主义“认为要使普遍性的科学成立就必须舍弃个体的独特性”的科学思维导致了轻视生命的倾向。这就打破了人的物质欲求和精神欲求之间的平衡，精神世界的个性被埋没于普遍的物质化当中，“在科学中，对象全部被‘物质化’了。尤其是生命体，尽管物理性的一面只是一个侧面，但只有这一面受到了重视。结果精神一面具有的个性被忽视，被埋没在抽象化、普通化的一般生命这一概念当中”[②]。因此，池田先生呼吁发展科学要认识到万物的关联性，这当然包括人自身物质性和精神性的统一。他还强调科学的理性是用归纳法来研究事物的，而宗教的直观是用演绎法来把握事物的，这两者是互补的关系。

当代科学的发展已经进入整体思维的阶段，自20世纪中期以来，“在科学、技术、生产、经济和社会的广泛领域中，运用新的高层次综合性或整体性的思维方式和方法的趋势更加突出”[③]，并且以整体性悖论[④]为核心特

① [德]恩斯特·卡西尔：《人论》（译序），甘阳译，西苑出版社2003年版，第4页。

② [英]汤因比、[日]池田大作：《展望21世纪》，荀春生等译，国际文化出版公司1985年版，第88页。

③ 刘永振：《科技思想方法的历史沿革》，山东教育出版社1992年版，第126页。

④ 李春泰：《悖论在几何学发展中的作用》，《哈尔滨师范大学自然科学学报》，1992年第3期；李春泰：《相对论——形式化的赠品》，《自然辩证法通讯》，1990年第5期。

征的系统论描绘了现代科学世界的辩证图景，使各学科领域成效卓著。因此，池田先生这种透彻的整体主义哲理洞悉了现代自然科学的发展趋势，并为如何改造现代科学的发展，使其更好地增进人类的幸福提供了理论的参考。

四、东西方文化的融合

当代科技的发展使人类在物质层面已经统一成为一个整体，但由西方科学所建造的“全球一体”的物质世界日渐暴露了其消极作用，并且西方科学文化的强势对东方文化的冲击导致东西方意识形态和价值观的尖锐对立。针对这一问题，越来越多的学者都在关注东西方文化的互补性。清史研究专家黄兴涛先生强调，新时期对文化的研究要把握其整体性和社会性，也即文化作为一种联动整体和历史存在，不能按其自身的结构形态去孤立地进行所谓内在的认知和把握，因为文化是一种“社会”化的方式生存与运行，所以必须以一种“社会”化的方式来加以观察和探讨。

作为一位在世界拥有广泛影响的东方思想家，池田先生正是站在对人类整体命运的终极关怀及观念社会化的动态性发展立场上探求人类未来的“文化路向”，“如果我们从现代和未来的视角，而且站在普遍性的‘生命’观点的立场上，那么东与西、东方与西方的区分和对立也不过是共同基础上的分歧。更进一步说，东方和西方虽然沿着不同的道路前进，但经过正确的扬弃，就有可能创造出符合人类共同利益并且朝气蓬勃的文化来”①。池田先生之所以如此重视文化的融合，在于他认为文化的力量会超越政治、军事力量而把国际关系向和平、共存的方向推进，这样通过精神上的“丝绸之路”把人类联结成一个整体的生命存在。

那么东西方文化融合有其可能性与必要性吗？池田先生从东西方文化

① [日]池田大作:《佛法·西与东》，王健译，四川人民出版社 1996 年版，第 13 页。

交流的历史及现实的联系着手，并从地理、民族等多重层面，多维角度上对此做出剖析。池田先生指出，从人类发展的历史进程看，人类无论是在物质上还是精神上本来就是作为“一个世界”而联结在一起的；东、西的划分只是在粗略的地理、空间区分的基础上，加入了不同时代的历史文化内容，因而这是一个极富弹性的动态性概念。这个星球上的人类最初就是作为一个整体而存在的，这既是人类历史的起点，也应该是人类命运的归宿。池田先生主要通过剖析古代佛教文化与希腊文化的交融，及近代西方人对印度文化的吸收来说明东西方文化融合的可能性。在希腊化时代，亚历山大里亚成为中西文化交流的中心，创造了世界主义的文化氛围，“印度人、希腊人、犹太人、叙利亚人相互交流，在彼此文化融合的基础上又创造出新的文化成果。就是说，酿造出一种世界主义的文化气氛。佛教是具有宽容性和普遍性的宗教，因此它肯定会对这种世界主义的氛围产生很大影响”①。曾在古代世界向西方积极渗透的佛教于中世纪一度沉寂，直至近代才再次显示出其时代的价值，乃至西方许多国家主动学习这种与传统西方文化不同的印度思想和佛教。以德国为例，池田先生认为德国的哲学与文学深受印度文化的影响，当人们还在为近代西方人与印度思想或佛教的关系争论不休时，德国的哲学家（如歌德、赫尔德、尼采、叔本华）和文学家（如凯塞尔林）已经充分认识到了印度民族文化的重要价值并积极地把她纳入本民族的文化圈中。可见不管古代还是近现代，中西文化都有相互融合的可能性。

文化发展的动态性要求我们必须以发展的眼光来看待文化的交流。当代社会正朝着世界一体化的方向发展，但东西方利益多元及文化多元事实的存在导致地区之间的经济、政治、军事、宗教等冲突此起彼伏，核武器的威胁与冷战思维依然如故。此外，近代以来西方文化作为一种强势的主导文化过度追求物质层面和对自然的控制，这使得人类精神世界的贫乏及

① [日] 池田大作：《佛法 · 西与东》，王健译，四川人民出版社 1996 年版，第 105 页。

对环境的破坏成为一个全球性的问题。要解决这些人类共同的现实性问题必然要求东西方形成一种共同的价值理念作为理论先导。池田先生赞扬东亚地区“共生的道德风气”使人们之间、人与自然之间和谐生活，互相支撑，共同繁荣，并且能随着时代的变化进行调和。东方文化这种整体协调性正是西方文化所欠缺的，而西方文化所秉持的客观性、实证性、逻辑性等恰好是东方文化的不足之处。因而实现东西方文化的融合可以期待人类作为一个整体性的存在具有更加丰富的文化，取得协调、平衡的发展。

五、从“世界公民”的培养到世界一体化

基于佛法的立场，消除人种、民族差别的观念之基础是“空”，而“空”是建立在对“生命”的正确理解之上的。换句话说，“人”应该是世界的人。但是，民族国家存在的事实使国家之间的战争、利益纷争多根源于狭隘的民族利益，因此，池田先生不但主张东西方的融合，还倡言从“国家主权”向“人类主权”转变，“在发动国家权力就必然会直接导致人类毁灭的核武器的现状，人类不得不突破国家的框框，从‘国家利益’向‘人类利益’、从‘国家主权’向‘人类主权’进行思想转变”[①]。

超越国家主权的世界一体化任重道远，“只有国与国有了协作，地域性统一的汇集，在这种一统化的延长上，才有可能使‘世界一体化’”[②]。这是一个渐进的过程，不但需要思想的转变还需要付诸行动，由此必须有一股持久的推动力。池田先生认为这种推动力来源于民众的力量。强调历史的主角是民众，民众的意识、动向、愿望比任何东西都要强而有力。这种民众力量的一个象征就是民间组织的合作与交流，但在现阶段，民间组织的

① 何劲松编选：《池田大作集》，上海远东出版社2003年版，第185页。

② ［日］池田大作、金庸：《探求一个灿烂的世纪——金庸与池田大作对话录》，孙立川译，北京大学出版社1998年版，第60页。

发展存在着不少难题。基于这样的事实，池田先生提出民间组织应该行动起来，以培养“世界公民”作为推进世界一体化的共同目标。他还进一步指出此教育的核心和内容：“超越国家、民族、地区的陈旧狭隘的思考方式，把整个地球当作‘自己的祖国’的人类爱，应当是构成‘世界公民’教育的最基本的核心。其具体的教育内容，应当包括‘环境’、‘开发’、‘和平’和‘人权’这些今天人类必须要解决的重要课题。”①

从其教育内容的四个主题来看，都是超越国家的界限来探求人类的价值，要实行这样的教育必然要涉及如何使世界主义与民族主义相协调。池田先生认为，必须以“世界公民”的立场对传统的民族国家利益的至上性观念做出反省与检讨。值得注意的是，民族国家并不会因为世界主义的普及而丧失其自决权，国家的防御的、自立的形象并不完全消失，也即人们可以一边加深自己的民族及文化认同感，一边努力建立一个人类的共同社会。池田先生指出，在现阶段要达到这样的协调，只能以联合国的组织来建立统一世界的体制，这样各个自由国家结成联合体状态，并处于一种超越国家权力的世界一体化体制下。这种把人类看作超越地区、民族国家的客观存在，是把人类看作整体的具有连锁关系的生命存在，这一整体性思维是当今人类社会走向世界一体化的精神纽带，“世界公民”的培养则是世界一体化的推动力。

结　语

东西方传统哲学的立足点不尽相同，西方侧重于把事物从错综复杂的联系中分离出来，独立地进行考察和研究；东方则注重从整体上观察、研究事物相关的结构、功能和联系。池田大作的整体主义文明观明显地体现了东方文化（特别是中国文化与佛教文化）的特点，如在人与人关系上，强

① 何劲松编选：《池田大作集》，上海远东出版社 2003 年版，第 190 页。

调人与人之间的整体认识；在人与自然的关系上，主张把人与自然看作一个有机整体的两个部分，推崇与自然的和谐共处。此外，在看待科学技术的发展、东西之间的交流、民族主义与世界主义等问题上也无不体现了其整体思维的智慧之光。池田先生在他深厚的佛法理念和文化积淀的基础上，提出了符合人类发展的整体主义文明观，显示了其对人类整体命运的人文关怀。池田先生对东方整体主义的推崇为东方文化的复兴提供了一个平台，同时为东西方文化的互补提供了一个契合点。正如普利高津（Prigogine）所说："经典的西方科学和中国的自然观长期以来是格格不入的。西方科学向来是强调实体（如原子、分子、基本粒子、生物分子等），而中国的自然观则以'关系'为基础，因而是以关于物质世界的更为'有组织的'观点为基础。……我们已经走向一个新的综合，新的归纳，它将把强调实验及定量表述的西方传统和以'自发的自组织世界'这一观点为中心的中国传统结合起来。"[①] 综上所述，可见池田先生的整体主义文明是东方思想家对21世纪文明发展的一种重要观点，具有无可争辩的当代价值。

① [比]普利高津：《从存在到演化》，曾庆宏译，上海科学技术出版社1986年版，中译本第8页，转引刘永振：《科技思想方法的历史沿革》，山东教育出版社1992年版，第134—135页。

池田大作的地区文明观与亚太区域合作

刘少华[①]

区域合作是战后世界政治经济发展的重要趋势，各个国家对如何开展区域合作都有自身的政策、措施和理念；许多学者和政论家也对区域合作问题提出自身的理论和观点。亚太区域合作问题是亚太各国政府和学者研究的重要课题，他们就如何开展亚太区域合作提出各自的政策主张和理论观点。池田大作先生是当代日本著名的政论家、思想家和社会活动家，对如何推行亚太区域合作进行了深入的研究，提出自身的观点和主张，成为池田大作思想体系的重要组成部分，本文从池田大作先生的地区文明观的角度分析其亚太区域合作思想。

一、池田大作的亚太地区文明观

广义地说，文明是指人类社会所创造的物质财富和精神财富的总和；狭义地说，文明特指精神财富，如文学、艺术、教育、科学等，也指社会发展到较高阶段表现出来的状态。

汉语“文明”一词，最早出自《易经》，曰：“见龙在田、天下文明。”

① 湖南大学池田大作研究中心副主任、湖南大学政治与公共管理学院教授，专业领域：亚太问题研究。

在现代汉语中，文明指一种社会进步状态，与“野蛮”一词相对立。英文中的文明（Civilization）一词源于拉丁文“Civis”，意思是城市的居民，其本质含义为人民和睦地生活于城市和社会集团中的能力。引申后意为一种先进的社会和文化发展状态，以及到达这一状态的过程，其涉及的领域广泛，包括民族意识、礼仪规范、宗教思想、风俗习惯以及科学知识的发展等。就现代意义而言，文明是人类在认识世界和改造世界的过程中所逐步形成的思想观念以及不断进化的人类本性的具体体现。

池田大作的亚太地区文明观是其思想体系的重要组成部分，内涵丰富，主要包括以下几个方面的内容：

第一，强调加强各国文化交流与合作的重要性。池田大作先生强调：“真正的文化交流促进了不同种族和文化背景的人民之间的相互尊重，在人民的心灵之间缔结了一条和平的纽带。”[①] 要维护世界与地区和平，促进区域合作，“最重要的任务是把寻求和平的人民的心连在一起”[②]。在当前国际社会谋求构建世界新秩序的过程中，池田大作特别强调文化交流与合作对构建世界新秩序的作用和影响。他说：“人类正在寻求一套足以使世界合为一体，形成新世界秩序的制度。在建立这套制度的过程里，文化交流是不可或缺的。”[③]“若不用教育、哲学、宗教等陶冶半植根于人们的潜意识层的民族意识，将其锻造成更开放、更普通的人类意识，则新的世界秩序希望便会渺茫。”[④] 而开展区域合作是构建新的世界秩序的重要组成部分。

第二，坚持正确的文化交流原则。池田大作指出，文化交流要遵循互惠、对等和渐进的原则。“文化应该如同连结起人们的心的琴弦，奏出和谐美妙的乐韵：因此，文化交流必须基于‘互惠’和‘对等’的原则。单向的文化传导，只会在传播文化的国民心中播下傲慢的种子，同时在接受文化

① 何劲松编选：《池田大作集》，上海远东出版社2003年版，第154页。

② 何劲松编选：《池田大作集》，上海远东出版社2003年版，第174页。

③ 何劲松编选：《池田大作集》，上海远东出版社2003年版，第209—210页。

④ 何劲松编选：《池田大作集》，上海远东出版社2003年版，第273页。

的国民心中产生屈辱和仇恨的感情。”① 另外，文化交流要遵循“渐进”性原则，“急速地将一个文化强加于另一个文化之上，必定会招致社会分裂，尤有甚者，更会演变为战争”。所以，文化交流“需要长时间，以渐进的方式进行。以求互相理解，互取所长。只有这样，文化交流才可以在和平的气氛下进行，才可以起到事半功倍的效果”②。

第三，强调亚太地区文明的协调与融合，并以此为基础促进亚太地区新文明的建设。池田大作认为：“亚太地区也可以效法欧洲建构新秩序的实验。”“亚太是极富多样性的、蕴涵着开拓新文明可能性的地域。”“问题是美国、中国、日本，可能的话，还有俄国等，如何相互协调、合作。……宏观地说，这是‘历史’、‘文化’‘民族’、‘社会’不同的美国文明、中国文明、日本文明等，各种文明‘协调’与‘融合’的大实验。”③ 池田大作先生“曾经多次谈到建立太平洋文明的可能性，指出不只限于政治和经济领域，从更广泛的文明史观来看，环太平洋地区的重要性将与日俱增”④。

第四，主张建立亚太地区文化合作组织。亚太地区各国国情不同，社会制度各异，文化传统多样，区域合作困难大。为此，池田大作提议设立亚洲太平洋和平文化组织。就具体步骤而言，他认为：“在开始的时候，亚太地区各国，可以设立定期的会议制度，商讨和平、裁军和文化等主要问题。如果环境许可及条件齐备，再把它转变为永久的审议机构。……要发展这样的组织，最好采取弹性的做法，先从可以着手的地方开始，再本着互相信赖的原则，逐渐建设起一个可供各国商讨问题的永久机构。”⑤ 而且，他认为：“亚洲太平洋和平文化组织，将为各有关国家提供一个讨论共同安

① 何劲松编选：《池田大作集》，上海远东出版社 2003 年版，第 20 页。

② 何劲松编选：《池田大作集》，上海远东出版社 2003 年版，第 209 页。

③ [日]池田大作：《和平世纪的倡言》，香港创价学会译，香港天地图书有限公司 1997 年版，第 186 页。

④ 何劲松编选：《池田大作集》，上海远东出版社 2003 年版，第 57 页。

⑤ 何劲松编选：《池田大作集》，上海远东出版社 2003 年版，第 216 页。

全保障问题的场所，以期防止战争，让各国和平共存，同享繁荣，这个议论机构的有无，对实现亚洲和平的缓速有重大的影响力。”①

二、池田大作亚太区域合作观的主要内容

亚太地区地域广阔，人口众多，资源丰富，地理位置非常重要，这里有发达资本主义国家、社会主义国家和广大的发展中国家。随着亚太各国政治、经济的迅速发展和亚太的崛起，亚太地区在国际上的地位迅速上升，作用与影响明显增强，对整个世界经济、政治、军事、文化等诸多方面均产生了重大影响。与此同步，亚太国家的学者和政府开始提出和研究有关亚太区域合作问题，并提出各自的观点和理论主张，亚太区域合作的浪潮逐渐兴起。最早提出亚太区域合作主张的人是日本学者、东京一桥大学的小岛青教授。1963年，小岛青教授建议由日、美、澳、加、新（西兰）五国建立“太平洋自由贸易区”，建成类似于欧共体的自由贸易集团。这一建议在日本民间和产业界掀起了建立“亚洲经济共同体”的热潮，并得到美国、加拿大、澳大利亚等国的积极响应和支持。20世纪70年代中期以后，日本政府公开提出了“环太平洋合作圈”构想；1977年，以日本野村综合研究所为首的20多家政府“思想库”提出了一份题为《21世纪的战略》的研究报告。报告认为，随着亚洲太平洋地区政治、经济重心地位的确立，日本作为一个亚太经济大国，应该采取积极措施，在继续维持日美紧密合作体制的同时，联合澳、新（西兰）、东盟等太平洋国家，建立一个“太平洋共同体”，以保证日本的安全和发展。1978年年底，大平正芳出任首相后，根据上述报告，在他的就职演说中提出建立“环太平洋合作圈”构想，并把这一构想定为日本的基本政策。从此，亚太合作问题在日本政界引起广泛的关注和研究。20世纪80年代末，冷战趋于结束，国际形势走向缓和，

① 何劲松编选：《池田大作集》，上海远东出版社2003年版，第217页。

经济因素在国际关系中的地位上升；世界经济全球化、贸易投资自由化和区域集团化的趋势渐成潮流；欧洲经济一体化进程加快，北美自由贸易区已显雏形；与此同时，亚太地区政治相对稳定，经济高速增长，在世界经济中的比重明显上升，加强合作、互相协调也成为各方的共识，亚太经济合作组织便应运而生。1989 年 1 月，澳大利亚总理霍克（Bob Hanke）访问韩国，提出了“汉城倡议”，建议召开部长级会议，讨论加强亚太地区经济合作问题。经与有关国家磋商，首届有关亚太国家部长会议于 1989 年 11 月在澳大利亚首都堪培拉举行，澳大利亚、美国、加拿大、日本、韩国、新西兰和当时东盟六国的外交和经济部长参加了会议，亚太经合组织正式成立。

正是在上述背景下，20 世纪 70 年代以来，池田大作提出并形成了自己的亚太区域合作观点与主张。池田大作区域合作观内容丰富，思想深刻，见解独特，富有前瞻性，这主要包括以下几个方面：

第一，维护世界和地区的和平与稳定，反对战争和侵略，加强各国的友好交往，这是促进亚太区域合作的重要基础。20 世纪 70 至 80 年代正是美苏冷战、争夺世界霸权的高潮时期，国际形势异常紧张，核战争威胁整个人类的安全和生存，如何避免战争、维持和平成为世界热爱和平的政府和人民关注的主要问题。对此，池田大作指出：“战争与和平问题，无论对我们每一个个人来说，还是对全人类来说，都是目前最重要最紧迫的课题。”[①]“如何促进世界和平，尤其是亚洲太平洋地区的和平一直是我心中的主题。”[②] 针对这些问题，在这种国际局势下，池田大作把维护世界与地区的和平与稳定，特别是把维护亚太地区的和平、推进亚太时代的到来作为自己的毕生事业和奋斗目标。他说：“争取无核武器无战争的世界和平运动，并迎接亚洲太平洋时代的到来。我本人决心全力献身于这一目标。”[③]

① 何劲松编选：《池田大作集》，上海远东出版社 2003 年版，第 54 页。

② 何劲松编选：《池田大作集》，上海远东出版社 2003 年版，第 163 页。

③ 何劲松编选：《池田大作集》，上海远东出版社 2003 年版，第 163 页。

同时，池田大作也把实现这一目标作为国际创价学会的基本目标。国际创价学会是隶属于联合国的世界著名的非政府国际组织，成立于1975年1月，池田大作任会长。1985年1月，在国际创价学会成立十周年之际，池田大作重申国际创价学会的一些基本政策："1. 国际创价学会的会员，作为优秀的公民，决心为我们各自的社会和国家的繁荣做出贡献，同时尊重它们各自的文化、习俗和法律。2. 决心致力于实现永久和平和人类文化与教育事业的繁荣。3. 决心献身于人类幸福和世界繁荣，同时坚决抵制战争和任何形式的暴力，支持联合国宪章的精神，并采取积极步骤与联合国共同努力维护世界和平，以废除核武器、实现一个没有战争的世界作为其伟大目的。"①

第二，以中国与日本的友好与合作推动亚太区域合作。池田大作阐明："在督促官方与中国恢复外交关系的时候，我考虑的是整个亚洲的和平与稳定，考虑的是中国和日本在人类所取得的成就中所起的巨大作用。我处理这一问题的方法是这样的：首先，中国和日本必须建立持久的友好关系，此后两国必须在亚洲建立和平的事业中充当先锋，并期望每一个亚洲国家都参与这一事业。"② 为此，池田大作为中日外交关系的建立和发展做出了积极的贡献。1968年9月8日，在当时日本佐藤荣作政府推行极端反华政策的形势下，池田大作在给近两万的学生演讲中，强烈主张恢复日中邦交。他说，中国问题是实现世界和平的关键。从日本的处境来说，中国问题是绝对不能避开的，从地球民族主义、世界民族主义的理念来看，中国问题是非触及不可的第一个根本问题。演讲中，池田大作提出，要改变国际社会对中国的"不承认"或敌对状况，为此必须做到三点：其一，正式承认中国的存在，使中日邦交正常化；其二，恢复中国在联合国的合法地位；其三，开展两国间经济、文化交流。这一演讲在中日关系史上被称为"日中邦交

① 何劲松编选：《池田大作集》，上海远东出版社2003年版，第140—141页。

② 何劲松编选：《池田大作集》，上海远东出版社2003年版，第149页。

正常化倡言”或“池田倡言”。[①] 池田先生主张以中日友好为基础，通过加强和发展中日合作来带动和促进亚太区域合作，否则，亚太区域合作将受到影响。池田大作的观点印证了目前亚太特别是东亚合作的现状。

第三，建立以经济合作为核心的多层次合作体系。经济合作是亚太区域合作的主要内容，是促进亚太各国现代化的重要途径。池田大作认为，亚太地区的和平与繁荣有赖于传统的融合和现代化，传统应当是在现代化过程中的明灯，为现代化建设服务；要想使传统服务于现代化的目的，国际交流就极为重要。对此，池田大作指出，为了有效地促进经济合作，亚太国家应该把经济合作与文化教育合作结合起来，构成多层次的合作体系，不能“仅限于经济领域的合作和技术的交流及转让，相反，我们必须建立一种自由、公开、多层次的合作体系，直至把这一合作延伸到文化教育领域，并集中精力培养适用的人才。这将使经济合作更为有效”[②]。在这里，池田大作先生提出，应建立经济、技术、文化、教育等多层次的亚太区域合作体系。

第四，建立亚太区域合作机制，保障亚太区域合作顺利进行。池田大作建议在亚太地区建立有关国际合作组织和国际会议等合作机制，以推动亚太区域合作的发展。为此，1986 年，池田大作提出建立“亚洲太平洋和平文化组织”，“以作为促进亚洲太平洋国家之间合作的关键步骤，这种合作是根据平等互利原则的合作”[③]。池田大作指出，建立“亚洲太平洋和平文化组织”的目的主要在于为国家之间在平等、长久合作的基础上进行对话提供一个讲坛，以使亚洲太平洋地区的国家能够讨论地区问题，维护和平，实现裁军和进一步发展他们的经济。此外，池田大作提议，举行“亚洲太平洋地区最高首脑会议”。他认为举行亚洲太平洋地区最高首脑会议，

① 池田大作：《光荣归于战斗的学生部》，《圣教新闻》，1968 年 9 月 9 日，转引自孔繁丰、纪亚光：《周恩来、池田大作与中日友好》，中央文献出版社 2006 年版，第 91—92 页。

② 何劲松编选：《池田大作集》，上海远东出版社 2003 年版，第 153 页。

③ 何劲松编选：《池田大作集》，上海远东出版社 2003 年版，第 165 页。

亚太国家的最高首脑举行会谈，总结经验，在这一基础上一个适合于21世纪的亚太合作组织将最终建立。[①] 同时，池田大作指出，发展亚太区域必须解决影响合作的地区问题，从而为亚太区域合作奠定政治基础和安全环境。针对朝核问题及东北亚地区安全问题，1994年1月，在第十九届国际创价学会纪念会上，池田大作就提议由朝鲜、韩国、美国、俄罗斯、中国、日本六国召开“东北亚和平会议”。[②]

三、地区文明对促进亚太区域合作的作用

促进亚太区域合作的因素是多种多样的，在各种因素中，池田大作特别强调地区文明对亚太区域合作的积极作用。他认为，亚太地区文明的协调与合作有力地推动了亚太区域合作的发展。

第一，地区文明是促进亚太时代到来的重要动力。对如何加速推进亚洲太平洋时代的到来这一问题，池田大作认为要跟随历史步伐，从政治、经济和文化的交流与合作开始。他认为：“如果我们要正确地跟随历史的步伐，我们必须把我们的目光集中于潜藏在亚洲太平洋地区动荡背后的潜能。”[③] 他强调：“创造太平洋或亚洲时代的道路绝不能太偏向于政治、军事和经济，而必须充分考虑东方的精神世界，这一精神世界构成东方的智慧。”[④] 他特别强调加强地区文明与文化交流对推进亚洲太平洋时代到来的重要作用。他说：“不同文化之间的人的相互联系和相互尊重，是太平洋时代得以建立的基础。”[⑤] “亚洲和太平洋时代最具有历史意义的方面是它将放弃以权威和军事力量来控制的方式，而代之以文化和人文来控制的方

① 何劲松编选：《池田大作集》，上海远东出版社2003年版，第167—168页。

② 池田大作：《和平世纪的倡言》，香港创价学会译，香港天地图书有限公司1997年版，第205页。

③ 何劲松编选：《池田大作集》，上海远东出版社2003年版，第163页。

④ 何劲松编选：《池田大作集》，上海远东出版社2003年版，第148页。

⑤ 何劲松编选：《池田大作集》，上海远东出版社2003年版，第150页。

式。……把文化确定为把群众引向幸福而不使用权威和武力的某种东西。是否有可能使全部思想观念在这一点上统一，是创造新的亚洲太平洋时代的关键。那一时代的文明必定是‘人民的文明、人民创造的文明、为人民服务的文明’。”[①] 他告诫各国政府和人们，仅有经济联系不足以推进亚太时代的到来，“在这一地区加强经济合作和相互信赖的关系，这本身具有非常重要的意义。但是，正如历史所示，当人们只考虑经济因素的时候，利益的冲突就要在国家之间产生摩擦。如果发生这一情况，那么太平洋时代的思想无异于一枕黄粱”[②]。池田大作认识到亚太地区在世界政治经济中的重要地位和作用，相信亚太时代必将到来。他指出：“不只限于政治和经济的领域，从更广泛的文明史观来看，环太平洋地区的重要性将与日俱增。”[③]“当 21 世纪宣告黎明时，东亚不仅在经济层面，甚至深入至精神领域，定会为世人瞩目，成为导引人类历史的动力，被寄予极大的期待。”[④]

第二，强调文化交流对推动亚太区域合作的重要作用和影响。池田大作先生指出：“海不是将人类及文明分开的‘割裂之渊’，相反，它是联结人类及文明的‘纽带’。……同样，太平洋把南、北美洲大陆，大洋洲及亚洲的广大地区连接在一起，不断刺激着各种不同的文明。”[⑤] 池田大作分析：“东亚地区的文化，特别是构成其流脉的风土人情、精神思考，具有什么特征呢？当然这并不是一种可以笼统地一概而论的性格，但假如予以简单的描绘，那么大概可以说这地区贯通着一种‘共生的 ethos’（共生的道德气质）。在比较温和的气候、风土里孕育出的一种心理倾向，就是取调和而舍对立、取结合而舍分裂、取‘大我’而舍‘小我’。人与人之间、人与自然之间，共同生存，相互支撑，一道繁荣。而这种气质的重要源头之一是儒

① 何劲松编选:《池田大作集》，上海远东出版社 2003 年版，第 151 页。
② 何劲松编选:《池田大作集》，上海远东出版社 2003 年版，第 150 页。
③ 何劲松编选:《池田大作集》，上海远东出版社 2003 年版，第 192 页。
④ 何劲松编选:《池田大作集》，上海远东出版社 2003 年版，第 314 页。
⑤ 何劲松编选:《池田大作集》，上海远东出版社 2003 年版，第 263 页。

教。”[①] 他说：“在如此相互依存地前进着的世界中，只希望一国的繁荣，已是不可能的。只有探求一条相互合作，共存共荣的道路，除此之外别无他途。不论是国与国之间的关系，还是人与人之间的关系，可以讲，共同生活共同繁荣的‘共生’，是时代的关键所在。现在需要的是全球性的‘有益于共生的总体革命’。为此，需要在人类的精神方面来一个变革。我们所进行的‘人的革命运动’将成为其基础。”[②] 这种共生精神是实现亚太区域合作的重要基础。

第三，重视教育，培养“和平文化”是亚太区域合作的重要条件。池田先生认为，东亚国家有着悠久历史和各具特色的文化，东亚国家在文化方面的相互学习与相互借鉴可以增进人民的友谊和促进各自的发展与进步。为了促进东亚地区的和平与发展，池田先生特别强调东亚各国应该重视和加强彼此间的教育和文化交流，以开放务实的态度，海纳百川的胸怀，在多元文化的世界里，兼收并蓄，相互融合，共创和谐。为此，池田大作先生认为，东亚国家应当从冲突的“战争文化”转化为以协调与共生共存为基础的“和平文化”，从“武化”转为“文化”，由战争转为和平，通过文化交流预防战争，用文化和文明“文”的力量，来抑制军备“武”的力量，从而实现东亚地区的和平。在2006年的和平倡言中，池田大作先生提出要进行和平教育，要从对立、冲突的“战争文化”转向以协调共存为基础的“和平文化”。为此，他强调裁军教育对于改变社会风气的重要性，要努力推进民众阶层的裁军教育，从而把现今的战争文化扭转到和平文化的时代，努力建设没有战争的世界。[③] 作为东亚地区的一员，他又特别关注和强调对青年进行和平教育对于加强东亚和平的重要性。对此，他强调要长期在东亚开展民间青年教育交流，利用这种教育交流，共同学习联合国推行的

---

① 何劲松编选：《池田大作集》，上海远东出版社2003年版，第309页。

② 何劲松编选：《池田大作集》，上海远东出版社2003年版，第315页。

③ [日]池田大作：第31届“SGI日”纪念倡言《通向新民众时代的和平大道》，http://sgichn.org/works/chs/proposals/peace2006-chs.html。

环境教育、裁军教育等，培养青年的和平意识与和平文化，以利于维护东亚与世界的和平。①

第四，以文化合作组织推动亚太区域合作机构的建立。池田指出，建立“亚洲太平洋和平文化组织”构想是想让亚洲太平洋诸国围绕地区性问题——维护和平与人权、谋求裁军和经济发展、推进文化学术交流——创造出能以平等的立场相互协商的永久性场所。为了亚洲太平洋诸国间的平等互惠合作关系的发展而使之成为联合的支点，这是非常必要的。在此之际，可以循序渐进地从可能之处着手，一步步地创建基于相互信赖的、持久性的协商机构，以机动灵活的精神来推进之。最初它可以是宽松的“会议体”形式。②

目前，亚太区域合作发展迅速，合作机制逐渐建立和完善，这种机制主要是亚太经合组织、东亚峰会等。亚太经合组织不仅召开部长会议，而且从 1993 年开始每年举行领导人会议，并以领导人会议作为该组织的最高决策机构。东亚峰会虽然名义上是东亚合作最高领导人会议，但实际上是一个开放性的亚太区域合作机制，只要符合相关条件，亚太地区各国均可参加。为了解决朝核问题，维护亚太地区和平，2003 年，中、美、俄、日、朝、韩六国开始举行六方会谈，建立了朝核问题六方会谈机制。从这些亚太区域合作机制来分析，我们可以说，这些亚太区域合作机制的组织形式、成立目的、主要职责和任务，都可以从池田大作关于建立亚太区域合作机制的观点中一一找到相对应的思想基础和具体建议。1986 年池田大作提出的建立“亚洲太平洋和平文化组织”与举行“亚洲太平洋地区最高首脑会议”的观点和建议被现在的亚太经合组织及其领导人会议和东亚峰会所印证。“亚洲太平洋和平文化组织”与亚太经合组织相比较，两者只是合作的

① [日]池田大作：第 33 届“SGI 日”纪念倡言《以人性的宗教创建和平》，http://sgichn.org/works/chs/proposals/peace2008-chs.html。

② 何劲松编选：《池田大作集》，上海远东出版社 2003 年版，第 317 页。

侧重点不同；1994年池田大作提出的召开“东北亚和平会议”的建议从现在的朝核问题六方会谈机制得到实现。这些说明，池田大作关于亚太区域合作的观点与理论富有自身的见解，符合亚太地区的现实，具有很强的可行性和前瞻性。

对当前亚太区域合作的发展，池田大作先生给予了高度评价。1993年11月，在西雅图亚太经合组织会议期间，有关方提出并讨论构建亚太区域合作共同体设想，池田大作认为这是“本世纪第一次亮出亚太为一个统一的共同体的旗帜”①。2005年12月，在东盟的主导下，召开第一次东亚峰会，并取得积极成果。对此，池田大作先生称“其最大成果，就是为创设‘东亚共同体’而开创了首脑间对话的先河”。对东亚峰会所确立的合作原则与合作内容，池田大作认为这有利于“促进各国间建立和平合作关系”，“有可能开拓今后东亚‘不战制度化’的道路”②。

① [日]池田大作：《和平世纪的倡言》，香港创价学会译，香港天地图书有限公司1997年版，第186—187页。

② [日]池田大作：《通向新民众时代的和平大道》，2006年国际创价学会日和平倡言，单行中文版，第27—28页。

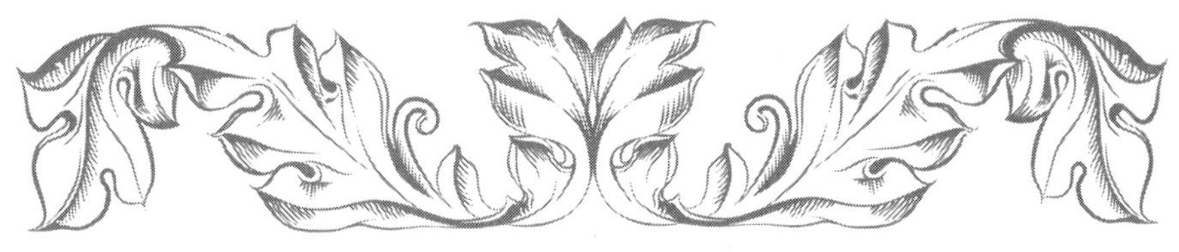

文教篇

论池田大作的“新的文艺复兴”思想

谭桂林[①]

文艺复兴是欧洲文明史上一个极其重要的里程碑。在此之前，长时期的中世纪黑暗笼罩着欧洲的思想、文化与人们的日常生活。宗教与政治的联姻使得教会成为社会的主宰力量，禁锢思想、清除异端成为教会维护自身统治的手段，而神学则把哲学、文学和艺术等一切需要人类创造力的事物变成了自己可以任意使唤的奴仆。14 世纪到 16 世纪，随着佛罗伦萨的考古发现，人们从古希腊罗马文化中发现了真正的人性之美，领略到了人作为万物之灵长的伟大与高贵，人本主义思想终于冲破神学与禁欲主义的束缚蔚为潮流，很快就席卷欧洲，人类文明从神的统治进入到人的自觉时代。但是 18 世纪以后，启蒙主义的兴起在用科学理性为世界祛魅的同时也将人类对自然和神性的敬畏扫荡殆尽，知识拜物教试图取代上帝成为人类新的宗教。此后随着弗洛伊德主义、尼采主义等各种思潮的流行，随着西方科学技术的发达所导致的人类创造物对人类自身的控制力的不断增强，西方以上帝为象征的共同的话语体系轰然倒塌，包括文学在内的西方思想文化进入全面解构、游戏至上和狂欢的荒原时代。高贵与才气已经离人而去，文学专以发掘人的琐屑为乐，人类也不再以追求和表达理想为己任，不再

---

① 南京师范大学文学院教授，院长，日本创价大学高级访问学者。主要著作有《20 世纪中国文学与佛学》、《人与神的对话》、《宗教与女性》、《百年文学与宗教》、《本土语境与西方资源》、《池田大作与世界文学》等。

以情感的抒发为自然，黑色幽默、垮掉的一代、嬉皮士、无主题变奏、零度叙事等充斥在20世纪的各个文明的文学中。从池田大作的各种有关文艺的论述和谈话中，我们可以感受到他对20世纪以来以现代主义、后现代主义为代表的西方主流文学的不满。或者也许可以这样说，正是出于这种不满，非常喜爱文学的池田大作才会一方面在繁忙的宗教与社会事务中，自己亲自动手创作了数量庞大、体裁众多的文学作品，来宣传自己的宗教和文化理念；一方面又在各种不同的场合阐述自己对文学的观念。“新的文艺复兴”不仅是他的这些文学观念的集大成的概括，而且也是他经过深思熟虑后为统合当今世界文学乱局、建构新的文学气象所提出的一个纲领性的文学改革口号。

一

综而观之，池田大作的“新的文艺复兴”思想包含四个方面的内容。一是唤醒诗的结合力而整体性地感悟生命。人的生命本来就是文学表现的主要对象，当中世纪的黑暗隐退，文艺复兴的太阳冉冉升起时，具有生命主体性的人承受了人们过去献给上帝的所有赞词：“人类是一件多么了不得的杰作，多么高贵的理性！多么伟大的力量！多么优美的仪表！多么文雅的举动！在行为上多么像一个天使！在智慧上多么像一个天神！宇宙的精华！万物的灵长！”[①] 但曾几何时，当弗洛伊德（Sigmund Freud）的精神分析学说用力比多、无意识等理论告诉人们自己光明朗润的理性意识背后还埋伏着一片无法穿透的黑暗大陆时，人类对认识自我的自信受到了巨大的冲击。于是文学中对人的生命主体的表现开始出现变异。一是人的主体性的分裂（主观与客观的分裂、灵与肉的分裂、理性与感性的分裂等）成为文学的基本主题，人不再是一个完整的主体，而是成了支离破碎的东西；二

① ［英］莎士比亚：《哈姆雷特》。

是人在无意识状态下出现的种种琐屑性甚至人性的丑的一面成为审美的主要对象，人与社会历史的联系被抽空、被消解。生命是池田大作关于人类文明思考的核心问题，他的哲学思想、宗教思想、教育思想、文学思想无不以生命为出发点，又以生命为最终的宗旨。因而池田大作对人类生命所出现的这种异变形态有非常敏锐的感觉，他指出："现代悲剧，用一句话来形容，就是分裂带来的结果。自然与人的分裂，民族与民族的分裂以及人与人之间的分裂。本应融合、协调的一切被四分五裂，从宇宙、自然等的韵律中割裂开来的人，成为片断，陷进孤独的深渊。现代社会蔓延的利己主义、一时快乐主义、破坏的冲动、绝望与虚无主义……这些也许可以说是被分裂的、封闭的人的灵魂的挣扎。"① 人类文明发展不能任由这种分裂现象持续下去，21 世纪人类文明的一个重要使命应该是将分裂的人的主体性重新弥合起来。那么，依赖什么来重新弥合这种分裂，来消解这种孤独的焦虑呢？作为宗教家的池田大作无疑将这份重大的责任赋予给了他所信奉的佛法，但同时池田也想到了诗。因为池田在自己作诗的生命体验中深深感悟到了诗的力量，感悟到了诗与生命的息息相关。在池田大作看来，诗切近自然，诗人必然是自然的朋友："诗人与草木倾谈，与星星对话，与太阳寒暄，把万物看成朋友，从中发现生命，注入生命，看到变化不定的现实世界的现象中贯穿着大宇宙的不变法则。"② 诗也直指人心，"诗人把目光对着人心。即使是物，也不简单地把它看成是物"③，用王国维的话来说就是以我观物，而物皆着我之色彩。在诗人的心中，即使星星也会向人强烈地倾诉，即使枯萎的草木也会感应秋风的肃杀。而更重要的是诗具有伟大的结合力，"诗是联接心、社会、宇宙的心"④，因为诗人把万物看成朋友，所以他不会贪得无厌地去掠夺自然；因为诗人注重的是心与心的交流，所以

① [日] 池田大作：《用诗心复兴人的精神》，《池田大作集》，上海远东出版社 2003 年版，第 231 页。

② [日] 池田大作：《用诗心复兴人的精神》，《池田大作集》，上海远东出版社 2003 年版，第 232 页。

③ [日] 池田大作：《用诗心复兴人的精神》，《池田大作集》，上海远东出版社 2003 年版，第 232 页。

④ [日] 池田大作：《用诗心复兴人的精神》，《池田大作集》，上海远东出版社 2003 年版，第 231 页。

“诗人有时穿过人为的制度与意识形态的包围去发现潜藏在一个人身上的无限的可能性的光辉，并且，有时会察觉把众人联系在一起的看不见的纽带”[1]。池田大作正是从这一特征来思考诗在这个分裂与异化的时代里其存在的价值与功能的。从人与自然的关系看，诗虽然都是在有限的空间内创作出来的，但是每个诗人的灵魂都希望通过自己的创作活动，与可称为宇宙生命的“统一实体”联系起来，与之融为一体，使有限扩展为无限。从人与人的关系看，人与人在战场上厮杀，但却可以在伟大的艺术中沟通和解；从民族与民族的关系看，艺术同科学一样是没有国界的，一个民族的艺术，一个地域的艺术，只要它是人类心灵的表现，它就是全人类的，就可能由个别的经验扩展为普遍的意义。这就是诗的结合力，是在这个分裂与异化的物欲世界里诗之所以存在而且必须存在的依据。池田大作认为“新的文艺复兴”首先就要唤醒诗的这种结合力，他坚定地相信“诗心的深化可导致自我的复兴”，“只有不断地向人生复兴或自我复兴挑战的人，才能创造出让人们安心与感动的未来”[2]。因而，他不仅在康德的纪念馆前下“决心要创作开辟人精神新境界的诗”[3]，而且呼唤当代的诗人们要努力实现“唤醒人们的诗心，开出芳香的人性之花”[4]的伟大使命。

二

池田大作“新的文艺复兴”思想的第二个内容是文学要“写真实”。“写真实”是池田大作对文学的基本要求，也是最终要求。池田大作最敬佩的文学家，不管是日本的还是外国的，都是敢于直面人生、揭示人生的勇者和斗士。譬如池田大作最钦佩的中国作家鲁迅和巴金，就是典型的现实主

① ［日］池田大作：《用诗心复兴人的精神》，《池田大作集》，上海远东出版社2003年版，第232页。

② ［日］池田大作：《心灵四季》，时事出版社1989年版，第37页。

③ ［日］池田大作：《牧口与康德》，原载《圣教新闻》，2001年11月23—25日。

④ ［日］池田大作：《用诗心复兴人的精神》，《池田大作集》，上海远东出版社2003年版，第233页。

义者，典型的反对欺骗和谎言的大人格。他们的文学也是典型的“写真实”的文学。池田大作曾经在《谈革命作家鲁迅》一文中多次引用鲁迅关于“写真实”的言论来表达自己的观点。如“只有真的声音，才能感动中国的人和世界的人”(《无声的中国》)、“将先前一切自欺欺人的希望之谈全部扫除，将无论是谁的自欺欺人的假面全都撕掉”(《忽然想到的》)、“有些事情，我还要说真实，便只好将别人的‘流言’抹杀了”(《从胡子说到牙齿》)等。在《笔的战士》一文中，池田大作也指出巴金作为一位“笔的战士”，继承了鲁迅的精神。“对于巴金来说，写作就是‘说真话’，就是与谎言作斗争。”当然，鲁迅与巴金关于写真实的精辟论断是很多的，池田大作特别挑选出这些论断，主要在于突出鲁迅、巴金与瞒和骗的斗争，与流言的斗争。池田大作指出：“鲁迅先生跟骗人的东西战斗，彻底攻击其欺瞒与恶劣。”所以，“鲁迅先生是真正的革命人，是斗争者”[①]。至于池田大作为何如此重视与谎言和流言做斗争，我认为有两个方面的原因：一是与他自己的切身体会息息相关。池田大作秉承其师户田城圣的意志和传统，呼吁改革日本的岛国国民性，强调中日和平友好，要求日本为二战侵略罪行向世界道歉等，这些主张和思想在日本国内得到许多智者和群众的支持，但也遇到了不少误会、曲解甚至流言攻击。正是因为对此有着痛切的感受，所以池田大作一有机会就会将说真话、写真实同无畏的斗争联系起来阐述自己的写作观念。他在同金庸的对话中，充满自信地说：“墨写的谎言绝掩盖不了血写的事实（鲁迅语)。适如所言，谎言再如何伪装也不过是谎言，其实，造谣，欺骗各种各样的人的心，自己也会不经意地伤害自己的心。结果是搬起石头砸自己的脚。”[②] 当然，池田大作具有战士的性格，崇拜以笔为武器的战斗精神，所以他面对流言，面对瞒骗，并不是消极地去等待真相的大白、谎

① [日]池田大作：《谈革命作家鲁迅》，《国际创价学会通讯》，2005年6月28日。

② [日]池田大作、金庸：《探求一个灿烂的世纪》，明河社出版有限公司1998年版，第180—181页。

言的不攻自破，而是鼓足勇气，主动出击，以坚韧的人格去讲真话，写真实，用真话来抵制流言，用真实来揭穿瞒骗。二是与 20 世纪世界文学的走向有关。20 世纪的世界文学有两种走向：一种是受意识形态控制的文学；一种是受拜金主义控制的文学，这种文艺由于其目的在于迎合市场，牟取利益，所以用中产阶级和市民的道德观念、审美趣味为原则，用虚假的情节编造廉价的大团圆大欢喜的人生结局来赚取读者和观众的欢心（电影中的好莱坞模式和文学中的言情小说等）。这两种文学由于其受众的广大众多，严重地损害着文艺的本质意义和提升人类精神境界的社会作用。所以，自我的亲身体会和对当前文艺本质蜕化现象的反思，促使池田大作把“写真实”当作“新的文艺复兴”的重要内容。当然，要能够主动地说真话，写真实，这也要求作家本身具有无私无畏的大勇气和大人格。池田大作曾对中国历史上的史官秉笔直书，不畏权贵，敢于为真实的原则而殉道的精神表示了由衷的钦佩。他对金庸讲了一个中国的著名故事——“崔杼弑庄公”。池田讲完这个故事，很动情地说：“不惜以身殉真实的记录，真是悲壮的理念。他们所写的一字一句都是以血滴来做生命的雕印，在权势者威胁下作曲笔，是终生的耻辱。这使我们深受教益，笔重千钧，执笔之事是必须具有相当程度的觉悟的工作。”[①] 这个所谓觉悟，当然是指文学家对于真实的尊重和守护，对于写真实这一使命的勇于担当。所以，池田大作认为这种故事应该多讲给青年们听，让年轻人知道：“以笔为生涯者，是负有重大的使命和责任的。言论者能殉于信念、殉于正义，就是最大的荣耀。”[②]

三

① ［日］池田大作、金庸：《探求一个灿烂的世纪》，明河社出版有限公司 1998 年版，第 184 页。

② ［日］池田大作、金庸：《探求一个灿烂的世纪》，明河社出版有限公司 1998 年版，第 183 页。

池田大作“新的文艺复兴”思想的第三个内容是文学要“逼近民众的原像”。池田大作从小就体验到民间的疾苦，了解民间的艰辛，知道民间的要求，从而将自己的根深深地扎在民众的泥土中，一生为民众代言。他曾经在给莫斯科大学的学生做讲演时明确地表示：“我们创价学会的社会运动的基点也是民众，是来自民众又回到民众。也就是说，它是一个集结民众的自发的意志，作为争取和平的动力而开展的运动。”[①] 站在这个基点上来思考“新的文艺复兴”的问题，池田大作就很自然地将“逼近民众的原像”当作文艺复兴的一个重要标志。池田大作特别欣赏俄罗斯文学，而他欣赏的理由是因为：“俄罗斯文学最大的特色是，始终把文学究竟能对全体民众的幸福、解放、和平的理想做些什么当作自己的目标，并把这一目标高高地举起。”[②] 这就是俄罗斯文学的民众性，这种民众性一方面表现在俄罗斯文学特别能够表现底层民众的坚韧与幽默上，如出身底层的文豪高尔基，其作品也主要是描写底层社会人们的生活，他所塑造的人物有学徒、水手、工人、流浪汉等，这些人物都在社会的最底层忍受着人间种种苦难与不幸的煎熬。但是高尔基的伟大之处在于，他作品中的底层人物坚韧、乐观、幽默，从来没有失去对生活的信心、希望和梦想，他们的生存意志也从来没有被人间的苦难和不幸所摧毁。他们虽然生活在社会的最底层，却以他们金子般的人格力量显示着人类的尊严和高贵。池田大作曾这样回忆自己在战后阅读高尔基的《底层》带给自己的震撼：“当时我正在战败后一片废墟的国土上迎来十七八岁的多愁善感的青春期，所有的价值观都彻底崩溃，整天饿着肚子，和朋友们把战火劫余的微少的书籍收拢在一起，为了寻求明天的光明，贪婪地阅读着。《底层》中这些话像闪电般地贯穿了我的心，

① ［日］池田大作：《东西文化交流的新道路》，《池田大作选集》，北京大学出版社 1988 年版，第 95 页。

② ［日］池田大作：《东西文化交流的新道路》，《池田大作集》，上海远东出版社 2003 年版，第 16 页。

当时所受到的感动，至今仍烙印在我的脑子里。‘人’这一从苦恼与沦落的底层迸发出来的整个人类的呼叫，不由得不使我感到这是凝缩了俄罗斯文学特色的人类观的表现。”[①] 另一方面则表现在俄罗斯文学家有“一种与民众同甘苦共命运、真挚地追求真理的精神。正是这种追求真理的精神给予了俄罗斯文学中出现的人物形象以极大的深度”[②]。池田大作指出，凡是俄罗斯的伟大作家，如普希金、果戈理、涅克拉索夫、屠格涅夫、托尔斯泰和契诃夫等，他们毕生都是人民的朋友。在沙皇时代的俄罗斯，当世界已经快速地向工业时代发展的时候，俄罗斯的人民还处在农奴制的压迫之中。在难以形容的压制下，民众默默地被迫过着忍从与痛苦的生活。但俄罗斯人民仍然不失去希望，深信俄罗斯的传统与未来。这是因为俄罗斯的文学家们在不断地给他们指出光明，俄罗斯作家的奋斗方向始终是与俄罗斯民众的意志紧密联系在一起。池田大作对于中国作家鲁迅的尊敬也在于他非常赞赏鲁迅的民众立场，他曾经多次在文章中谈到鲁迅“知道民众的心”，鲁迅创作的特点是“剥掉粉饰的掩盖而逼近民众的原像”[③]。在《谈论革命作家鲁迅》的讲座中也指出：“他（鲁迅）的文学是‘爱民众的热血’，因为爱民众，所以极其憎恨使民众深受其害的虚伪。”

从文学与民众关系的角度出发，池田大作对民间文学表示了极大的兴趣。他非常喜欢俄罗斯的民间歌谣，他深情地说：“在整个俄罗斯的国土上，自古以来人们所爱唱的民谣也是同样。我们很多日本人也熟悉这些俄罗斯民谣。如哥萨克歌谣、伏尔加船夫曲等，那儿流露出的并不是简单的绝望，也不是忍从的哀伤，可以说是在苦恼的深层仍然不断地怀着对幸福的向往，对没来由的不幸发出抗议和从人的生命中迸发出来的强有力的控诉。那支伏尔加船夫曲好似从地底涌出来的庄严的灵魂的呼喊，那种痛苦愈深愈要

① [日]池田大作：《东西文化交流的新道路》，《池田大作集》，上海远东出版社2003年版，第17页。
② [日]池田大作：《东西文化交流的新道路》，《池田大作集》，上海远东出版社2003年版，第17页。
③ [日]池田大作：《寻求新的民众形象》，《池田大作选集》，北京大学出版社1988年版，第112页。

经受其考验的精神，我认为这雄辩地说明了它具有像奥特洛夫斯基所说的钢铁那样强大的力量。”[1] 池田大作也很欣赏那些本源出自民间、经历过一代又一代民间艺术家的创造而横空出世的文学经典。譬如中国文学中的《水浒传》就是这样一部作品，池田大作在与金庸的对话中多次谈到自己对《水浒传》的喜爱，并由此提出了文学的“群众的支持”的重要命题。他说：“众所周知，《水浒传》全书乃是一个虚构的故事，只有其首领宋江遗事在史书中有记载。经过数百年的增改渲染，由民间传说的英雄故事演变成现在所见的小说模样。从寥寥无几的文字记载衍化成这样气势雄浑的史诗般的小说，无论作者有多么丰富的想象力，如果没有一代代群众的支持，也是不可能得到如此成功的。”[2] 此所谓“群众的支持”应该包含两层意思：一层是从作品接受的角度看，群众的支持表现在一代又一代的群众的爱好和传诵上，只有群众爱好和传诵的小说作品才会具有如此长久的艺术生命力。从创造的角度看，像《水浒传》这样的经典，其实它并不是哪一个人的成就，它是一代又一代爱好《水浒传》的群众们共同创作的结晶。另一层意思就是强调伟大的文学都是对于民众愿望的真挚的反映，池田大作说：“在权势者的凌辱欺压下，那种追求‘倘有这样的英雄豪杰’、‘倘有这样的除暴安良之处’，正是在这样的梦想之中产生出《水浒传》——那是真挚地反映出当时民众的愿望的文学作品。如果举例，可把英雄们聚居之地梁山泊看作是人们的理想之乡，在梁山泊里有农作、屠宰、养蚕等日常生活的各种描写，这意味着，《水浒传》与权势压迫无缘而追求自由自主的世界，不正表现了大众这种内心憧憬的世界吗？”[3] 确实，民谣、传说等民间文学是民众自己的精神创造物，不仅是民众意志愿望的真实表达，而且是民众心灵力量和深度的体现，是民众的意志和民众的美学在艺术中的最高体现。没有

① ［日］池田大作：《东西文化交流的新道路》，《池田大作集》，上海远东出版社 2003 年版，第 19 页。

② ［日］池田大作、金庸：《探求一个灿烂的世纪》，明河社出版有限公司 1998 年版，第 447 页。

③ ［日］池田大作、金庸：《探求一个灿烂的世纪》，明河社出版有限公司 1998 年版，第 446 页。

哪个真正与民众精神相联的作家不重视民间文学的，民众是这样地热爱他们自己的文学，他们唱着歌谣，互相传说着民间故事，对文学艺术寄予了特殊的喜爱。正是在这样的土壤上，才能够盛开一个世纪又一个世纪的文学的绚丽花朵。20世纪以来，文学与民众的关系出现了一些意味深长的变化，文学中的大众要么被虚化，文学中的民众性被抽空他的历史内容和鲜活血肉，而成为一个空洞的政治概念；要么被戏谑化，文学的民众性被日益强大的文化工业塑造成文学消费上的大众趣味，不仅影响着审美意识的发展，而且渗透到了人们的私人领域，影响着人们的日常生活和思维方式。正是意识到文学中的民众性所出现的这种时代变异，池田大作才那么深情地怀念俄罗斯文学，那么深情地谈论鲁迅和吉川英治，并且希望和鼓励文学家们在新的文学中能够复兴俄罗斯文学和鲁迅他们所标志的那种文学与民众的关系。

四

由于弗洛伊德的精神分析学说发现了人们意识深层的力比多和潜意识，柏格森（Henri Bergson）的创造进化论和时间绵延说发现了人的意识的流动念念不止，生生不息，而波德莱尔（Charles Pierre Baudelaire）开创的象征主义诗学观念主张诗人倾听自然大化的互相应和，穿过象征的森林去宇宙中发掘神秘与陌生的美，这些震撼了人类思想文化界的思想成果的共同作用，促使20世纪世界文学的发展普遍地出现内转的趋势。凝视内心散乱的瞬间活动，捕捉意识的无规则流转，成为20世纪文学的时尚，尤其是在以叙事为主的小说创作中，飘忽闪烁的意识流动，连篇累牍的精神解剖，细致绵密的心理描写，虽然极大地增加了主题和意义的可诠释性，但也极大地阻碍了小说情节的快速发展能力，使得小说越来越晦涩难懂，就更不用说引人入胜的趣味性了。文学本来具有的叙事的力量就在这种心理分析的世界时髦中逐渐地削弱与退化。池田大作对文学的这一内转趋势是有所觉察的。池田大作年轻时就喜欢看一些故事曲折的小说，如大仲马（Alexandre Dumas）的《三个火枪手》、《侠隐记》、《十五小豪杰》、《鲁滨逊漂流记》等。从这些小说历世不衰的艺术魅力方面，池田大作懂得了叙事文学引人入胜的第一条原则，这就是情节必须有趣，而情节的有趣则依赖于作者讲述故事的能力。正是出于对文学的叙事性的重视，池田大作对20世纪世界文学中的现代主义小说精神分析趋势深感不安，而且做出了尖锐的批评。他说："这一百年来，不论东方或西方，有论者认为，追求以细致的心理描写为中心是文学的主流。但是故事性呢，文学家遨游宇宙般的想象力却转向以精雕细刻无聊、烦闷的日常琐事，这不也意味着不可能产生超越以前的文学创作的作品吗？"[①] 而且池田大作还将现代小说艺术同莎士比亚（William Shakespeare）的戏剧进行对照，指出莎士比亚"与心理分析、心理描写等绝然无缘，他完全没有去考虑那些在书斋中孤独地读着活字的读者等。与莎士比亚丰饶与广阔的世界相比，那些善用精致的心理描写的现代文学就显得可怜，它只偏重于读者、文学青年和知识分子"[②]。在对现代小说内转趋势的批判中，池田大作将重建文学的"叙事力量"视为他的"新的文艺复兴"的又一个重要内容。他在不同的地方不断地强调"情节有趣乃是十分重要的文学因素"，他曾极力称赞大仲马和雨果（Victor Hugo）的作品"故事的好看"和"有着丰裕的世界的故事的力量"，称赞《基督山伯爵》"有着千变万化的情节性"；称赞莎士比亚心里所想的是舞台，是行为，是活生生的台词；他也称赞过中国的古典小说《三国演义》的故事可谓脍炙人口。他在同金庸谈到那些情节曲折动人的小说时还特别地指出："在小说中有人认为有'凝聚力'和'连接力'。人与动物、人与宇宙、精神与身体、男性与女性、此世与彼世、过去与现在、未来等等——连接着这些关系，会形成一个（哲学意义上的）'宇宙'（cosmology），但我认

① [日]池田大作、金庸：《探求一个灿烂的世纪》，明河社出版有限公司1998年版，第439页。

② [日]池田大作、金庸：《探求一个灿烂的世纪》，明河社出版有限公司1998年版，第439页。

为那种力量的本质乃是‘趣味性’的。将‘趣味’改为‘意味’也许更好些。那是在更深一层的立场上，与大乘佛教中将人在这个世界生存作为目的而提出的‘众生所游乐’的‘游乐’相通的。”[①] 这种所谓的“凝聚力”与“连接力”其实就是指小说的叙事力量。池田大作不仅指出“叙事力”的本质是“趣味性”的，而且把它同佛法的启示联系起来，可见他对“叙事力”在文学中的地位与作用的高度重视。

值得注意的是，池田大作对于现代小说内转倾向的批判虽然有点严苛，也低估了心理分析的运用在深入认识人的精神世界方面所具有的重要意义，但是池田大作对于文学的“叙事力”的强调，对于复兴和重建文学的“叙事力”的呼吁，其意义已远远超出文学自身。在与金庸的对话中，池田大作曾问金庸想象力是天赋的还是后天培养的，金庸回答说是天赋的，池田大作对此表示赞同，但他也进一步对此做了说明。他认为：“文学的想象力也许是天赋，但那种天赋的萌芽该是幼小心灵的一种体验吧，特别是从谁那里听到什么样的话语。”池田大作还以世界文豪歌德（Goethe）和普希金（Aleksandr Sergeyevich Pushkin）为例，指出他们的文学想象力天赋显然与年幼的时候每夜都听母亲或乳母讲述民间传说和童话息息相关。因为，“传说与童话的特征相信是在于由人的灵魂对灵魂、直接、继续说话之点吧！从‘说的人’与‘听的人’的心的沟通之中，那些栩栩如生的形象集结于一起，形成了意味的世界——‘听故事’这种活动不就比‘读故事’更为有效吗？”“远古的故事，以及是传承这些故事的声音的回响在心中跃动，这份心灵的鼓动，才孕育出文豪们的浪漫的金色之苗。”[②] 确实，想象力虽然是一种天赋，但这种天赋是否能够得到发掘和培育，幼年时代的教育环境尤其是“听”的环境至关重要。池田大作的这段话含义深远，第一，他把一个人的想象力的培养同幼年时代“听故事”的活动联系起来，只有听

① [日]池田大作、金庸：《探求一个灿烂的世纪》，明河社出版有限公司1998年版，第139页。
② [日]池田大作、金庸：《探求一个灿烂的世纪》，明河社出版有限公司1998年版，第140—141页。

那种情节曲折、动人心弦的故事，儿童的成长才会保持天真浪漫的心灵不被遮蔽，儿童天生的想象力才不会被壅阻。第二，从更深层的意义看，“听故事”不仅是一个儿童教育问题，而且是现代社会文明弊端的一种救治方法。现代社会是以工业文明为基础的，而工业文明一个突出的特点就是划一性，就如同工厂生产的产品一样，每一种产品成千上万地生产，但这成千上万的产品在标准上必须保持严格的划一性，而划一性的恶果就是人类性灵与精神的平庸、雷同与缺乏活力。尤其是在文化产品也像工业产品那样可以按照标准批量生产时，文化的快餐使得当代社会中的精英阶层连听完一个故事的耐心都没有的时候，听故事和讲故事的重要性就日益突出起来。池田大作说：“我有这样的看法：觉得现代的孩子们正追求‘动人心弦的事物’，而对着今日划一性的社会，就要借助有着丰裕的世界的故事的力量才能跨越之。”[①] 想象力不仅是文学创作的必需力量，而且是人类所有具有创造性的劳动所必需的力量，它是人的本质力量的核心层次。借助“有着丰裕的世界的故事的力量”来跨越当今划一性的社会，池田大作对文学的“叙事力”的功能和作用的这一思考结论，说明他的“新文艺复兴”理论已经不仅是在文学领域内的思考，而是上升到了整个新世纪人类文明建设的思想高度。

在为《20 世纪的精神教训——戈巴契夫与池田大作对谈集》所作的序言中，张镜湖先生曾对此书的中心旨意做出了精彩的归纳：“迈向 21 世纪两位哲人认为唯有维护‘文明之共生’、伸张‘柔性权力’、发扬‘王道精神’、孕育‘新的文艺复兴’才能创造和平。”[②] 综观池田大作的相关著述和对话，可以说这四点正是池田大作对于 21 世纪人类文明核心价值及其发展方向的

---

① [日] 池田大作、金庸：《探求一个灿烂的世纪》，明河社出版有限公司 1998 年版，第 285 页。

②《20 世纪的精神教训——戈巴契夫与池田大作对谈集》，台湾正因文化事业有限公司 2004 年版，第 14 页。

基本思路和主要理念。进入21世纪以后，美国世贸大厦遭受的恐怖袭击、伊拉克战争的爆发、各种严重的自然灾害的频频发生，使得21世纪人类文明应该如何构建起自己的核心价值，成了全人类各种文明都不能不面对的一个紧迫问题。毫无疑问，池田大作的这些理念由于浸润着东方文明的精神，吸取了西方文化的精髓，体现着文化共生共荣的人类理想，因而它们对世界文明发展、人类价值重构的进程中所具有的重要意义也越来越显著。但是我们也应该看到，也许是由于池田大作的宗教家、社会活动家和哲人的崇高地位掩盖了他的文学家的身份，学界对他的文化理念的研究往往比较注重在“共生”论、柔性权力、软实力、王道精神等问题上，而至今为止，对他的关于“新的文艺复兴”思想的研究却付之阙如，或者说重视得远远不够。这种现象显然不利于我们完整地理解池田大作的21世纪人类文明核心价值理念、理解池田大作对21世纪人类文明发展所具有的贡献。本文从如上四个方面粗略地梳理了池田大作“新的文艺复兴”思想的主要内容，一方面是献上刍荛之见以就教于方家，一方面也是抛砖引玉，引起池田大作研究学者的注意，以期将来有更深入的研究成果问世。

池田思想生命观的特点与冯契哲学的比较

樋口胜[①]

序　言

这几年在日本，福冈伸一（Fukuoka Shin'chi）所著的题为《生物与非生物之间》[②]的书深受好评。它虽是面向大众的小型丛书，但是通过简明易懂的科学知识，解析了“生命是什么”这一课题。这本书首先概述了1944年出版的埃尔温·薛尔谔（Erwin Schrödinger）所著的《生命是什么?》[③]一书以来发展的分子生物学的源流，之后没有探索分子生物学所讲的机械性生命观，即零件组成的生命观，而是探讨到生命全体的核心问题。并且，福冈还强调把舍恩海默（Rudolph Schoenheimer）所发现的“生命的生动状态”的概念扩展为“生命是生动平衡的流动”。

福冈认为，发现遗传基因的螺旋式构造后，确实可以证实遗传基因这种可以自行复制的分子能够维持生命的永久性，即“生命是能够自行复制的系统”。但是，例如构成脑细胞遗传基因的原子经常进行部分分解和修复。也就是说，所有原子在生命体中流动穿行，破坏并维持生命内部的秩序，即通过新陈代谢来进行持续性变化才是生命的真正姿态，并把生命重新定

① 创价大学教授。

② [日]福冈伸一:《生物与非生物之间》，讲谈社，2007年。

③ [奥]埃尔温·薛尔谔:《生命是什么?》，冈小天·镇目恭夫译，岩波书店2008年版。

义为在这种生动的流动中保持平衡的系统。①

有意思的是，虽然与福冈所说的分子生物学的角度不同，但是池田大作思想中的生命观却与之非常相似。这是因为池田在进行佛教教义的现代解释时，通常是以现代科学的睿智进行展开的。有关生命特质问题可以参考科学领域中的解释，但是有关生命实体的问题却是以现代科学也无法解决的。运用科学睿智来展开佛教教义就是池田思想的特点之一。对于用以科学也无法解决的问题，池田根据日莲佛法的教义，进行不违背科学并有说服力的现代解释。我认为，池田的信念，就是要在现代科学理论的基础上证明佛教教义的正确性。从这一意义上说，池田思想中的生命观里也有同样的特点。

我在去年（2009年）的池田思想国际研讨会上，以佛教的一念三千论为中心，通过与冯契思想的对比，对创价思想中对人的看法进行了探讨。以冯契和牧口常三郎（以及池田）所探求的人内在的绝对性为前提，为了寻求其绝对性的根据，我们讨论了两者对人的看法，即冯契所说的“我”和池田所考虑的“生命”，并通过这些讨论，特别是“实体和作用”的讨论而证求主体本身价值的看法。这是因为，虽然价值是相对的，但要克服相对性价值与绝对性价值的冲突，首先必须承认其本身价值，否则不能解决这个冲突问题。

通过这些讨论，我提出了如下初步结论。池田把人的存在看作为“空假中”的生命，认为生命具有称为佛界的终极存在，因此可以揭示人存在的尊严性的根据。另一方面，冯契认为，自我是独自的实体，也是具体存在，并具有自我意识，而且它是时间和心情有了变化也不发生改变的一贯的主体。在那里可以认出自我的同一性和自我意识，为把握它就需要由存在和本质统一来认识。

① [奥]埃尔温·薛尔谔：《生命是什么?》，冈小天·镇目恭夫译，岩波书店2008年版，第161—168页。

但是，根据冯契的人性论来看，他把人的意识活动作为理性和非理性的统一，把人的精神活动作为意识和非意识的统一，认为价值领域是在精神活动的过程中得以实现的。从“体用不二”的观点来说，人的存在不把身体和精神区别来看，而是自我也可以看成人存在的全体，但是价值领域作为精神方面的问题对待。因此，我认为，在人的存在本身可以承认作为具有能够创造价值的可能性的内在价值，但是不能承认人存在的本身价值。如果是这样，还是不能明确地显示人存在根本的尊严性的根据。在此意义上，从生命尊严的本身价值问题来说，逻辑上宁可认为池田对生命的看法更具有说服力。①

要讨论关于池田思想生命观的特点，不仅要从“实体和作用”的角度来看，同时“普遍和个别”的观点也很重要。这是因为，有关生命实体的问题以单一的逻辑空间无法解释。这一问题去年也简单地讨论过，但没有进行与辩证法对比的讨论。因此，本论文以生命概念所看到的“普遍和个别”的观点为中心，通过池田和冯契两人对人的生命看法的比较来探讨关于池田思想中的生命观的特点。在此意义上，本论文也可以说是去年的续集。

一、辩证法中的“普遍与个别”

“普遍、特殊、个别”的概念，作为黑格尔概念论的基本认识而被重视，并且被认为是克服了本质论上反省逻辑的不全面性的，黑格尔辩证法的最高概念。个别与普遍的问题是在中世纪欧洲的普遍论争中很有名的。这个论争是在个别为优先还是普遍为优先的根本性问题上的论争。以个别为先，否认把普遍的客观实在性就是唯名论。以普遍性为先，也就是柏拉图的理想论这一立场就是实念论，两者互相对立。因为唯名论重视个别的具体现象，具备观察和实验等自然科学的思维方法。实念论因为主张具有普遍性

① 谭桂林：《创价教育学中的人的价值》，《创大中国论集》第13集，2010年版。

的“上帝”存在，与经院哲学相符，因此就与普遍主义结合了。[①]

但是，普遍主义或个体主义的问题本应是追溯到柏拉图和亚里士多德的问题。一般认为这一希腊哲学被划分在之后的西方哲学的范围之内，是与绝对主义和相对主义的问题相结合的哲学上的根本问题。另外，作为论争这些问题的学问基础，把本来对话技术、问答方法之意的辩证法以见解的对立和冲突为媒介，而进行事物本质的探究，并为将其充分理解而确立了思维技术和学问上的思维方法的人，就是柏拉图。但是后来，辩证法一词在从亚里士多德到康德为止的两千年之间，被赋予了很多的含义。将辩证法规定为今天的逻辑学的是黑格尔。

那么，黑格尔规定的辩证法对这个“普遍、特殊、个别”的概念是怎样解释的呢？首先，黑格尔所认为的“概念”的特点，在于形成所有事物本性的有机性和发展性的思维模式。对此，形式逻辑学是从摹写事物的一般表象抽出其对应关系的事物的共通性，并且是以概括地把握这些事物的思考为构成单位的概念。由于这一概念舍去了事物的特殊性，因此形式逻辑学上的抽象的普遍概念有着无法把握整个具体的事物的缺点。因此，它虽然对各个事物的部分的、固定的认识有效，但是在认识事物的变化和运动等方面有局限性。[②]

对此问题，上山春平认为，形式逻辑的逻辑原理总是把一个逻辑空间作为前提，而与此相反，辩证逻辑至少有两个逻辑空间作为前提。[③]辩证逻辑“正→反→合”的逻辑形式，确实意味着“正”的逻辑空间转换为“合”的逻辑空间。因此，如从形式逻辑所看到的那样，不会受到在同一空间中的同一律和矛盾律的拘束。当然，辩证逻辑在同一空间内也要遵守形式逻辑的原则，但是在不同空间时则无需遵守。所以，辩证逻辑在对认识事物

① ［日］岩佐茂等编:《黑格尔用语事典》，未来社1991年版，第127—130页。

② ［日］鯵坂真等编:《黑格尔伦理学入门》，有斐阁新书1978年版，第119—124页。

③ ［日］上山春平:《辩证法的系谱》，辛夷文库2005年版，第20页。

的变化和运动或者有机性和发展性的时候，就能够成为有效的认识与思维手段。在此意义上，辩证法所说的普遍是指具体的普遍。

在此基础上，我们来看辩证逻辑中的“普遍、特殊、个别”的概念。首先，辩证法所说的“（具体的）普遍”是指某个事物在某个形态、阶段中总是不会失去其事物的同一性。反过来说，在普遍之中也有着成为特殊和个别的潜在力。在这一意义上，就被称作自身同一性，它有两个意义。一个是统一事物的各种方面、各种因素，并且以它为一个整体，表示事物有机性的概念。另一个是事物的各种形态发生变化发展也不会改变的事物的自身同一性，这意味着历史的发展性。

于是，辩证法普遍的意思是，把特殊的东西包含在自己的内部，而且从自己的内部产生出特殊的东西。“特殊”是指普遍分化为特定的个体和现象而被限定的状态，也可以说是普遍东西的个性化。因此，特殊具有联结普遍和个别的性质。“个别”是包含普遍和特殊，并在有机的统一内作为自己发展主体的事物。也就是指，在自己本身内具有自己存在和发展的条件的。总之，普遍、特殊、个别相互包含的概念即是事物的概念。对于这个普遍和个别的概念，在确立独立于普遍的“个体”之际，考虑怎样将个体和普遍结合统一这一问题是很重要的。

二、池田思想的生命观

那么，这个辩证逻辑在池田说的生命和冯契说的人性问题上，怎样进行展开呢？首先来看池田说的生命问题。这个问题其实在去年从“实体和作用”的角度已经进行过讨论，这里将根据“个别和普遍”的原理来整理，共三点。

第一，与三谛论中的生命观点一致。这是通过汤因比所指出的与辩证法的相似点可以看出的。也就是说，三谛论认为，将假谛的身体和表示精神的空谛进行统一，以中谛的生命作为一个全体而统一人的存在。并且，即使时间流逝导致的新陈代谢和环境变化而发生身体和精神的变化，仍不改变的自身同一性是由生命来承担的。也就是说，生命承担了人类存在的统一机能。另外，这个个别的生命以空的状态潜在于普遍的宇宙生命中。因此，有了这个条件，以空的状态潜在着的生命就得以发现。在此意义上，并不是从无创造有，而是潜在能量显现为具体形态的身体。

通过池田的这种生命观，人的生死是作为表面现象的一个方面，从其本源的生命的立场上说，超越时间范畴的自身同一性可以保存下去。这样说来，池田所说的生命的概念，从物质的空间范畴来讲，其看法是类似于辩证法的“普遍与个别”的概念。（这里说的空间概念当然不包括生命的质量问题。）但是，我认为在时间范畴它超越了黑格尔的辩证法，表明了生命本源性的自身同一性。①

第二，与九识论中的生命观点一致。九识论认为，个别生命具有业，个别的业能量与集团的业能量都属于第八识的阿赖耶识的领域。而且在这个第八识的深层还具有第九识的宇宙生命。②反过来说，如三谛论，从宇宙生命显现个别生命。也就是说，个别生命和宇宙生命是息息相关的。这也可以说是辩证法所说的普遍的特殊化。

因为佛法认为个别生命里具有宇宙生命，由业所规定的生命是能够用宇宙生命的能量来改变的。这被称为“宿命转换”。也就是说，把由业来寓于生命的宿命能够用以人的一念的意志来改变，这是一念三千论的主旨。在此意义上，佛法不谈宿命论，而是承认自由意志的斟酌决定，重视人的由自由意志的一念的变革。但是，与唯意志论不同，它始终承认个别业的存在，是解放其业的转换论。池田所考虑的佛法就是这种主张转换论的宗教。

① [英]汤因比、[日]池田大作：《展望21世纪》，荀春生等译，国际文化出版公司1985年版，第350—353页。

② [日]池田大作：《法华经的智慧》第四卷，圣教新闻社1998年版，第351—352页。

第三，与十界论中的生命观点一致。十界论认为，个别生命也好，宇宙生命也好，都具有从地狱界到佛界的生命状态。而遇到对象和机缘等条件，内在于个别生命的十界的各状态就对应于对象而涌现出来。相反，增强个别生命的状态，就能够确立不受对象和机缘影响的生命状态。在其变化的生命中，生命的自身同一性就不会失去而保持下去。十界论谈的是这种内外的对应关系。因此，内在于个别生命的佛界也是内在于宇宙生命的佛界，通过与此感应，就能够在自己生命中显现普遍的、绝对的宇宙生命。而且，从普遍的宇宙生命方面来讲，人死亡后，其生命以空的状态潜在对应于宇宙生命十界的各界，并进行融和。① 因此，从十界论中也可以看出普遍与个别的辩证法观点。

当然，不能科学地证明这些生命的存在方式，但是这里作为思想上的问题有几个要注意的观点。也就是，人的自由和平等的问题、生命的因果性和意志自由的问题、自觉和自愿的问题、人的尊严性的问题等。这里特别要讨论前两者的问题。

第一点，从十界互具的观点来讲，可以推导出人的自由和平等的逻辑。因为所有人的生命都具有十界互具，任何人的内在中都有佛界。十界互具是指一瞬间的生命显现为某个生命状态时，其他生命状态不是消失而只是潜在，而且十界中的各界中都具有着十界。因此，假设如果现在显现十界中的地狱界，在下一瞬间中有可能会因遇到什么机缘而显现佛界。池田说，佛界是通过菩萨界的行为即利他的行为而能够显现的生命状态。在地狱界的生命状态也可以显现佛界，因为地狱界中也内在着佛界，而且十界的生命是以与对象的关联力来改变生命状态的。②

如果是这样，通过确立不受外界影响的自己，就可以从受外界影响的

---

① ［日］池田大作：《法华经的智慧》第四卷，圣教新闻社 1998 年版，第 355—358 页。

② ［英］汤因比、［日］池田大作：《展望 21 世纪》，荀春生等译，国际文化出版公司 1985 年版，第 353—358 页。

生命状态转换为能够保持高水平的生命状态。池田把它叫作"人性革命"，并通过在菩萨界的生命状态的具体行为即利他行为，将显现佛界作为目标。从而可以导出人的自由和平等的原理。也就是说，人不是通过人种、身份、贫富等外界情况来提高生命状态的，而是由人的行为决定其生命状态。那么，人就具有以自己的自由意志来平等地显现佛界的可能性。这一点在上述的九识论中也有同样的结论。

但是，作为第二点，由于九识论谈的是寓于生命的业规定人的存在方式，人的行为的自由就成为了问题。这是生命的因果性和意志自由的问题。也就是说，在九识论中包含着寓于生命的业因决定未来结果的决定论。如果是这样，就不能承认意志自由。虽说由宿命转换能够实现业的转化，但如果某个行为和意志被业规定，就会成为循环论，即要转换宿命的意志也是由业已决定过的。这便不是转换论，而成为了宿命论。

对此问题，池田说："（生命现象的）这个不确切的幅度，人的情况肯定要比物质和其他生物大得多的多。尽管如此，人的生命具有一定的倾向性。这种倾向性逐渐地以鲜明的形象，从生命现象中渗透出来。"[①] 他主张生命深处的因果在生命活动的过程中，通过肉体和精神渗透到现象世界。他还说："生命内在的因，同时包含着生命内在的果。生命本身所具有的'果'，出现于生命活动的现实方面，这就是'报'。'报'的出现也需要有'缘'。如果我们要用时、空制约的方法，哪怕稍稍窥探一下佛法的因果，除了详细地观察这个'报'以外，别无他法。"[②]

据此考虑，就可以这样说。①佛法所说的因果是生命深处的因果，不是现象世界的因果关系。②生命内在的因和果是同时具备的（因果俱时）。它可以说是生命的倾向性。③包括因果的生命现象的自由度比较大。④生

① [英]汤因比、[日]池田大作：《展望21世纪》，荀春生等译，国际文化出版公司1985年版，第359页。

② [英]汤因比、[日]池田大作：《展望21世纪》，荀春生等译，国际文化出版公司1985年版，第359—360页。

命现象是作为生命活动现实方面的“报”来表现的。⑤生命的因果性只有通过“报”才能够观察。

那么，对于生命的因果性和意志自由的问题，应该怎么考虑呢？一说因果关系，我们就只会限定于现象世界来进行考虑，但是池田主张生命是超越时空的概念。[①]如果是这样，内在于生命的因果不是直接决定行为和意志的，而是说只给生命活动的现实表现形态的“报”给予影响。如果“报”是生命活动的表现形态，可以把“报”称为精神作用。也就是说，生命的因果性遇到机缘而规定一瞬间的生命活动，即高兴、悲哀、感觉等精神作用。因此，如果内在于生命的因果包含坚强的倾向性，表现出来的精神作用也就对应此而表现。比如，遇到同一个机缘，按生命倾向的强弱，表现出来的精神作用也会不同。遇到困难时，坚强就发奋，软弱就胆怯起来，也是其中的一个例子。

由此可以理解为生命的因果性不是直接规定意志的。但是，也不能否认，生命的因果性即倾向性通过精神作用而影响到意志和行为。虽然是这样，但是给予影响和决定论是不同的。这里所说的影响是作为倾向性的影响，倾向性是“容易……”或“往往……”的意思，这里有随意处理的余地。在此意义上，生命的因果性不是意志决定论，而是由意志和一念来进行变革的转换论，这可以说是有逻辑上的合理性。

但是，因果俱时是什么这一问题还未解决。这也是内在于生命的因果，而且是在时间范畴内不能把握的问题。因此它是很难理解的问题。据我的浅见，一般认为，把某个特定事物的因果当作问题时，有了某原因就产生其结果，这是因果异时。辩证逻辑认为，在因果关系中的原因和结果相互转换，从这个逻辑来讲，包括于生命的业因里应该有产生其结果的因的原因。就是原因的原因。反过来说，业果被业因规定。但是，说起因果俱时，

① [英]汤因比、[日]池田大作：《展望21世纪》，荀春生等译，国际文化出版公司1985年版，第322页。

意味着原因里包含结果，结果里包含原因，因此它与辩证法不同。看来，这个问题还是不能在时间范畴里考虑吧。尽管如此，如果要考虑的话，也只能说在一瞬间的生命中的原因本身就是结果。但是这样说就成为同义反复了。

在此换个角度考虑的话，生命的因果就在于一念三千论中的“十如是”的一部分。也就是说，把它看作为生命统一体的运动法则。把十界中的某个生命状态作为例子而考虑，遇到某个机缘而产生修罗界的生命状态时，由机缘来产生修罗界生命的因。在这种情况下，机缘不是成为原因的。对发怒的作用来讲，也可以说其机缘成为原因。但是，这里所说的生命的因不是外界原因，而是指产生发怒作用的生命的内在原因。其生命的果是指由于其内在原因的结果，在生命中就产生了发怒的萌芽。在此意义上说，其生命的因和果，可以说是同一体的两个方面的说明。

三、冯契哲学的生命观

那么，冯契对于个别与普遍的问题怎么看呢？这个问题曾经个别讨论过几次[①]，在这里简单地概括一下。

首先，冯契认为，由于精神是依存于身体的，因此把精神活动看作头脑的作用，精神活动中具有有意识和无意识的活动，意识活动具有有理性和非理性的运动。从存在论来看，本体是指包括身体和精神活动的整个人，精神和心承担其作用。因为冯契是唯物论者，主张物质本身自己运动，运动的原因就内在于物质本身的客观辩证法。在这一意义上，他认为，以物质性的人存在为前提，精神是生命发展到一定阶段时的产物，是特殊的物质运动。因此，人的各种活动的原因是内在于人本身的。因此，如实在论的外在的超越者或柏拉图的理念，亚里士多德的“不动之动者”等实体，

① 谭桂林:《创价教育学中的人的价值》,《创大中国论集》第13集，2010年版。

冯契是不必要确立的。

虽然承认物质自己运动，但是唯物论的问题就在于，它只是物质本身成立过程的说明，而不是成立的理由。人的诞生问题也只说生命发展到一定阶段时形成精神，这也没有说明为什么精神会产生的问题。不得不说，这就是经验论的界限。也就是说，从一开始就放弃了生命产生的理由问题，从经验的现象来把握实体。这是“由用得体”一面。而且他强调从实体来观察的“因体显用”一面，在此的“体”是指已经存在的物质。因此，为什么诞生人的生命问题是思考对象外的问题。

这种唯物论中，冯契把普遍与个别的问题展开在“我”的问题、人性问题、美的问题、个人与社会的问题上。这里以“我”的问题为中心而再次讨论。冯契哲学谈的是人如何能够把握智慧的学说。而且其智慧是指贯穿于科学、道德、艺术、宗教等文化领域，并贯穿于价值观念、思维方式、人生观、世界观等智慧，归根结底是归结于有关性与天道的认识。也就是说，冯契所说的智慧是有关性与天道的，智慧的认识或获得不只是知识，而是体会的意思。一说获得智慧时，其主体当作问题，冯契把它作为“我”或人格。在此意义上，智慧学说是通过获得性与天道的智慧而培养自由人格。

因此，冯契所说的主体的“我”的问题，可以说是把获得性与天道的价值领域而对待的问题，是看作为人的精神领域的问题。只有这样，价值才是由“我”的精神创造，而且是“我”的精神的表现。就是说，冯契的价值论中的主体，是被看作为人的精神性的。那么，在这种情况下，性与天道是普遍的，“我”就表现为个别的。个别的“我”通过创造真善美的价值，即获得智慧，就可以导出在个别（我）之中显现普遍（性与天道）的逻辑。

冯契认为，心本来是用而不是体，但精神随着努力而发展，并在性与天道的交互作用中成为德性的主体和性情所依据的体，在各种变化中也就有了安定性、一贯性。就是说，德性的主体是“我”，它也是性情所依据的体，因此“我”就有了本体论的意义。这样一来，可以理解，冯契给“我”

赋予统一人的精神的各种因素的作用，并且在它那里承认时间和环境变化也不改变的自身同一性。

总　结

综上所述，我们讨论了池田生命论和冯契人性论所看到的“个别与普遍”的观点。在此之中，对于围绕“自我”的自身同一性，池田从宇宙生命和人的生命的观点来谈普遍与个别，冯契从人性的个别性的观点来谈普遍性与个别性的关系。这些不同是由于有关人的生命的概念不同而产生的。也就是说，池田根据佛教的理论，把人生命的概念以空假中的三谛论、九识论、包括十界和十如是等一念三千论来展开。因此，把生命看作超越时空范畴的概念。另一方面，因为冯契是唯物论者，以实体的人存在为前提而进行考察人的存在方式。因此，在考虑人的精神性问题中考察了个别与普遍的问题。因为唯物论与佛教的思维方法不同，在“个别与普遍”的问题上其探讨方法当然不同。

但是，引人注目的是，两者都以在人的精神之中显现绝对性为目标而考虑。人有身体，并且还具有欲望、意志和情感等非理性或十界生命状态，因此人是以自己为中心的、相对的存在。但是，尽管是相对的存在，通过包括利他实践的创造价值等自己修养，在人之中能够显现绝对性。在此意义上，当然与追求上帝等外在超越的传统西方思想不同，而且它与在人之外追求本体的实在论不同。这是不是归根结底地结合于人而追求价值的东方传统呢？

虽然这样，但唯物论与佛教有着根本的区别，对人的生命看法的差别很大。唯物论者冯契站在经验主义一方，因为标榜科学就要着重于理性。信奉大乘佛教的池田谈的是人生命的方式，为改变覆盖为非理性的生命而奋斗。在这一意义上，两者所看的中心问题基本上是不同的。一般认为，唯物论是批判宗教是唯心论且非科学的理论。但从宗教立场来说，人生问题单单用以唯物论是无法完全解决的。我认为，双方的批判在某些部分是合理的，但是这些批判并不是全都对的。非科学的宗教当然排除在外，但是池田和牧口所讲的大乘佛教的理论至少是不违背科学的。在此意义上，它与唯物辩证法的对话是可能的。

池田认为，有关宗教间对话的要点需要如下四方面：

（一）各宗教要归还各创始人的《原点精神》。

（二）寻求对话的共同之处。

（三）共有对话·合作的《共同目的》。

（四）用以教育的合作。①

我认为唯物辩证法虽然不是宗教，但至少可以说具有否认宗教的认识观和哲学立场。

在此意义上，从宗教的立场上说，它是宗教间对话或者文明间的对话的敌手。参加了几次池田思想国际研讨会后，我重新感觉到今后重要的是，池田思想和唯物辩证法双方要以教育·文化交流为中心，跨越双方的差异，并开展“为人”与“为和平”的对话。

* 本论文译自《创大中国论集》（第 14 集、2010）所载的日文论文。

① [日]池田大作、[丹麦]汉斯·亨宁森（Hans Henningsen）：《开创未来的教育圣业》，潮出版社 2009 年版，第 191—196 页。

东亚儒家文化对21世纪新文明的贡献

刘卓红　彭玉峰[①]

公元前3500年左右地球上第一批城市出现于中东的两河流域，标志着人类文明的产生。从此以后，人类文明不断进步，而对文明的探讨也成为了人类经久不衰的话题。人类文明在其发展过程中，大致经历了两大发展阶段：农业文明和工业文明。[②]发源于欧美的工业文明因为其对生产力和对人类生活水平的巨大提高，很快便扩展至全球，成为全球性的文明。不过，工业文明在取得重大推动作用的同时也带来了严重的社会问题。主要表现为以下几个方面：科技的发展和物质的极大丰富使人类日益沦为物质的奴隶；人类难以满足的巨大消费需求使人与自然资源和环境的对立日益加深；国内和国际上贫富差距的不断拉大形成越来越大的国内外危机。面对工业文明的问题和危机，有识之士忧心忡忡，纷纷积极地寻求和探索解决的办法，人们希望能用一种新文明改造或取代工业文明。这种新文明更注重人类精神层面的追求，强调人与自然的和谐共处，谋求人的全面幸福和人类社会的可持续发展。到了今天，21世纪的头一个十年已经走完，随着工业文明的弊端日益显现，人们迫切地希望从一些国家和地区的传统文明中寻

① 刘卓红：华南师范大学政治与行政学院副院长、博士生导师、教授。彭玉峰：华南师范大学政治与行政学院2010级硕士研究生。

② 有人认为人类社会至今为止经历了三个阶段的文明：农业文明，工业文明，信息文明。笔者认为，信息文明广义上属于工业文明。

找契合新文明价值的思想和文化，新文明的探讨和传统文明的研究也出现了一定程度的合流。

一、21 世纪新文明的基本内涵

工业文明的问题和弊端体现在下面三个方面。

首先，为了满足人类日益膨胀的需求，人类对自然资源采取了掠夺性的开采，这对环境的破坏日益加重。2010 年 5 月发生的美国墨西哥湾原油泄漏事件便是其中的典型。持续两个多月的原油泄漏事故造成了巨大的生态灾难和经济损失，虽然油井得以封堵，但有关专家估计油污的清理工作将耗时十年，以至于奥巴马总统把这次事件与“9 · 11”带来的政治灾难相提并论。人类社会的命运与自然的命运越来越紧密相关。就像贝克（Beck）在其《风险社会》中所说的，工业社会中自然与社会的关系已经改变，“自然不能再放在社会之外理解，社会也不能被放在自然之外理解……文化对自然的威胁向对社会的、政治的和经济的秩序的威胁转变”①。

其次，付出了巨大代价的物质文明却不能满足人们精神层面的追求。人类越来越醉心于物质消费，超前消费日益流行，人们日益沦为物质的奴隶；面对公司和企业的非人性化的绩效管理，人们在工作中面临巨大压力；科技的发展、分工的细化使工作变得单调而乏味。工业文明越来越不能寄托人类对现实和未来的精神期盼。波兰社会学家鲍曼（Bauman）甚至断言：西方“高度的文明”与“高度的野蛮”是相通的和难以区分的——科学培育出的理性计算精神是冷冰冰的、斤斤计较的，自我膨胀的技术以道德中立的外观则加速发展着人类自我毁灭的力量，社会管理也日益趋向于非人性化的工程化控制方向，总之，“现代文明的高度发展超越了人所能调控的

① [德] 乌尔里希 · 贝克：《风险社会》，何博闻译，译林出版社 2004 年版，第 97—98 页。

范围，导向高度的野蛮”[①]。

最后，全球化不断发展，各国之间的联系越来越紧密，各种国内问题越来越呈现为国际性问题，金融危机、环境污染等是全人类的共同课题；赢者通吃的不合理的国际政治经济秩序，使国家间贫富差距越来越大，这些都进一步导致国家间矛盾的加大和国际恐怖主义的泛滥。美国政治学家亨廷顿在1993年所预测的文明冲突论越来越显性化，远者表现为“9·11”事件伊斯兰恐怖组织对美国的复仇，近者表现为提出在“9·11”事件遗址附近建立伊斯兰文化中心的设想所引起的巨大争议，以及由此引发的美国与伊斯兰国家关系的紧张。在21世纪的人类社会，和平与发展的主流不会被打破，但是仍潜藏着各种难以解决的问题。

工业文明所产生的各种国内和国际问题催生了新文明的概念，对新文明的探讨和追求成为人类社会的迫切要求。

着眼于克服工业文明弊端、超越工业文明局限性的21世纪新文明的核心要求，是一种持续的满足全人类幸福感的文明，它包括三个组成部分：绿色文明、道德文明、和谐世界。

建立新文明的首要任务是建设绿色文明。工业文明存在着很多的问题，其中最严重的问题是对资源的掠夺和对环境的破坏。早在1972年，英国历史学家汤因比和日本佛学家池田大作曾有过一次对话，对话的主题是对21世纪的展望。对话中，两个人对于人与自然日益对立的情况深感忧虑，对话中的一些思想现在看来越来越显现出具有预见性。到了21世纪，无论是2009年年底的哥本哈根联合国气候变化大会，还是时下流行的“低碳生活”，都表明了人类对环境问题的关注和担忧。关于绿色文明的基本概念和内容，经过学者和专家的探讨基本形成了一些共识。一般认为，绿色文明主要包括绿色经济、绿色文化、绿色政治三个方面的内容。绿色经济，核心是发展绿色生产力，创造绿色GDP；绿色文化，核心是让全民养成绿色的生活

① [波兰] 齐格蒙·鲍曼：《现代性与大屠杀》，杨渝东译，译林出版社2002年版，第10页。

方式与工作方式；绿色政治，就是能够为人民谋幸福的政治，就是一种倡导民主的政治。笔者认为，绿色文化是以上三点的核心，只有唤起世界上绝大多数人的环保意识，只有大多数人成为绿色公民，绿色文明建设才可能成功。

成功建设新文明的重要保证是道德文明的建设。工业文明以资源消耗环境破坏为代价极大的满足了人们的物质需求，但是却没有相应的满足人们的精神需求，关于这一点，法兰克福学派创始人霍克海默（Horkhaimer）在其巨著《启蒙辩证法》之中有经典论述："人性的堕落与社会的进步是联系在一起的……经济生产力的提高，让机器和掌握机器的社会集团对其他人群享有绝对的支配权，社会下层在提高生活水平的同时，付出的代价是社会地位的下降，这一点明显表现为精神的媚俗化。"[①] 建设道德文明的任务在于使人类摆脱对物质和技术的过分依赖，一定程度上把对幸福感的追求转向精神层面，如友谊、家庭幸福以及对社会的责任感等。对精神生活的追求不仅能提高个人的幸福感，而且能降低人们对物质的盲目需求，促进节约文化的建立，最终减少资源的消耗和环境的破坏，有利于建设绿色文明。建设道德文明的第二个要义是推进人性化的企业管理和改进成功评价标准。现代社会的以物质为衡量尺度的成功评价标准以及商业社会对利润的无限追求使得人们工作压力越来越大，人越来越与自己的工作相异化。就像马克思所说的，劳动使人同自己追求自由的类本质相异化。推行人性化的管理文化和注重精神追求的评价标准能有效降低人们的压力，推动人类幸福感的提高。

新文明的建设还要求全世界各个国家携手并进，建立一个相互合作，相互包容的和谐世界。和平是发展的前提，是人类幸福感的最基本来源，建设和谐世界的首要目标是促进世界的和平与发展，在此基础上进一步加

① ［德］霍克海默、阿道尔诺：《启蒙辩证法》，梁敬东、曹卫东译，上海人民出版社 2006 年版，前言。

强合作，解决其他的全球性问题；另外，倡导文化包容也是和谐世界建设的重要环节，各国文化都有其合理和值得借鉴吸收的部分，21世纪新文明的建设虽然是一个新课题，但是，它必然要发掘各国文化的优秀成分，充实自己的内涵；特别是现代社会，移民越来越普遍和频繁，文明的冲突在国家间，在国家内部越来越成为影响社会稳定的潜在因素，建设一个各文明相互包容、相互借鉴的和谐世界是人类社会的必然发展方向。

建设21世纪新文明任重道远，在其建设过程中，必然要借鉴各国或各地区文明中的合理成分，东亚文明在几千年的发展过程中积累了大量优秀的思想和文化，是新文明建设的思想宝库。

二、东亚传统儒家文化的基本内涵

工业文明发源于欧美，主要代表的是西方文明，东亚儒家文明在两千多年的发展过程中形成了与西方文明不同的体系和传统。儒家文化形成于中国的春秋战国时期，从中国的汉代到唐代，儒家文化逐渐传入朝鲜和日本，并被两国所吸收成为本国主导文化，到了中国唐朝时期，东亚儒家文化圈基本形成，主要包括中、日、朝三国。虽然，在长期的发展过程中，三国的儒家文化出现一些差异，形成了具有本国特色的儒家文化，但三国文化的基本内涵是相同的。笔者认为，东亚儒家文化具有三个共同特点。

首先是以人为核心，注重对人的爱护和人的道德修养的提高。具体而言有两点：第一，儒家文化的核心是“仁”。“仁者，人也”[①]，“己所不欲勿施于人”[②]，推行仁政，使社会各阶层的人们都享有生存和幸福的权利。对于仁，其他儒学大师也多有论述，代表性的如孟子的“民为贵，社稷次之，

① 朱熹：《四书章句集注》，上海古籍出版社1995年版，第39页。

② 朱熹：《四书章句集注》，上海古籍出版社1995年版，第196页。

君为轻”[1]。在日本，深受孔子、墨子等人思想影响的日本佛学家池田大作提出了“以生命眼光”看人的观点，“生命的尊严是普遍的绝对的准则，生命的尊严是没有等价物的，是任何东西都不能代替的”[2]。第二，儒学全部学说的总的概括是“内圣外王”，内圣即通过个人修养成为圣贤的一门学问。儒家学说注重对人的精神价值的追求，体现为中国的史学文化，饱读儒家经典的知识分子视名誉胜于生命，对于自己在史书中的地位和后人的看法非常看重，这也是中国历朝历代都出现许多冒死上书皇帝的谏官的重要文化背景。

其次，儒家文化也蕴含着一种忧患意识，并由此引出反省意识和节制文化。中国古代的当权者大多具有一定的忧患意识，如“水能载舟亦能覆舟”警句的提出，又如每逢天降大灾或出现重大过错，皇帝都有可能降下罪己诏，对自己进行批评和反省。在这方面，日本文化中的忧患意识更胜于中国。四艘蒸汽船惊醒了日本的太平梦，日本充分地意识到自己的落后，迅速向西方学习，很快便跃居强国之列。忧患意识是责任感的重要来源。中国古代深受儒家文化浸染的知识分子具有强烈的社会责任感，“天下兴亡匹夫有责”正是他们强烈社会责任感的写照。忧患意识还表现为儒家文化中的节制文化，儒家文化圈一贯注重对人的德性的培养以及强调对人欲望的节制，如中国宋代理学大师朱熹就认为人欲是一切罪恶的根源，倡导“存天理，灭人欲”。另外，节俭文化始终是东亚文化圈的优良传统，在这方面，最典型的应属韩国。在韩国，节约是整个民族的行为和标签。

最后，儒家文化崇尚和谐，包括崇尚人与人的和谐，人与自然的和谐，以及不同文化间的和谐。儒学大师董仲舒提出“天人合一”，指出了人与自然的辩证关系，包含了人与自然和睦共处的思想，其他的儒学大师也很强调对自然的保护，如孟子在《孟子 · 梁惠王上》中的言论就很强调对

---

① 《孟子 · 尽心下》。

② 卞立强编选：《池田大作选集》，北京大学出版社 1988 年版，第 312—313 页。

资源的合理利用，以促进生物资源尽可能的再生；朱熹在《孟子集注》中也指出要“取之有时，用之有节”。同时，儒家文化具有极大的包容性，孔子提出“和而不同”的多元文化观，承认事物的差异性，主张多样性事物之间平等共处、和谐互补。《中庸》说：“万物并育而不相害，道并行而不相悖。”儒家多元宽容的文化理念成为支配东亚文化发展的主导性原则，儒家文化在与其他文化碰撞时能够和平共处，而不会试图以武力消灭或压制其他文化，极大的包容性使儒家文化能有效地吸收外来文化的优点从而保持长久不衰。

通过对21世纪新文明的探讨和对东亚儒家文化的了解，可以看出，二者之间在价值追求方面有着很大的共通性，儒家文化对新文明的建设有很大的借鉴意义。

三、东亚儒家文化对21世纪新文明的贡献

概括起来，儒家文化对新文明的贡献主要表现在以下三个方面：

第一，儒家文化中的节制文化及其所倡导的人与自然的和谐有利于促进绿色文明的建设。建设绿色文明要求人类避免对资源的掠夺和对环境的破坏。儒家文化倡导人与自然的和谐共处是建设绿色文明的核心理念，节制文化的推广和传播有利于减少人们对物质的依赖和需求，促进对资源和环境的保护。

第二，儒家文化以人为本，注重人的精神追求和对社会的责任感的思想，与道德文明建设的核心价值不谋而合。道德文明的建设在于使人们摆脱对物质的过分依赖，以精神追求部分取代物质需求，追求人的全面幸福，这一要求与儒家文化的道德性相通。同时，儒家文化忧患意识带来的人的社会责任感的加强既实现了个人追求的多样化，又能促使个人承担起新文明建设的责任。

第三，崇尚和谐并具有巨大包容性的儒家思想对于减少文明冲突、建

设和谐世界具有很大的借鉴价值。进入21世纪，文明的冲突越来越成为国家间冲突的潜在因素，同时一些国家内部的文明冲突也开始显现。这要求各个国家的文明和谐共处，和而不同，相互借鉴吸收。儒家文化的内在包容性能够给不同文明的和平相处提供有意义的参照。关于文化包容，池田大作认为，20世纪智慧的重要遗产之一可以说是“文化相对主义”，即停止把异文化贬为野蛮和未开化，要承认多样文化各自所具有的独特价值。池田主张对话和交流，主张要对其他不同的文化进行诚实理智的评价，冲淡文化帝国主义带来的危害，从而进入和平与共生的时代。[①]池田大作的和平思想虽然根源于佛教教义，但也深受儒家传统文化的影响，与儒家传统的和谐、包容思想存在一定的共通性。

任何文明的价值都在于满足人类的幸福感。工业文明在其发展过程产生的问题和弊端，使其在满足人类幸福感的历史使命上出现了一定的困难，这促使了人类对新文明的探讨。21世纪新文明的理念在于能持续地满足人类的幸福感，它与工业文明的主要区别在于它的持续性。新文明的建设任重道远，需要不断吸收和借鉴传统文明中的有益成分。东亚儒家文化因其对和谐的推崇以及对人精神追求的重视而与新文明的理念存在很大程度的共通性，儒家文化必定会在新文明建设的过程中做出巨大的贡献。

① 唐凯麟:《多元文化与世界和谐——池田大作思想研究》，人民出版社2010年版，第126页。

文明的物质性和文化的精神性探讨

陈立新[①]

引　言

19世纪后半叶，德国学者开始用文明的物质性和文化的精神性进行对比的方法[②]找寻一个永恒绝对的道德标准，然而这种道德标准非但没有确立，在经历“天演论”、“进化论”、“种族优劣论”为价值指向的二次世界大战之后，西方文明中心主义一度被抛弃，东方文明一度被奉为拯救世界、捍卫和平的不二选择。可在东西方两大阵营冷战对峙的局面彻底瓦解之后，美国抛出了“文明冲突论”，认为西方文明将受到来自伊斯兰文明和儒教文明的挑战，“中国威胁论”一时间甚嚣尘上，西方文明复兴论又被重新拾起。美国自认为是保全西方文明的核心国，但在遭遇“9·11”恐怖事件及金融危机之后，为挽回其颓势，战略重心从欧洲、中东移至西太平洋。但不管如何，中美之间求同存异，合作多于分歧，东西方文明融合论开始抬头，在如何共同应对全球气候变化、环境污染和生态灾难等世界性难题逐渐达成共识，以真正实现可持续发展。

---

① 上海杉达学院人文学院副院长、副教授，新闻传播学。

② [美]亨廷顿:《文明的冲突与世界秩序的重建》，周琪等译，新华出版社1998年版，第24页。“19世界德国的思想家描述了文明和文化之间的明显区别，前者包括技巧、技术和物质的因素，后者包括价值、理想和一个社会更高级的思想艺术性、道德性。这一区分在德国的思想中保持了下来，但在其他地方并没有被接受。”

当今国内研究存在着方法论问题，因概念含混不清造成思想紊乱，不利于展开深入的学术对话和交流。[①] 概念的精准表达是逻辑推理严密性的基础。然而，我们在吸收外来概念的时候几乎不假思索地进行挪用、臆测，文明和文化的称谓固然相近，通常可以互用，实则在使用的具体语境里仍存在质的区别，尤其在我们进行学术对话中，要分清其概念的狭义与广义，更应注重方法的严密性。

本文通过对文化的精神性和文明的物质性分析，用第三只眼睛，重新审视东西方文化·文明的冲突性和融合性所在，探讨一种文化·文明对话的理论架构。

一、东西方对文化和文明的不同解释

（一）语义学上的不同解释

《辞海》对“文化”一词是这样下定义的：1.[名]人类在社会历史发展过程中所创造的物质及精神财富的总和，特指精神财富，如文学、艺术、科学、教育等。2.[名]考古学中指同一历史时段的特点、标志的综合体。3.[名]指运用语言、文字的能力以及一般知识。对“文明”一词则作如下定义：1.[名]指人类在社会历史发展进程中所创造、形成的物质财富和精神财富的总和。2.[形]社会发展到较高层次和具有较高文化、修养的。英语词典：Culture：the ideas，beliefs，and customs that are shared and accepted by people in a society. Civilization：a society that is well organized and developed. 英汉词典：culture：n. 1. 耕田。2. 养殖；栽培。3. 细菌的培养。

① 这种问题俯拾皆是，比如汤一介在驳斥亨廷顿文明冲突论的时候，用文化共存论来作为理论依据，显然缺乏严密性和说服力。其实，亨廷顿更多关注的是意识形态，利益争夺与分配。参见汤一介：“‘文明的冲突’与‘文明的共存’”，《北京大学学报》（哲学社会科学版），第41卷第6期，2004年11月。

4. 教养，陶冶；修养。5. 文化，文明。civilization：n. 1. 文化，文明。2. 文明世界。3. 文明生活，文化生活。

日语词典（《大辞泉》小学馆）："文化"是指人类生活方式的全体。人类用自己的手创造的有形无形的成果的总体。各自的民族、地区、社会都有固有的文化，通过学习进行传习，并通过相互交流获得发展。特指哲学、艺术、科学、宗教等的精神活动及其成果。"文明"是指随着人类知识总量的不断扩大，人世间不断开化，人们的精神生活和物质生活处于丰富的状态。特别是指相对于宗教、道德、学问、艺术等精神文化方面，因技术、机械的发达、社会制度的完善而催生的经济的、物质的文化。

从词源来看，"文化"一词不管是英语、法语的 culture，还是德语 Kultur 等，均来自拉丁语 cultus，原意为耕耘和栽培，即区别于动物的人类固有的生活方式的总体，是一个物质范畴的概念。现代意义的"文化"概念是由英国民族学家泰勒（Edward Bornatt Tylore）在《原始文化》（1871 年）一书中界定的："文化，或文明，就其广泛的民族学意义来说，是包括全部的知识、信仰、艺术、道德、法律、风俗以及作为社会成员的人所掌握和接受的任何其他的才能和习惯的复合体。"[①] 从此，文化的意义逐渐脱离了物质的概念，开始强调精神性。尤其在经济获得迅猛发展之后，文化的意义逐渐倾向于意识形态的精神领域。泰勒对于文化的定义得到学术界的广泛认可，成为具有普适性意义的文化概念。

以上，从语义来判定，广义的文化与文明的概念几乎完全重叠。狭义的文化概念特指精神性方面，而狭义的文明概念特指物质性方面。

① ［英］爱德华·伯纳特·泰勒：《原始文化》，连树声译，上海文艺出版社 1992 年版，第 1 页。

（二）“文明”诸论

1. 福泽谕吉的“文明体制论”

在东亚汉文化圈，最早定义“文明”这一现代用语的非福泽谕吉莫属，在他的《文明论概略》（1875）第三章‘论文明的涵义’中指出，文明就是人类智德进步的状态。文明一词英语叫作“Civilization”，来自拉丁语的“Civilidas”，即国家的意思。所以“文明”这个词，是表示人类交际活动逐渐改进的意思，它和野蛮无法的孤立完全相反，是形成一个国家体制的意思。他把文明比作剧场、海洋和仓库，制度、文学、商业等是演员、河流、衣食。认为“文明是一个相对的词，其范围之大是无边无际的，因此只能说它是摆脱野蛮状态而逐步前进的东西”①。他还特别针对国家体制的不同进行了论述分析，认为“君主政治未必良好，共和政治也未必妥善，不管政治的名义如何，只能是人与人关系上的一个方面，所以不能光看一个方面的体制如何，就判断文明的实质。如果体制不合适也可以改变，如果不影响大局也可以不改。人类的目的唯有一个，就是要达到文明”②。

这部著作最大的贡献其实就是否定了东亚文明的核心部分——君臣关系这一政治制度的伦理依据，确立了日本文明前进的方向，使日本能够保全独立国家的意志。认为先有物而后有伦，并不是先有伦而后有物，只有父子夫妇长幼朋友是人类天赋的关系，是人的本性。君臣非天伦，君臣政治是可以变革的。这为“脱亚入欧”论奠定了一个理论基础。成功脱亚并非一定能入欧，但不管如何，日本的成功转向使其免遭西方的蹂躏。

2. 辜鸿铭的“文明宗教论”

辜鸿铭晚年在日本讲学谈到东西方文明差异时，首先将文明定义为美

① ［日］福泽谕吉：《文明论概略》，北京编译社译，商务印书馆 1992 年版，第 30 页。

② ［日］福泽谕吉：《文明论概略》，北京编译社译，商务印书馆 1992 年版，第 40 页。

和聪慧。欧洲文明是把制作更好的机器作为自己的目的，而东洋则把教育出更好的人作为自己的目的。欧洲文明其实就是比物质文明还要次的机械文明，没有精神的东西。“盖因今日之欧美，宗教乃一事，仅为礼拜日所做之事；中国则不然，文明乃另一事，乃七之六日必做之事，宗教即文明，文明即宗教；二者乃同一之事，亦即人之精神生活之形式或表现，非仅为礼拜日所做之事，而乃人之每日必做之事。”① 他甚至批判美国为“非文明国家”②。而“中国文明的精神自元代以后，在中国本土就不复存在。为了保护这个文明，日本必须把复兴真正的中国文明引为自己的天职”③。

按照辜鸿铭的理解，要评估一种文明的价值，并不是看这种文明创造出了多少物质财富，也不是看它创造了什么样的制度、艺术与科学，而是看它塑造了什么样的人，塑造了什么样的男女。中国文明的特质，即中国人所具备的沉潜、豁达、纯朴而优雅的品质，具备正义感、同情心及对美的热爱与尊重。④“文明的真正涵义，也就是文明的基础是一种精神的圣典。”即“道德标准”⑤。

3. 池田大作的“文明生机论”

池田大作在与汤因比的对谈中，也谈到了文明与宗教的关系。他特别关注到了文明发生的动力源泉。“为使文明发生和发展，不但需要有社会、群体生活，还要有剩余时间。这三者是跟提高生产力紧密相连的。生产力的提高带来了剩余物资。艺术家、建筑家、诗人、政治家等，才能有生活来源。实际上，为了完成历史上有重大意义的事业，需要集结大量的人力资源。有组织的社会群体就成为供给人才的源泉。而剩余物资又给人们提

① 辜鸿铭：《春秋大义：中华文明之精神》，颜林海译，四川文艺出版社2009年版，第104页。

② 辜鸿铭：“Uncivilized United States”，《纽约时报》，1921年6月12日。

③ 黄兴涛编：《辜鸿铭文集》（下卷），海南出版社1996年版，第282页。

④ 参见汪堂家编译：《乱世奇文：辜鸿铭化外文录》，上海人民出版社2002年版，“春秋大义序”，第267—269页。

⑤ 黄兴涛编：《辜鸿铭文集》（下卷），海南出版社1996年版，第280页。

供了创造性。”[①]

他紧接着谈道：“生产力的剩余、社会组织、人的愿望，都是建设文明的素材，但它还不是文明应当具备的灵魂。也就是说，即使文明的素材已经齐备，这还不够，还要有更深的前提，即‘为什么而建设’这一思想意识。人力资源的动员，设计者的意图，都要从这一问题出发。而看准这一方向，掌握这一方向的智慧，是来自宗教，来自哲学。”[②]

4. 汤因比的“文明运动论”

汤因比采用斯宾格勒（Oswald Spengler）的“文化形态学”方法论，将人类出现的高级文明分为21个子文明，并论证这21个文明之间只有文化形态的不同但并没有高低之分。作为尚未解体的文明，他列举了西欧文明、东欧希腊东正教文明、伊斯兰文明、印度文明和东亚文明五种。汤因比认为，东亚文明是以称之为大文明的中国文明为核心的，其周边有三个“卫星文明”，即日本文明、朝鲜文明和越南文明。“衰退的希腊艺术与大乘佛教结合，产生了一种别具特色的富有创造力的文明：大乘佛教文明穿过亚洲向东北方向流传，并发展成为远东文明。”他还把文明传播扩散的特性比喻为精神的辐射之波，“希腊文明之波和印度文明之波相结合，于是就产生了远东的佛教文化”。“希腊文明之波与叙利亚文明之波相结合，从而产生了我们西方世界的基督教文化。”[③]“在这每　种文明中，人类都是试图超越起码的人性——即超越原始的人性——以达到某种更高尚的精神生活。”“文明是一种运动，而不是一种状态，是航行而不是停泊。”[④]

汤因比承认西方文明在一次大战后开始萎缩，但它的优势依然空前，

① ［英］汤因比、［日］池田大作：《展望21世纪——汤因比与池田大作对话录》，荀春生等译，国际文化出版公司1985年版，第349页。

② ［英］汤因比、［日］池田大作：《展望21世纪——汤因比与池田大作对话录》，荀春生等译，国际文化出版公司1985年版，第350页。

③ ［英］汤因比：《文明经受着考验》，沈辉等译，顾建光校，浙江人民出版社1988年版，第46页。

④ ［英］汤因比：《文明经受着考验》，沈辉等译，顾建光校，浙江人民出版社1988年版，第47页。

因为没有一个文明像西方文明那样能把其影响扩展到全世界。“到1914年，欧洲的贸易与通讯网络已走向世界，差不多全世界都加入了万国邮政组织；欧洲的机械动力设施——蒸汽轮船、铁路和摩托卡车——已经迅速地渗入各国，欧洲民族不仅把新世界变成了自己的殖民地，而且征服了印度和热带非洲。”① 包括西式学堂、女权运动、议会制度等社会政治面貌遍及整个世界。他甚至认为：“在今天的中国，共产主义战胜了从基督教分离出来的西方文明，这并不表明，在将来的历史篇章上基督教在中国是没有前途的。”②

5. 泰戈尔的“文明完美论”

泰戈尔对老子的思想有一种天然的亲近感。正是这种亲近感再次雄辩地证明中印两国古老的文明里流淌着共同的基因。在“文明与进步”一文中，泰戈尔对于西方文明的理解颇为透彻，在西方，文明等同于“进步”，进步是以物质繁殖的速度来衡量的，而文明之于东方人有其独特的理解，文明等同于“完美”。并认为文明的使命，就是为我们给出价值的标准。他用了一个形象的比喻：靠马力衡量进步的人，他们的精神力自然低下。马力用于驱动，精神力用于维系持久。那驱动的，我们称之为进步的原则；那持久的，我们称之为“dharma”，这个词，我认为应该译作“文明”。③

6. 龙应台的“文明共识论”

今年8月1日龙应台在北大的演讲中，真诚希望大陆同胞不要跟她谈

① [英]汤因比：《文明经受着考验》，沈辉等译，顾建光校，浙江人民出版社1988年版，第90页。

② [英]汤因比：《文明经受着考验》，沈辉等译，顾建光校，浙江人民出版社1988年版，第270页。我们不得不佩服汤因比的先见之明，据2010年8月11日发布的中科院《宗教蓝皮书》中估算，中国基督教信徒总数已经占到中国总人口的1.8%。这是非常保守的统计，也有研究者认为这个边缘化群体已经超过8千万甚至达到1亿。在7月26—27日，在中国人民大学召开的“中国宗教的现状与走向：第七届宗教社会科学年会”上，美国普度大学“中国宗教与社会研究中心”的研究者们公布了他们的最新研究成果，称中国自我认同为基督教信仰者最多有3300万人，其中信仰基督新教的有3千万，信仰天主教的有3百万。

③ 沈益洪编：《泰戈尔谈中国》，浙江文艺出版社2001年版，第70页。

“大国崛起”，不要跟她谈“血浓于水”，而是盼望中国是一个敢于用文明的尺度来检验自己的国度。“如果说，所谓的大国崛起，它的人民所引以自豪的，是军事的耀武扬威，经济的财大气粗，政治势力的唯我独尊，那我宁可它不崛起，因为这种性质的崛起，很可能最终为它自己的人民以及人类社区带来灾难和危险。”“如果我们对于文明的尺度完全没有共识，如果我们在基座的价值上，根本无法对话，‘血浓于水’有意义吗？”

这个文明尺度的具体内涵是什么呢？是共识——共同的价值观。“国家是会说谎的，掌权者是会腐败的，反对者是会堕落的，政治权力不是唯一的压迫来源，资本也可能一样的压迫。而正因为权力的侵蚀无所不在，所以个人的权利，比如言论的自由，是每个人都要随时随地，寸土必争，绝不退让的。”“如何衡量文明？我愿意跟大家分享我自己衡量文明的一把尺。它不太难。看一个城市的文明的程度，就看这个城市怎样对待它的精神病人，它对于残障者的服务做到什么地步，它对鳏寡孤独的照顾到什么程度，它怎样对待所谓的盲流民工底层人民。对我而言，这是非常具体的文明的尺度。”“一个国家文明到哪里，我看这个国家怎么对待外来移民，怎么对待它的少数族群。”人人都享有免于恐惧的自由。

7. 小结

在福泽那里，文明是智德进步的状态，具体来说是国家体制，是精神性指向的。辜鸿铭指摘西方文明是没有精神的机械文明，也的确击中要害，认为真正的文明就是宗教，东方文明基本没有偏离方向，这跟池田大作的观点非常相似。泰戈尔与辜鸿铭的观点也非常接近，把西方文明归结于物质繁殖速度的进步，与汤因比“进步信仰”的观点也是不谋而合。而龙应台则把“共识”作为文明的尺度，把自由民主的价值纳入所谓的共识。

总之，文明在西方是指向物质性的，而在东方是指向精神性的。但也有相反的情形，这里就不展开。

（三）“文化”诸论

1. 朱维铮的“文化中介论”

朱维铮主张文化包括精神和物化了的精神。心灵世界与物理世界之间必定要有一个中介，文化便兼具两个世界的中介性质。“它的底部表现为物化的精神，因而要更靠近物理世界。它的上部大多表现为单纯的精神，因而更靠近心理世界。如果说这一诠释符合实际，那么可以说我们的世界具有三重结构，基部是社会结构，顶部是心理结构，联结二部的就是文化结构。”[①] 所以，他认为文化是社会生活的部分，而不是整体。这个观点比较独特。

2. 陈序经的“文化动静论”

20世纪40年代，陈序经在西南联大首开“文化学”课程，他梳理了泰勒、穆勒莱尔（T.Muller-Lyer）、托马斯（W.I.Thomas）、萨皮尔（E.Sapir）等对文化的解释，认为“从文化的成分或是静的方面来看，它是含有物质与精神各方面。从文化的发展或是动的方面来看，它是含有变化与累积的历程。若从文化的整个或是这两方面——动与静的——来看，它是一个复杂的总体”[②]。这种观点在朱维铮那里也找到了共鸣，文化相对于物质和精神两个世界来说，都属于因变量，“但它的促动作用，也是它在一定情形下成为自变量，从而显示它自身也是一个过程，一个处于生成、定型、破裂与转化的永恒运动中的过程”[③]。

3. 梁启超的“文化共业论”

20世纪20年代掀起的“新文化运动”，梁启超几乎处于精神指导者的地位。他在《什么是文化》一文里作了如下定义：文化者，人类心能所开积

---

① 朱维铮：《学苑英华·壶里春秋》，上海文艺出版社2002年版，第14页。

② 陈序经：《文化学概观》，中国人民大学出版社2005年版，第24页。

③ 朱维铮：《学苑英华·壶里春秋》，上海文艺出版社2002年版，第15页。

出来之有价值的共业也。“共业”是佛家术语。如何理解这个“业”呢？他用泡茶渍在茶壶里的“茶精”做比喻。“茶精是日渍日多，永远不会消失的，除非将壶打碎，这叫做业力不灭的公例。在这种不灭的业力里头，有一部分我们叫他做‘文化’。”①他用价值的有无做标准来看待宇宙间的事物，认为可以分成两块：“一是自然系，二是文化系。自然系是因果法则所支配的领土，文化系是自由意志所支配的领土。”②对于文化系统的形成，他作了如下描述：“人类有创造模仿两种‘心能’，都是本着他的自由意志，不断的自动互发。因以‘开拓’其所欲得之价值，而‘积厚’其所已得之价值。随开随积，随积随开，于是文化系统以成。”③对于文化的内涵，他断定“文化是包括人类物质精神两面的业种业果而言”④。

4. 汤因比的“文化辐射论”

“当一根运动着的文化射线被它所碰撞的外在机体的阻力衍射成科技、宗教、政治、艺术等学科成分时，其科技成分比宗教成分易于穿透得较快和较远。”也即“文化辐射中各种成分的穿透力通常与这一成分的文化价值成反比”⑤。科技在文化的成分里头，是“物化了的精神”，现代科技在出行、沟通方面彰显了它的进步，因而穿透力强大，然而文化价值却比较小。艺术终究也是“术”，也是“物化了的精神”，穿透力也较强，“艺术无国界”便是明证。可是这种“物化了的精神”在市场化、全球化的作用下几乎主宰了人与自然割裂的行为，成为文明与文化发展失衡的根源。

5. 孙隆基的“良知系统论”

人跟动物比较而言，除了生物性的“遗传系统”之外，还具备了一套

① 梁启超：《梁启超全集》，北京出版社 1999 年版，第 4060 页。
② 梁启超：《梁启超全集》，北京出版社 1999 年版，第 4060 页。
③ 梁启超：《梁启超全集》，北京出版社 1999 年版，第 4062 页。
④ 梁启超：《梁启超全集》，北京出版社 1999 年版，第 4062 页。
⑤ [英]汤因比：《文明经受着考验》，沈辉等译，顾建光校，浙江人民出版社 1988 年版，第 272 页。

“良知系统”。“文化”是人类独有的现象，“它是人对自身的生物性的加工，并对这个生物性做出某一个程度的调整”[①]。但这个良知系统并非完全等同于宗教、哲学、意识形态这一类精神价值体系。精神体系所涵盖的范围比之良知系统来得广阔，因为它是超文化的。他举了这样的例子很能说明问题。“天主教与马克思主义都可以共同为东方人与西方人所接受。然而，同样一套精神价值体系在不同的文化中却往往呈现出不同的形态。因此，这个体系不能说明文化差异。”[②] 另一方面，任何精神价值体系，它同时又是广义文化的一部分，“这类体系，在任何文化中，总是扮演申明文化‘理想’的角色，而不是去代表生活层次的‘现实’”[③]。所以，“良知系统”是文化的基本结构，又是文化的深层结构，这个深层结构可以理解为文化潜意识，也可以比喻为语言的文法结构。

6. 小结

综上所述，文化的精神性指向是比较明确的。但并不是说，文化可以脱离物质性。罗伯特·M. 麦基弗（Maclver，Robert M.）的观点比较明快，他认为跟文明比起来，“文化不是工具而是目的、是价值、是时款、是情绪的结合，是智识的努力”[④]。

二、文明与文化的关系

（一）“磁铁理论”

在陈序经看来，用物质与精神来区别文化与文明是很不妥当的。“所谓

① 孙隆基：《中国文化的深层结构》，广西师范大学出版社2004年版，第3页。
② 孙隆基：《中国文化的深层结构》，广西师范大学出版社2004年版，第5页。
③ 孙隆基：《中国文化的深层结构》，广西师范大学出版社2004年版，第5页。
④ 陈序经：《文化学概观》，中国人民大学出版社2005年版，第34页。

文化与文明，至多也不外是一个东西的两方面，事实上是不能分开的。”[①] 但他也并未完全否认区别这对概念的道理。也有人认为文化具有普遍性，而文明则具有特殊性。不管怎样，其实在学术探讨上是非常需要区别这两个概念的。

我们不妨把文明和文化的复合体称之为人类历史的集合体。这个集合体可以形象地比喻为一块“磁铁”。如果把磁铁的S极比作精神性指向的文化的话，那么N极便是物质性指向的文明了。文明与文化是无法切割的，首尾相连，浑然一体。

甘地的非暴力运动其实是用印度集合体的S极来消解西方殖民扩张主义的N极，并最终取得了胜利。而“中体西用”论指导下的洋务运动，便是用中国的S极粘合西方的N极去抵挡西方的N极，结果丧失了固有的磁性，惨遭失败。我们知道，磁铁分两种，一种是永久性磁铁，一种是非永久性磁铁。非永久性磁铁加热到一定程度，会使组成磁铁的“元磁体”之排列从有序变成无序而突然失去磁性。日本的“和魂洋才”比之“中体西用”的粘合度高是因为落实到了每一个“元磁体”，然而当他面对“洋魂洋才”时，最终也摆脱不了突然失去磁性的命运。最具典型意义的是，模仿西方爵位制度持续了将近七十八年的“华族制度”的终结。当然，日本战后在美国庇护的磁场作用下，又重新被“磁化”，日美同盟与和平宪法的确立使其恢复了磁性。

亨廷顿的文明冲突论，也可以形象地理解为，无论是中华文明和伊斯兰文明，与西方文明相冲突，是因为都握有核武器的N极，且经常相向而对。而各自相对应的S极的作用通常没有发挥出来，导致精神上的隔阂而无法去化解。

① 陈序经:《文化学概观》，中国人民大学出版社2005年版，第35页。

（二）文明与文化的失衡状态

文化会产生与之相适应的文明。正如汤因比所言：文明是意志的产物。汉文化在经历战国百家争鸣时代跨入秦汉帝国时代的时候，已经使自己的文明进入了巅峰状态。之后的汉文化融合了佛教又产生了与之相适应的唐宋文明；至明代，汉文化重拾道教主体文化并揉合回教与佛教，产生了与朱子学相对的阳明学，但以农业为主的东方文明无法应对来自蛮族以及西方文明的挑战，如今在剥离基督教的西方工业技术文明的浸淫之下，汉文化精神几乎丢失殆尽。以儒教为代表的家国文化随着家庭的崩溃成了没有土壤的空中花园，本土文明的回归之路何其遥远。我们不得不这么认为，文明的性格与语言宗教和地理环境密切相关。美国汉学家狄百瑞（William Theodore De Bary）把东亚文明分成五个阶段，依据是宗教的嬗变过程，即秦汉帝国（儒教）、唐帝国（佛教）、宋明帝国（新儒家）、近代化转化期（东西文明冲突）、现代（后儒家）。[①]

孔子说："六合之内，圣人议之；六合之外，存而不论。"可我们现代人非要深入到神通的层次，像原子核的内部结构，于是原子弹就造出来了，人类惶惶不可终日，又非要搞清楚基因，灭亡人类自身种族的行动也就开始了。这些神通使人类的力量空前膨胀，也使每个人的个体地位日益衰弱，整个人类岌岌可危，焉知是祸是福。人的认知能力已经走到实证科学的极限，大到对太阳系空间以外的探测，小到对原子结构的分析，要想更大或更小都很艰难。科学已经走到需要哲学给予指引的时候了。[②] 也就是说，文明与文化的关系完全失衡了。灾难、大劫难是宇宙法则的显现，是"调节器"，可如今文化发展几乎处于停滞状态，人类不得不听命于这个"调节器"了。

---

① 参见狄百瑞：《东亚文明——五个阶段的对话》，何兆武、何冰译，江苏人民出版社1996年版。

② 参见吴见非：《文明的对话》，团结出版社2008年版。

（三）“精神文明”提法的妥当性

“精神文明”这一提法的国内始作俑者，很可能是胡适。他在1935年3月31日天津《大公报》发表的《试评所谓中国本位的文化建设》一文中曾说：“我们肯往前看的人们，应该虚心接受这个科学工艺的世界文化，和它背后的精神文明。”胡适以为文化是偏于物质方面的东西，而文明是偏于精神方面的东西。[①]

在新中国，精神文明的提法大致可以确定在20世纪80年代初。《建设社会主义精神文明问答》中，是这样定义精神文明的：从广义说，指人类社会历史实践过程中所创造的整个精神财富。它包括教育、科学、文化，也包括理想、道德、传统和风尚等意识形态。作为意识形态，它是一定社会的政治和经济的反映，又给予巨大影响和作用于一定社会的政治和经济。在有阶级的社会中，它具有阶级性。这也很容易导致“精神的物化”倾向，陷入“失魂落魄”的状态。

结　语

“磁铁理论”比较形象地概括了文明的物质性指向与文化的精神性指向，几乎可以让任何不同层次的人都可以理解。笔者认为，在此基础上的对话才会更有效；也几乎可以终止因概念的混乱导致的思想紊乱，可以让喋喋不休的概念争论沉静下来，把更多的精力放到精神交流中去。

文化的发生发展离不开社会信息的交流共享，因此不排斥相互交流。而文化同样需要多样化，所以会贴上民族的标签，甚至可以把衣食住行统统加以区别开来，比如茶文化、服饰文化等。民族文化最基本的特征不在于衣食住行、生存空间等物质性元素，而是信仰、方言、种性等非物质性元素。这几样东西要改变它，是要经历漫长的过程。物质性元素容易被剥

① 陈序经：《文化学概观》，中国人民大学出版社2005年版，第33页。

夺、侵占，然而，当某种民族文化一旦发展到高层次的文明，即使生存空间遭到破坏，也还是有其强有力的生命力的。最典型的例子莫过于犹太文化了。当然我们的汉文化也是一以贯之，绵延几千年的唐宋时代更是引领风骚，向世界展示了华夏文明的博大精深。

有学者指陈文明大致会有三种存在形式：第一种情形如四大文明古国，是在互不接触情形下“共存”；第二种情形如日本灭琉球、美国灭夏威夷，是在互相冲突情形下“死亡”；第三种情形如当今东方、西方、伊斯兰之三角，是在力量均衡情形下“共存”。就如单一物种不可能生存，单一文明也不可能独自存在下去。同样，文化也必须多样化，亨廷顿反对美国国内文化多元，主张世界文化多元的观点耐人寻味。[①]

“上帝死了”之后，西方文明确实已脱离原来的信仰，汤因比认为，欧洲已转向三种信仰：其一是对科技给社会带来进步的信仰，其二是国家主义，其三是共产主义。[②]西方的转向给现代中国影响极大，但中国并未如先进诸国那样，猛烈地推进过量工业化，追求国民生产总值的高速增长。恰恰相反，中国仍然恪守田园农业这一基础，在自我调节的产业化过程中，有分寸地建设着文明。同时，还致力于防止人口向都市集中，避免机械化排斥其他社会生产手段，维护着人类的自然本性。这就是说，农业并未停止不前，而工业又未过度激动，将谋求“农工平衡”作为最大的课题，既非西方式“爆炸型”的生活方式，又非前工业化农业社会“化石型”的生活方式，即将西方文明“流动性”与中国文明“稳定性”合而为一的“第三种道路”，作为未来的道路。

汤因比的理论假设是建立在“自力更生的农业基础论”之上的，历史

① “一个多元文化的美国是不可能的，因为非西方的美国便不成其为美国。多元文化的世界则是不可避免的，因为建立全球帝国是不可能的。维护美国和西方需要重建西方认同，维护世界安全则需要接受全球的多元文化性。”见亨廷顿：《文明的冲突与世界秩序的重建》。

② [英]汤因比、[日]池田大作：《展望21世纪——汤因比与池田大作对话录》，荀春生等译，国际文化出版公司1985年版，第358页。

进程的主导力量是占全国人口80%以上的农民，汤氏无论如何也没想到，中国农村人口比例已骤降至57%（2005年），经济学家们不遗余力地鼓吹中国要成为经济强国必须把农业人口比例降至25%（张五常2002年预测）以下。可见，中国城市化进程速度之快几乎是在复制日本，这实在是让汤氏万万没有估计到的。

学界早就有这样的共识，东方文明是个早熟的文明，是一栋基础稳固且完整的建筑，而西方文明是晚熟的，是一栋基础不稳固的、未成型的屋子。有学者甚至认为《周易》就是史前百科全书的残篇，是西方化学思想体系的源头，是地球文明的起点。[①]然而，宇宙、神、人共融共存的史前吠陀原则，能否作为世界文明的原始基因，是否能再一次在全球复兴？[②]值得学界同人深思。

① 参见雷元星:《文明的起点》，上海东方出版中心2006年版。

② 徐达斯:《上帝的基因——破译史前文明密码》，重庆出版社2008年版，第342页。《薄伽梵歌》的全部教导，由5大主题或真理及其相互关系之阐释编织而成:即至尊主宰者、个体生命、物质自然、时间、因果业报，这五者一起同时构成了绝对真理的整体。

池田大作的“人性革命”思想及其启示

曾学龙[①]

在1949年出版的《大白莲华》杂志中，池田大作先生首次提出了“人性革命”的思想，他说：“人性革命即确立人生的目的观，并努力自我完成，不仅要确立现世眼前的，更要注重永远的坚定不动摇的生命观。”[②]池田大作强调：“人生就是努力创造价值获得幸福并做贡献。”时过近六十年后，2007年4月在美国芝加哥大学做的《人性革命——转变我们的生活方式》演讲报告中，池田大作再次用精辟的语言阐述了“人性革命”的思想，他说：“把以自我为中心的生活方式，改为贡献他人的生活方式，这就是‘人性的革命’。”[③]在人类步入新世纪的今天，池田大作先生关于“人性革命”的思想对我国的社会主义精神文明建设具有极为重要的现实意义。

---

① 现任广东仲恺农业工程学院人文社科系主任，教授。主要从事马克思主义理论与思想政治教育研究。

② http: //laiba.tianya.cn/tribe/showArticle.jsp?groupId=139239&articleId=263898586697064641859239

③ [日]池田大作：《人性革命——转变我们的生活方式》。

一、"人性革命"思想提出的依据

（一）"人性革命"思想提出的现实依据

池田大作关于"人性革命"思想的提出有其深刻的社会背景，其现实依据主要是两个危机的思想：一是人与自然的危机，二是人与人的危机。

池田大作在其许多的论述中，深刻揭示了现代社会的人面临的两大危机。比如，他分析了人与人之间冲突最明显最严重的直接暴力——战争、贫困与压迫所造成的个性丧失、权力压迫以及人的肉体的危机、精神的危机和道德的危机。他指出："在物质世界充分优裕的时候，没有构筑一个丰富健康的精神世界。这也是现代人面临的最大问题。"

池田大作对 20 世纪的自然所面临的破坏与生态环境等危机表示出了极大的担忧，认为如此下去，大自然与人类将会走向灭亡，地球将变得荒芜不堪。然而，世上的领导人却只汲汲于眼前的利益，对更长远的未来视若无睹。如何打开这种局面？池田大作和罗马俱乐部的创办人奥雷利奥·佩切伊博士共同提出了"人类自身变革是至关重要因素"的思想。即通过人性革命，"使人理解人生的意义和目的，找到正确的生活方式"[①]。

（二）"人性革命"思想的理论依据

池田大作先生关于"人性革命"思想的理论依据是建立在佛性基础上的"善恶不二"的人性论。池田大作认为："人人心中潜伏了'恶性'和'善性'。"称之为"魔性的欲望"[②]。"所谓'魔性的欲望'就是人想统治别人，或以自然的统治者出现。这一切都可以看作是'魔性的欲望'所迷惑的各

① [英]汤因比、[日]池田大作：《展望 21 世纪——汤因比与池田大作对话录》，荀春生等译，国际文化出版公司 1985 年版，第 39 页。

② [日]池田大作：《和平世纪的倡言》，香港天地图书有限公司 1997 年版，第 145 页。

种欲望发生作用的结果。”[①]

池田大作对人性的认识基本上来自佛教思想，比如，《法华经》的三大思想之一是“万人的成佛”，意思是每个人的身上都具有善良、生命力、感性以及各种能力。池田大作认为，人的善性中包含了信任、惭愧、无贪（能控制贪欲的力量）、不害（抑制暴力的力量），通过开发这些善性，就能启迪并获得大智慧。

池田大作认为，只有通过“人性革命”方能控制“恶性”，彰显“善性”。“作为人性的善与恶，是人与生俱来的生命本身所固有的，人对生命的尊重与否实际上仍只是人性善恶的一种外化、延伸和表现形式，因此，对生命的尊重可以作为善恶判断的外在标准，要截断恶源，必须从人性的恶的认识开始，这也是‘人性革命’的起点。”[②]

池田大作还认为，人类经历了无数次的革命——农业革命、科学革命、产业革命，以至政治革命。可是，这一切只不过是人类和社会表面的改变。要想使人类从根本上发生改变，就要从每个人的内心开始革命。

二、“人性革命”思想的基本内涵

（一）尊重生命，回归生命——“人性革命”思想的立足点

确立尊重生命、回归生命的生命观，使人在创造价值中做贡献获幸福，是池田大作“人性革命”思想的基本立足点。

池田大作认为，生命的存在是人最宝贵的，生命的尊严是人的最高价值，因为“生命是尊严的，就是说，它没有任何等价物。任何东西都不能

① [英]汤因比、[日]池田大作：《展望21世纪——汤因比与池田大作对话录》，荀春生等译，国际文化出版公司1985年版，第392页。

② 冉毅：《“人性革命”——池田大作“人学”思想研究》，四川人民出版社2005年版，第166页。

代替它”[①]。因此，“人要像人一样的生活，首先必须要承认自己的基点即生命的存在这一大前提，把立脚点放在这里”。“教育的根本课题是在于说明和回答人类应该怎样存在，人生应该怎样度过这些人类最重要的问题。”[②]他认为，人如果过着只顾享乐的生活，欠缺更高层次的人生目标，那真正幸福只是一个虚无缥缈的目标。“幸福之道不在于积存物质的财富，而在于让内心世界变得更丰裕、广大。所谓‘幸福’就是‘内心的充实’。人不应只顾自己，唯有为他人的幸福努力，内心才可变得更充实更有深度。”[③]

池田大作还认为，人的生命不仅是自然生命与价值生命的和谐统一，而且价值生命也要达到真善美、理性与非理性、认知与情感的统一，这是生命和谐发展的内在要求。他强调：“人的生命本身就是一种目的，绝对不可将之变成手段。正是树立了这样一种生命的尊严观，因此才可以作为面向 21 世纪的最重要的命题。”可见，池田大作所倡导的生命观，是反对功利主义倾向和关注人的健康发展的生命观，这种生命观从关注知识、能力、情感单一的发展，到关注人的全身心完整的发展，不断实现着向生命的回归，体现了对生命的高度尊重和亲切的关怀。

（二）克制恶性，彰显“善性”——“人性革命”思想的着眼点

池田大作对人性的认识是佛教的“善恶不二”论，认为人的本性既非善，也非恶，两者兼而有之。人性既有可能成为善的，也有可能成为恶的。他把这种恶性称为“魔性的欲望”，认为这种“‘魔性的欲望’本来就存在于人的生命内部，是不能彻底消除的。只能反复削弱其作用，不断地使其冥伏。这种战斗，是人的宿命。”由于人性在本质上既有向善的可能性，也有趋恶的一面，这就决定了人始终有一个趋善避恶、扬善抑恶或弃恶从善

① [日]池田大作：《人生的座标》，香港商务印书馆 2003 年版，第 105 页。

② [英]汤因比、[日]池田大作：《展望 21 世纪——汤因比与池田大作对话录》，荀春生等译，国际文化出版公司 1985 年版，第 60—63 页。

③ http://laiba.tianya.cn/tribe/showArticle.jsp?groupId=139239&articleId=263898586697064641859239

的问题，因此，池田大作非常注重人性的改造与提升。他认为“人性革命”的着眼点就是克制恶性，彰显“善性”，把欲望引向创造生命的方向，使“小我”与社会宇宙的“大我”有机地结合起来，使人们自觉地把自己献身于宇宙。正如池田大作所说：“人不应只顾自己。唯有为他人的幸福努力，内心才可变得更充实更有深度。”

池田大作还认为，小我是与欲望相连的，完全消除欲望是不可能的，必须“通过对‘大我’（宇宙的普遍的自我）的觉悟，去克服跟欲望相通的‘小我’（个人的自我）”[①]。因此，他主张不依靠社会的强制性力量，而是依靠道德教育充分发扬生命的自主性和能动性。“最重要的是：每个人都应该自觉认识到人的内心深处都存在善恶两方面，并竭力抑制残暴的破坏性冲动。”[②] 只有促使更多的人从内心取得和谐，完成“人性革命”，人与人之间、人与自然之间的关系才会变得和谐。

（二）开发生命，创造价值——“人性革命”思想的着力点

池田大作在表述他对生命意义的认识时始终贯穿着一个基本的佛法理念，开发生命，即从生命的内部开发智慧，强化以每个主体生命的实践性、创造性来体现生命的意义。他认为：“在雄伟壮丽的人类生命当中，潜藏着财宝、名声、权力都无法买到的无限的价值。就随意举例而言，创造的热情和才智、思考的力量、慈爱的情感、发现真理的洞察力、正义感和良心、充满勇气不屈不挠的意志等，都能够充分表现出人类的尊严。”[③] 池田大作强调，生命其自身既是作者，又是作品。作为作者，人是创造的主体；而作为

① [英] 汤因比、[日] 池田大作：《展望21世纪——汤因比与池田大作对话录》，荀春生等译，国际文化出版公司1985年版，第395页。

② [日] 池田大作、[德] 狄尔鲍拉夫：《走向21世纪的人与哲学》，宋成友等译，北京大学出版社1982年版，第100页。

③ 转引自唐凯麟、高桥强：《多元文化与世界和谐——池田大作思想研究》，人民出版社2008年版，第517页。

“作品”，人又是创造的客体，正是这种主客体“不二”，价值创造才是可能的。

开发生命的思想最早来自巴基斯坦的玛卜鲁·帕克与印度的阿玛鲁提亚·森提出的“人的开发”理论。人的开发就是把人的潜能挖掘出来并加以提高：“人生活在这个世界的同时，兼备特定的潜能。开发的目的就是要提高每个人的能力，创造出横跨两代人，能扩大获取机会的环境。‘人的开发’真正的基础就是每个人追求生存权利得到普遍的认同。”[①]阿玛鲁提亚·森也指出：“现实世界中总是有很多东西制约、束缚着人的生命，阻碍了潜能现实化的实现。人的开发的主要侧重点应该放到消除这种阻碍之上。”[②]但与玛卜鲁·帕克和阿玛鲁提亚·森提出的“人的开发”不同的是，池田大作不仅强调要开发人的潜能，更主张开发人性。按照《法华经》的解释，人的开发主要是“人性开发”。“人性开发”就是要开发人的善性，在针对“9·11”事件而撰写的论文《我们必须战胜的恶魔》中，池田大作提出消除恐怖主义不仅要构筑一个时代性的国际合作机制，而且要对人的善性进行深层次的挖掘。

潜能开发还包括开发人的智能与情商，按照《安全保障的今日课题——人的安全保障委员会报告书》提出的观点，主要是通过“能力强化”的手段来实现。“能力强化”就是指一个人在孤寂的环境中也能自立自强，能把自身的潜能发掘出来，强化自己的综合素质。可见，开发人性与开发潜能是相对应的，前者是开发生命的基础，后者是生命开发的归宿与立足点，最终目的是强化自身素质，用自己的生命创造新的价值，从而提升自己的人生价值。

---

① 《人的开发报告书》，国际协力出版社 1994 年版，第 13 页。

② 《安全保障的今日课题——人的安全保障委员会报告书》，日本朝日新闻社 2003 年版，第 31—32 页。

三、“人性革命”思想对道德教育的启示

（一）“人性革命”思想符合社会发展和价值追求的趋势

20世纪以来，人类社会发生了巨大的变革，科学革命、产业革命、农业革命以至政治革命接踵而来，不管是哪种类型的“革命”，都意味着社会的变迁与转型，而随着社会变革的发生，必然会对人类的精神生活产生影响，池田大作在预见到社会将出现这一变化的时候，提出在人的内心来一个“人性革命”的想法是合乎情理的，也是符合社会发展的趋势的。

根据经济基础与上层建筑的关系原理，经济、科技的快速发展，既为精神文化的发展奠定了基础，也提出了“人性革命”的要求。特别是在地球环境恶化、理想信念缺失、精神动力不足，乃至良心、道德、人性丧失的今天，“人性革命”的要求就显得尤为迫切和需要。

“人性革命”的提出对我国还具有特殊的借鉴意义。我国是一个践行社会主义核心价值体系的国家，历来坚持以创造和奉献为主要特征的集体主义价值观，但由于市场经济的负面影响，近年来集体主义的价值观遭到冲击，使一些人忘却了人的精神诉求与人的本质所在。而按照马斯洛（Maslow）的需要层次理论，当人们的物质生活条件得到满足和改善后，人们就会提出更高层次的追求精神文化的需要，因而，抛弃以自我为中心的利己主义价值取向，回归以创造和奉献为主要特征的集体主义价值取向，是我国社会发展和人们价值追求的必然趋势。

（二）道德教育要注重科学的生命观教育

科学的生命观必须回答两个现实问题：一是人的生命的本质是什么；二是人的生命的意义何在。按照郑晓江教授的观点，人的生命具有二维性，

是实体性生命与关系性生命的统一。[①]而关系性生命最重要的表现形式就是超越性精神生命，由于人通过思维可以思考实体性物质，也可创造出自然所没有的精神世界让无数人受益并推动社会历史的发展，因而，人的生命的本质就在于它能改变现实，创造价值。所以，人的生命的意义恰恰存在于这种改变现实、创造价值的实践中。然而，这样一个问题却一直困扰着当今世人，特别是在市场竞争激烈、生存压力巨大的今天，一些人陷入到人生意义与价值难觅的危机之中，精神生活出现了无名的烦恼、心躁乃至精神疾病，这其中当然有社会压力的缘故，但更主要的是功利主义价值观的影响，使人迷失了自我，所以，池田大作主张通过“人性革命”，把以自我为中心的生活方式，改为贡献他人的生活方式，实际上就是要抛弃功利主义的生命观，确立奉献与创造的生命观。

（三）道德教育要重视人的德性涵养

按照池田大作的思想，“人性革命”并不是对人性的否定，尤其不是对人的欲望的全盘否定，因而，“人性革命”不能等同于“文革”时期的“斗私批修”，不能过分压抑人的欲望，而是要克制“魔性的欲望”，彰显人的“善性”。通俗地说，就是人的欲望不能过度膨胀，不该拿的不能拿，不该享受的应该主动放弃；人也不能太自私，太利己，即使做不到大公无私，起码应讲点公心，讲点良心，要有基本的同情心、责任心和奉献心，应该对他人、对社会、对国家尽到自己的责任。因此，“人性革命”的着眼点在于启迪和开发人的善性，涵养人的德性。但在以往的道德教育中，我们却忽视了道德教育的首要价值是主体性价值，而把道德教育政治化、泛化。道德教育当然应自觉地为政治服务，但它绝不是一种单纯的政治行为，更是一种涵养德性、提升精神境界的心性修养。可见，道德教育必须重视人的德性涵养。

① 郑晓江：《论人类生命的二维性四重性》，《广东社会科学》，2010年第5期，第51—56页。

涵养人的德性（善心），前提是使人在明白事理、知晓道理的基础上，实现欲望追求与德性克制的平衡，并在可能性得以实现的方向下，学会活用各种环境条件与资源，在自我意志的前提下进行选择。而在现实中涵养德性、开发善心的基本举措除了加强公民的德性认知教育外，更要把道德教育从知性教育拉回到实践教育，培养公民的道德情操，端正公民的道德行为，提倡公民多做善事，积极参与类似志愿者的社会公益活动，提倡公民在自己的职业实践和生活实践中做好自己的份内事，尽到自己的基本责任。尤其要开展道德情感教育，培养公民爱的情感、责任感和正义感等。

（四）道德教育要重视生命价值的开发

重视生命价值的开发与创造是池田大作一贯的思想与作为，其实质就是要重视开发人的生命潜能，使人为自己也为社会创造更多的价值。按照人力资源开发的原理，每个人的大脑都是一座蕴涵着巨大宝藏的矿山，但矿山中有宝物也有废物，关键在于发现、开发和冶炼自己的宝物。如果说，发现、开发和冶炼人的潜能是人力资源开发的职责的话，那么，道德教育的职责就是要通过人的潜能开发，创造和实现自己的人生价值。事实上，人的潜能需要通过实践发现和冶炼，而人的价值则需要在实践中不断完善和提升。如同池田大作说的，日常生活包括家庭、夫妻甚至育儿等都应在每天的创造中盛开花朵，使得家庭成员包括邻居之间、同事之间等所有的人与人之间产生依赖、尊重、友爱之情。只有这样，我们的生活才会充满阳光，生活才会富有意义。

从池田大作的音乐文化思想来看大众文化的特性

（池田大作の音楽観に見る大衆文化の様相）

董芳胜[1]

一、何谓大众文化

大众文化这一概念最早出现在西班牙哲学家奥尔特加（Ortege）《民众的反抗》一书中。主要指的是一地区、一社团、一个国家中新近涌现的，被大众所信奉、接受的文化。

可是大众文化究竟是一种什么样的文化呢？至今为止对大众文化的定义没有一个固定的概念。也正因此，大众文化才产生出其与传统文化、区域文化等其他文化的不同特征。

比如英国新马克思主义伯明翰学派的威廉姆斯（Williams）曾经把大众文化称之为："广受欢迎或者众人喜好的文化。"就是广受欢迎或者众人喜好的关键在受欢迎的程度上，达到一定的量的指标的文化看作大众文化。同时，威廉姆斯还把"一切来自广场而非庙堂的民间的文化"看作大众文化。例如发端于巴赫金（Bakhtin）的平民主义狂欢节理论，流布于世界，变革于中国。还有申办奥运之夜狂欢节或者 ×× 歌迷会什么的，都是大众文化。

① 日本创价大学教育学部讲师。

威廉姆斯将这些文化称之为“不登大雅之堂的文化”。

另外，毛泽东也把“无产阶级的、革命的、普及的、面向工农兵的文化”看作大众文化。这是毛泽东提出或集中代表的“大众化”及“化大众”的革命文化理论与实践。

法兰克福学派阿多诺（Adorno）等人从国家的意识形态出发，把“资产阶级的国家意识形态，一种以标准化、陈腐老套、保守主义、虚伪、满足浮华幻想的、受操纵的文化工业产品为标志的文化”称之为大众文化。因为这种文化是“致力于劳动阶级的非政治化，维护社会的统治权威，制造大众的虚假的需求，是欺骗群众的统治工具”。

和法兰克福学派阿多诺等人相对立的费斯克（Fiske）等人却把“来自于人民的文化”称之为大众文化。因为他说：“这种文化是人民群众积极创造的他们所需要的一种民间文化。”费斯克等不完全同意法兰克福学派把批判的矛头指向文化工业对大众意识的控制的观点，不同意把大众只看作被动受控的客体，而认为大众文化中也隐含着一种积极能动的自主性力量。他提出重新理解大众文化，重新审视大众传媒，在某种程度上肯定了大众文化的启蒙性和独创性。他还认为，民间文化是从下面长出来的，是人们自发的土生土长的表达，是根据自己的需要创造出来的，“几乎没有得到高雅文化的益处”。通俗文化是地地道道的人民的文化，是为人民服务的文化，作为工人阶级的文化是现代资本主义内部象征性反抗的主要表现形式。

此外，随着经济社会的发展，也有人把“商业消费文化”看成大众文化。因为那种用于大量消费的，为商业目的“有意迎合大众口味”而大批量生产的消费品，是“商人雇佣技术人员创造的”。这种看法是站在大众文化与商业的毋庸避讳的自然关系之中来看的，比如文化明星做广告时产生出来的商品文化。

还有，伴随着城市化、工业化的出现而产生的城市工业文化也称之为大众文化。因为工业化和城市化的进程从根本上改变了与大众文化有关的各种关系。大众文化发展到后工业时代后，愈益展现了其当代城市娱乐文化与产业文化的特征。还有的是把以当代电子高新科技为传播媒介的、在时间和事件上同步的、全球化的文化看作大众文化。

以上，尽管从各种不同角度去看大众文化，它都有着不同层面的寓意。而这种寓意是随着社会的发展而不同变化的。可是，任其变化万端，终不离以下其中。其一，大众文化是人的思想行为方式的一种表现；其二，大众文化是一种发展的产物。这两种寓意也正体现了大众文化是文化的特征。特别是，新旧交替、社会转型时期人们的尚新心理和知识经济时代的到来，成就了文化时尚，并使之成为现代社会人们不可或缺的文化消费。而文化时尚是反映一定政治、经济形态的，它体现着文化某种发展趋势的文化存在形式，具有崭新性、前沿性、活跃性的特征。同时，文化时尚总是与大众传媒紧密地粘合在一起，大众传媒是文化时尚生产、传播的主要策源地。当大众文化成为文化时尚时，它赋有的文化内容的含量越多，就越能够满足人们的消费欲求。反之，大众文化就会消解文化的精神倾向。因此，需要理性、正确地加以引导。

二、中国的大众文化的发展

从大众文化发展史来看，大众文化从实质上说是在现代工业社会产生、与市场经济发展相适应的一种市民文化。它一方面是同与其共时态的官方主流文化、学界精英文化相互区别和对应的；另一方面也是同传统自然农业经济社会里的各种民间文化、通俗文化有着一些原则差异的，商业性、流行性、娱乐性和普及性可以说是其最主要的基本特征。

中国的大众文化崛起于20世纪后半叶。它伴随着改革开放春风的吹拂而觉醒，植根于市场经济的沃土而成长，在短短的不到二十年的时间里，便迅速壮大为与来自官方的主流文化、来自学界的精英文化并驾齐驱而三足鼎立的社会主干性文化形态。它的发展壮大从根本上改变了中国文化的传统格局，积极影响了国民人格塑造和社会发展面貌，但也引发了多重社会效应和多种不同的评价和议论，这促使人们不得不去思考它的价值、效应及其发展控制问题。

我们今天所说的大众文化是一个特定范畴，它主要是指兴起于当代都市的，与当代大工业密切相关的，以全球化的现代传媒（特别是电子传媒）为介质大批量生产的当代文化形态，是处于消费时代或准消费时代的，由消费意识形态来筹划、引导大众的，采取时尚化运作方式的当代文化消费形态。它是现代工业和市场经济充分发展后的产物。是当代大众大规模地共同参与的当代社会文化公共空间或公共领域，是有史以来人类广泛参与的，历史上规模最大的文化事件。

当代大众文化的兴起，作为中国世俗化发展过程中的重要方面，具有开放的、变革的意义。正是大众文化，实际地改变着中国当代的意识形态，在建立公共文化空间和文化场域上，在社会生活的民主化进程中发挥了积极的作用。

20世纪90年代开始兴起的中国大众文化首先是一场解神圣化的世俗化运动。它是市场经济条件下社会整体变革的一部分，它表明了市民社会对自身文化利益的普遍肯定，表明了小康时代大众文化生活需求的合理性，以及它处于上升期的内在动力与相应的批判意识。它在建立初期所表现出来的非政治、非道德价值、非艺术，甚至非审美的某些现象特征正是它对过去时代极端的政治价值观的反拨和对先前政治—伦理一元价值结构的冲击。在变革政治一体化的阶级斗争意识形态上，它具有看似散漫实则相当坚定的力量。它在结束大半个世纪以来文化作为“附皮之毛”完全依附于政治的传统格局与运作方式上，发挥了重要作用。它以其独特的方式，参与改变了文化与政治的主仆关系，而出现了文化面对经济和政治的“两主一仆”的现实景观。从某种程度上，帮助开辟了当代文化与经济、政治三极并立获得相对独立的社会与制度定位，并对当代政治、经济产生重大影响与制约的可能道路。

大众文化的形成是中国当代市场经济条件下市民（公民）社会成长的

伴生物。它开辟了迥异于单位所属制的政治（档案）等级空间和家族血缘伦理关系网的另一自由交往的公共文化空间。从歌迷会、球迷会、练歌房……直到网上聊天室。它提供了文化的个人空间和个性表达方式。提供了个人在公共空间特别是媒体空间拓展想象、选择趣味、虚拟地实现个人情感生活的某种可能。

大众文化不仅对于改革开放前的意识形态有冲击和批判，更重要的是，当代大众文化的主体是大众，它本能地具有一种依托大众的、趋向民主的品格，指向开放的双向交往的多元化的意识形式。大众文化改变了原有的文化资源分配方式，进行了文化资源的再分配。它开辟或创建了新的公共文化场域，建立了大量新的文化资本及其积累与运作方式，大大改变了原有的单一政治文化资本的拥有方式（不需要经过政治的特许）或独享（专有）方式，创建了适应各种不同层次和等级的文化消费空间和消费方式，使大多数人可以更自由方便快捷地获得自己喜爱的文化资源。大众文化还创建了大众的新的文化时尚与公共文化话题。从一部流行的电视剧，一张VCD、一盒磁带或者一场足球比赛，到服饰、旅游、家居装修，它日用而不察地形塑着现代人的日常生活方式，并进而进入一种制度形态。

依托于现代电子媒介的大众文化必然是跨国的、全球的、世界的，又是本土的、民族的、地缘的和社群的。作为公共空间，它是不同意识形态汇集、交流、沟通、共享、对立、冲突的公共场域，又是社群特别是弱势群体和边缘话语的表达场域。文化研究一直致力于关注社会中弱势群体的利益，批判、解构精英主义的文化概念，重新审视文化转型期大众弱势群体在不平等社会现实中的地位变迁。这样，文化研究就发展出了一种尝试重新发现与评价被忽视边缘群体的文化的研究机制。由此决定了文化研究的一个基本原则，即它坚持审美现代性的批判意识和分析方式，不追逐所谓永恒、中立的形而上价值关怀，相反它更关注充满压抑、压迫和对立的生活实践，关注现实语境，对晚期资本主义文化制度形态进行了严肃的不妥协的批判。在文化研究的初期，这种立场表现为对于工人阶级文化的历史与形式的关注，而后来的大众文化研究、女性主义研究、后殖民主义研究等也都坚持了这一从边缘颠覆中心的立场与策略。可以说，对于文化与权力的关系的关注以及对于支配性权势集团及其文化意识形态的批判、否定和超越，是大众文化研究保持其持久生命力的原动力。

三、池田大作的音乐文化观

池田先生对音乐的见解有其独到之处。他说："音乐是直接表达人的心情的东西。"正因为此，他认为："音乐是世界共通的语言。"并主张在人和人、国和国、民族与民族之间的交往中用音乐·艺术文化来交流是一种非常好的方式。因为"音乐是一种共同沟通彼此的心声。是播撒友情的种子"。而对于一个民族来说，"音乐又是一个民族大前进的力量表现"。进而最终音乐反映一种人类无形的精神宝藏，因此池田先生说："音乐是伟大哲学的最终表现。"

这就是池田先生对音乐的独特见解，他用辩证法论述了音乐和人个体内外的思想行为方式的变化的辩证关系。用其独特的音乐文化的见解，可以为正在蓬勃发展的大众文化进行一个彻底的解析。为我们认清大众文化的变化性质提供有力的哲学思想的文化基础依据。

（一）个体音乐情感的表现

我们每个人都曾有着这样一种经验，当我们去听他国的音乐，或者去听其他民族的音乐时，即使没有语言的解说我们也能从音乐旋律的律动、音乐节奏的弛缓、演奏各音的强弱，或从音乐造就的整个氛围中都能或多或少地感受到其音乐表现的所在。这就是说音乐本身即有了它的一个特征，即音乐可以直接表达我们每一个人内在的感情诉说。对于音乐的这个特点，池田先生曾经有过这样的精辟论语。他说："音乐是直接诉说人们心情的一种心的声音，它不带有音波以外的理由、理论、思绪等不必要的东西。……

没有比音乐更能直接正面表述我们心情的东西了。”[①]也就是说池田先生把音乐看作我们每个人自身内在的一种东西，它也是我们内在心里产生出来的一种情趣。所以，任何人都不可缺少，也是随我们自身产生的。音乐和我们个体是表里如一的关系。

（二）人和人之间的音乐表现

当人与人交流时，内在音乐的表现也会随之表现出来。所以池田大作说：“音乐里面不存在国界。音乐是每个人都想拥有的东西，因为它是文化的精华，是艺术，同时它又是世界共同的一种语言。”[②]同时，池田大作还曾经说道：“音乐是超越国界，超越人种，超越社会意识形态的世界上最美的语言。”这就说明池田先生从音乐本身内在的价值中寻找到了音乐的一种广泛性。而这种广泛性体现在：音乐不是像语言那样受地域限制，而是超越语言的地域障碍，从人的感受经验中找到音乐赋予人类的一种普遍共性。所以这种普遍性正好反映了音乐赋予人类的一种最大的功能，架起人和人之间的桥梁。

另外，池田先生对音乐的这种功能还从另一个角度进行论述过。他在民主音乐协会创建之时说道：“我希望今后能举办一些每一个普通老百姓穿着木屐也能去听的音乐会。我是怀着这样的一个心愿才决心创办民主音乐协会的。”池田先生在谈到这个心愿时，还说：“艺术本来就不是一部分人的独占物。如果是这样的话，那么艺术就成了炫耀自己的一种工具，只是成了点缀自己的一种装饰品。这样的艺术就本末倒置了。艺术也不是专门为点缀绅士淑女而存在的。它应该是为普通老百姓而存在的。音乐演奏会也是如此，美术馆也是如此。”[③]显然，我们从这里可以看到池田先生把音乐

① ［日］池田大作：《我的想法》，《日本经济新闻》，1968 年 8 月 4 日。

② 池田大作在担任创价学会第三任会长时写给创价学会音乐队的寄语《音乐队寄语》，《第三文明》，1964 年 8 月 2 日。

③《和世界对谈——第 4 回 世纪的小提琴家 梅纽因》，《圣教新闻》，2006 年 5 月 28 日，第 1 页。

的根本目的明确化了，即音乐是为普通老百姓服务的。

那么池田先生为什么会把艺术的终极使命归宿于普通的民众之中呢？我们可以从他的长篇小说《新·人间革命》中寻找到答案。他在小说中写："我提议开设举办音乐节、文化节的另一个理由就是想把艺术夺回到大众的手里。因为我坚信艺术是在民众的大地中成长盛开的。没有民众的文化·艺术最终是空虚的一层贝壳。"①也就是说，池田先生认为艺术、文化是由人民群众创造出来的，那么它应该归还到人民群众中去。这和毛泽东倡导的"从群众中来到群众中去"的文艺思想是一致的。这正和前面所说的艺术是我们每个人内在心灵的表述是一致的。从池田先生的这个论证来看，我们每个人和音乐的交往过程中，只要我们对音乐的诚心执着，连接我们人和人之间的音乐桥梁的功能就能发挥出来。

（三）推动民族文化发展的音乐

在谈到音乐的功能时，我们可能会注意到近一二十年兴起的音乐疗法这门新型学科。随着科学技术的发展，特别是脑科学的飞速发展，他在某些方面为说明音乐的功能性提供了许多科学证据。这些只是从音乐有形的外在表现来说明音乐有利于我们人身体方面的健康发展。

我们从两方面来看看音乐是怎样推动一个民族文化的发展：

1. 音乐内在的文化价值

音乐内在的文化价值是通过促进我们人精神方面的提高来表现的。针对这一点，池田先生早在1964年给音乐队的寄语里曾经这样写道：

> （音乐队的使命）是站在佛法民主主义的舞台上，充当第三文明建设的旗手和号手，为撒下新大众文化的种子，为人类发展燃

① ［日］池田大作：《新·人间革命》第7卷《文化之花》。

烧起明天的希望，只有这样，才能使听音乐的人、接触音乐的人在无形之中感动，从自身的内心世界里不断涌现出人间革命的原动力。……音乐队的前进发展从广义上来看，它可以给世人带来正确的认识史观，为世界文化的贡献可以做出先头的表率。从狭义上来看，它可以鼓舞我们成千上万的同仁志士的士气，可以给痛苦烦恼的同志送去希望和勇气。①

这里我们可以看出，在池田先生寄语音乐队的希望里，把音乐的内在价值和人在与音乐的接触中应有的志向性作了非常完整的综合论述，阐明了音乐的文化的特殊功能性，即音乐是"人间革命的原动力"。在音乐的内在价值里表现出来的功能性是"带来正确的认识史观"、"鼓舞士气"、"送去希望和勇气"。人在和音乐的接触中应有的志向性是指"佛法民主主义"、"第三文明建设的旗手和号手"、"撒下新大众文化的种子"、"为人类发展燃烧起明天的希望"。只有在这两方面有机的结合下才能把"人间革命的原动力"这种音乐的功能性质表现出来。那么，人的音乐方面的志向性和音乐本身的内在价值怎样结合才会发挥出其特有的机能呢？这二者的结合也正是音乐内在文化价值的表现。

2．音乐内在文化价值的表现

关于这一点，池田先生说道："音乐是直接表达人的心情的东西，除了音波这种中介媒体以外，不需要什么理由和理论……总之，没有比音乐那样诚实正直地表达人类心情的东西了。即使你想撒谎也没办法撒谎，不需要语言，也不需要理论。更不需要你摆什么去理解它的架势。只要我们竖起两耳，我们心中拥有的自然乐器就会和它产生共鸣。如果我们人人之间都能产生这样的心中共鸣的话，那么要解决作为21世纪人类的最大课

① [日]池田大作:《音乐队寄语》,《第三文明》，1964年8月2日。

题——抹杀地球上的血雨腥风这样的难题时，音乐就是唯一能带给其光明、解决此难题的最佳手段。作为人类文化的音乐也应该赋予其这种使命。”[①]这就是说，只有我们敞开心扉直接明了地去接触音乐，那么我们内在的感情世界也会直接地表现出来。用这样的音乐情怀来解决冲突纷争那就不是什么难题了。所以，后来池田先生在和巴西钢琴家比尔拉对谈时，共同谈到社会寄予音乐的希望时说道：

> 音乐里面也有唤起人生命的跃动、朝气向上的音乐，也有只使人贪图享乐、安逸，使人思想境界低趣化，甚至使人导向不幸的音乐。但只要我们胸中的音律和宇宙根源的音律构成一体时，那么我们胸中的幸福之曲、和平之歌就会永远奏响。这是在佛法里面已经阐述过的经典，佛法里面有耳根得道的说法，也就是说在地球上，生命的永远之道和宇宙的真实之道只有靠声音才能获得的。[②]

从这里我们就可寻找到人的音乐志向性怎样和音乐本身的内在价值相结合的答案了。根据池田先生的音乐思想理念来看，人自身的“自我”和音乐的内涵，它们的关系是表层和内里的关系，人的“自我”是衬托表层的音乐内在价值，而音乐的内在价值是人内里的“自我”的一个外在表现。人自身的“自我”含义丰富的话，那么音乐的内在价值也深厚。反之也一样。当两者融为一体时，那么这种音乐的功能表现就是万人相通的了，也正如池田先生所说的：“优美艺术是超越民族和国家达到万人共感的效应。”

总之，在池田先生看来，音乐功能特征是在我们每一个人的音乐志向中产生，伴随音乐内在价值的深化而显著。音乐内在的文化价值，正是这

---

① [日]池田大作：《我的想法》，《日本经济新闻》，1968年8月4日。

②《ブラジル作曲家ビエィラモとの対談》，《圣教新闻》，1992年10月30日。

样通过音乐促进我们每个人精神方面的健康发展才体现了音乐的内在价值表现和文化性。

4．形成人类哲学文化的音乐

音乐要形成人类哲学文化，首先是音乐里赋有哲学文化的性质。具体地说就是指人们在通过音乐的活动中所获得的人生哲理，或者说音乐所带给我们的哲学思维方式。这个问题看起来似乎太渺茫，也不着边际，因为很多人包括古今中外的许多哲学家、艺术家都认为：艺术特别是音乐，它是一种感性认识观，是人的一种感情表露。而哲学思维或人生哲理，它是一种理性认识观，是得靠人的逻辑思维辩证方法才能理解和表现的。可是，在池田先生看来，音乐或者艺术正是这两种认识观融汇之处的表现，并且强调任何一种哲学思想的最终表现都将是通过音乐艺术才能转化为人进步的动力。

例如，池田先生在给音乐队的寄语中这样写道："古往今来，无论哪个国家，也无论哪个民族，当人民群众为争取幸福和平而战立时，它的根底里肯定有新的伟大思想的存在。并且，这种伟大哲学思想的实践就会如滔滔不绝的大河奔流一样，化作人民群众的呼声和跃动，最终肯定会通过伟大的音乐艺术表现出来，成为民族前进发展的大动力。"①

也就是说，池田先生认为音乐艺术是哲学思想的具体体现，它的繁荣又将成为推动人类民族前进发展的大动力。池田先生在论证西方古典音乐和基督教的关系时说："基督教传布的时候也出现了非常好的音乐和绘画。同样，共产主义产生的时候也带动了新型科学的发展和新音乐体系的产生。当一种思想的兴起必定带动新文化的产生。扎根于日莲大圣人思想的第三文明的音乐就必须用这种思想进行新价值的创造，这就是第三文明的

① ［日］池田大作：《音乐队寄语》，《第三文明》，1964年8月2日。

音乐。”[1]同时，他还在寄语文化节时强调说：“艺术是人性的必然表现。而且艺术是和宗教是密不可分的。比如法国巴黎有名的卢浮宫的西洋美术作品，大部分都是以基督教思想为根基的艺术展现。虽然各个作品的表现形式不同，每个作品也表现出每个画家的独特个性，但它们把基督教的宇宙观、世界观共同地表现出来了，让我们感动。所谓艺术生命就是指：无论是绘画，还是音乐、舞蹈，他们都是作为感动源泉，表现出普遍的精神世界。”[2]

由此，我们可知池田先生认为任何一种音乐都反映出一种哲学理念。换句话而言，音乐赋有哲学文化的特征。

总之，在池田先生看来，音乐应该扎根于人民群众，以人文本。同时音乐应该成为人间革命的动力源泉，只有这样才能完成它的使命，也只有我们每个人都拥有正确的音乐志向，才能发挥出音乐内在的最大价值。当这样的音乐出现时也就寓意着我们拥有了一种普遍而伟大的人生哲理。这就是池田先生的音乐文化思想。

四、池田大作的音乐文化观对大众文化的启迪

在经济飞速发展的现今的中国，如何认识大众文化呢？无疑，西方的理论具有很强的借鉴意义，但更重要的是中国当代大众文化有其自身发展的语境。离开了中国当代文化发展的实际境况，我们的讨论就会变成空中楼阁。在我国，“文化研究”实际上早已开始。20世纪90年代兴起的中国当代大众文化是在中国由计划经济向市场经济转型时期得到迅速发展的。它与我国当前意识形态的变革和价值观念的转型有着深刻的关联。前一阶段我国学术界主要倾向于批判大众文化的否定面，忽视了大众文化与现代传媒、现代科技和现代生活的密切联系。批判地借鉴西方的大众文化理论，

① 《第三文明音乐》，第三文明社。

② [日]池田大作：《新·人间革命》第7卷《文化之花》。

使我们有了一个借以发展的基础和较高的起点，对建立中国特色的大众文化研究方法和批评话语，具有重要意义。为此，我们事先应了解大众文化的特征，然后再根据中国的实际情况认识这些特征如何在中国文化中表现出来。就有力于我们推动大众文化的健康发展。

从中外大众文化的发展史来看，大众文化有以下特征：

1. 商品性：即它伴随着文化产品大量生产和大量销售，大众文化活动属于一种伴随商品买卖关系的消费行为。

2. 通俗性：即大众文化不是特定阶层的文化，而是为社会上散在的众多“一般个人”的文化。

3. 流行性：即大众文化是一种时尚文化，呈忽起忽落的变化趋势。

4. 娱乐性：大众文化文本无论其结局是悲是喜，总是追求广义上的愉悦效果，使公众的消费、休闲或娱乐渴望获得轻松的满足。

5. 依赖性：即大众文化主要是在大众传媒的引导下发生、发展和变化的，没有大众传媒，也就没有大众文化。在这个意义上，大众文化也是一种传媒文化。

6. 大众媒介性：即大众文化以大众媒介为主要传播媒介，具有这种媒介所规定的特点。大众媒介，通常包括机械印刷媒介（报纸、杂志、书籍等）和电子媒介（广播、电影、电视、网络等）两大类。

7. 日常性：与欣赏高雅文化带有更多的个体精神性不同，公众对于街头广告、电视剧、流行音乐、时装、畅销书等大众文化的接受，是在日常生活的世俗环境中进行的。

8. 类型性：即大众文化随着地区时代的不同，其内涵和形式存在着一定地区、一定时代的特征。

尽管大众文化有着其与传统文化的不同特征，但它是以娱乐性为主、适应大众文化生活需求、为社会大众广泛接受的文化。我国社会主义文化是人民大众的文化，它来源于群众，更要服务于群众。那么怎样让它更有力地去服务群众呢？

从池田先生的“音乐是个体情感的直接表现”的观点来看，大众文化更应该是我们普通民众的心声表现。当它伴随着文化产品生产时，我们看到了它的商品化，可我们更应该看到它所表现出来的是哪些人的心声，是一种什么样的心声。只有这样，我们才不会只把它当作买卖消费行为的商品来看，而可以看到这个商品里面赋有的人的内心世界。正因为它直接表达了个体的情感，所以它还有一种通俗性，才容易被更多人接受。比如，对于流行音乐的看法，我们可能不理解其音乐性的高妙，但我们知道这是现代青年人的一种心声的表现，它反映了现代青年人的一种情绪，所以现代青年人用它来表达自己，在和它的互动中寻找自己的欢乐，因而它的娱乐性也就自然地表现出来了。而我们对这些大众文化不熟悉的人来说，用这样的思维方式去认识它，就不会出现理不清的现象或对它的偏见了。

同时，我们从池田先生对音乐在人和人之间、国与国之间的交流中发挥出的功能表现的独特见解，可以理解到大众文化应该成为一种怎样的商品化东西，应该被赋有什么样的依赖性质和流行性质。大众文化本身随着时代的流逝，有一种忽起忽落的变化趋势，但“音乐里面不存在国界。音乐是每个人都想拥有的东西，同时它又是世界共同的一种语言”。“是超越国界，超越人种，超越社会意识形态的世界上最美的语言。”……音乐有着如此的功能表现，如能有效地发挥这些功能，那么大众文化的忽起忽落变化现象就会出现一个永恒的流行性了。另外，当我们在认识人和人之间，国与国之间、民族与民族之间的交往中产生出来的大众文化时，尽管这种文化带有一定的区域性，同时也受大众媒介的局限性（国家意识形态、语言障碍等），但我们如果利用池田先生如上所述的音乐功能表现，就能克服大众文化区域性和大众媒介带来的局限性。也就是说，利用带有音乐功能这样的大众文化，同样可以有效地加深人与人之间、国家之间、民族之间的交流。因此，大众文化的依赖性和大众传媒性的性质不仅要积极发挥大众传媒的引导，更应该把这种带有区域和时代特征（类型性）的大众文化赋予其有像音乐功能那样的性质，这样才能把大众文化的内涵和形式丰富起来。

最后，我们从池田先生的“音乐的发展是推动民族文化的发展”、“音乐是反映人类哲学文化的标志”等这样的音乐观来探讨大众文化的哲学文化基础。

正如池田先生所说“艺术本来就不是一部分人的独占物”、“艺术也不是专门为点缀绅士淑女而存在的。它应该是为普通老百姓而存在的”，大众文化的通俗性和日常性也正好体现了这样的特征。即大众文化不是特定阶层的文化，而是为社会上散在的众多“一般个人”的文化。同时大众文化是公众对于街头广告、电视剧、流行音乐、时装、畅销书等大众的日常生活的世俗环境中表现出来的。因此，大众文化也应该像池田先生强调音乐的归宿一样，大众文化的终极使命也应归宿于普通的民众之中，这样才能更加体现大众文化的一般化和大众化，更加明确大众文化为普通老百姓服务的目的。

此外，池田先生在论述音乐文化的哲学性时说：“古往今来，无论哪个国家，也无论哪个民族，当人民群众为争取幸福和平而战斗时，它的根底里肯定有新的伟大思想的存在。并且，这种伟大哲学思想的实践就会如滔滔不绝的大河奔流一样，化作人民群众的呼声和跃动，最终肯定会通过伟大的音乐艺术表现出来，成为民族前进发展的大动力。”在这里，我们可以找到大众文化的哲学基础。正如音乐反映了一种哲学思想一样，大众文化不仅代表了个人的行为方式，它的流行性和日常性更反映了一代人、一个地区的人们的思想状况。比如现代爵士乐，它原是产生于被压迫的黑人社会里的一种意识形态。反抗统治社会的黑人们在通过爵士乐的演奏交流聚在一起，互相鼓励彼此的斗争意识，最后达到争取自由的希望目标。因此，这种音乐反映了黑人们一种争取自由的信念，表现了一种他们为争取自由的生活方式。所以，这样的大众文化不仅象征了一种哲学思想的实践，更成为了争取自由斗争的动力。事实上，每一种大众文化的产生都反映了一种哲学思想的进步发展。

以上，我们从池田先生主张的“音乐是没有国界的”这一音乐功能的观点中，可以找到如何看清楚大众文化的“商品性”、“通俗性”、“流行性”的一般化性质的基础。同时，从池田先生主张的“音乐直接述说、表达人们的心声”的音乐价值观中，深入理解大众文化的“娱乐性”和“日常性”的内涵。最后，我们还可以从池田先生主张的“音乐是哲学思想的最终表现”这一音乐文化的哲学性，寻找到我们认识大众文化并如何推动大众文化发展的哲学思想基础。

总之，不管大众文化是恶魔还是福音，它都是20世纪冷战结束后人类最重大的历史事件，它的存在改变了我们的生活。它与这一阶段的人类最重大的变革——如经济全球化、意识形态变革、媒体革命、高科技与互联网、新经济浪潮与当代世界文化产业的发展都有着千丝万缕的联系。它的存在是形构当代社会体系与生活实践甚至制度构架的重要方面。我们不能熟视无睹或视而不见。但在理论研究领域，大众文化却一直被正统文艺学或文化学特别是传统的学院研究放逐在理论的边缘，被认为是不能登大雅之堂的低俗文艺形式，不具备理论研究的价值。或者囿于传统的学科划分和原有的学科界限，固守文学种类与体裁的藩篱，不敢越雷池一步。实际上，当代文学文化在实践中已大大突破原有的边界，向综合的交叉的新的文艺/文化方式推进。它与其他文艺形式和现代传媒结合，创造出了远远超过以往的大众文艺的新的文类与体裁，也借助现代高科技，创造出了新的更为普遍的传播方式。同时，电视文艺、大众音像、流行歌曲、综艺报刊文化和网络多媒体文艺等大众文艺形式实际上已占据当代文学/文化的重要地位，在现实中发挥着不可低估的影响。当代文艺学必须对此做出理论上的概括与总结，打破传统精英主义对大众文化的固有见解，重新认识、理解和解释当代大众流行文化，以回答现实提出的问题。所以我们必须对当代大众流行文化的性质与特征进行再思考，探讨当代大众流行文化与政治意识形态、当代大众流行文化与当代传媒、当代大众流行文化与当代高科技的关系。关注当代大众流行文化与当代文化受众，特别是广大青年受众的关系；关注当代大众流行文化的产业运作方式，并应注重进行个案分析。

池田大作先生的生命教育论

黄富峰[1]

池田大作先生认为，对所有生物来说，最宝贵的就是生命。因此，人的生命具有至尊至上的价值，剥夺生命就是犯罪。“佛教认为生命具有至高无上的尊严性，因此，剥夺生命就是犯有重罪”[2]，所以，“必须把生命的尊严当作最高价值，并作为普遍的价值基准。就是说，生命是尊严的，比它再高贵的价值是没有的”[3]。教育的价值在于创造人的幸福，人的生命尊严是获得幸福最基本的保障。因此，善的教育应该以提升人生命的尊严为己任，努力促进人类和平，从而不断提升人的生命质量。所以，池田大作倡导通过教育活动获得生命的价值和意义，提升人的生命尊严，促进人间的和谐，呼吁社会的和平。

① 山东聊城大学科研处处长、教授，湖南师范大学池田大作研究所研究员。

② [日]池田大作、木口胜义、志村荣一：《佛法与宇宙》，卞立强等译，经济日报出版社 1997 年版，第 66 页。

③ [俄]戈尔巴乔夫、[日]池田大作：《二十世纪的精神教训》，香港天地图书有限公司 2004 年版，第 486 页。

一、理解生命、尊重生命

只有理解生命，才能尊重生命，并将生命与人生的幸福紧密结合，保护生命，不断创造出生命的价值，提升生命质量。

池田大作认为，只有从内部理解人的生命，才是对生命的真正理解。“要建立这种对生命的敬意——即认为生命是尊贵的心、感情和对生命机能的理解，最近便、切实的方法是对自己的生命的知觉。因为人虽然想了解他人的生命，但从外部只能得到肤浅的表层的认识，绝不可能掌握表情、行动或语言所不能表达的深层的世界。要正确地深入地了解真正的生命，必须从内部去理解。”① 人的生命存在形式绝不仅仅是生物体的存在，也不仅仅是表情、行动和语言这些外在形式，而是这些形式所要表达的内容，其本质是一种尊贵的心，即一种具有自我完善性的精神。对生命的敬畏，就不是对人存在形式的敬重，而是对生命本质的敬重。所以，对生命的理解不能停留于其表面，而是要深入到生命的内部和本质层面，只有这样，才能真正弄懂生命的价值和意义，这就是人性的自我完善和生命价值的自我实现。“我同意杜布斯的信念即生命的意义和价值来自为自我实现及人性完善而斗争。”② 人性的完善是指人的生命形态是开放的，可以上升到更高的层次和境界，促进生命价值的自我实现，即能为人自身的发展和社会的进步创造出更多的价值。只有在此意义上理解生命，才能将自己的生命存在与他者的生命存在真正统一起来，在自我尊重的基础上充分尊重他人，实现生命的沟通。

对生命的尊重以及生命价值的创造是人类获得幸福的条件。池田大作

① [日]池田大作、[法]路奈·尤伊古：《黑夜寻求黎明》，卞立强译，中国国际广播出版社2003年版，第143—144页。

② [美]保林、[日]池田大作：《生生不息为和平——保林和池田大作对话录》，周伯通译，广西师范大学出版社2007年版，第69页。

将21世纪称为生命的世纪，指出："生命的世纪必须是一个更尊重人类的生命，并为人类幸福提供更大机会的时代。为这样一个时代的来临做准备，需要对生命的本质有更深的了解。"[①] 池田大作认为，对生命本质的理解，就能使人类进入生命的世纪，有更多的机会获得幸福。他认为，对现代人的忙碌生活而言，身体健康十分重要，它是生命活力的基础，也是创造价值的首要条件。"任何健康体质的基础是营养好、锻炼、充分的休息及规律的起居。在繁忙的现代社会，确保后一点十分重要。只有身心健康才能过有创造力和有价值的生活。"[②] 同时，身体健康和精神健康是相互制约、相互促进的，身体健康对于维护精神健康很重要，精神健康也能促进身体健康。"这意味着精神健康对于身体健康的重要性。在现代世界，人际关系常常流于表面，而价值尺度的多样，甚至会使家庭这种自古以来的社会制度变得不堪一击，要维持精神健康是十分困难的。"[③] 在他看来，在身体健康的基础上，还要维护精神健康，这样才能建立实质性的社会关系。

如何才能从内在方面理解生命，从而达到对生命的尊重呢？池田大作认为，关键是教育，教育要面向所有的人承担起这项责任。"你力主教育面向所有需要教育的人，这与你在全球和平运动中，和你对保护人类健康方面所表示出来的人道主义是完全一致的。"[④] 在他看来，和平、健康、人道主义具有内在的一致性，其核心就是生命的尊严。"一般来说，生命尊严的概念有两个方面。把人的生命看作至高无上，从而尊重其生存权利——这和维护生命尊严也是一脉相通的。这是对待他人而言，也可以说是社会性的

---

① [美]保林、[日]池田大作：《生生不息为和平——保林和池田大作对话录》，周伯通译，广西师范大学出版社2007年版，第55页。

② [美]保林、[日]池田大作：《生生不息为和平——保林和池田大作对话录》，周伯通译，广西师范大学出版社2007年版，第66页。

③ [美]保林、[日]池田大作：《生生不息为和平——保林和池田大作对话录》，周伯通译，广西师范大学出版社2007年版，第67页。

④ [美]保林、[日]池田大作：《生生不息为和平——保林和池田大作对话录》，周伯通译，广西师范大学出版社2007年版，第25页。

一面。不过，正如以前所阐明的那样，作为现实的问题，既有尊贵的人生，也可能有相反的有害无益的人生。决定它的是生命的主体者——个人的自觉和努力。”[①] 他认为，生命尊严的两个重要方面：一个是认识的层面，即把生命看作至高无上的存在，从而尊重其生存权；其次是行动的层面，即他人和社会在尊重生命权利的基础上，用实际行动积极维护生命的尊严。这两个方面都离不开教育。教育可以提升人的自觉性，使人在认识生命价值和尊严的基础上，努力维护生命的存在，使其创造更大价值。

池田大作认为，在现实生活中，有两种关于生命价值和质量的观念需要通过教育来确立。一是生死观念，二是器官移植伦理。因为二者都直接指向生命存在本身，所以也就成为了教育必须关注的重要内容。首先是对死亡的认识和关注。“要能清醒地事先表明自己一旦处在这种严重情况下的愿望，一个人必然已经对生死问题有一套明确的哲学观念。亲友和爱人必须表现出他们的关切并尽最大努力帮助病人真正死得尊严。”[②] 人自身需要有一种关于生死的哲学观念，正确认识生命的存在与消失，生命展开过程就是价值的创造过程，生命的终结就是价值创造的完成状态，这样就能消除生命中的无聊和空寂，避免生命终结时的恐惧和无助，坦然面对，正确处理生前死后事，体现自我的生命尊严；同时，亲友和家人也能按照病人明确的愿望，尽量帮助病人完成其所愿，真正给人生画上圆满的句号。其次是关于器官移植的正确道德观念。“根据佛教哲学，死后生命乃与宇宙融合。生时的所有情欲如欢乐和忧愁都汇入宇宙生命力的潜能。……根据这样一种生死哲学观，我坚持认为，器官移植的有关决定必须考虑死者及其家属的愿望。”[③] 他认为，人死后并不意味着精神的消亡，它会融于宇宙之中，器

① [日]池田大作：《人生箴言》，卞立强译，中国文联出版社1995年版，第166页。

② [美]保林、[日]池田大作：《生生不息为和平——保林和池田大作对话录》，周伯通译，广西师范大学出版社2007年版，第71页。

③ [美]保林、[日]池田大作：《生生不息为和平——保林和池田大作对话录》，周伯通译，广西师范大学出版社2007年版，第73页。

官作为人体的一部分，也是组成生命的重要因素，所以，人死后器官并非与其人无关，而是与融于宇宙的生命相联系。因此，器官移植一定要征得死者的同意或其家属的同意，这本身就是对生命本身的尊重。

二、教育促进与维护世界和平的责任

池田大作认为，发生暴力与战争的社会诱因有二：一是社会分配不均所造成的贫富悬殊，二是文化霸权主义，这两点均与人性教育密切相关。他认为人类的苦难是由贫穷招致的，在苦难中如果不变革人性，苦难就会造成动乱、暴力和更进一步的贫穷，贫穷和苦难便会陷于无限的循环。文化霸权源于意识的隔阂，强势文化自以为是，不断侵蚀弱势文化，形成了文化乃至文明间的冲突。因此，教育承担着改造人性的重任。通过教育改变人性，推进整个人类意识的变革，促进人与人之间相互理解和帮助，才会有正义出现，使人们走出苦难和贫穷的恶性循环，消除文化霸权。池田大作在青少年时代切身感受过战争的惨烈和痛苦，深知教育对和平的重要性，所以他一直在高呼："和平，和平。（为此要进行）人的教育。"[①] 他把教育当作促进与保护和平之手段，满腔热情地从事和平教育。"创价大学的办学宗旨是'保护人类和平的堡垒'，这也是寄托了我满腔的热情。"[②]

在池田大作看来，人类的和平及和平教育是符合道德的本质要求的，因为道德的本质就是合作和融合。"'善'的本质就是合作，即它具有将人与人，'民族'与'民族'，人与自然、宇宙相互结合起来的力量。相反，'恶'的本质可以说是促使这些关系恶化和分裂，从中起了催化作用。"[③] 善是将人

① 李庆：《池田大作传》，浙江人民出版社 2008 年版，第 217 页。

② [俄] 戈尔巴乔夫、[日] 池田大作：《20 世纪的精神教训》，孙立川译，社会科学文献出版社 2005 年版，第 342—343 页。

③ [俄] 戈尔巴乔夫、[日] 池田大作：《20 世纪的精神教训》，孙立川译，社会科学文献出版社 2005 年版，第 63 页。

与自然、人与人、民族和民族统一起来的一种力量，其本质就是和平，反之，恶的力量就会使这些关系走向分裂。但人类的发展又充满了竞争，这也是人类社会发展的动力。如何使人类的竞争有利于人类的和平与统一，需要通过教育来完成。他认为，创价教育哲学所倡导的和平竞争、人道竞争为人类的发展指明了方向。“之后，牧口会长与其弟子户田一起呕心沥血完成了巨著《创价教育学体系》，发表了他对教育的一套哲学，指出教育的重点在于追求‘自他幸福’，提倡要创造一个‘人道竞争’的时代。创价学会把《创价教育学体系》这集结两师徒心血的书的发刊日（1930年11月18日）定为学会的‘创立纪念日’。”①人道竞争就是在追求自我幸福的基础上，不断创造出有利于他人和社会发展的价值。

为了实现人道的竞争，就是在教育过程中将人当作目的，视人为有生命尊严的存在。“把教育视为一种手段，也就等于把人视为一种手段。20世纪的战争与暴力无止无休，而最为遗憾的是出现了空前未有的大屠杀时期。究其原因，一方面可归咎于科技使武器的杀伤力增大，而另一方面，更是由于近代文明的颠倒价值所致。我们没有把价值基准搁置于人，没有正确地掌握教育这个人的本源活动。”②池田大作认为，由于近代以来科技的发展使武器具备了更大的杀伤力，人类的战争带来了更大的破坏性，在更大范围内殃及无辜，导致了人类战争和暴力的频发；更为重要的是，近代以来由于人类掌握了先进的科学技术，个人的力量和存在不断受到挤压，个人越来越成为一种手段，整个文明的核心价值发生了扭转，导致了20世纪前半段的两次世界大战，人类遭受了前所未有的浩劫。因此，要通过教育重新发现个人的地位和存在，将人当作目的，重塑人的生命尊严，建设一种新的竞争方式。

所以，要从政治和经济的角度认识核时代裁军的重要性，通过学校教

① [日]池田大作：《生命的变革：地球和平的路标》，《东方论坛》，2007年第4期，第10页。
② [日]池田大作：《21世纪：建设“为教育的社会”》，《学术研究》，2001年第7期，第81页。

育、家庭教育和社会教育形成立体的教育网络，理解才俊教育、人权教育、开发教育与和平教育之间的关系。“不用说，所谓‘才俊教育’和人权教育、开发教育同样都是和平教育不可缺少的组成部分。其主要目标是，对核时代裁军重要性的理解，并从政治与经济方面取得科学的认识，从而形成促成裁军的积极态度和活动能力。期待它再进行学校教育和家庭教育的同时，开展多种活动，如通过大众传播工具形成社会舆论，以及群众运动的教育活动和争取和平的文化活动。”① 才俊教育是要培养具有和平思想的俊异之才，人权教育是培育人的权利意识及对生命的尊重意识，开发教育是要培养人和平利用资源的意识，这一切都有利于人和平意识的形成。

因此，教育就不能仅仅站在国家的立场上，而是要站在全人类的立场上。“关于义务教育，有一个培养什么样的人的问题。在考虑这个问题时，我对站在国家立场上的教育思想抱怀疑的态度。为什么这么说呢？因为战前日本教育的失败，正是站在国家立场上教育的失败。时代已经迎来国际化的时代，要求超越狭隘的国家框框，培养站在全人类立场上的人，已是当务之急。”② 池田大作总结了日本战前教育失败的原因，就是仅仅站在日本本国的立场上，而缺乏全人类意识，结果给日本人民和其他国家带来了极大危害。在国际化时代，教育更要超越狭隘的国家立场，面向全世界、面向全人类。

池田大作坚信教育对和平之作用，反过来，一个和平的世界也会为教育的发展提供坚实的基础，促进教育的大发展，使教育成为人类文化的源泉。所以，教育与和平之间是相互促进的，这也是和平教育的本质之所在。“我坚信应该将世界的永久和平、民族与民族间的合作、国家之间的平等互利、创造和谐的富有生气的社会作为‘教育’的基础。教育就是使社会向

① [日]池田大作、[美]亨利·A. 基辛格：《和平、人生与哲学——池田大作与基辛格对谈集》，卞立强译，中国国际广播出版社 1988 年版，第 81 页。

② [日]池田大作、松下幸之助：《人生问答》，卞立强译，中国文联出版社 2000 年版，第 338—339 页。

新的高度飞跃，就是充满活力的甘冽的人类文化之泉。”[①]

所以，通过和平教育就能培养一种对全人类的爱，这种对全人类的爱构成了和平教育的核心价值。“有人问苏格拉底的国籍时，他没有回答是‘雅典人’，而是说：‘世界公民’。这种超越国家、民族和地区的陈旧的狭隘的思考方式，把整个地球当作‘自己祖国的人类的爱’，应当是构成‘世界公民’教育的最基本的核心。其具体的教育内容，应当包括‘环境’、‘开发’、‘和平’和‘人权’这些今天人类必须要解决的重要课题。”[②]池田大作以苏格拉底要成为世界公民为例，说明了什么样的人才是对全人类之爱的承担者，以此呼吁每个现代人都要有一种世界公民意识，争取做世界公民。世界公民意识超越了国家、民族和地区的思维方式，把整个地球当作了人类的共同家园，以此为核心，在处理环境、开发、人权、和平这些具体问题时，就会有一种广阔的视野，减少彼此的冲突，做出正确的选择并付诸行动。

三、教育是促进与维护世界和平的重要方式

池田大作认为，和平运动本身也是一场教育运动。他提出，和平教育应从少年抓起，成立教育联合国、促进教育权的独立；要使科学家真正理解科学技术与和平、人类发展的本质关系，提升其道德水平，自觉承担起用科学技术维护世界和平的责任；要以地球民族主义代替狭隘的地方主义和民族主义，造就世界公民，实行真正的人道主义。同时，他以创价学会为依托，通过教育活动积极打造一个和平的世界。

他积极主张建立教育联合国，实现教育权的独立。“再就和平教育来说，现实中的国家教育往往忠实于扩张军备相联系的国家利益，而不是重视和

① 转引自孔繁丰、纪亚光：《周恩来、池田大作与中日友好》，中央文献出版社2006年版，第69页。

② 何劲松编选：《池田大作集》，上海远东出版社2002年版，第190页。

平的价值。由于存在着这样的状况，我提出了暂称为‘教育联合国’的设想，主张把教育与政治权力分离。这一设想是，由教育者、家长和富有学识经验者组成‘教育联合国’，为消除各国国民的偏见、敌视和歧视，建设和平的21世纪的世界，对全世界的青少年进行教育。”[①] 他认为，在由教育者、家长和富有学识经验者组成的教育联合国里，就能实现真正的对话，消除彼此的偏见、敌视和歧视，如果再能实现教育联合国与政治权力的分离，使教育不受政治利益的干预和制约，教育就能保持自身的独立性。因此，在教育联合国中，人们就能超越国家利益，真正站在全人类的立场上，对青少年进行面向世界、面向未来的和平教育。“超越国家间利害关系的教育交流与合作，能成为实现世界和平的基础。基于这观点，我早在二十多年前就已提出，为了在全世界实现教育权的独立，要成立‘教育联合国’。”[②] 他还强调，现在的联合国也要积极行动起来，通过在全世界举办反对战争和宣传裁军的展览，对青少年进行和平主义教育，真正承担起维护世界和平的重任。“联合国必须鼓励在全世界举办反对战争和宣传裁军的展览。这一运动可以以创价学会青年部开展的那类活动为基础，此青年部已举办了一个反对战争、反对核武器的展览，并在整个日本巡回展出，这在青年一代中引起了特别强烈的反响。我相信，这一展览至少在教育青年人是战争的悲剧和灾难方面起到了一部分作用。让人们保持这一新鲜的记忆并鼓励人们保持反战精神，可有助于建立永久的和平。”[③] 因为战争中的悲剧和灾难，尤其是一些残酷场面，容易引起青少年的共鸣和记忆，更好地使青少年了解战争，向往和平。

在池田大作看来，目前对人类威胁最大的是核武器和核战争。核武器的间接根源是核科学技术的发展，直接根源是核科学家和政治家的良心扭

① [日]池田大作、[美]亨利·A.基辛格：《和平、人生与哲学——池田大作与基辛格对谈集》，卞立强译，中国国际广播出版社1988年版，第82—83页。

② [日]池田大作：《21世纪：建设“为教育的社会”》，《学术研究》，2001年第7期，第82页。

③ 何劲松编选：《池田大作集》，上海远东出版社2002年版，第41页。

曲。因此，他呼吁核科学家一定要尊重人的生命尊严，以科学家应有的良心促进世界的和平。为此，他分析了一些科学家丧失了科学良心的原因。“过分沉浸在某一领域的专家往往见木不见林。科学家如此全神贯注于自己的领域，以致往往忘掉了人类和社会全体。当这种情况发生时，单纯的手段会被当成了目的。核武器象征着科学技术成为异己于人类及其最大利益的畸形状况……科学给我们带来物质生活的繁荣，但过分迷信科学也造成了人类精神世界的平衡问题。”[①] 一些科学家由于专注于其所研究的某一领域，将自己所从事的科学研究当作了目的，忘记了科学研究为人类谋福利的崇高道德责任，就有可能使自己的科学研究发生异化，科学技术就有可能为人类的发展带来危害，核武器就是一种极端的例子。对于其他人而言，由于科学活动带来了物质上的富裕和满足，则一味崇拜科学，科学本身成为一种神圣的存在，由人类认识世界的工具变成了神圣的目的。所以，要通过广泛的教育活动，使科学家充分理解发展科学技术的目的是为了促进全人类的和平与福利，不断提升其道德水平，培养作为正直科学家所应具有的良知。“科学家良心的另一个例子是1957年海森堡和一批德国科学家所发表的‘哥廷根宣言’，宣言说，签名者都是把本领域纯科学研究、应用，以及培养青年科学家视为自己工作的人。他们进一步说，他们决心对自己工作的结果负责任，因此不能对政治问题保持沉默。最后他们明确表示，他们不愿意参与以任何方式生产、试验和使用核武器。”[②] 作为一名有良知的科学家，就可以对政治问题做出自己的判断，而不是唯命是从的人。通过联合宣言这种教育方式，还可以培养年轻的科学家，使他们树立人类和平思想。

在努力消除战争与暴力根源的基础上，池田大作提出要使全世界的人

① [美]保林、[日]池田大作：《生生不息为和平——保林和池田大作对话录》，周伯通译，广西师范大学出版社2007年版，第46—47页。

② [美]保林、[日]池田大作：《生生不息为和平——保林和池田大作对话录》，周伯通译，广西师范大学出版社2007年版，第83页。

都要树立尊重人生命尊严的意识，才能使废除核运动取得最终的成功。“关于争取全面废除核的方法，正在进行各种讨论，并展开了运动。但我痛感到必须要有事实上确立人的生命的尊严观的思想。人们常说所谓科学家的良心，握核武器电钮的当政者的良心。但我认为生命的尊严观要切实地在人们的心中扎下根，这种思想要成为大地，在这上面开展的废除核的运动才会取得实效。”[①] 他认为，消除核战争的核心还是要尊重人的生命尊严。不仅需要科学家、政治家这样做，全世界的人都应该这样做，如此才能彻底清除轻视生命尊严的土壤。

池田大作认为，要以地球民族主义的情怀培育世界公民，才能建立真正的人道主义。他反思说，人本的教育无论在二战前还是在二战后都没有建立真正的人道主义，其根本性的原因就是前者的目的只是为了报效国家，是一种狭隘的国家主义教育；后者的目的只是为了自身更好地生活，没有放眼全世界。“日本的教育，在战前只教‘为了国家’，战后，眼中只有‘为了更好地生活’。都没有超越国境的人道主义。”[②] 如何才能超越地区、民族和国家的局限性，陶冶一种国际主义的情怀呢？他认为要处理好地方文化与国际主义、民族主义与国际主义的关系。在与前苏联领导人戈尔巴乔夫的对话中，池田大作认为戈尔巴乔夫的家乡北高加索地区有着友好调和共存的历史文化传统，风土创造人性，为此，就要充分挖掘其中的有利因素，使之不断放大，将地方文化发展成为国际主义思想。“调整与周围不同民族的关系，以友好调和而共存的北高加索地方的文化性、历史性环境，将这地方的人们培养成为‘孕育国际主义者母体’，指出这个特性，我认为其意义十分深远。”[③] 在尊重地区文化、民族传统和国民性的基础上，使人性发展到一个更高层面，就是地球民族主义。“他（户田先生）又是一位提倡‘地

① ［日］池田大作：《人生箴言》，卞立强译，中国文联出版社 1995 年版，第 177 页。

② 李庆：《池田大作传》，浙江人民出版社 2008 年版，第 216 页。

③ ［俄］戈尔巴乔夫、［日］池田大作：《20 世纪的精神教训》，孙立川译，社会科学文献出版社 2005 年版，第 59—60 页。

球民族主义’的始作俑者。这个主义发自于一个强烈的信念：那就是人类在尊重本国国民性、民族性传统的同时，还应通过内在性的动机，自觉地发展到‘地球家族’这样一个更高的层面上去，并不断使之发展壮大下去。”① 地球民族主义是将地球上所有的人看作一个民族，相互协作和交流，但地球民族主义并非是消灭各个民族和地区的差别，而是在尊重差别基础上的共存共荣。拥有地球民族主义价值观念的人就是世界公民，培育世界公民是和平教育的目标。“我认为把‘世界公民教育’——换句话来说，就是要把健全的对祖国之爱及民族感情升华到全球性的、全人类的感情上去，像托尔斯泰所体现的这种对他人的同情，这在所有的技术理论里都是更为重要的，您说是吗？”② 人人都属于不同的民族和国家，这是一个不可更改的事实，但把属于不同民族和国家的人培育成为具有全球性、全人类情感的世界公民又是可能的，对国家和民族的健全情感是其前提和基础，通过不断发展这种健全情感中的同情心，就可以使这种健全情感升华为全人类的情感。如此，就能建立一种全球视野上的真正的人道主义。

池田大作还不遗余力地奔走，以创价学会为载体，为实现世界永久和平参与各种活动。“创价学会向来致力于推进民众层次的‘和平教育’活动。作为这活动的一个新的环节，我们将配合联合国国际 10 年的宣传活动，以青年部或教育部等为中心，在社会上积极地推行启发‘和平文化’与‘非暴力精神’的运动。通过这一努力，使人类认识到不应牺牲他人来换取所谓的个人幸福，人类必须相互尊重、相互支持，共同创造一个有价值的社会。”③ 创价学会通过把推进和平的教育活动扩展到全社会的一般民众，在社会上积极宣传和平文化与非暴力精神，努力建立一个相互尊重、相互信任

① [俄] 戈尔巴乔夫、[日] 池田大作：《20 世纪的精神教训》，孙立川译，社会科学文献出版社 2005 年版，第 345 页。

② [俄] 戈尔巴乔夫、[日] 池田大作：《20 世纪的精神教训》，孙立川译，社会科学文献出版社 2005 年版，第 358 页。

③ [日] 池田大作：《21 世纪：建设“为教育的社会”》，《学术研究》，2001 年第 7 期，第 86 页。

和相互支持的社会，培育一般民众的世界公民意识。这项活动作为教育的一个新课题，不仅需要时间和耐心，更需要不断创新教育方法。“不用说，教育是一件需要时间和耐心的工作。何况‘世界公民’的教育又是一个新的课题，所以必须要集中人类的智慧来进行研究。从这一意义出发，我考虑是否可以首先委托‘联合国大学’进行培育‘世界公民’的教育体制的研究，研究这10年期间教什么和怎样教。‘联合国大学’是作为人类要求世界和平的大学而成立的，这个研究题目也是符合它本来的使命和责任的。……研讨培育‘世界公民’的教科书，也将是一种实验。国际创价学会在各国的协助下所举办的‘世界教科书展览会’的期间，听到过许多呼声，要求利用具有全球视野的教科书来加强人类意识的涵养。”[①] 为此，池田大作创造性地提出建立培育世界公民的联合国大学的设想，在联合国大学里，可以集中全世界最有效的智慧，更好地培育世界精神。除了教育机构创新外，还要以全球视野为基础编制世界公民教科书，加强全人类意识的培养。

为了推进世界和平，他认为应在世界上奉行文化相对主义，加强文化对话和交流，增进彼此理解，才能引导人类走向光明和智慧。“优秀的文化和艺术可以把人们的心连接在一起；可以超越国境和体制，用共同的‘感动’把人们连接在一起。‘文化之路’是盛开优美的人性与智慧的花朵之路，是心灵之路，因而也是和平之路。”[②] “文化交流，可以变‘不信任’为‘信任’，变‘反目’为‘理解’，可以从这个世界上驱逐名为‘战争’的怪物，达到真正持久的和平。”[③] 因为文化和艺术包含有许多人类共性的东西，这种共性的存在可以使人们超越各自的狭隘利益，不断走向理解和信任。他坚信，教育能够承担起文化交流的光荣使命。通过教育交流就能传播文化，

① 何劲松编选：《池田大作集》，上海远东出版社2002年版，第190—191页。

② 季羡林、蒋忠新、[日]池田大作：《畅谈东方智慧》，香港商务印书馆2004年版，第37—38页。

③ 卞立强编选：《池田大作选集》，北京大学出版社1988年版，第102—103页。

增进人们之间的相互了解，促进团结与和平。为此，他不断出行并访问不同文化、不同政治制度下的国家，并积极在大学发表演讲，取得了积极成效。“我曾访问过四十几个国家，一直致力于文化教育的交流，并受邀在无数大学发表演讲。这些经验使我相信，最好的安全体系是不懈培养各国人们的相互了解和尊重。”①

为了更好地推进和平教育，池田大作认为，还要正确理解战争与和平的相互关系。他举了在西班牙内战中为了和平而参战的志愿兵奥渥尔的例子来说明问题。“另外，同样在30年代的西班牙内战中，作为志愿兵而参战的奥渥尔，针对有人质疑他为什么要参战时，他的回答是：‘为了品格’。不管如何，也是‘为了人的尊严’而战。正是这样一种高贵的人性，才能破除国家、民族的闭关自锁，这是为获得人类史的普遍性立场所不可欠缺的轮轴，难道不是如此吗？”② 和平作为人类追求的理想，有时需要通过战争来实现，但此时的战争并不是为了掠夺土地和财富，而是制止恶的一种不得已的手段。志愿兵奥渥尔正是怀着这样一种理想，冒着牺牲生命的危险，参加了这场战争。他是为了人的尊严而战，为了人类的和平而战，值得尊敬。这种站在全人类立场上的高贵品质，也是推进世界和平的一种坚强力量。

---

① [美]保林、[日]池田大作：《生生不息为和平——保林和池田大作对话录》，周伯通译，广西师范大学出版社2007年版，第102页。

② 卞立强编选：《池田大作选集》，北京大学出版社1988年版，第102—103页。

池田大作办学理念探索

罗英才[①]

一、池田大作办学的背景

创价学会的创会会长牧口常三郎是一位教育家。他于1930年11月18日与他的弟子户田城圣（创价学会第二代会长），及一群热衷于教育改革的教育人士成立了“创价教育学会”。“创价”二字，就是“创造价值”的意思。牧口尝试以教育推进社会改革，为全民带来幸福。而创价教育学会的成立，有助创价教育学由理论趋于实践。牧口深受日莲大圣人的佛法所影响，创价教育学会除了推动教育改革外，亦钻研日莲大圣人的佛法，其后逐渐发展成为一个以宣弘佛法为主要目的的组织，会员也来自社会各阶层。创造价值的理念，因此不再局限于教育，而扩展至人生，成为一门哲学。因此，创价教育学会也正名为创价学会。

牧口的教育理念，经第二代会长户田城圣加以整理，到第三代会长池田大作时终于能付诸实行。牧口认为教育的价值就是“美、利、善”。“美的价值是关于部分生命的感官上之价值，利的价值是关于个人生命的个体价值，善的价值是关于团体生命的社会价值。”[②] 到了池田大作更将创价教育“美、利、善”的价值，提升至世界性的层面。将美—文化、利—教育、善

① 香港国际创价学会教育部部长。

② [日]牧口常三郎:《创价教育学体系》，刘焜辉译，台北正因文化事业有限公司2000年版，第16页。

—世界和平的活动，推行至全世界192个国家及地区。并且将牧口开办创价教育体系学校的理想实现。

二、池田大作的办学理念

池田大作为了实现牧口和户田的遗言和心愿，在日本创办了由幼儿园到大学的一贯教育。其后，创价教育体系的学校更先后在美国、香港、新加坡、马来西亚、巴西及韩国等地成立。虽然各地学校独立运作，亦会按所在地的特性、要求和需要办学，但在池田办学理念的影响下，各校的办学成绩都一致获得很高的评价。我对于池田大作的办学理念很感兴趣，遂透过池田大作的思想、著作、指导、对话等，探索他的办学理念，经整理后，可归纳下列数点：

（一）为教育而教育

牧口认为："教育的目的并不是由学者决定，也不能被他人所利用，教育的目的必须与人生目的一致。"基于这样的观点，他说："教育的目的在于使儿童能过幸福的生活。"① 池田大作亦指出："本来教育的目的，必须置于尊重个人，形成独立人格之上。但是现实上，教育被视为一种手段，用以培养对国家、对企业有价值的人，也就是能在这些机构中、组织中，有效发挥力量的人才。这种倾向是不能忽视的事实。"②

池田大作认为教育儿童是一个目的而不应是达到目的的一种手段。这是他有感而发，因为在战前，他亲眼目睹日本政府利用教育的影响力，将教育变成鼓吹军国主义和国家主义的手段。他更指出："尤其是作为国家近代化手段而发展起来的学校教育，从属于政治、军事、经济、意识形态等

① [日]池田大作：《教育指针》，台北正因文化事业有限公司2000年版，第248页。

② [日]池田大作：《教育指针》，台北正因文化事业有限公司2000年版，第247页。

国家目标，被贬为专门为此等效力的‘培养人材’手段。当然，这种教育制度完全培养不出丰富多彩的人格，只能铸造同一模式，特定类型的人物形象。把教育视为一种手段，也就等于把人视为一种手段。”①

在现实世界，有些国家会利用教育达至政治、军事、经济的目的。有些宗教团体会利用教育达至弘扬宗教的目的。亦有些社会团体办学只为提高团体的知名度。更有些商业机构，办学只是以谋取金钱为目的。基于这些原因，教育儿童只是一种手段，而儿童的幸福被视为次要。因此，儿童们能否从教育中获取最高的利益，甚至会否成为这些教育制度下的牺牲品，真是一个疑问。

基于创价教育理念确立“教育是为了儿童的幸福”这一大原则，池田所创办的学校，专注为培育儿童的幸福努力，不吝啬将最好的教育软件及硬件提供给儿童，真的能做到纯粹为教育而教育。虽然创价学会有宗教背景，但不会在教育中渗入宣教的意识。池田大作曾指出：“我们创办由幼儿园到大学的创价教育的一贯教育的学校中，虽然是私校却不设宗教教育，亦不加插在教学课程当中。”② 教育之所以称为神圣的工作，是因为它涉及无私的奉献，并能将一切最好的东西给予儿童。我相信只有为教育而教育及将儿童的福祉放在第一位的人及机构才能达到教育的真正目的。

（二）人本教育

池田指出：“开拓未来，造就未来的主体是‘人’，而造就‘人’的事业是教育。启发、锻炼‘人’内在的无限潜能，把它导向创造价值的方向，是教育。教育是建设社会，决定时代最根源的力量。”③ 他亦说出：“生活、事业、教育、政治、经济或科学，一切的原点皆在于人，自身生命的变革，

① ［日］池田大作：《时代精神的潮流》，香港商务印书馆 2005 年版，第 318 页。

② ［日］池田大作：《时代精神的潮流》，香港商务印书馆 2005 年版，第 349 页。

③ ［日］池田大作：《21 世纪文明与大乘佛教》，台北正因文化事业有限公司 1999 年版，第 211 页。

正是一切的起点。”① 池田对于人本教育的观点与佛教人本主义的哲理吻合。佛法认为每个人的生命都是尊贵的，是充满无限潜能的，因此，我们要尊敬他们。而每个人都有自我完善的能力。基于佛法慈悲的观念，每一个人都是不能放弃的。

正如池田所说，生活、事业、教育、政治、经济或科学，一切的原点皆在于人。因此如要生活安定、民生富庶、政治稳定、经济繁荣和科学发达，一定要由人开始。为了达成这些目的，除了知识的传授外，对培育儿童的价值观和人生观亦非常重要。池田认为："整顿制度和机构当然也是重要的。但是，如果没有如何提高'人'自身，怎样培养正确的价值观和伦理观——这种'人的内在开发'的视点，就不会有社会的持续发展和安定。"②

在诱发儿童潜能和创造力方面，池田指出："'创造性'就是伟大的内发力。再多的知识，都可以从外面注入，但是'创造性'、'创造力'则必须经由某种触发，从内心里迸发出来。这种创造性的开发，也就是人性之陶冶，是学校以及各种教育场所，最弱的一环。青少年可以向善，也可以向恶。从事教育工作的人，最重要的，是要坚定相信并热心培育每一个青年的创造性，使他们开出美丽的花朵。"③

在人本教育的导向下，儿童在学校获得尊重及照顾，教师和学生处于平等的地位，他们以启发形式提升儿童的学习兴趣，引发他们求学的欲望，这对提高学生的自信心有很重要的影响。现在很多学校，只注重学生的学业成绩，崇尚催谷学生，学生学习只求分数，只为一纸文凭，为兴趣而求学的学生只占少数，因此，学习对很多学生来说，是艰苦的事，因而不能养成愉快学习和主动学习的习惯。就一些学校来说，尤其是大班教学的学校，追不上的学生，只能自生自灭。但在推行人本主义教育的学校，基于

---

① [日]池田大作：《教育指针》，台北正因文化事业有限公司2000年版，第83页。

② [日]池田大作、杜维明：《对话的文明》，香港商务印书馆2008年版，第247页。

③ [日]池田大作：《教育指针》，台北正因文化事业有限公司2000年版，第252页。

一个也不能放弃的原则，会注意学生的学习差异，加以辅助，不会制造求学的失败者。池田告诉我们："培育人、孕育人的教育，不论对人类还是对社会而言，都是最重要的课题。但，不仅如此，我真正的目的，是想培育能彻底立于民众这边，为民众而战、行动到底的领导人。这是创办创大、学园的一个重要原因。"①

（三）人性及人格教育

人格教育在创价教育理念中占有非常重要的位置。池田指出："创价教育的根本，乃在于提升人性的价值、人格的价值。牧口先生在《创价教育学体系》中论及，所谓'崇高人格价值的人'，应是'普遍受欢迎的人'、'时常能结合社会力量的人'。"② 但在这个急功近利的社会，教育已成为身份、地位、权威的象征。当大家将注意力集中在如何培育一个有专业技能、有谋生技能的人的同时，却往往忽略了塑造人格的重要性，这只会为社会带来不幸。池田指出："今天，地球社会面临错综复杂的危机。战争、环境破坏、'南北'发展的差距，民族、宗教、言语不同而衍生出来的人类分裂……问题堆积如山，解决之道看来遥不可及。然而，这一连串问题的潜在原因，到底是甚么？我认为这是各个领域丧失了'人性'，忘记'人类幸福'这根本目的而导致的失败。所以，我们必须回归'人性'，从这个原点重新出发。地球社会需要人性革命。"③

有知识并不代表有人格及有智慧。如果有知识而没有人格或智慧，很容易错误地运用所得知识，而危害社会甚至世界。池田认为："只重视增长知识，结果会制造大量的屠杀兵器。相反地，为人类社会带来最大的便利，透过生产，使社会丰饶的也是知识的增长。要把一切知识导向人类幸福与

① ［日］池田大作：《教育指针》，台北正因文化事业有限公司 2000 年版，第 57 页。

② 池田大作与教育工作者的对谈：《谈新世纪人本教育》，台北正因文化事业有限公司 2005 年版，第 143 页。

③ ［日］池田大作：《和平世纪的倡言》，香港天地图书有限公司 1997 年版，第 142 页。

和平，唯一的原动力就是教育。所以教育必须成为人道主义永远的推动力，我把教育视为自己人生最重要的终身事业。”[①] 由此可见人性与人格教育的重要性。

今天的教育过分倾向于传授一般知识，而这亦是一般家长的愿望。他们以为学得较别人多，较别人深，较别人快，会提升儿童的程度和竞争力，有利他们日后的发展。这亦间接影响了学校的教学策略。而创价教育理念的注重人性和人格的培养，末必能说服一般太现实和太短视的家长。池田指出：“不幸地，今天教育过分倾向于传授一般知识，忽略了教导关于人生的基本态度，包括觉悟。无论从儿童或从整个文明社会的角度来看这都是个严重的缺点。因为一些不知怎样应用知识的人，他们的知识可能全无价值甚至有害。……今天的青年人所能维持的有价值的学问，与花费在学问上的努力少得不成比例。而且，为了这些不知稍后会否有用的知识，我们牺牲了基本价值和态度。我觉得需要改革。”[②]

池田并不否定知识的重要性，他认为：“授与知识本来很重要的。特别是在今天高度发达的文明社会里，不论具有多么优秀的智慧和人格，如果没有知识，那也不可能发挥其力量的。但更重要的还是智慧和人格的修养。”[③] 由此可见，在创价教育体系下的学校，对培育学生的智慧和人格的修养特别注重。有智慧和人格的修养，人才可以利用他们的知识，为人类的幸福做出贡献。

（四）和平文化

创价学会致力推进“和平文化”与“非暴力精神”的活动，通过这些活动，使人认识到不应牺牲他人的幸福来换取自己的幸福。人类必须互相尊重，相互支持，共同创造一个有价值的社会，一个和平的世界。池田亦

① [日]池田大作：《和平世纪的倡言》，香港天地图书有限公司1997年版，第143页。

② [意]奥里利欧·裴彻、[日]池田大作：《为时未晚》，牛津大学出版社1992年版，第86页。

③ [日]池田大作、松下幸之助：《人生问答》，香港商务印书馆2001年版，第355页。

将这元素包括在他的教育理念中。他坚决反对战争及暴力，他亦察觉到欺凌、暴力事件时常在学校发生，因此他在一个和学园生的纪念会上呼吁："在创价学园里绝不允许有欺侮的事件发生"、"希望全体能共同下定决心，绝不许有校园暴力"。①

池田指出："在我们周遭，精神的荒芜悄无声地到来，人与人之间笼罩在冷漠疏离中。不知不觉，呈现在眼前的已是利己主义造成的道德沦丧的社会。这源于教育的荒废。长久以来所受的教育，完全是以成绩好坏为目标，追求竞争，超越、排挤别人。竞争、竞争、再竞争的结果，不知何时已丧失了关心同伴的心。不断和人比较，落败者对一再地败北感到挫折，胜利者也为接踵而来的沉重压力苦恼万分。大人们一再加诸孩子的价值观，就是进入好大学、到大公司任职，究竟其中有何意义呢？为了世界、为了人类、平等、奉献等价值被恶意地践踏，社会上对真正重要的事反而变得难以启齿。反抗、欺侮他人、逃课等不正当行为，不正意味着孩子们发出呻吟，希望大人了解自己。"②

现在的教育只注重"教"不注重"育"。学生在学校本应学会如何与人相处，如何欣赏别人、接纳别人。在求学方面，大家本应一起研究、讨论、互相鼓励、互相帮助。但在功利主义和利己主义影响下，大家都希望比别人优胜，因此能升读名校，继而在社会找到好工作。在这种心态充斥下，同学之间不再存有同窗之谊，反而各自视大家为竞争对手，同行之敌人。这种仇视行为，在踏入社会后，会继续存在，甚至更甚。人会变得更冷漠、无情，亦会不择手段，以求达到利己的目的。这样的话，社会充满尔虞我诈，互相攻讦的行为，何谈和谐与安定，世界和平的愿望，因此会变得更遥远。

池田深深体会到和平之可贵，在学校推行和平与非暴力文化，刻不容

① 池田大作与教育工作者的对谈：《谈新世纪人本教育》，台北正因文化事业有限公司 2005 年版，第 40 页。

② 池田大作与教育工作者的对谈：《谈新世纪人本教育》，台北正因文化事业有限公司 2005 年版，第 5 页。

缓，因此创价体系的学校在池田思想影响下，同学对同学及教师间的友谊非常重视，对人的态度亦非常友善和正面。池田对他所创办的学校有以下感受："创价大学、创价学园最显著的特长是甚么呢？我想有很多角度可讨论。但是，若只举其一，我想应该是学生之间'友情'之清纯、深厚。我不知道是否还有比创大生、学园生更体贴朋友、重视友情的年轻人。我身为学校创办人，以此为傲。在不同文化背景下成长的青年们，阔达自在地交流、深化友情，缔结人与人之间的羁绊——在此存在着人类光明的未来，教育的新任务即在此，这也是我创办创价大学的目的之一。"①

（五）培育国际人及世界公民

池田对于培育儿童拥有"世界公民意识"的涵养和树立"自他同享幸福"的目标非常重视。他认为我们不应有"各家自扫门前雪"的狭隘思想，要看远些，要以贡献世界为己任。因此他提醒我们："再看一看现在的核开发带来的和平危机、大气和海洋污染的公害问题，以及全球性的信息交流等形势，今后的时代正朝向远远超过一国范围的国际时代演变，这是毫无怀疑余地的。那么，在培育承担今后时代的人们上，首先要求的，就是放眼广阔世界的展望和胸怀，也即是普遍性的作为人的自觉和良知。"②

对于培育21世纪的国际人及世界公民，池田曾提出多项建议。他鼓励学生要学至少一种外国语言，以方便与外国人沟通及交流，以促进双方的了解。"语言是心的表现，语言的对应即是'心灵的沟通'，如果能学会多种外语，就能够和世界更多的人们产生心的交流。此外，语言蕴含该国的生活内容及社会的文化背景，表现出每一个国家市民的意识。学习外语，就能知道世界上人们的生活，能与社会交流，和人产生共鸣。如此一来，孩子心中与全世界人们交流的涟漪会更加扩大，这就是奠定成为国际人的

① [日]池田大作：《教育指针》，台北正因文化事业有限公司2000年版，第58页。

② [日]池田大作、松下幸之助：《人生问答》，香港商务印书馆2001年版，第354页。

基盘。”[①]

其次，对不同人种、民族和文化不同的人不畏惧、不排斥，而是去尊重、理解及接纳。因此，创价教育体系下的学校，会有很多机会给学生接触外国人及外国团体，让他们习惯和外国人相处，并了解外国人的文化。如果身为世界公民，更加要爱护地球，保护环境，反对战争。因此，池田呼吁学校要向学生灌输这方面的常识，使他们成为一个关心世界，爱护地球，对世界环境及和平做出贡献的21世纪国际人。

（六）教师是最重要的教育环境

池田很重视教师的质素，他引用牧口的指导：“教育若不是由最优秀的人才来担任，是无法成功的，教育是人生中最难的技术，是门艺术。因为教育是以世上所有东西都无法取代的无上宝珠的生命为对象。”[②]池田说他也抱持着同一信念。

教师的质素，包括学识、学养、人格、思想、行为和态度，直接影响学生的成长和未来发展。因此，聘任一位好的教师非常重要。尤其是传统思想“不穷不教学”，很多现役教师，都不是以教育为他们职业的第一意愿。池田指出：“现在有一部分教师是由于找不到其他的职业才当上教师；或者把对青少年的教育放在一边，而把教育的园地当作政治斗争的战场，或者以贩卖知识为事，而忘了人的全面发展的教育。这确是可悲的。”[③]如果聘用这样的教师，对学校，对学生都有负面的影响。

教师是否能全面投入于教育工作，要看他们的心意。有些教师有心有力，有些有心无力，有些有力无心，亦有些无心无力。能聘用有心有力的

① 池田大作与教育工作者的对谈：《谈新世纪人本教育》，台北正因文化事业有限公司2005年版，第113页。

② 池田大作与教育工作者的对谈：《谈新世纪人本教育》，台北正因文化事业有限公司2005年版，第25页。

③ [日]池田大作、松下幸之助：《人生问答》，香港商务印书馆2001年版，第375页。

教师当然是首选，对于有心无力的也还有希望，就如池田说："教育由心决定一切。……心的教育与锻炼，唯有靠教师的心，心若相通，就能转变为力量，若能产生力量，就必能开创大道。"① 现在给教师进修的机会很多，正如池田所说，只要教师有心，一定可以转化为力量的。至于有力无心者及无心无力者，如要继续当教师，则需要更大的努力和改善。

每间学校都有以上所说的四种教师，但创价教育体系下的学校，因为创办人的理念、要求和期望，使得每位教师都充满使命感，要尽力做到最好，以实践创办人的理想、期望和对教育的热诚。优质的教师文化和团队精神渐渐地形成及巩固，而有力无心或无心无力的教师，在这情况下会知难而退，自动流失。

池田对教师的期望甚高，他指出："可以担当教师的人，一定要是人格高尚而又知识丰富的，足以教育承担下一时代重任的青年的人。这并不是把教师与其他职业加以区别，而是由于对教师的期待很大。应当说这是理所当然的。"② 他亦对教师有以下指导："唯有教师深厚的爱，才能开启学生封闭的心扉！没有学生不想受教育、成长、成为人才。因此，一切取决于教师的一念。教师本身除了不断前进，费尽苦心，寻求解决之道外别无他法。"③ 为了达成培育21世纪领导人才的理想，身为创价教育体系下机构的教职员，均背负着很重的使命和责任感，为了不负机构创办人的期望，他们都会全心全意投入教育的圣业。

① 池田大作与教育工作者的对谈：《谈新世纪人本教育》，台北正因文化事业有限公司2005年版，第62页。

② [日]池田大作、松下幸之助：《人生问答》，香港商务印书馆2001年版，第375页。

③ 池田大作与教育工作者的对谈：《谈新世纪人本教育》，台北正因文化事业有限公司2005年版，第44页。

后 记

教育本应是培育人、启发人，使他们有智慧的去认识正确的价值观、生命观和人生观，从而使自己及他人获得幸福的人生。但现在的青少年，崇尚物质主义、享乐主义、拜金主义。而现代的教育则太过注重功利，池田说这是可悲的事情，因为这会带来社会的危机。池田指出："现代社会的危机源自教育的危机；教育的危机则是源自'教育的目的'的模糊不清。"[①] 池田办学的理念所提出的各点，正是一般教育机构所轻视或忽略的。

池田独具慧眼，将这些概念融入创价教育体系的学校里。而事实证明，他的办学理念是对教育有极大贡献的。他创办的学校，不论在本土或海外，在课程设计、课外活动、教师教学和学生学业和品行的表现，均获得当地教育当局、社会、业界和家长等赞誉。就以最近美国新闻周刊（Newsweek）宣布 2010 年全美 25 所最优秀的大学排名为例，美国创价大学竟然占了 4 个席位，包括最令人向往的小规模大学、最令人向往的近郊大学、学生结构最多元化的大学和气候及学业最佳的大学，分别排名 24、20、21 及 16 位。

池田在美国创价大学开学前曾说："我决心在这所大学大胆地推行理想教育的实践，找出明确的以人为本的教育方针，开辟'21 世纪教育'的新潮流。"[②] 美国创价大学只开办了短短九年时间，已获得这么多的荣誉，可见池田办学理念不是一种理想，而实际上是经得起考验的教育新思维。希望创价教育理念能在国际间发亮发光，成为培育 21 世纪领导人才的摇篮。

① [日] 池田大作：《教育指针》，台北正因文化事业有限公司 2000 年版，第 13 页。

② [日] 池田大作：《时代精神的潮流》，香港商务印书馆 2005 年版，第 331 页。

以人为本与教师的职业关心

——兼论池田大作以人为本的教师思想[①]

蒋菊[②]

以人为本的教育理念是时代发展的产物。它主张把人放在第一位，以人作为教育教学的出发点，顺应人的禀赋，提升人的潜能，完整而全面地关照人的发展。

以人为本的基本内涵是："人类社会的任何活动都要以满足人的生存和发展为目的，它强调人是自然、社会、自身的主体；人是价值形态中的最高主体。"因而，要注重学生的主体性，尊重每一个学生。这就要求教师应该在课内外体现出与时俱进的教学思想，把上课看作是与人的交往，而不单纯是劳作；是艺术创造，而不仅仅是课业教授；是生命活动和自我实现的方式，而不是无谓的牺牲和时光的耗费；是自我发现和探索真理的过程，而不是简单地展示结论。只有坚持从学生的发展需要出发，立足学生实际情况，充分发挥学生的主体作用，通过转变观念，合理组织教学过程，进行师生关系、教学内容、教学方法等方面的改革与创新，才能实现以人为本的教学。池田大作的教师思想也特别强调了教师在教育教学改革与进程变革中的主体能动性，即教师自身对职业的热切关注以及以此而影响教育功能的

① 本论文系2009年度日本创价大学中日友好学术研究资助计划系列论文之一。

② 肇庆学院教育学院讲师，硕士。主要研究方向：教育史、比较教育。

事半功倍。

一、教师的职业关心

职业关心一般是在长期从事某种职业活动过程中，对该职业活动的性质、内容，职业社会价值和个人意义，甚至对职业用语、工作方法、职业习惯与职业环境等都极为熟悉和认可的情况下形成的。教师的职业关心指作为教师的个体从内心认为自己所从事的职业有价值、有意义，并能从中找到乐趣，不断提升自我，促进教育发展。这种职业的关心源自教师自身，是教师从事教育教学等活动的源泉。

池田大作认为："教育是人生至高至难的技术，是艺术，若非最优最良的人才则不能成功。"① 教育取决于教师。"为了开发人生命中的智慧，教师应以全面的人格去关怀学生。"

教师是一个以指导和关怀为职责的职业。在这条关怀的探索与践行的道路上，教师付出着关怀，也收获着心灵的丰盈和成长。教育是一种关怀。这种关怀，需要舍弃教师私我，抛却功利的羁绊，从各种评价教师的具有各种局限的标准中解放出来，寻找到那个迷失的真正自我，获得自由，以无我的慈悲之心，接近学生。教育关怀（pedagogical care）是一种普遍的关怀，它渗透在与学生所有的交往中，发生在每一个不经意的瞬间。教育关怀，是一种对生命的尊重，对生命状态的尊重，是对生命尊严的尊重。教育关怀，是触动、激发和启动，不再以权威者的姿态，居高临下地代替学生选择，强制、压迫、命令，而是引导、展示，尊重学生选择的自由。教育关怀，是关注学生的命运，关心学生幸福，关心学生当下的幸福。教育关怀，需要欣赏学生的每一种个性，倾听和尊重他们的需要和向往，给予他们选择的权利，不再标准化、模式化的造就学生。教育关怀，是只有

---

① [日] 池田大作：《和平与教育：池田大作国际学术研讨会献辞》，2008 年。

教师自己先从被工具化的链条中走出，获得了自由的身心之后，才能对学生实施关怀，才能去实施“互惠式的平等的交往和真理的共享”的教育关怀。而一旦这种对关怀的理解障碍了视线的时候，教育就被定义为一种训育，以知识为核心，以应试为目的，以分数为至高的利益，以强制和权威为手段。通过人格的控制，通过规训、惩罚、奖励，来受控于考试的权杖，迎合各种权威的标准。

加拿大著名的后现代教育学家大卫·杰弗里·史密斯（David Geoffrey Smith）这样描述这种理想境界：“爱世界、爱他人、爱自己的学生，意味着与他们保持这样一种交往关系：不是事先决定好怎样让他们成为我希望的样子，而是以这种方式接受他们——接受我们对于彼此的局限性，而不是只是想象中的可能性。唯其如此，我们才能达到共享的真理。教育关怀应在以下动态系统中表达出来：既拥抱世界，又放任世界，在这种拥抱世界和放任世界的状态中重新发现自我。这样，师生之间相互引导，臻入成熟，相互于现在中贡献各自的才干，而决不能预先设定一个‘永久’的结构。”

从人格的训育到知识的传授，再到生命和发展的关怀。找寻到了这种心中的意境，从依从地域的他人的各种功利的标准中解放出来，教育就成了现实自我心中关怀之梦、探问教育的自由实践。从常规教育到捕捉意外的教育时机；从课堂的互动，到“课堂体验”中与学生的真诚的交往对话；从关注学生的“情商”发展，到“学生主体课堂”建构与实践；从关注学生的主体性发展，到开启学生的体验观省能力，观照内心，关心自我；从追求知识、讲好知识，到关注学生的生命体验和幸福；从在体验中学习知识，到打开学生观省的眼睛，去体验课堂、体验生活，体验生命中的无数的“当下”；从菜单式的教学设计，到非线性的课堂教学的探索。教师努力使自己拥有关怀学生的心怀，在平常的教学中发现不断涌现的教育契机，在平凡中追逐伟大的教育理想。

二、以人为本与全球文明

“在今日的世界，普世价值认为‘众生平等’，地球村的每一个公民不应因肤色、贫富差别而有尊卑之分，都拥有相等的人间关系，也不存在被治人者与治人者的从属附庸关系。所以，以诉诸教育的手段去达成培养地球村村民的目的也就刻不容缓。不能让轻视生命、利用青年、敌视异文化的偏狭教育重演。重视生命、关爱青年、尊重异文化的教育才是把人类史从黑暗转向光明的关键，我确信这一点，并为之付诸行动。”①池田大作说：“现代世界所要求的‘好市民’，是一种同时拥有‘世界公民’自觉的人。他们除了深深扎根于自己的乡土、国家，为社区、社会做贡献的同时，还作为这美丽的蓝色行星——地球上的一员，努力从各自的角度保护环境，建构和平，为未来做贡献。”②

1992 年在巴西里约热内卢召开的联合国环境与发展大会通过的《21 世纪议程》指出：“人类应与自然和谐一致，可持续地发展并为后代提供良好的生存发展空间；人类应珍惜共有的资源环境，有偿地向大自然索取……人类为此应变革现有的生活和消费方式，建立新的全球伙伴关系——人与自然的和谐统一，人类之间的和平共处。”“一切教育活动都为了学生的成长和发展，为了孩了一生的幸福”是联合国教科文组织环境人口与可持续发展教育委员会提出的口号。

教育，尤其是基础教育已经不可能也不应该再把传授知识、技能作为自己的基本目标和基本任务。基础教育的功能与价值正在终身教育的背景下被重新解释，判断基本性、基础性的学习内容的标准也随之发生改变。1996 年，“国际 21 世纪教育委员会”明确地提出，面对未来社会的发展，

① [日] 池田大作：《和平与教育：池田大作国际学术研讨会献辞》，2008 年。

② [日] 池田大作：《和平与教育：池田大作国际学术研讨会献辞》，2008 年。

教育必须围绕四种基本学习——“学会认知、学会做事、学会共同生活、学会生存”来重新组织。这四种基本学习，反映了一种选择教育内容时的可持续发展的观念，也反映了教育内容从重视知识到重视态度能力的形成、从重静态的知识到重动态的活动、从重表征性知识到重行动性知识、从重“掌握”知识到重“建构”知识的变化。

“要有良好社会，必先有良好的个人；要有良好的个人，就要先有良好的教育。”[①] 实现全球文明，就必须进行“地球市民教育”。而这种教育又是人本主义与和平共生思想、达成人类幸福的关键。池田大作认为“地球市民”的涵义有三点：第一，深刻认识生命相关性的“智慧之人”；第二，对种族、民族、文化的差异不畏惧，不排斥，予以尊重、理解，并视这些差异为自我成长重要资源的“勇敢的人”；第三，对受苦受难的人，无论远近，都会给予关怀提携的“慈悲的人”。他认为这种教育就是生命的变革，强调只有彻底变革现代人的自然观、生命观、价值观，才能改变个体，创造更有价值的生命，走向人类幸福。而要开发人生命中的“内在智慧”与“人格”，教育者的人格至关重要。因为教育者不只影响一位学生，而是能影响全体社会之发展。

三、实现以人为本，教师的职业关心是关键

教育家朱永新先生这样定义教师：“教师是一个冒险，甚至是危险的职业，伟人与罪人都可能在他的手中形成，因此教师必须如履薄冰，尽最大的努力让自己和自己的学生走向崇高。”

教师的教育能力，乃是一种心灵生活的能力。一个优秀的教师，其优秀之根本，并不在于华丽的教育技术，而在于心智的优秀。随着教育体制化的逐渐深入，我们今天的教育越来越多地遭遇一种平庸化的危机。尽管

① [日] 池田大作：《和平与教育：池田大作国际学术研讨会献辞》，2008年。

课程改革呼吁扩大教师的自由，但由于课程改革并没有真正涉及促进教师自由的机制问题，而只是以一种理念灌输的形式来倡导教师专业自主，实际上，当下教育生活越来越多地陷于外在的规定之中。

（一）教师作用：教师的职业关心与人生幸福。“教育事业是人类最崇高的事业，教师是太阳下最光辉的职业。教师不仅可以影响一个学校的孩子，还可以影响整个社会。”① 未来的社会需要教师真正享有智慧之光、仁爱之美，德才兼备。创价教育理念源自创价学会第一任会长牧口常三郎。他认为教育应以谋求幸福的人生为目的。谋求幸福的人生就是要创造有价值的人生。而人生中的价值就是“美、利、善”。牧口提倡的创价教育，就是要让每个人都能认识到生命和社会的关系，使人们能发挥其创造力，来充实自己的美好人生和为社会带来最大的利益。创新精神作为一种态度，一种个性倾向，不是一种可以直接教会的东西。它的形成是一个潜移默化的长期积累过程，是以积极主动性、独立自主性为基础的。只要人们能为儿童提供一个宽松的环境，支持、鼓励儿童的探索和创造活动，创新精神就可以在其中孕育、萌芽，并逐渐成为新时代所需要的人格特征。“为了孩子的幸福，我们能做些什么？大家应极力创造一个重视孩子教育的社会，使其真的发出生命的光辉！”②

“人的完成是一切事情的起始。假如这一根本被等闲视之，就不能有本该由此成长的枝干以及芬芳的花果。”③ 人的成长必须接受教育。教育通过知识的传授，教人“求真”、“向善”、“尚美”，促进人的知情意、德智体全面发展，从而造就一种自由人格，造就活动中的自由人。受过教育的人，是自由之人，也是幸福之人。幸福是完美人性的展示和表现，这种人性融智慧、情感、道德于一体，教育通过使受教育者人格的提升和完善，使他

①《以人为本与人类发展：第五届池田大作思想国际学术研讨会论文集》，第 83 页。

② [日] 池田大作：《孩子！我们爱你》，香港天地图书有限公司 2003 年版，第 302 页。

③ [日] 池田大作：《和平与教育：池田大作国际学术研讨会献辞》，2008 年。

们体验到精神上的幸福。

（二）教师素养：经师与人师的统一。“学校的优劣，不在于校舍或设备的精良，重要的是教师。教师的热情和教育方式，才是教育的灵魂。”①

关注人的情感发展是教育中的一个本源性、根基性的问题，因为只有情感才是真正属于个体的。它是内在的、独特的，是人类真实意向的表达。从这一意义上说，人的本质正是其情感的质量及其表达。我们确信，一个人对某种价值认同、遵循，乃至于形成人格，虽然需要以一定的认知为基础，但根本上是内在情感品质与外在情感能力提升和增长的过程。池田认为教师要有“三心”：爱心、耐心和美丽的心——这正是教师的人格魅力对学生的潜移默化、润物细无声的情感影响。只有重视学生的情感层面，只有爱学生的教师，才可能教育好学生。我们应该坚信：只有教不得法的教师，没有教育不好的学生。师爱是一种伟大而神奇的力量，它是学生智力、道德、个性发展的风帆。一位老教师曾意味深长地说：“假如你厌恶学生，那么，当你教育工作刚开始时，就已经失败了。”我国著名的教育家陶行知先生说过：“真的教育是心心相印的活动，唯独从心里发出来的，才能达到心灵的深处。”从陶行知先生的话中，我们不难领会：离开了情感，一切教育都无从谈起。怎样才能使教育的过程成为师生情感互动的愉快过程，进而收到良好的育人效果呢？

（三）师生关系：“教育交流是最稳妥、最坚实、最永久的创造和平的推进力。”池田大作引用佛典的四摄事来述说教师应该怎样接触学生。第一是“布施”，即施与他人东西。可解释为赠以鼓励或哲学，去除不安与恐惧。第二是“爱语”，即说出关爱的话语。可解释为通过对话共同发掘更好的价值观。第三是“利行”，即为他人而行动。第四是“同事”，即合力从事各种活动。通过实践如此的共同作业，可以孕育出确实可靠的和平友好观念，也是培育世界公民最可靠的途径。师生之间的这种因情感的交往和交

① [日]池田大作：《孩子！我们爱你》，香港天地图书有限公司2003年版，第79页。

流而形成的朋友关系，不仅能够促使教学过程和教学结果的良性发展，而且会促进师生间情感关系更加融洽和谐，继而对学生世界观、价值观的形成产生很大的影响。池田大作这样说：“我早就抱有一个信念，即‘教育是我毕生的大事业’。可以说，开拓未来，维护未来，其主体在于‘人’，而造就‘人’的事业正是教育。启发、锻炼‘人’内在的无限潜能，把它导向创造价值的方向，就是教育。教育是建设社会，决定时代的最根本的力量。”[①]“教育能启发人的无限潜力，在人与人之间系结‘平等’与‘共鸣’的纽带。”[②]

另外，我们今天的教育教学组织形式主要以班级授课制为主。而为了加强师生间的交流与沟通，有人就提出了实行一对一的个别教学组织形式。也有教育家提出了“一对一”是虚指的问题。所谓是虚指还是实指的问题，我们完全可以这样理解：所谓虚指主要是讲教师要关心每一位学生，这是教师对学生的爱，是师生之间平易近人和良师益友的和谐关系的体现。我们在教学中讲的有关一对一和班级授课的教学组织形式是实指的。就算是条件容许，我们在实际教学中真正实现了一对一的教学组织形式，但是如果没有教师对于学生的爱和关心，如果只有教书而没有育人，只是经师而不是人师，只求某种形式上的一对一，其实是没有任何实际意义的！正所谓教学永远具有教育性就是这个意思！而其实这个问题也从另一侧面体现了教师的职业关心与否。

教师的职业关心是一种内驱力，是实现以人为本的关键，是教育教学得以良性进展的首要，是实现21世纪全球文明的决定因素。

① 何劲松编选：《池田大作集》，上海远东出版社2002年版，第266页。

② 何劲松编选：《池田大作集》，上海远东出版社2002年版，第269页。

池田大作道德教育思想溯源

——中国古代的人本主义道德教育与池田大作的道德教育思想

柳媛[1]

“人”在池田大作学说体系乃至他心目中具有突出的地位。作为宗教思想家，池田大作认为佛法从根本上讲就是人本主义。在实践中，池田大作一生为人奋斗，以众生之苦为己苦，竭尽毕生精力“拔苦与乐”，将人视作一切事物的坐标。作为目光敏锐、眼界开阔的教育大师，池田大作道德教育思想强烈的人本主义关怀当在情理之中，而中国古代道德教育的人本主义意蕴对其道德教育思想的影响是不言而喻的，如池田大作认识到的，“中国总是把人当作看问题和思考问题的出发点”[2]。中国古代道德教育的人本主义思想和实践源远流长，早期的儒家文化被认为具有鲜明的人本主义因素。池田大作道德教育思想所极力阐扬的对生命的尊重和“以生命的眼光”看人，虽根源于佛教教义，但也鲜明地体现了中国古代道德教育思想的人本意涵，折射出中国古代道德教育思想中人本主义的熠熠光芒，中国古代的人本主义道德教育堪称开启池田大作人本主义道德教育思想之门的重要源头。

① 中山大学社会科学教育学院副教授。

② 卞立强编选：《池田大作选集》，北京大学出版社1988年版，第146页。

一、人本主义道德教育思想的理论肇始：中国古代的“性善说”

人性论问题是传统哲学和宗教所涉及的最重要的问题之一。无论在西方和东方，人性论都是人本主义学说的基础和重要内容。正如池田大作所指出的，有什么样的人性论，就有什么样的人本主义原则。在东方，特别在中国，道德被看作是人性的根本，即把伦理道德看作人与动物的根本区别，是人之为人的根本标志，这与西方强调理性是人与动物的根本区别是不同的。所以，对人性的认识成为人本主义道德教育的理论源头和基本出发点。

中国古代的道德教育从个体层面而言始于人们对人性的不同认识及施予的道德教化，在《论语·阳货》中，孔子对人性提出“性相近也，习相远也”的命题。《孟子·滕文公上》云：“孟子道性善，言必称尧舜。”中国古代儒家学说具有极为鲜明的人本主义思想传统，孟子的理论堪称其出类拔萃的杰出体现。“性善”是孟子对人性的理解，并依此提出了很有价值的教化方法，其一整套修身养性的方法，强调了道德修养的主动性，即人的道德品质高低优劣根本上依靠个人主观的履践和追求，只要坚守善的天性，并且持续不断地努力向善，就一定能达到君子的高尚道德境界。后人对孟子性善论大体上有“人性本善论”和“人性向善论”两种理解，无论人性“本善”还是“向善”，都明确和强调了人在道德教育中的主体性地位，可谓人本主义道德教育的理论源头。

（一）“心善”：“人性本善”说奠定人本主义道德教育的伦理依据

孟子认为，人性是与生俱来的自然天性，“犹水之就下”，在人的自然天性中，存在着某种先验的道德本根即善心，“人性本善”即是将性善还原为心善，认为人具有道德自觉的本然之善心，仁义礼智四端不是外面强加于人，而是原本就在每个人心中的，是人之为人的先验要素，也是人区别于动物的关键所在。心善是人内在必然具有的而不是可能具有的性向，只要是人，就内在必然地具有向善的能力，良知良能使心在发用时所产生的思想、观念和情感等都是善的。所以，良知良能作为心天生的能力，制导着心向善的方向运思，在良知良能的制导下的心理活动就是自然而然地去行善，人之性善“非所以内交于孺子之父母也，非所以要誉于乡党朋友也，非恶其声而然也”[①]。良知良能必然使心乐于向善，如“礼义之悦我心，犹刍豢之悦我口”[②]。同时，人之性并不只是呆板的天生资质，孟子把人之性理解为顺从自己的性向，具有体现内在能动性的含义。孟子认为人之性是人内在具有的能动主体性，是人内在必然地、主动地具有而不是可能地、被动地具有的性向。如孟子自己所说，人之性善在于人具有为善之本，具有为善的能动性、自主性、自足性。

（二）“存心养性”：“人性向善”说的主体性道德实践构成人本主义道德教育的重要内容

人的良知良能为人的为善提供了充分的内在根据，良心本心是性善的基础，人人都有善良之本心，但这也只是仁义礼智之端倪，只有将四端扩而充之才能发展为完整的善性。因此，性善是人心的一种倾向性，人还需通过存养的功夫，靠人的不断主观努力，坚持凭自己的精神能动性来达到一定的道德境界。存心养性在性善论中占有特殊的地位，要使人保持其善，主要通过养心的方法，使心保持其原有之性。孟子强调“存夜气”，区分大体和小体以求“寡欲”以及“养浩然之气”等。他所说的“气”主要指精神力量，不是物质之气，这种精神力量的养成既要靠理性的自觉，又要靠意志的锻炼，通过坚持不懈的努力来增强精神力量。故其修养之法是通过主体的道德实践抵御外界的诱惑，注重以内制外的教化途径。所以，扩充

① 《孟子·公孙丑上》。

② 《孟子·告子上》。

善性的过程就是通过返求诸己使个人善的内在根据充分展开的过程。孟子强调，“尽心”方能“知性”，只有静观内心，切身自反，把自我内在良心、善端完完全全地体察出来，才能够知性，完满道德；另一方面，自反的展开也是充分肯定人的内在潜能在德教中的基础作用，因为尽管善端是以萌芽的形式存在，但是其隐含的内容已经非常丰富，道德教育实质上是一个如何复归个人善性的过程，后天涵养功夫只是先天善端得以自然展开的外在条件，其作用在于辅助善端的发展，把自发的东西变为自觉的要求。可见道德教育不是一个违逆本性的过程，要出于人性之本又归于人性之本，强调要遵循人的身心发展规律的主动过程。自反的修身途径不仅某种程度上预设了人本主义道德教育的重要前提，即社会的道德规范以萌芽的形式存在于每一个体之中，成为个体社会化和成就圣人的内在根据，而且通过充分发挥主观能动性的道德实践就能使自我实现成为可能。

二、人本主义道德教育思想的理论丰富与提升：池田大作的“善恶不二”论及“佛性”论

在池田大作看来，“一切都是以人为出发点”，无论哲学、宗教还是科学、政治，都应该是“为人的哲学、为人的宗教、为人的科学和为人的政治”[①]。作为宗教思想家，池田大作以佛法为根本，他遵循“一心向善”、“慈悲为怀”、“普渡众生”的佛教根本思想，体现在他的道德教育思想体系中，事事处处要以人为本，“生命的尊严、人性的尊重”随处可见，时时强调人要深入思考生命，并“通过内心的奋斗与自律来发掘出善的能量”，“让善的能量成为生命活动的基调”。

① [日]池田大作：《通往和平的康庄大道》，《池田大作集》，上海远东出版社 2003 年版，第 131 页。

（一）“善恶不二”论和“同苦”说：池田大作人本主义道德教育的理论基石

关于人性，池田大作提出“善恶不二”论。他认为，中国儒家中的孟子主张“性善说”、卢梭的思想接近“性善说”；而中国儒家中的荀子主张“性恶说”，基督教主张的“原罪说”很接近“性恶说”[①]。与此不同的是，佛教则主张“善恶不二”论，即“人的生命本来就不能规定是善还是恶，而是既具有善的可能性，同时也具有恶的可能性”[②]。不仅一般人是如此，“即使‘佛’这一最高人格中，也包含着性善和性恶”[③]。但是，“佛性”是超越善恶的，它是一种至善的、绝对善的本体之性。可见，池田大作在人性上的主张总体上说属于“有善有恶论”。他说：“我认为人的本性既非善，也非恶，而是两者兼而有之。”[④]他不同意西方基督教的“原罪”说，认为善恶仅仅是一种可能性。“佛教则主张‘善恶不二’，认为人的生命本来就不能片面地规定是善还是恶，而是既具有善的可能性，同时也具有恶的可能性。”[⑤]因此，弘扬人性，就要“扬善制恶”，要着眼于继承和弘扬东方人本主义重视人性的伦理性这个传统，强调道德教育对于人性的培养和形成的意义。池田大作虽然没有像孟子那样明确提出人性本善，但他还是强调人性中善的本来存在和后天向善的可能性，正是在这个基点上，池田大作建立起他的道德教育理论，奠定了人本主义道德教育理论和实践的基石。

此外，池田还提出与“性善说”为依据的“同苦”说，正因为人性善或人性存有善的可能，所以才有对其他个体的痛苦而感到强烈痛苦的“同

---

① [日]池田大作：《眺望人类新纪元》，香港天地图书有限公司2008年版，第434页。

② [日]池田大作、[意]奥锐里欧·贝恰：《二十一世纪的警钟》，卞立强译，中国国际广播出版社1988年版，第94页。

③ [日]池田大作：《眺望人类新纪元》，香港天地图书有限公司2008年版，第435页。

④ [日]池田大作：《眺望人类新纪元》，香港天地图书有限公司2008年版，第434页。

⑤ [日]池田大作、[意]奥锐里欧·贝恰：《二十一世纪的警钟》，卞立强译，中国国际广播出版社1988年版，第94页。

苦”。池田大作认为，“同苦”是人类共有的心理特质，这种心理特质能够激发出普遍的人类之爱，基于“性善说”和“同苦”说，道德教育不仅成为可能，而且必须以人为本的才能找到依据，才符合人性。

池田大作认为，对其他个体的痛苦而感到强烈痛苦的“同苦是人类共有的心理特质，这种心理特质能够激发出普遍的人类之爱”。他认为，没有“同苦”，就不能产生对对方的关怀，也不可能有想除掉痛苦的实践。这种“同苦”的感情，即对其他个体的痛苦而感到强烈的痛苦，为了除掉对方的苦恼采取行动，这是由发达的优秀智能产生的，也是人与其他生物的根本区别所在。[①] 因此，作为人类“同苦”这一最基本的心理前提意味着人性之善，这也是池田强调的普遍的人类之爱，“以生命的眼光”看待人思想的理论源头。如同孟子提出的人心之所以善在于人先天具有“良知良能”，只要是人，就内在必然地具有向善的能力，良知良能使心在发用时所产生的思想、观念和情感等都是善的。因为人有善心、有良知良能，所以才能有“同苦”之心。只有人能够把对方的痛苦作为自己内心的痛苦去感受，才可能建立起人类的集体连带关系，因此，人类才会有道德，道德教育才能实施。

此外，池田大作认为人性善之所以是“心善”，是“因为‘天’存在于人的内心之中，人的本性就是‘善’的。这就是孟子的性善说。所以自然的理法可以原封不动地化为伦理的理法。而且‘知人性，明天心’就显示出具有中国思想特色‘人本主义’的立场。也就是说，‘天’是道德的根源，即天与人息息相关，因此不能光知道祭天拜神，要多对‘人’加以关心，最终能通达‘天’的这一立场”[②]。池田大作的这种“天人合一”的思想，强烈地受到中国式的人本主义的影响，天道即人道，天道和人道合一，道德成为开放性的心情和能量，“使人与社会不受束缚，能随着时代的变化进行

① [日]池田大作:《眺望人类新纪元》，香港天地图书有限公司 2008 年版，第 472 页。

② 季羡林、蒋忠新、[日]池田大作:《畅谈东方智慧》，东洋哲学研究所 2002 年版，第 347 页。

柔软、自在地对应。意味着其本质是开放性的心情和能量”[1]。所以，池田大作对人性的认识与中国古代思想家的人性学说，尤其是孟子的性善说在观点和具体阐释中具有许多相似的地方，对人性的乐观认识和以人为本是一脉相承的对人道最基本的把握，同时也为以人为本的道德教育找到人性的依据和奠定了坚实理论基础。

（二）“佛性”论与“人间革命”：池田大作人本主义道德教育的基本构成

池田大作和孟子一样认为，人的良知良能为人的为善提供了充分的内在根据，良心本心天心是性善的基础，人人都有善良之本，但是，性善是人心的一种倾向性，人还需通过存养的功夫，靠人的不断主观努力，坚持凭自己的精神能动性来达到一定的道德境界。孟子所谓的“性善”不是说每一个人生来都是道德完全的人，而是如果每个人都能把性善扩而充之，则都可以成为圣人。所以，孟子非常注重修身养性，明道力行，性善也即“存心养性”的向善过程，就是将“善心”扩而充之的人的道德实践。而作为宗教思想家的池田大作更多地从弘扬佛法、维护生命尊严的角度，强调“发掘出善的能量”，完善人格，成就“佛性”，依此构成以人为本的向善的道德实践。

池田大作认为，佛教虽然主张“善恶不二”的人性说，但在道德实践的取向上，仍然坚持道德的主体性第一的原则，即在重视使人性善的一面和使人得以自由发展的同时，而对恶的一面又主张通过强制的手段来加以抑制，具体说来就是“抑制恶，并不是从外部进行的，而是通过每个生命内部的主体性来实现的，也就是说每个人要培养自己控制恶的能力，这才是最重要的”[2]。可见，池田大作所主张的“善恶不二”论与儒家性善论及向善的主体道德实践区别不大。另一方面，作为宗教思想家，池田大作在讲

① 季羡林、蒋忠新、[日]池田大作：《畅谈东方智慧》，东洋哲学研究所2002年版，第101页。

② [日]池田大作、[英]B. 威尔逊：《社会变迁下的宗教角色》，香港三联书店有限公司1995年版，第36页。

“人性”的同时还讲“佛性”，因为佛性与人性的相通性，向善的主体道德实践称为以人为本道德教育的基本构成。佛教认为，“佛性”是最根本的、最高层次的性，与众生之有善有恶相比，“佛性”是超越善恶的，它是一种至善的、绝对善的本体之性。池田大作说到：“佛教并非教人以拜火仪式来等待奇迹的出现，而是劝勉人要不断地自我磨练，克服烦恼，让自己成为一盏能照耀社会的明灯。”[①]从这里我们看出，在池田大作的宗教思想里，佛性和人性是相通的，通过不断的自我磨炼，人性是可以达致佛性的，池田大作所强调的从人的生命内部的主体性来培养抑制恶的能力，其实更多的是从人性可以通达佛性这一深层的人性角度来讲的。

佛在印度是指悟出普遍真理的圣人，在佛教里是指释尊，而在大乘佛教中是泛指修行者可能达到的目标，有三世十方之说。对于“佛性”与人的生命的关系，池田大作继承了他的老师户田城圣的思想。户田城圣认为，“佛就是生命”。池田大作说道：“生命是谁都有的，是谁都能切实感觉到的具体性。”[②]他认为，人的生命必须是有尊严的，能够巧妙引导欲望的是理性和道德自律，它们必须与人的生命融为一体。这的确是一个复杂难解的课题。但是它描绘了生命与人格的理想图画，把这种理想作为生命的实现形式来进行自我变革。那是从把自身中的“尊严性”当成单一的普遍性原理的这一认识，转换成把它当成具体的现实。关于生命与佛法，池田大作认为，在佛法中，“一提到佛，我们就会浮现出人格性的一面。正是这种思想导致了佛与自身割裂的印象。一提到法，我们就会想到法则或现象而非人格性的一面。正因为如此才缺乏温情。本来，佛与法就是不可分割的一个体。而我们所说的‘生命’就包含了以上两方面”，他明言道：“只有生命论才是佛法的本体”，“总之，可以说我们学会始于生命论，终于生命论”[③]。可

① [日]池田大作、[印]洛克什·钱德拉：《畅谈世界哲学》，明报出版社2005年版，第122页。

② [日]池田大作：《法华经的智慧》(1)，圣教语言文库，圣教新闻社2001年版，第33页。

③ [日]池田大作：《法华经的智慧》(1)，圣教语言文库，圣教新闻社2001年版，第39页。

见，作为宗教思想家，池田体会的生命和佛性之间的关联就在于人通过不断修行达到一定境界的道德实践。池田大作的这一阐释也体现在他对于中国传统“中庸”之道的理解中，池田大作也将“中庸”与个人的修行、自律、道德提升相联系。他指出，所谓“中庸”就是“奋起一切精神力量，在最高程度紧张的强烈追压下，做出正确的判断与选择”，“中庸”可以说是“节制的感觉”，但“即使说是‘节制’的感觉，却并不是维持人际关系平衡这种表面的、律他的东西，而是建立在确实的‘你自身’这种自觉之上，意味着对自我规范和自我修养的发现”[①]。只有在这种自我确立的基础上“中庸”道德才能真正实现。池田大作所强调的生命的尊严既在于生命本身，更在于谋求自身变革，即谋求确立自身尊严性的道德实践。

池田大作认为，佛性的修炼可以使每个人实现人性的改革。他说：“最紧要的是，让‘作为人’的具体内容，成为众人都承认的明确的概念，使人本主义这个词具有准确、固定的内容。在佛教中，虽未直接使用‘作为人’一词，但在六个方面表示内容上与此相当的为人应该具备的条件。”池田大作接着指出：“也就是说，佛教以成佛陀为最终目标，称其达到目的的修行方法为六波罗蜜。所谓佛陀……是人最完美的理想类型。因此，所谓修炼成佛的修行方法，最终无非是最完美的理想型的人应具备的条件。”[②] 因此，池田大作心中的理想人格，就是佛陀，而修行的方法，也就是达到理想人格的必备条件就是六波罗蜜（布施、持戒、忍辱、精进、禅定、智慧）。池田大作还强调指出：“信仰了佛法，并不意味着就具有了一切理想的人格，这是不言自明的。但至少，由于学了佛法，就能够意识到自我变革的必要性，而且能够不断地实践，逐渐地完善自己。”[③] 一个人不仅能够意识到自

① [日]池田大作:《创立者语录》(纪念讲演篇)，创价大学学生自治会，1995年，第61页。

② [日]池田大作、[德]狄尔鲍拉夫:《走向21世纪的人与哲学》，宋成有等译，北京大学出版社1992年版，第110页。

③ [日]池田大作、[英]B.威尔逊:《社会变迁下的宗教角色》，香港三联书店有限公司1995年版，第116页。

我变革的必要，更重要的是每个人都有潜力实现这样的人性革命。佛教认为，每一个个体生命内部都存在着解决这种人生苦恼的“潜在能力”，这就是“佛性”。佛性是人人都有的，佛性是宇宙生命的体现。佛教的根本任务就是要把佛性这个伟大生命从每一个个体生命的深处引导和显现出来，从而开发人的智慧和慈悲，在现实的人生和行动中发挥作用。这就是池田大作所说的在人的意识深处进行变革的“人的革命”。他说：“这一变革不是外界强加的，而是从力图提高自己人格的本身意愿中产生的……我们呼吁的‘人的革命’，就是这种整个人性的改革。”① 可见，池田大作讲佛教解决人生的苦恼，追求人生幸福，并不像基督教那样依靠救世主的拯救，而是依靠人类自身进行人性的改革。这种“人的革命”同中国古代思想家所说的“反求诸己”、“闭门思过”极为相似。即道德教育的过程和最终实现有赖于个体自身的道德实践而不是外在约束力，所以，以人为本是池田大作道德教育思想的题中之义，由人性通达佛性，实现“人间革命”构成池田大作人本主义道德教育的基本内容。

孟子作为儒学的重要代表，其“性善”说的理论内涵是十分丰富的，从人本主义道德教育的角度看，他将人性本善作为理论出发点，以心性本体论建立了道德教育的内在性根据；同时将道德教育的重点放在主体自觉的道德完善上，强调人的自身修养对善性的实现具有决定意义，以道德实践的后天修养学说为人成就道德提供了现实性。而池田大作的“善恶不二”论及“佛性”论等思想与“性善”说有着内在的一致性，进一步阐发、延伸和提升了“性善”说的道德教育意义。如果说孟子的“性善”说具有鲜明的人本主义特色，为人本主义道德教育提供了丰富的思想素材，那么池田大作关于人性和佛性的认识毫无疑问进一步丰富和发展了人本主义道德教育的理论基础和实践构成。

① ［日］池田大作：《人生寄语——池田大作箴言集》，上海社会科学院出版社 1992 年版，第 58 页。

21 世纪新文明视域下池田大作的人本德育思想探析

陈志兴[①]

池田大作是世界著名的宗教思想家、和平运动家、教育家与作家，一生致力于推进世界的和平、文化、教育事业。在其浩瀚而完整的思想体系中，池田大作的教育思想占有非常重要的地位。池田对教育的关注并非局限在具体而专门的教育领域和部门，而是着眼于人的人格培养的全局。虽然池田很少专门论及德育，但他关于“真正的人的教育”思想与我们国内通常所涉及的“德育”思想是相通的，两者具有内在的一致性。综观池田的德育思想，我们发现从根本上来说，池田大作的德育思想是一种人本德育思想。在池田大作看来，21 世纪是迈向“价值多样化”的世纪，是生命的世纪，是生命尊严的世纪。注重宇宙生命的共生与融合、人类文明的对话与理解、人的生命价值的激发与创造，必然是“21 世纪新文明”的基本特征。池田大作的人本德育思想，与 21 世纪新文明有着内在的联系性和相通性。

① 江西省南昌大学政治学院副教授，博士，主要研究方向为学校德育与比较德育的理论和实践。

一、人本德育的哲学基石是“佛法中道人本主义”

人本德育，是始终把人作为教育的根本，以尊重、激发人的生命尊严和内在可能性作为教育的根本任务，以自己和他人的共同幸福作为教育的最终旨归的一种全新德育理念。1990 年 5 月 28 日，池田大作在北京大学《教育之道，文化之桥》的演讲中曾指出：“可以说，开拓未来，维护未来，其主体在于‘人’，而造就‘人’的事业正是教育。启发、锻炼‘人’内在的无限潜能，把它导向创造价值的方向，就是教育。”① 在池田看来，以人为对象，关注人的生命尊严和人的内在潜能开发，始终应该成为贯彻现代教育（德育）理论与实践的主线。“所谓教育理念，可以说首先应当以对人的彻底而深刻的洞察、理解和热爱作为其支柱。如果偏离了这一基本点，我认为任何教育技术、制度和理想都只会是沙砾上的楼阁。”② 在思考新世纪的教育发展模式时，池田指出，21 世纪要建设“为教育的社会”，以取代“为社会的教育”。“为教育的社会”体系倡导社会为教育服务，为人的全面发展服务，教育并不是一种手段，而是人的生命的目的。由此可见，以人为本，以人的生命尊严和内在创造性为本，以实现人的同享幸福为本始终是池田德育思想的核心理念。

通过仔细探究可以发现，作为一个佛教思想家，池田大作人本德育思想的哲学基石是“佛法中道人本主义”。“佛法中道人本主义”，就是以“佛法中道”为指导的人本主义。池田有时也将其称之为“中道人本主义”、“佛法的‘人本主义’”、“以日莲大圣人佛法为基调的‘人本主义’”。由于这种人本主义是以“佛法中道”为基本指导思想的，为了更好地显示其与其他

① [日]池田大作：《北京大学演讲：教育之道，文化之桥》，1990 年 5 月 28 日，http://www.daisakuikeda.org/chs/lecture-08.html。

② [日]池田大作：《人生箴言》，卞立强译，中国文联出版社 1995 年版，第 85 页。

人本主义的本质区别，因此，笔者在这里将其概括为“佛法中道人本主义”。有学者认为，池田大作第一次比较集中论述佛法中道人本主义问题，是在1973年7月创价学会学生部夏季讲习会上。进入20世纪90年代以后，佛法中道人本主义越来越成为池田思想的主线，他的文章、演讲以及与世界著名人士的对谈中，有不少是直接以“人本主义”作为题目。而池田大作有关“佛法中道人本主义”的完整命题第一次正式提出的标志，则是发表于2002年1月的第27届“SGI日”纪念倡言《人本主义——全球文明的黎明》。[①] 池田认为，佛法中道人本主义反映出《法华经》的根本精神，也就是对人与生俱来的尊严，以及对人可以进行正面变革的潜能深信不疑。佛法中道人本主义以人为本，把人视为拥有至高智慧的存在，认为人是一切变革的开始，因此一个人的根本变革，会牵动和影响整个“生命之网”。应该指出的是，尽管池田的“佛法中道人本主义”与近代以来盛行的欧洲人本主义思潮一样，都充分肯定人的价值和尊严，强调人类生命的意义，但是两者有着质的区别。欧洲人本主义从根本上来说是一种个人主义，不可否认这种个人主义在维护个人尊严上所起到的巨大历史作用，但是“欧洲个人主义的缺点，也就是‘极端个人主义’或‘超个人主义’的缺陷，则在于把国家和赤裸裸的个人对立，过于强调个人的权利，把人生活和活动的有机的‘场所’变得十分不稳定”[②]。佛法中道人本主义是佛法中道与人本主义的结合，将佛法的中道思想引入人本主义，具有宗教所独有的以“人”为坐标的终极关怀。佛法的中道思想是一种强调个人与他人、社会甚至整个宇宙生命共生、和谐的关系性思维，有助于克服欧洲人本主义思潮可能出现的将个人与社会对立起来的危险倾向。池田敏锐地觉察到一般的“主义主张”所具有的褊狭性和排他性，“一般社会的主义主张必然带有其限制

① 关志钢：《池田大作“中道人本主义”论析》，《深圳大学学报》（人文社会科学版），2006年第2期。

② ［日］池田大作：《澳门东亚大学演讲：通往新世界秩序之道》，1991年1月30日，http://www.daisakuikeda.org/chs/lecture-09.html。

性质。例如自由主义，本身就存在着与‘社会化’对立、互不相容的限制性质。……唯物论就是排斥唯心论；而唯心论者则排斥相反的唯物论。……其结果是把人与社会套进自己所主张的模子里”；“世上的主义主张总是带有这种‘套入模子’的作用。我们基于佛法的主张，并不重视这种定型化。我们着重于把握时代与状况的实质，并从此观察应走之方法。这又与顺应主义有根本上的不同。这是中道主义，它不是以某种特定的形式束缚个人或社会，再加以锤炼。就是说，我们能从完全相反的主义中找出各自的长处而加以发挥——这就是我们的特点。但，这又绝对不是没有原则。”①

池田将佛法中道思想和人本主义有机结合起来，使欧洲人本主义发生了彻底的改变，重新焕发出勃勃生机。“中道”是池田大作佛教思想的核心部分。所谓“中道”，即“而二不二”，是指宇宙的万事万物相互之间既有对立、冲突的一面，但它们之间的关系又不是绝对排斥的，而是相互作用、相互协调、相互依存，甚至相互成就的。佛法中道思想由很多“不二法门”组成，其中包括“色心不二”论、“依正不二”论，等等。池田大作从“色心不二”生命本质论出发，提出了“生命至尊论”的重要观点。池田指出：“佛法认为‘人’是‘色心不二’的本体。简单地说，‘色’就是肉体，‘心’就是精神。两者一体化就是‘人’。”②站在“每一个人都是一个独特的生命存在”这一基点上，我们就必须树立“把决定人的这一本质状态的生命尊严始终当作第一义的思想，即认识到生命是没有任何代替物的至高无上的价值”③。池田重视人的生命尊严，将“人”看成是一个个活生生的具体的人，有效地克服了“抽象化主义”对人性所带来的破坏性。“抽象化主义”是二战后法国哲学家马塞尔在论文《抽象化主义成为战争的因素》中提出来的

① [日]池田大作：《第27届“SGI日”纪念倡言：人本主义——全球文明的黎明》，2002年1月26日，http://www.daisakuikeda.org/chs/proposal-2002.html。

② [日]池田大作、木口胜义、志村荣一：《佛法与宇宙》，卞立强译，经济日报出版社1997年版，第45页。

③ [日]池田大作：《人生箴言》，卞立强译，中国文联出版社1995年版，第102页。

一个敏锐的观点，池田大作将其作为由美国次贷危机引发的全球金融风波的根源。抽象化主义将“人”作为一个抽象的概念来思考，遗忘了人所生活的具体世界，结果贬抑了人的独特个性和人格尊严。“当把对方贬低成为某种抽象的概念，就可以视对方为没有价值、低级的存在，甚至是一种应被铲除的有害物体。对方的人格、尊严已经消灭得无影无踪。”[①] 池田大作进一步探讨了“生命尊严”概念的两个方面，即社会性和主体性。“把人的生命看作至高无上，从而尊重其生存权利——这和维护生命尊严也是一脉相承的。这是对待他人而言，也可以说是社会性的一面。不过，正如以前所阐明的那样，作为现实的问题，既有尊贵的人生，也可能有相反的有害无益的人生。决定它的是其生命的主体者——个人的自觉和努力。”[②] 基于此，21世纪的德育必须成为引导学生尊重他人的生命尊严，并通过自身努力，开发和彰显自身内在的生命尊严的人本德育。池田大作从“依正不二”生命观、宇宙观出发，提出了意识到人作为生命主体与外在环境的关系性，以及发挥人自身生命能动性的重要意义。“佛典把生命的能动性清楚地阐说为‘无正报则无依报，又正报以依报作之’。这里所说的‘正报’是指人的生命，‘依报’是其周围的环境世界。关键之处在于这两句话并非简单地排列着、静止地表明依报和正报的不二关系。”[③]“‘正报’即主观世界，‘依报’即客观世界，两者并不是二元地对立的，而是处于相即不离的关系中，这就是佛法基本的生命观、宇宙观。”[④] 正因为“正报”与“依报”的相互作用、相互依存和相互成就，人本德育既必须引导学生努力做到人与外在环境的和谐共处以适应环境，又必须促进学生激发自身生命能动性以改良环境。

---

① [日]池田大作：《第34届“SGI日”纪念倡言：人道主义竞争——历史的新潮流》，2009年1月26日，http://www.daisakuikeda.org/chs/proposal-2009.html。

② [日]池田大作：《人生箴言》，卞立强译，中国文联出版社1995年版，第101页。

③ [日]池田大作：《第22届“SGI之日”纪念倡言：地球文明的新地平线》，1997年1月26日。

④ [日]池田大作：《美国哈佛大学演讲：“软能”之时代与哲学》，1991年9月26日，http://www.daisakuikeda.org/chs/lecture-10.html。

二、人本德育的主要目标：培育具有智慧、勇敢和慈悲的“地球公民”

21世纪是不同的文明、文化对话、理解、融合与共生的世纪。基于此，池田大作提出德育所培养的人绝不应该是仅仅为一国的政治、经济服务的“心胸狭窄”的知识性人材，而应该是超越种族、国家、民族和意识形态限制的“地球公民”（也称地球市民、世界公民）。在池田看来，“地球公民”必须具备三种不可或缺的德性条件，即智慧、勇敢和慈悲。“‘地球市民’可以说，就是：一，具有深刻认识生命相关性的‘智慧之人’；二，对人种、民族、文化的差异，不畏惧、不排斥，而是去尊重、理解，并视这些差异为成长资源的‘勇敢之人’；三，对受苦受难的人，无论远近，都能给予关怀提携的‘慈悲之人’。”①

池田强调地球公民应该具备的智慧、勇敢和慈悲这三种德性条件，既是对全球化时代各国人才必须具备的内在素质的深刻认识，更是其将大乘佛法的基本精神贯穿于育人理念的深切体现。大乘佛法认为：“一切众生都有佛性。”佛者，觉也。所谓“佛性”，就是觉悟的可能性、开发自身生命潜能的可能性、理想人格的“种子”、智慧的本性或种子。其实每个人生命的深处本来都有一颗智慧的“种子”，只是由于被各种有形、无形的烦恼、迷惑所遮盖，使得这颗智慧的“种子”蒙上了一层厚厚的“灰尘”，生命也因此处于一种深深的“无明”状态。因此，“法华经有说：‘开示悟入’。使人‘打开’、‘教示’人、使人‘领悟’一个人本来拥有的智慧，并使人

① [日]池田大作：《美国哥伦比亚大学演讲：探讨“世界公民”的教育》，1996年6月12日，http://www.daisakuikeda.org/chs/lecture-24.html。

‘进入’此智慧，是佛教的究极目的。”[①] 对于信仰日莲佛法的池田大作来说，开启智慧，发掘生命深处内在的潜能和可能性，不仅仅是佛教的终极目的，也应该成为以培养人为主要旨归的现代德育的重要目标。“众生皆有佛性”，这里的“众生”不但指人，还包括山河草木、宇宙万物。“众生皆有佛性”，揭示了一切平等的生命观，也暗含了宇宙生命的相关性这一佛法真理。在池田看来，深刻认识生命的相关性，也就是深刻领会到佛法“缘起论”的生命起源观的真谛。“佛教指‘共生’为‘缘起’。‘缘起’，因缘而起，无论人间界还是自然界，并不是单独存在的，一切都互相有缘，形成现象界。即事象的真实姿态，比起个别性来，根底更在于相关性和相互依存性。一切生物相互关联、相互依存，构成一个活生生的世界，用哲学的语言来说，就是意味相关的构造，这就是大乘佛教自然观的骨格。”[②] 宇宙间的万事万物并不能单独存在，都是因缘（条件）而生，彼此互相作用、互为条件和互相依存，宛如一个丝丝入扣的关系网，这就是揭示一切生命相关性的缘起律。在时空压缩的全球化时代，唯有造就更多的深刻认识到生命相关性的“智慧之人”，才有助于尽早实现人类的共生与世界的和平这一伟大的愿景。

当然，“智慧”并不等同于“知识”。池田秉承他的老师、创价学会第二代会长户田城圣的思想，一针见血地指出，将知识与智慧混为一谈是现代社会的一大弊病。“‘知识’与‘智慧’宛如是抽水机与水的关系，知识可视为是为了汲取智慧的手段。光有知识，无法创造价值。唯有运用知识、活用智慧，才能创造出创价教育之父牧口常三郎先生所提倡的‘美的价值’、‘利的价值’和‘善的价值’。”[③] 由此可见，知识只是一种工具和手段，它本

---

① [日]池田大作：《印度拉吉夫·甘地现代问题研究所演讲：迈向“新人道主义”的世纪》，1997年10月21日，http://www.daisakuikeda.org/chs/lecture-26.html。

② [日]池田大作：《美国哈佛大学演讲：21世纪文明与大乘佛教》，1993年9月24日，http://www.daisakuikeda.org/chs/lecture-16.html。

③ [日]池田大作：《美国创价大学第一届毕业典礼演讲：21世纪的大学——世界市民的摇篮》，2005年5月22日，http://www.daisakuikeda.org/chs/lecture-27.html。

身可被用于行善，也可被用于作恶，关键是取决于应用知识的人。与之相对的是，智慧总是引导我们走向幸福。因此，尽管传授知识是教育的重要组成部分，但是知识教育不能等同于真正的人的教育。“知识本身并不能直接给人的生活态度、为人的理想带来影响。知识对人不能创造性发生作用，通过人如何灵活运用知识——即人的智慧，才能带来创造性。”[①]唯有凭借以启迪智慧为目标的人本德育，引导学生理解人性共通、丰富的一面，才能抵御各种抹杀人性的社会风潮，最终带领学生走向幸福的康庄大道。

21 世纪应该是重视文明间对话和倡导宽容精神的“价值多样化”的时代。不同文明对话的前提是每个人不恐惧、不排斥种族、民族和文化之间的差异，对不同的价值观给予理解和尊重，把这些差异作为自身精神成长的“食粮”。培育具有对差异的包容力和开放性、愿意对话、敢于对话、善于对话的“勇敢之人”，必然是人本德育迈向“价值多样化”世界的重要使命之一。“勇敢之人”拔除了“对差异的执著”这把刺在人心上的“无形之箭”，能够超越彼此背景的不同，去发现在每一个生命深处都潜在的“人类的共通点”。池田大作在谈到勇敢（勇气）的重要性时，指出：“尽管心中有着对人的关怀、精辟的思想和美好的希望，如果没有将其付诸实行的勇气，那在现实中也不会有任何效果，最后甚至和心中一无所思的人一样。……重要的是勇气。勇气是争取度过真正人生的‘动力’，是‘发动机’。”[②]

人本德育的根本目的是引导人们走向幸福。池田大作基于大乘佛法“色心不二”的生命本质论、“缘起”的生命起源观和“依正不二”的宇宙观，对于“什么是幸福”这一复杂的问题，有着自己深刻的洞见。“现在很多人却把欲望和理性所追求的本来是争取幸福的条件和手段看成是目的。……我认为，人们之所以错觉地把非目的看作是目的，其原因是在于丧失了对

① ［日］池田大作：《人生箴言》，卞立强译，中国文联出版社 1995 年版，第 86 页。

② ［日］池田大作：《孩子们是“未来的宝贝”》，卞立强译，中国文联出版社 2005 年版，第 35 页。

本来的目的、即真正的幸福的明确的思考。”[①] 由于深刻认识到宇宙生命的相关性，池田敏锐地洞察到，受一己私利所束缚而倾注全力去满足自己的物质欲望，所带来的只能是一种很容易崩溃的、短暂的幸福，这种幸福缺乏让一个人充实地度过自己人生的牢固基础。真正的幸福是“己他两利”、“己他同享”的幸福。“如果能进一步懂得不单纯是精神上的满足，还有通过把自己的人生奉献给他人的幸福和喜悦而获得的广阔的幸福，那就可以使自己的人生具有不会陷入困境的深厚的基础。”[②] 要达到己他两利的幸福，必须依靠地球公民的慈悲行动。地球公民要做一个具有同苦精神，对他人的痛苦感同身受，并愿意以自己的行动去关怀和帮助他人的“慈悲之人”。“慈悲”就是“拔苦与乐”之意，即通过自身的行动，拔除他人的痛苦，给予他人快乐。在池田看来，慈悲就是践行“菩萨道”精神。如果每一个人都有为他人着想和考虑的慈悲行动，智慧才有无限的作用，人的生命才有真正的意义。池田大作也提醒人们要警惕“无痛文明”这种现代文明的病理，因为无痛文明正在逐渐让人们失去与他人同苦的精神和对他人痛苦的感知能力，这必然会削弱人们关怀他人的慈悲行动。池田引用日本学者森冈正博《无痛文明》一书中的话，指出：“将自己的痛苦尽量变成无痛化的人，是最感觉不到他人的痛苦、听不到他人的诉说的人。甚至排斥了、毁灭了他人，也完全意识不到。”[③]

应该指出的是，智慧、勇敢和慈悲这“三德”之间并不是彼此隔离开来的，而是具有内在的相通性。其中，“智慧”是前提和基础，“勇敢”是动力和关键，“慈悲”是行动和目标。使人觉悟到一切生命具有内在的相关

---

① [日]池田大作、[法]路奈·尤伊古：《黑夜寻求黎明》，卞立强译，中国国际广播出版社2003年版，第220—221页。

② [日]池田大作、[法]路奈·尤伊古：《黑夜寻求黎明》，卞立强译，中国国际广播出版社2003年版，第221页。

③ [日]池田大作：《第29届“SGI日”纪念倡言：内在的精神革命——创建世界和平的关键》，2004年1月26日，http://www.daisakuikeda.org/chs/proposal-2004.html。

性，对彼此的差异免于恐惧并给予尊重和理解，最后通过慈悲行动导向“自他同享幸福”的目标，这就是人本德育的根本目的之所在。

三、人本德育的根本路径：开发人内在生命潜能和创造性的“人性革命”

以智慧、勇敢和慈悲来创造充满无限价值的人生，就是“人性革命”（日语：人间革命）。“人性革命”是始终贯穿于池田大作广博而精深的思想的一条主线，也是人本德育的根本路径。人本德育“就是让自他彼此的‘生命潜能’——万人平等具备却毫无自觉的宝物，得以尽情开发，并陶冶‘与所有生命有密不可分关系’的感性，这也是21世纪教育所不可或缺的要件”[①]。在池田看来，现代文明的危机从根本上来说是人的危机、人的精神的危机。自近代启蒙运动以来，西方社会一直片面追求科学技术的发展和经济产量的扩大，并将这种“进步主义”发展理念的信仰逐渐扩张到整个人类社会。对进步主义的信仰虽然促进了物质的繁荣和科技成果的丰富，却使人类社会掉入了意想不到的陷阱，“当人们像酒醉一般不断追求‘进步主义’的梦想时，事实上变成了为‘蓝图’而蔑视‘现实’，为‘未来’而蔑视‘现在’，为‘成长’而蔑视‘环境’，为‘理论’而蔑视‘人’”[②]。结果，导致了环境恶化、全球气候变暖、南北经济差距扩大、精神病理增多、恐怖主义的威胁、核武器的威胁等“地球问题群”的出现。对于现代文明所带来的“地球问题群”，池田尖锐地指出了其产生的根源：“现代文明的根本性的恶，归根结底是主观性领域的缩小，反之是客观性领域的增大，以及

① ［日］池田大作：《对可持续发展世界首脑会议建言：用教育营造可持续的未来》，2002年8月，http://www.daisakuikeda.org/chs/edu-proposal-2002.html。

② ［日］池田大作：《尼泊尔特里市文国立大学演讲：瞻仰人本主义的最高峰——活在现代的释尊》，1995年11月2日，http://www.daisakuikeda.org/chs/lecture-21.html。

对质的轻视和对量的偏重，这是没有异议的。换而言之，我认为带来这种弊病的根源在于人忘记了自我变革，而一味追求其他的人们和物质的条件等周围事物的变革。”[①] 因此，人们必须改变过去那种看重“外在的改革”的僵化思维模式，将目光重新转向内部，去发现自身生命这个“小宇宙”所潜藏着的无限“软能”，这就是自身的人性革命。“我们的人性革命是用自己的手来开拓内在宇宙——即自身内在的创造性的生命——的、争取人的自立的变革工作；是人站在新的生命思想的高度来展望和缔造21世纪的运动。”[②] 而人本德育的主要任务就是引导人们深入到意识的深层，去发现和探索自身生命“小宇宙”的无穷力量（即“心之财”），并开发出生命主体内在的潜在可能性和创造性，继而为他人和自己的幸福创造最大的价值。这也是引导人以主体性力量，克服和抑制受本能的欲望所左右的“小我”，并使其得到升华，最终逐渐扩大到与宇宙生命一体的“大我”的一个充满创造性的过程。

从生命个体的角度上来看，池田大作倡导“人性革命”是由于他认识到每一个人的生命都本具的创造性、内发性和共生性。池田提出生命本具创造性、内发性和共生性，与佛法“一切人都有佛性”和天台宗“一念三千”的法理是一脉相承的。既然一切人都有智慧的本性，那么，变革社会的根本出路就必须从生命自身入手。如果舍弃了对自身生命小宇宙中蕴含的“无价宝藏”的觉知和发掘，其他任何变革社会的方法必然是舍本逐末的权益之计，不可能从根本上解决现今世界纷繁复杂的社会问题。什么是“一念三千”呢？“一念三千”论出自中国天台宗大师智顗所著的《摩诃止观》。简单地说，所谓“一念”，是指每一瞬间的生命。“三千”就是宇宙的森罗万象。“一念三千”是指一个人每一瞬间的生命具备了宇宙森罗

① [日]池田大作、[法]路奈·尤伊古：《黑夜寻求黎明》，卞立强译，中国国际广播出版社2003年版，第189页。

② [日]池田大作：《人生箴言》，卞立强译，中国文联出版社1995年版，第42页。

万象，寓意每一个人都拥有无限的潜能和至尊的生命尊严，即使“一念心”的力量也是无比巨大的，甚至可以改变一切。在池田看来，“一念三千”论目的是要引导人们将变革的目光转向自身，激发出生命内部的潜能，实现人性深处的变革，以向内促使生命自身得以成长，向外实现人与宇宙万物的共生和融合。每个人都要始终视自己为“变革的主体”，与其他生命积极地建立关系，在此基础上，强有力地带动社会、国家甚至世界等外在环境的变革。

同时，基于“善恶不二”的人性观和“十界具足”的法理，池田大作认为，人性革命是一个在生命内部扬善抑恶，在意识底层诱导出自我超克的自制力量的过程。池田大作坚持佛教“善恶不二”的人性论，认为人的生命不能片面地规定是善还是恶，而是可善可恶，包含着善恶两方面的可能性。因此，“最重要的是：每个人都应该自觉认识到人的内心深处都存在着善恶两方面，并竭力抑制残暴的破坏性冲动”[①]。“十界具足”是“一念三千”法理中的关键思想。池田大作对“十界具足”法理进行了创造性地阐发，他把“十界”（即地狱、恶鬼、畜生、修罗、人、天、声闻、缘觉、菩萨、佛）并不是看作生命的十种固定类型，而是看成人的十种“流动”的生命状态。“从恶劣状态按次介绍：无限痛苦的状态是地狱界，欲望缠身的是饿鬼界，欺善怕恶的是畜生界，盛气凌人的是修罗界，心境平静的是人界，满怀喜悦的是天界，接触学问真理而激发求知欲的是声闻界，能自觉宇宙真理的是缘觉界，普渡众生的慈悲心境是菩萨界，而最后是圆满自在的佛界。”[②] 这十界中每一界又包含了十界，也就是说这十种生命状态是每一个人都会具有的，可能会不断出现在每个人生命的某一个瞬间。由此看来，生命的瞬间是快速变动的，刹那间就可能会移动到十界的其他部分。

---

① [日]池田大作、[德]狄尔鲍拉夫：《走向21世纪的人与哲学》，宋成有等译，北京大学出版社1992年版，第100页。

② [日]池田大作：《美国克莱亚蒙特·麦肯纳大学演讲：探索新的统合原理》，1993年1月29日，http://www.daisakuikeda.org/chs/lecture-15.html。

因此，池田认为，人性革命就是每一个人都通过内心的奋斗与自律，使自己的生命状态不被地狱、饿鬼、畜生、修罗这些“恶能量”所束缚和左右，并发掘出菩萨界或佛界的“善能量”。如此不断重复，逐渐养成习惯，最终让善的能量成为人生命活动的基调。引导每个人不断磨练自身的人格意志，进行人性最底层的变革，达到扬善抑恶，并将其延伸到他周围的环境，最终带动整个社会的转变，这也是人本德育的最根本意义所在。“在每个人的成长过程中，如何使他掌握可以作为各种判断因素的知识和思想方法，以便他在现实的人生的行动中能够不陷于恶，而选择向善的道路——我认为教育对人的最根本的意义就在这里。”①

尽管池田大作的人本德育思想是以《法华经》佛法为根本依托，但其中却跃动着人本主义的灿烂光辉。更难能可贵的是，池田秉承与实践人本德育的理念，创办了由幼儿园至大学的一系列创价教育体系，为实现人性的开发、人类的幸福与世界的和平做出了不可磨灭的贡献。池田关注人的生命尊严与价值，注重发展人内在生命的创造性、内发性和共生性，着眼于自他两利的幸福目标，这些人本德育的理念必将对21世纪新文明的产生带来积极的推动作用，也对现代德育理论和实践的发展具有重大的启发意义。

---

① [日]池田大作、[苏]A. A. 罗古诺夫:《第三条虹桥》，卞立强译，中国国际广播出版社1990年版，第71页。

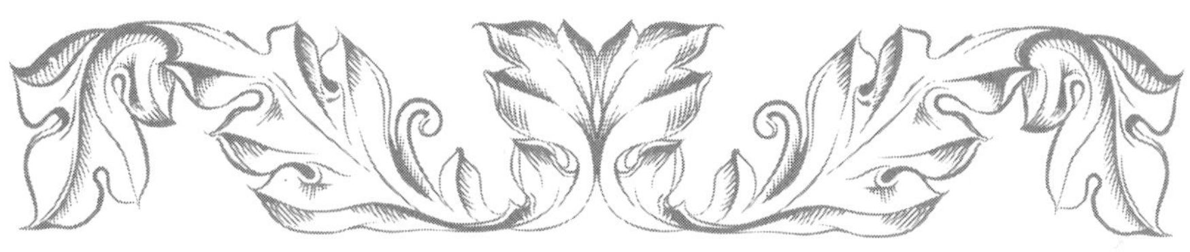

生态篇

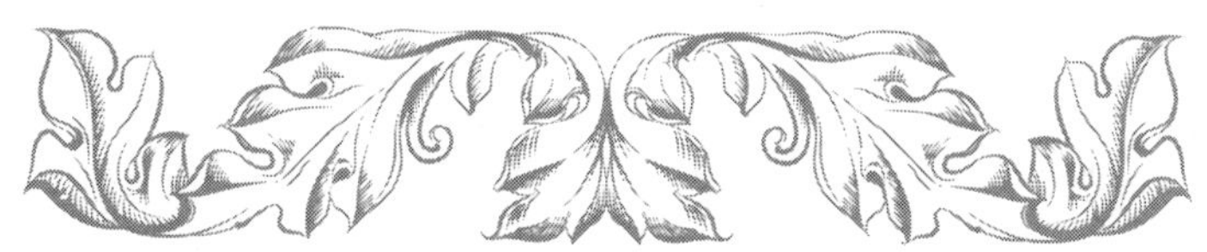

池田大作生态观及现实启示

刘俐　王丽荣[①]

池田大作是日本著名的佛教学者，创价学会名誉会长，国际创价学会会长。迄今，池田大作被誉为世界著名的佛教思想家、哲学家、教育家、社会活动家、作家、桂冠诗人、摄影家、世界文化名人、国际人道主义者。池田大作先生特别关注生态问题，并把它作为人类现实变革和未来发展的重大问题来对待。特别是他与汤因比的《展望21世纪》、与贝恰的《二十一世纪的警钟》等对话录，通过“人与自然”、“人与人”、“人的革命”等思想的分析，基本上勾画出了其生态观体系。池田大作生态思想对我国当代生态文明建设有着重要的借鉴和启示意义。

一、“依正不二”——池田大作生态观的哲学基础

“依正不二”作为池田大作生态观的哲学基础，它是佛教关于生命主体与自然环境关系的观念，是佛教“缘起论”的引申和延续。

“缘起”一词的含义，是指现象界的一切存在都是由种种条件和合而成的，不是孤立的存在。原始佛教将这一思想表述为：“此有故彼有，此生故

① 刘俐，华南农业大学思想政治理论教学部副教授，中山大学教育学院博士研究生。王丽荣，中山大学教育学院教授、博士生导师，池田大作研究中心副主任。

彼生。……此无故彼无，此灭故彼灭。”[①] 在这里，“此”“彼”构成一个不可分割的整体，一事物的存在与否，决定于条件。只有将一物置于整体中，在众多条件的规定下，才能确定其存在，事物不是孤立地独在。在《和平世纪的倡言》纪录中，池田大作在美国哈佛大学以《21世纪与大乘佛教》为题演讲时提及：佛教指共生为缘起。在缘起论的基础上，佛教建立了独特的关于人与环境关系的理论，这就是佛教的生态观。具体来说，在人与自然之间的关系上，池田先生是以中道主义哲学中“依正不二”的论点来论述的，他认为人类为了实现与大自然共存，应该回归到这个论点所明示的生命主体与环境的基本观念上，只有这样才能解决人与自然之间的问题。“依正不二”中的依就是依报、正就是正报，正报指生命活动的主体，而其依凭的环境、国土等叫依报。《佛教哲学大辞典》对“依正不二”解释为：依报、正报显现为佛的专用，依报（客体）与正报（自己主体）并非个别的事物，而是相互关联构成现实世界。正报、依报都是由自己过去的业所招致，称为报。受报的主体就是正报，支撑其报的周遭世界便是依报。报即是过去行为的因果表露于色法上的报应（必然的报酬之意）。所以两者的关系是二而不二，相辅相成，此所谓依正不二。池田先生在《展望21世纪》中提到“依正不二”时说：“一言以蔽之，生命主体与其环境，在客观世界的现象中，虽然可以作为两个不同的事物来认识，但在其存在中，是融合为不可分的一体来运动的。”[②] 他还说：“佛法认为关于环境与人类的关系不可分割，主张生命主体与环境浑然一体，相互关联。”[③]

池田先生关于人与自然之间的“依正不二”的学说强调，人类只有和自然（即环境）融合，才能共存和获益，人与自然不是相互对立的关系，而是相互依存的。这对我们正在进行的生态文明建设具有重要的启示意义。

---

①《杂阿含经》卷一〇，《大正藏》第2卷。

②［英］汤因比、［日］池田大作：《展望21世纪》，荀春生等译，国际文化出版公司1985年版，第12页。

③［日］池田大作：《我的人学》（下），北京大学出版社1990年版，第278页。

回首人类文明发展史，我们发现，伴随人类文明发展的同时，人与自然的关系并没有得到很好的解决。在古代，人类同自然界的关系完全像动物同自然界的关系一样，人们就像牲畜一样慑服于自然界，受自然生态规律的制约；而到了近现代，尽管人类获得了改造和征服自然的强大物质力量，但自然对人的制约作用并没有消失，而是以不断恶化人类生存环境的方式展现出来。正如马克思所说，随着近代工业文明的发展，“由‘理性的胜利’建立起来的社会制度和政治制度竟是一幅令人极度失望的讽刺画”[①]。这种工业文明生产方式的矛盾日益暴露和尖锐化，出现了深刻的社会危机。在人与自然的关系方面，人类在无视自然规律的前提下片面追求自身发展，产生了日益严重的畸形的人类中心主义，也产生了生态危机。

改革开放以来，随着我国经济快速增长，人口、资源、生态环境的问题日趋严峻。新的中央领导集体充分认识到，重视资源和生态环境问题、实现可持续发展是关系中华民族生存与长远发展的根本。于是，统筹人与自然的和谐发展的生态文明建设应运而生。生态文明建设并不是拒绝人类社会的继续发展，而是要求我们在正确处理人与自然关系的前提下把发展同生态保护结合起来，实现科学发展。

历史证明，无视自然界对人类活动的制约，不依靠对自然界正确认识的基础，人类改造自然的行动只会导致失败。在生态文明建设过程中，我们应记住池田先生的告诫：“对人类生存来说，大自然是独一无二的母体和基础。它不仅是维持生命的保证，而且是人类精神的基础，是繁荣文化、振兴文明的源泉。因此，破坏、损伤自然，就等于在孕育人类衰退、灭亡的危险未来；反之，维护并促进丰富多彩的自然活动，就等于打开了通往永恒的人类繁荣的大门。”[②]

① 《马克思恩格斯选集》第二卷，人民出版社 1995 年版，第 723 页。

② [日]池田大作：《人生寄语——池田大作箴言集》，程郁译，上海社会科学院出版社 1992 年版，第 155 页。

二、“生命的尊严”、“众生平等”——池田大作生态观的核心价值

在池田先生全部思想中，贯穿始终的一个中心主题，就是对待生命的态度，这也构成了他生态观的核心价值。池田先生说：“作为人类行动基准的价值体系是多种多样的。比如说，有人主张一切价值是个人爱好的问题。也有人把从社会体制中产生的价值基准——财产、社会地位、娱乐等价值——作为行动的规范。还有人根据施韦泽（Schweitzer）所说的对‘生命的敬畏’这一概念，主张应该把克服贪欲、爱、求知欲作为基准。我和施韦泽的想法有共同之处，必须把生命的尊严看作为最高价值，并作为普遍的价值基准。就是说，生命是尊严的，比它再贵的价值是没有的。宗教也好，社会也好，以及设置比它更高的价值，最终会招致对人性的压迫。”①他认为，生命的尊严是普通的绝对的准则，是任何东西都不能取代的，是超越等价物的一切事物的基点。“生命是尊严的。就是说，它没有任何等价物。任何东西都不能代替它。现在人们已经各有自己的价值基准了，这叫价值的多样化。人们从国家主义狭隘的价值观中解放出来。这是可喜的现象。但是，即或承认价值的多样化，是否还需要一个包括多样化的共同基础的价值观呢？没有这样一个基础，人与人之间的相互信赖和协调就建立不起来。如果深究一下，这个总括的、根本的价值，归根结底，还是作为人的价值，生命的尊严。”②

池田先生还强调：“要把生命的尊严的思想当作我们人类的生活目标”③，“生命最为可贵，一切的出发点在于生命。我觉得：今天，在从宇宙广阔天地中，得到那宝贵生命的同时，建立一种真正能感受到生命尊严的、

---

① [英]汤因比、[日]池田大作：《展望21世纪》，荀春生等译，国际文化出版公司1985年版，第428页。

② [英]汤因比、[日]池田大作：《展望21世纪》，荀春生等译，国际文化出版公司1985年版，第430页。

③ 卞立强编选：《池田大作选集》，北京大学出版社1988年版，第62页。

正确的生活方式，才是最最重要的”[1]。池田先生断言，21世纪必将是一个“生命的世纪”、一个以生命的尊严为根本的时代、社会和文明。

池田先生对生命的理解十分广泛，他将生命的范围由人和动物，推广到自然界、推广到宇宙全体和存在万物，即宇宙就是生命、存在就是生命。他说：“佛法是把包括一切的自然——不，把大宇宙本身，作为‘生命’来理解的。”[2]可见，池田先生所谓的生命尊严，已不仅限于“神”和“人”的“有价值”。他特别指出，仅仅强调人的生命尊严是狭隘的，“只尊重人的生命，往往会使人类陷入利己主义。利己主义的人，也容易陷入只尊重特定的民族、特定的信仰者、特定阶级的人们的生命的狭隘圈子中。与此相对照，把尊重生命的精神推广到动物身上，才是最根本的尊重生命的精神”[3]。他还强调：“包含生物和非生物的自然界中，存在着肉眼看不见的‘生命之线’，这些线巧妙地调和了这个宇宙，织出了精巧的‘生命之布’。必须把生命的尊严的思想作为我们人类生存的旗帜，高高地举起，这就是保持自然协调的必不可少的条件。”[4]因此，在池田先生的视野中，人与自然同是一种生命存在。二者的关系在根本意义上是平等的、无差别的。大自然与人同样拥有不可侵犯的生命的尊严，“如果人侵犯了它的尊严性，就等于侵犯了我们本身的尊严性”[5]。这充分体现了池田先生所推崇的佛教的“众生平等”的思想。

池田先生虽然强调“生命的尊严”、“众生平等”，但是他仍然认为应当

---

① [日]池田大作:《我的人学》，铭九等译，北京大学出版社1996年版，第583页。

② [英]汤因比、[日]池田大作:《展望21世纪》，荀春生等译，国际文化出版公司1985年版，第429页。

③ [日]池田大作、[英]B.威尔逊:《社会与宗教》，梁鸿飞等译，四川人民出版社1991年版，第106页。

④ [日]池田大作:《人生寄语——池田大作箴言集》，程郁译，上海社会科学院出版社1992年版，第134页。

⑤ [英]汤因比、[日]池田大作:《展望21世纪》，荀春生等译，国际文化出版公司1985年版，第429页。

把维护和保全人的生命放在最重要的位置。而且这是合乎佛法的。他说："人为维持自己的生命而宰杀、食用其他生灵，虽因夺走其他生灵的性命而造下罪孽，但维持自己生命的努力却是善，如果能把这样维持下来的生命，用于使其他更多的人获得幸福，则被视为更大的善。因此，即使允许宰杀生灵，也完全是为了维持自己的生命，通过维持下来的自己的生命，做有价值的事情，那么罪孽将得到饶恕。"①

池田先生"生命的尊严"、"众生平等"的思想，赋予了自然万物与人类平等的地位。这些思想，不仅肯定了万物的内在价值，而且否定了人类对万物的主宰，有助于我们跳出极端的人类中心主义的窠臼。时至今日，越来越多的有识之士认识到，对一切生命负责就是对人类自己负责，没有对其他生命的尊重，人类对自己的尊重也就没有保障。1982年10月28日，联合国大会通过的《世界自然宪章》指出："每种生命形式都是独特的，无论对人类的价值如何，都应得到尊重，为了给予其他有机物这样的承认，人类必须受行为道德准则的约束。"今天，我们的生态文明建设也应当从佛教生态伦理中汲取智慧，以慈悲为怀，常抱平等之心，尊重生命、尊重万物。当然，正如前面所论及，池田先生虽然强调"生命的尊严"、"众生平等"，并非意味着否定和贬低人之存在的价值，而是希望人类能够摆正自己的位置，从而采取积极、主动的方式与自然和谐共生，这也是当代生态文明建设中应当倡导的理念。

三、以"天灾"形式出现的"人祸"——池田大作对生态危机的缘由和实质的分析

随着现代化大工业的出现，劳动生产率大幅度地提高，环境中物质、

① [日]池田大作、[德]狄尔鲍拉夫：《走向21世纪的人与哲学》，宋成有等译，北京大学出版社1992年版，第84页。

能量和信息的传递系统大规模地改变，人类的活动领域极大地扩张，人类的物质欲望与日俱增。为满足自己的欲望，不择手段地掠夺能源、资源，肆无忌惮地污染自然，造成生态系统的破坏，人类与环境的关系失调，以致出现资源危机、能源危机和环境危机，导致生态环境遇到空前挑战，生态危机已成为威胁人类生存的全球性问题。

20 世纪 70 年代以后，环境问题已从地域性扩展为世界性。由影响人类的生活演变成为影响到人类生存的问题。全球气候变暖、酸雨、沙尘暴、海啸等环境问题已成为当今世界的一个中心问题，具有愈演愈烈之势。池田先生在为人类的生存环境状况担忧的同时，深入思考着造成各种环境问题的原因。他认为，生态危机看起来是“外在的破坏”，是“天灾”，实际上并非仅仅如此，它是“内在的破坏”导致的结果。是以“天灾”形式出现的“人祸”。“在现代技术文明还没有覆盖住整个地球之前，差不多的灾害都可以说是自然灾害，即天灾。但是，在现代，灭绝人类生存的不是天灾，而是人灾，这已经是昭然的事实。”[①] 这就是说，池田先生通过“天灾”这一生态危机的表面现象的分析，揭示了生态危机实质是人类“内部”的问题。池田先生指出，人类活动大概是以某种形式与自然界的异变、灾害有联系，这些变化“尽管表面看来是大自然独立的现象，但若从本质的观点来看，可以认为是包含人类在内的整个生命世界在起作用，而形成异常变化的几个原因。如果这一推测是正确的，那么最近发生的许多灾害就间接地与人类活动有关，也就可以说是以天灾形式出现的人灾。”[②]

池田先生从不同的角度分析了以“天灾形式出现的人灾”之具体原因。从文化的角度看，池田先生认为造成今天这种局面的原因有两方面，他在与汤因比的《展望 21 世纪》对话录中指出：“现代文明之所以走到破坏自

① [英]汤因比、[日]池田大作：《展望 21 世纪》，荀春生等译，国际文化出版公司 1985 年版，第 37—38 页。

② [英]汤因比、[日]池田大作：《展望 21 世纪》，荀春生等译，国际文化出版公司 1985 年版，第 37 页。

然这一步，其根本原因归根结底是如下两条：一个是认为自然界是与人类不同的另一个世界。他们忘记了自然也是保持一定规律的‘生命的存在’。尽管与人类生命的形式不同，但在本质上是与人类生命相互关联的。另一个原因，正如博士所指出的，犹太一神教认为人类是最接近神的存在。所以理所当然地要征服其他生物和自然，使其为人类服务，这种思想深藏在现代思潮的底部。我分析以上两种思想交相形成了现代科学文明的基础。"[①] 他还明确指出："可以肯定地说，在现代科学文明的深层，有一种把人与自然相对立，为了人的利益要征服自然、利用自然的自以为是的思想动机。"[②] 正是这种"自以为是的思想动机"导致了人类的生存危机。

从科学技术角度看，池田先生认为造成今天这种局面的原因是科学技术被恶用。科学技术本身是中立的，无所谓善恶。科学技术究竟是造福于人类，还是导致人类走向灭亡，关键在于人类如何运用。针对从18世纪就开始迅速蔓延的"征服自然"、"科学万能"的观点，池田先生非常赞同英国历史学家汤因比教授的说法："要对付力量所带来的邪恶结果，需要的不是智力行为，而是伦理行为。"[③]

从人的内部环境即精神或心灵角度看，池田先生认为造成今天这种局面的原因是人类的"魔性的欲望"在膨胀。池田先生把人的欲望分为两种：一种是"本源的欲望"，另一种是"魔性的欲望"。"本源的欲望"是"追求和宇宙生命合一的欲望，给人的生命以全部感情——生命感情，传送生的活力，并使其高涨起来"[④]。而"魔性的欲望"是"切断‘本源的欲望’跟

---

① [英]汤因比、[日]池田大作：《展望21世纪》，荀春生等译，国际文化出版公司1985年版，第32—33页。

② [日]池田大作、[英]B.威尔逊：《社会与宗教》，梁鸿飞等译，四川人民出版社1991年版，第464页。

③ [英]汤因比、[日]池田大作：《展望21世纪》，荀春生等译，国际文化出版公司1985年版，第39页。

④ [英]汤因比、[日]池田大作：《展望21世纪》，荀春生等译，国际文化出版公司1985年版，第391页。

各种欲望之间的联系，把各种欲望置于自己的统治之下的那种欲望”①。

池田先生对生态危机根源的分析虽然角度不同，但其把生态不平衡的根源最终归结到人类心态不平衡，他说，人“一旦失去内心世界本来的韵律，生命能源就会出现不畅的波动，变成破坏性的、攻击性的、支配性的欲望和冲动的能源。外部地球的沙漠化与人类生命的‘精神沙漠化’是分不开的”。“从‘内部环境’被污染，出现沙漠化的人的内心深处喷发而出的利己主义变成对文化、社会环境及自然环境所构成的外部环境的支配、掠夺和破坏。”②

池田先生对生态危机的缘由和实质的分析，启示我们，健康的生态意识最终要归向于每个人的心灵环保，建设生态文明，构建和谐生态环境，应从心开始。

四、池田大作对化解生态危机途径的分析

如前所述，20世纪以来，随着社会生产力和科学技术的飞速发展，人类的工业文明达到了一个前所未有的高峰。然而，这种飞速发展，却是以环境污染、资源枯竭、生态失衡，人类面临巨大的生存危机为代价的。正如恩格斯一百多年前所说的那样，自然界对人类的每一个胜利都进行了报复。追根溯源，池田先生认为生态危机的实质是人类自身出现了问题，是人类行为的恶果。那么如何化解危机？池田先生提出了“人的革命”。

何谓“人的革命”呢？池田先生在《二十一世纪的警钟》中提到：“根据创价学会的观点，首次谈到‘人的革命’的是第二届会长户田城圣。在第二次世界大战期间，户田前会长因为坚持实践日莲正宗的信仰——日莲

① [英]汤因比、[日]池田大作：《展望21世纪》，荀春生等译，国际文化出版公司1985年版，第392页。

② [日]池田大作：《池田大作集——环境问题指南》，苗月译，上海远东出版社1997年版，第261页。

大圣人的佛法，被军国主义势力投入狱中。他在狱中得到一个体验，决心一辈子传播日莲大圣人的佛法。户田前会长把自身的这种变革起名为‘人的革命’。户田前会长在战后曾对此作过说明。他举出大仲马的小说《基督山伯爵》为例，认为这也是一种人的革命，只是这种人的革命是由一个纯洁的青年转变为一个燃烧着复仇怒火的人。而他自己所经历的人的革命，是转变为一个一心要通过对佛法的传播而引导众人走向幸福的人。这里有一个只为自己而生活的人生态度向为一个信念而生活的人生态度的转变。”[①] 在池田先生的观念里，从利己的人生态度转变为对全社会的人和一切生物施加慈爱的人生态度，这本身就可以说是一种“人的革命”。就人与自然的关系来说，池田先生认为，在调和人与自然的矛盾时，人们仅仅注视自然界和社会制度这种外在世界的变革，轻视或忘记了改变自己的生活态度和多种心灵活动。“在现代，显得特别重要的是，努力变革和提高人的生命或精神的世界。我们把这称之为‘人的革命’。”[②] 这里“精神革命”亦是“人的革命”。为了说明相对于外在变化更为重要的人的内心深层的精神变革，池田先生进一步进行了生动地解释：“打个比喻说，这种生命深层的变革，就好像是使土壤如何肥沃；在那里种植和培育什么样的作物，就等于是在社会中通过现实生活如何具体地实现变革。”[③]

关于“人的革命”，池田先生有过不同的表述，从佛法的角度看，在池田先生的视野里，“小我”革命不仅是“人的革命”的首要步骤和基石，更是“革命”的核心。先生说过：“从‘小我’向‘大我’，这就是佛法教

① [日]池田大作、[意]奥锐里欧·贝恰：《二十一世纪的警钟》，卞立强译，中国国际广播出版社1988年版，第181页。

② [日]池田大作、[意]奥锐里欧·贝恰：《二十一世纪的警钟》，卞立强译，中国国际广播出版社1988年版，第147页。

③ [日]池田大作、[意]奥锐里欧·贝恰：《二十一世纪的警钟》，卞立强译，中国国际广播出版社1988年版，第150页。

说的人间革命之路。”[①] 在《我的人学》（下）中，他也说道：“一切均要从变革自己开始。无论生活、事业、教育、政治以及经济、科学等，一切的出发点在于人，因此自身生命的变革正是一切的起点。”[②] 池田先生认为，“小我”是与欲望相连的，完全消除欲望是不可能的，必须“通过对‘大我’（宇宙的普遍的自我）的觉悟，去克服跟欲望相通的‘小我’（个人的自我）”[③]。

面对人类的生存危机，池田先生之所以强调“人的革命”的重要性，这是因为在他看来：“只有通过这样掌握的与自然的协调以及人与人之间的和睦的态度，才能面对自然的破坏——可以说是现代文明所面临的最深刻的危机——筑起一道根本的防御线。”[④]

贝恰博士也指出：“我们人类在智慧和能力方面已经极其成熟，在其数量上已经填满了地球上居住地的所有空白。我们现在就必须开始承担起长期的全球性的职责和任务，为今后的人类留下一个较有生活价值的地球和较为可能控制的社会。理解这一点的，除了人的革命外没有其他的办法。只有人的革命才能使得我们懂得，为了一切的成就，人们必须提高自己的思想，获得内心深处的精神的与文化的调和。而且由于这种人的革命，现在这个世纪末和这一千年间的闭幕，将会为通向人类史上最好的时代打开一扇新的门。”[⑤]

那么如何为现代文明所面临的最深刻的危机筑起一道防御线呢？“我认为真正的‘人的革命’，一方面是通过佛教的实践从生命的深层进行，另

---

① [日]池田大作：《新·人间革命》（卷五），创价学会译，香港天地图书有限公司 1996 年版，第 186 页。

② [日]池田大作：《我的人学》（下），潘金生、庞春兰译，北京大学出版社 1996 年版，第 147 页。

③ [英]汤因比、[日]池田大作：《展望 21 世纪》，荀春生等译，国际文化出版公司 1985 年版，第 395 页。

④ [日]池田大作、[意]奥锐里欧·贝恰：《二十一世纪的警钟》，卞立强译，中国国际广播出版社 1988 年版，第 153 页。

⑤ [日]池田大作、[意]奥锐里欧·贝恰：《二十一世纪的警钟》，卞立强译，中国国际广播出版社 1988 年版，第 173 页。

一方面是在这种现实生活中有价值的互相接触中进行。”[①] 关于在“现实生活中有价值的互相接触”，池田先生从人与自然、人与人两方面进行说明，“就同自然的关系来说，人应当尊重自然界本身所具有的生命的相互关系与循环的规律，应当把自己与它相一致当基本。不能忘记人的肉体机能与精神机能本身就是从自然界的规律中产生的。只有在与自然相一致的过程中，才能获得真正的稳定感与充实。”[②] “就人与人的相互关系来说，应当把尊重其他所有人生存权利和维护人格的尊严作为基本。不用说，这种根本就是前述基督教所宣扬的‘爱’，佛教所表明的‘慈悲’。”[③] 池田先生还强调了教育在人的革命中的重要性。他说：“人的革命中，教育占据仅次于宗教的重要地位。”[④]

在人类的生存危机日益严重的今天，池田先生对化解危机途径的分析值得人们深思。诚然，应对危机，维持生态平衡是一项复杂的系统工程，需要运用政治、经济、法律、教育、科学技术和伦理道德等各种手段进行综合调整。从目前我国的环境保护和生态建设现状来看，要解决环境与生态的问题，除了必要的技术手段和法律法规之外，思想观念的改变与心灵的提升也是必不可少，并且是处于当代社会的人们最为需要的。池田先生说得好：“人的道德水平，随着技术的进步反而有所降低。这是由于人的愚蠢造成的。人们有一种错觉，以为从技术进步所得的力量，可以代替道德所完成的任务。我认为从这种错觉中解脱出来，是解决人们自己招致的现

① [日]池田大作、[意]奥锐里欧·贝恰：《二十一世纪的警钟》，卞立强译，中国国际广播出版社1988年版，第153页。

② [日]池田大作、[意]奥锐里欧·贝恰：《二十一世纪的警钟》，卞立强译，中国国际广播出版社1988年版，第150页。

③ [日]池田大作、[意]奥锐里欧·贝恰：《二十一世纪的警钟》，卞立强译，中国国际广播出版社1988年版，第151页。

④ [日]池田大作、[意]奥锐里欧·贝恰：《二十一世纪的警钟》，卞立强译，中国国际广播出版社1988年版，第151页。

代危机的出发点。”[1]

① [英]汤因比、[日]池田大作：《展望21世纪》，荀春生等译，国际文化出版公司1985年版，第388页。

论工业经济的低碳发展模式

——基于低碳技术与低碳产业视角

陈晓春 施卓宏 赵珊[①]

引 言

自从工业革命以来，温室气体排放量迅速增加，打破了地球碳循环平衡，改变了生物圈的能量转换形式。根据科学家的研究，近百年来，导致全球变暖的因子，主要是人类的活动，包括碳基能源的大量使用、工农业活动的高排放、土地利用方式的变化等。全球变暖带来海平面上升、气候变化、物种灭绝、自然灾害频繁等诸多问题，已经对人类的生存和发展形成威胁。危机中孕育着机遇，为了应对这一挑战，许多国家将新能源开发、节能减排和控污降耗等作为面向未来的发展战略。一场以低碳经济为特征的绿色浪潮将要拉开大幕，这场革命被认为是继农业化、工业化、信息化浪潮之后，世界将迎来的第四次浪潮，即低碳化浪潮，走向低碳化时代是大势所趋。[②]低碳经济将给处于高速发展中的中国带来前所未有的机遇，中国有可能成为世界最大的碳交易市场，最大的环保节能市场，最大的低碳商品生产基地和最大的低碳制品出口国。中国发展低碳经济顺乎世界潮流，

---

① 陈晓春，湖南大学政治与公共管理学院教授，博士生导师，常务副院长。施卓宏，湖南大学政治与公共管理学院硕士研究生，研究方向：低碳经济、公共政策。赵珊，湖南大学工商管理学院博士，研究方向：项目管理。

② 钱志新：《低碳化：第四次浪潮》，《新华日报》，2009年7月28日。

合于中国国情。我们应该抓住这次机遇，结合国家拉动内需、刺激经济增长的政策措施。以低碳技术来推动传统产业的升级，以低碳产品来拉动内需消费的增长，以低碳产业来构筑经济结构，建立以低碳排放为特征的生产体系和消费模式，逐步推动工业经济的低碳化发展。

一、工业经济低碳发展模式内涵

工业经济低碳发展模式是一种基于低能耗、低污染、低排放、可持续的工业经济发展模式。它的目标是切断工业经济发展与随之而来的温室气体排放之间的连接关系，实现两者之间的脱钩。它的实质是通过可再生能源的利用和能源效率的提高来实现能源利用方式由碳基能源到清洁能源的转变，利用碳捕获、碳封存和碳利用技术减少二氧化碳对大气层的直接排放，实现在整个工业经济运行过程中能源消费的低碳化和生产活动的生态化。它的实现途径依赖于低碳技术的进步和低碳产业的发展。

工业经济低碳发展模式以低碳技术进步为动力。低碳技术，从本质上讲是有利于增加碳汇，减少碳源，实现碳中和的技术总称。IPCC 指出在温室气体减排的问题上，技术进步是最重要的决定因素，其作用超出其他所有驱动因素的总和。在工业经济的低碳发展模式中，低碳技术是最重要的驱动因子。低碳技术包括减碳技术、无碳技术和去碳技术三种类型。

工业经济低碳发展模式以低碳产业发展为支撑。低碳产业是指在生产和消费过程中，向大气的累计碳排放量不会改变和破坏生态环境中碳循环的物质生产部门。低碳产业可以概括为四大领域：第一是“化石燃料的低碳化领域”；第二个是“可再生能源领域”；第三个是“能源的效率化与低碳化消费领域”；第四个领域是“低碳型服务领域”。①

① 蔡林海：《低碳经济：绿色革命与全球创新竞争大格局》，经济科学出版社 2009 年版。

二、发达国家工业经济低碳发展模式的现状与启示

（一）碳发展模式是发达国家工业经济发展的主流趋势

为了应对气候变化、能源危机和金融危机，主要发达国家工业经济发展模式出现重大的转变，其中美国提出绿色新政，日本提出低碳社会，欧盟及其成员国提出一系列的低碳发展战略等。主要发达国家工业经济发展模式的嬗变，意味着低碳发展模式正逐步成为发达国家工业经济发展的主流趋势。

美国总统奥巴马提出绿色新政，其核心内容包括四个方面：其一，投资清洁能源产业。计划在未来十年内投资1500亿美元用于清洁能源产业，并规定，2025年前可再生能源发电量占美国电力比例提高到25%。其二，大力推动节能增效。提高汽车燃料消耗标准，鼓励汽车产业发展混合动力型车（PHEV）；建立数字化智能能源网；制定国家建筑节能目标，发展低碳建筑。其三，重视低碳技术创新。这些技术创新集中在太阳能发电技术领域，生物质能源技术领域，二氧化碳回收储藏技术领域，替代燃料汽车技术领域。其四，建立基于市场的碳排放权交易机制。通过以市场为基础的“总量控制与排放权交易”将碳排放的外部性问题内部化，使企业产生节能减排的内生动力。

因为资源禀赋，日本工业经济的发展历来重视节能减排，早在2000年就颁布了《循环型社会形成推进基本法》，大力发展循环经济。以此为基础，日本内阁会议制定了《21世纪环境立国战略》，提出建设低碳社会的构想，实现低碳社会的技术战略为“创新技术21”，在短期内该战略立足于减碳和去碳技术的开发，长期目标是研发出温室气体排放为零的无碳技术。日本在能源工业中的“化石燃料的低碳化”领域和“能源效率化与低碳化消费”

领域处于“领先世界”的优势地位。①

欧盟历来是低碳经济的积极推动者，其在发展理念和政策创新上面都领先于美国和日本。欧盟在2007年11月发表了“欧洲能源技术战略计划”。该战略计划的宗旨是为实现欧盟的能源与应对气候变化的政治目标而全力推进低碳技术的创新与开发。2009年3月，为使欧盟成为低碳技术领域的世界性领袖，对建设低碳经济领域投资1050亿欧元，力争五年内有效占据低碳技术和绿色产业的领先位置。欧盟在“可再生能源领域”与“低碳型服务”领域拥有领先世界的优势。②

（二）主要发达国家工业经济低碳发展的启示

1. 以市场为基础，政府强势推动

美国、日本、欧盟等主要发达国家凭借其完善的市场机制和法律制度，充分利用市场来实现资源的优化配置。通过成立碳排放权交易所，例如：欧盟排放贸易体系（EU ETS）、芝加哥气候交易所（CCX）等，鼓励碳排放权的买卖，将温室气体排放的外部性问题内部化，使工业企业具有节能减排、发展低碳技术的内生动力，从而引导社会资本进入低碳领域。在市场失灵环境下，政府通过法律手段和经济手段强势推动低碳技术与低碳产业的发展，例如：政府直接加大投资低碳技术与低碳产业的力度，鼓励银行贷款投入低碳产业，给予实施节能减排企业财税政策激励等。政府的强势推动降低了工业企业在低碳领域探索的风险，促进了低碳技术与低碳产业的发展。

2. 低碳技术与低碳产业协调发展

主要发达国家重视低碳技术与低碳产业的协调发展，注重低碳技术与

---

① 唐丁丁：《日本发展低碳经济的启示》，《世界环境》，2009年第5期，第62—64页。

② 张坤民、潘家华、崔大鹏：《低碳发展论》，中国环境科学出版社2009年版。

低碳产业的互动。低碳技术一经开发出来，很快就可以转化为生产力，实现其经济价值和生态价值。低碳技术除了用于传统产业的低碳化改造外，还催生了一批新兴的低碳产业，例如：新材料、新能源等。而低碳产业的发展将加速低碳技术的进步，低碳产业能够对低碳技术进步的方向、规模和速度产生很大影响。低碳产业的发展将会使科研投入具有内生动力，加速低碳技术的进步，随着低碳产业结构的逐步完善，人们对低碳科技更加重视，从而加大科研投入，加强产、学、研之间的合作力度，促进低碳技术的发展。综上所述，低碳产业的发展诱发低碳技术创新的需求，低碳技术创新促进低碳产业发展和形成，低碳产业的集成为新一轮的低碳技术创新创造条件。

3. 以工代赈，施惠于民

发达国家的工业经济低碳转型发端于金融危机时期，提振低碳排放的工业经济，实行重返制造业的国家战略。应该注意到发达国家的绿色工业新政都将创造就业列为重点，例如：奥巴马在其施政纲领中表明，在今后十年，向可再生能源领域投资1500亿美元，创造500万个就业岗位；英国的《低碳产业战略设想》计划在低碳经济转型过程中，为未来英国提供40万个就业岗位等。有研究表明，每1000亿美元的投资能够增加直接就业岗位935200个。[①] 发达国家工业经济低碳转型战略短期来看是为了走出金融危机的阴影，解决国内就业问题；长远来看是为了提升国家综合竞争力。

---

① 资料来源：美国发展中心报告，*Green Recovery: A Program to Create Good Jobs and Start Building a Low-Carbon Economy*。

三、实现工业经济低碳发展的路径分析

（一）企业：实现低碳技术由跟踪到跨越的升级

科学技术是企业的第一生产力，也是企业核心竞争力的重要组成部分。科学技术的发展离不开有效的技术管理，技术跟踪作为技术管理的有效方式，能够对科学技术活动进行动态测量、分析和评估，许多企业已经开始了对低碳技术的跟踪。所谓技术跨越，就是跨越技术发展的某些阶段，直接开发、应用新技术和新产品进而提高产品竞争力的过程。低碳技术跨越有两层含义，一是在技术水平比较低的情况下，通过技术引进，提高技术能力，跨越数个技术层次；二是在某些低碳技术领域，利用已有的技术优势，加大投入，形成自己独特的优势，实现低碳技术的跨越。

企业实现低碳技术由跟踪到跨越的升级需要企业自身的努力和政府支持。企业自身应该将低碳技术研发放在重要位置，在资源节约、能源梯级利用、产业链延长、相关产业链接、“零排放”技术、回收处理技术、绿色再造技术等重点领域投入科研力量，研制开发低碳技术和低碳工艺，建立完善的低碳技术管理体系。政府对于企业实现低碳技术由跟踪到跨越的升级应该给予必要的政策和资金支持，组织进行技术研究和开发，并鼓励引进、消化和吸收一批国内外先进技术，突破重点技术瓶颈，不断提升企业的技术水平。

（二）园区：以协同进化模式推进

工业园是工业经济的载体，建立工业园的目的是使企业生产在环境影响最小化的同时，实现经济效益最大化。从交易成本的角度来看，园区内企业相互间的交易成本，应该小于园区内企业与园区外企业交易的成本。建立低碳工业园能够使企业的经济效益、生态效益和社会效益实现最优组合。

所谓协同进化是指生态系统中生物与生物、生物与环境之间在长期相互适应过程中的共同进化或演化。低碳工业园的建设可以借鉴生态学上协同进化的理论，紧紧围绕低碳经济发展的主题，在园区内各企业、产业间建立起物质流、能量流、资金流、信息流和知识流流通、传递与共享的共生体系，通过互相作用、互相补偿、互相驱动，促进园区内企业升级优化，提高企业的核心竞争力，增强产业可持续发展能力。

以协同进化模式来推动低碳工业园建设可以考虑从四个层面来进行：第一个层面是经济生产。这是微观层面上的基本表现形式，是以大力推行经济生产，从生产的源头和全过程充分利用资源，使生产企业在生产过程中废物最小化、无害化、资源化，它是以单个企业内部物质和能量的微观循环作为主体的企业内部循环经济产业体系，是资源消耗和产品形成的地方。第二个层面是低碳供应链。是指在整个供应链上下游企业中综合考虑环境影响和资源效率，其目的是使得产品从物料获取、加工、包装、仓储、运输、使用到报废处理的整个过程中，对环境的影响（负作用）最小，资源效率最高。第三个层面是建立协同进化网络。协同进化网络是低碳供应链的广义形式，它是基于运动视角的共生经济，它的实现途径是促进工业生态群落产生，其方式是把不同的工厂联结起来，形成共享资源和产品互为利用的产业协同进化组合，实现园区的物质、能量利用的最大化和废物排放量最小化，最终促进整个网络上的企业共同发展。第四个层面是建立低碳型产业区。它是指在该层面实现区域终端产品或废弃物的物资、能量与信息的循环，节约自然资源，遏制废弃物的泛滥，强调区域经济的协调性，实现社会范围内的“资源—产品—再生资源”的循环模式，最终达到“零排放”的目的。

（三）产业：向低碳技术密集型转变

随着我国居民的生活质量和福利水平的不断提高，未来数十年我国的产业结构将发生很大变化，环保节能建筑和新兴建材、大型成套发电设备

（如新能源发电设备）、智能交通制造、纳米技术、生物制药、高速轨道交通、工业废气循环利用等部门将成为产业升级的方向。产业升级必须依靠技术进步，引导产业向低碳技术密集型转变是实现产业升级的重要途径。

首先，制定产业低碳发展战略和系统化的低碳发展规划。明确发展低碳经济的战略地位，核心是提升国际竞争力，目标是确保企业抓住低碳经济的战略机遇，赢得发展优势。在制定战略时，应突出创新主导，充分发挥本产业的优势，建立行之有效的节能环保管理体系和市场体系；大力培育国内低碳市场，通过打造骨干企业，造就一批可参与国际竞争的低碳企业。同时，以培育市场为核心，开展系统性的产业规划编制，规划应充分考虑各地区经济发展不平衡的实际情况，分阶段、分地区差别加以实施。体制机制建设进程也应纳入规划的范畴，涉及低碳项目的规划，国家、省、市、县各级规划应衔接配套，统筹部署。

其次，要重视和强化产业中的节能环保产品、服务的标准化工作，制订完善主导产业低碳化生产的相关标准体系，引导产业朝着规范化、规模化、高水平、高效益方向发展。同时，建立低碳技术交易机制和低碳技术交易市场，也是推动产业向低碳技术密集型迈进的关键因素之一。抓住产业调整的机遇，通过交易机制和交易市场推动低碳技术、设备、产品的研发和应用，帮助低碳技术资源在中小企业和大企业间合理配置。要建立行业准入许可证制度，提高准入门槛，促使企业高起点投入，保障低碳产业健康发展，增强行业整体竞争力。

四、推动工业经济低碳发展模式建立的建议

（一）制定符合全球低碳市场要求的技术创新政策

全球低碳市场包括低碳产品贸易市场、碳排放权交易市场和低碳技术转让市场。随着低碳经济的发展，全球低碳市场规模越来越大，制定符合

全球低碳市场要求的技术创新政策日渐迫切。伴随着消费者消费理念和消费品质的转变，低碳产品贸易额占全球商品市场贸易额的比重日渐上升，这是低碳产品贸易市场扩大的内在动力。自法国前总统希拉克（Jacques René Chirac）提出碳关税以来，发达国家借“保护环境”之名，行贸易保护主义之实，推行碳关税，由此倒逼中国等制造业大国创新低碳技术，生产低碳产品。碳排放权交易市场更多的涉及碳金融的范畴，但是碳排放权的产生仍然依赖于低碳技术的发展，没有低碳技术的发展，碳金融就会成为无源之水、无本之木。碳排放权市场的扩大和发展依赖于低碳技术的创新发展。我国作为CDM项目最大的卖方，参与碳排放权交易市场，能否拥有符合全球低碳市场要求的技术是掌握碳交易市场主动权的关键。参与国际低碳技术转让市场是缓解当前我国低碳技术储备不足，破解某些领域技术瓶颈的关键。因此，应该立足于中国的实际，积极与发达国家在“共同但是有差别的原则”下展开技术转让谈判，向发展中国家转让节能减排技术也是发达国家在《联合国气候变化框架公约》中对发展中国家做出的承诺。

（二）推动低碳产业技术联盟的形成

低碳技术创新是低碳经济的核心内容和重要支撑，是提升国家持续竞争力和软实力的重要标志。在市场经济条件下，促使微观主体之间形成低碳产业技术联盟，是政府部门可以选择的推动低碳技术发展的有效手段之一。低碳产业技术联盟是指以推动低碳技术发展和应用为目标，由产业内两个或两个以上技术创新主体形成的相互联合致力于低碳技术创新活动的组织。低碳产业技术联盟由政府、企业、高校、科研院所等微观主体组成，在联盟中，政府制定相关政策，为学术研讨和技术交流提供平台，降低低碳产业技术联盟形成的成本，引导企业开展低碳产业技术联盟。

在组建低碳产业技术联盟时，首先要明确低碳产业的发展趋势以及当前的发展阶段，对下一阶段的低碳技术特征做出具有可行性的预测，然后选择与之匹配的低碳产业技术联盟方案；其次，应该扶持一些大企业作为低碳产业技术联盟的核心，尽管大企业存在一些反应迟缓、效率低下的大企业病，但是大企业往往科技势力基础相对雄厚，并且，以大企业为核心成立低碳产业技术联盟能够使联盟在成立的初期就具备相当的积聚力，从而有利于创新要素的聚集。

（三）创新低碳技术与产业发展的融资渠道

低碳技术与低碳产业的发展需要持续、充分、有效率的资金支持，其融资渠道可以从以下几个方面考虑：第一，政府财政直接投资。在民营资本不愿意介入的基础研究领域和民营资本无力介入的高风险领域，政府部门应该加大财政投入。在“以市场为基础，以政策为导向”的原则下，政府财政的直接投资，能够解低碳技术和低碳产业发展资金短缺的燃眉之急，同时能够带动民间资本对低碳经济的热情。第二，建立碳排放权交易所。碳排放权交易所按照市场化的路径，以科斯（Coase）产权理论为依据，通过碳排放权交易的制度安排实现资源配置中的“帕累托”最优。一方面约束企业进行节能减排，另一方面又能够为实行节能减排的企业和项目“输血”。碳排放权交易市场在碳金融资源的分配中能够起基础性作用。第三，商业银行的间接融资。商业银行向低碳项目开发企业提供贷款，对低碳经济的发展起到杠杆作用。同时，商业银行除了给低碳企业或者项目提供资金外，还提供咨询、中介担保等服务。根据我国的国情，商业银行的间接融资是低碳技术与产业发展的主要融资渠道。第四，证券市场直接融资。2004 年，深圳证券交易所中小企业板正式开市，为中小企业直接融资提供了有效的平台。2009 年，创业板正式开版，多层次金融市场体系逐步建立。多渠道多层次的直接融资体系的建立，有助于解决低碳技术与低碳产业发展过程中的资金问题。

(四)吸引低碳技术人才集聚

人才资源是经济社会发展中最宝贵的资源,低碳技术创新对科技人才提出了更高的要求,发展低碳技术与低碳产业的人才战略可以从以下几个方面考虑:一是制定科学的人才引进规划,根据未来几年专业低碳技术人才的需求方向和需求量,量体裁衣,避免人才引进的盲目性和无序性。二是加大人才引进力度,特别是对掌握低碳技术的人才,实行“低碳技术人才储备战略”,打造载体,拓宽人才服务途径。三是健全低碳技术创新人才市场体系,鼓励企业引进境外高层次低碳技术创新人才,加大培养优秀青年企业家的力度,造就一支具有战略开拓能力的低碳创新型企业家队伍。四是促进产学研合作。各级政府部门应提高认识,明确责任,健全制度,切实加强督促检查和分类指导,落实好低碳技术创新产学研合作政策,发挥积极有效的沟通协调作用,为产学研搞好各种服务。

非物质经济、可持续发展与生态文明

卢风[1]

发展一直是我们这个时代的最强音。邓小平说:“发展是硬道理。”有西方学者说:“发展是我们这个时代的宗教。”为实现中华民族伟大复兴，所要做的头等大事无疑就是发展。在2009年联合国气候变化峰会开幕式的讲话中，时任国家主席的胡锦涛强调解决气候变化问题归根结底还是要靠发展。他说:“气候变化是人类发展进程中出现的问题，既受自然因素影响，也受人类活动影响，既是环境问题，更是发展问题……”一个“更”字明确表达了中国当代领导人发展主义的思路。然而,“发展”的涵义须得到仔细辨析，发展的方向须得到认真审视。发展须纳入生态文明建设的框架之中，背离生态文明的发展会把人类带向毁灭的深渊。背离生态文明的中华民族非但不能实现什么伟大复兴，而且会遭受灭顶之灾。本文分析“可持续发展”概念所包含的矛盾，探讨发展非物质经济的可能性，并着力论证，仅当物质经济生态化而非物质经济不断增长时，发展才是可持续的，也只有这样的经济才是与生态文明相容的经济。

---

① 哲学博士，现任清华大学哲学系教授，博士生导师。主要研究伦理学、现代西方价值观和科技哲学，主要著述有《人类的家园》、《享乐与生存》、《启蒙之后》、《从现代文明到生态文明》等。

一、“可持续发展悖论”及其消解

谋求发展是中华民族几十年不会改变的主题。但近三十年来高消耗、重污染、低效益的线性发展注定是不可持续的，“大量生产、大量消费、大量废弃”的发展是注定不可持续的。随着生态学影响的逐渐扩大，人们越来越明确地意识到地球资源和生态系统的承载力都是有限的。20世纪70年代，人们提出了“可持续发展”概念。然而，仔细分析这个概念的通常定义，我们会发现，它竟是个矛盾的概念。

“可持续发展”中的“可持续”只是一个修饰语，“发展”才是重心所在。我国主流意识形态蕴含的“科学发展观”也置重于发展。可持续发展即当代人谋求的不影响子孙后代发展的发展。那么，什么叫“发展”呢？人们通常认为，发展首先涵盖经济增长。如果经济都不增长了，就谈不上发展了。当然，根据现代性思想，发展不仅仅包括经济增长，还包括科技进步、人权状况的改善、教育的普及、社会保障系统的完善和医疗水平的提高等。经济主义者会说，这些都可以随经济增长而得以实现。一个国家（或社会）的经济增长了，其科技就有长足进步的动力，其民主法治就能向前稳步推进，其教育就能逐渐普及，其社会保障系统也能逐渐得以改善。也就是说，一切改善都涵盖在经济增长里。简言之，可持续发展蕴含发展，而发展蕴含经济增长，没有经济增长就没有发展。

迄今为止，中国人（甚至全球人）谋求的经济增长仍是物质主义的经济增长，或物质经济的增长，即物质财富的增长。这在今日中国明显表现为汽车等物质财富的增加，我们的汽车、火车、公路、铁路、楼房都在增加，城市在增多、扩大。这些都是经济增长的明显标志。但这样的经济增长必然会大量挤占野生生物的生存空间，即随着经济的增长，湿地、荒野和森林会越来越少，甚至连淡水都越来越不够用。根据生态学，我们很容易推出，这种增长必然是有限度的，在达到一定量级后，继续增长将导致生态系统的彻底崩溃。在中国指明这一点尤其必要，因为我们的人口密度比欧美大得多，从而人口对生态系统的压力会随着人均收入的提高而迅速加大。

综上所述，我们从“可持续发展”的定义出发，一步步推导，最后得出了发展不可持续的结论。这个推理过程可表示如下：

可持续发展——发展——经济增长——物质财富增长——挤占野生动植物的生存空间——发展不可持续

即由“可持续发展”出发，推导出“发展不可持续”，这就是一个“悖论”，不妨称之为“可持续发展悖论”[①]。如何消除这个悖论呢？这是发展主义者无法回避的问题。

生态经济学家赫尔曼·E. 戴利（Herman E.Daly）提出了一种消解悖论的思路：区分“发展”与“增长”，这样，我们就可以追求穆勒（Müeller）所理想的那种“没有增长的发展”，就是“没有数量增加的质量改进”[②]。戴利已经触及非物质化问题。他竭力提倡一种稳态的、可持续发展的经济，也努力建构一种可持续发展的经济学。这种经济学“是从物质参数开始的（一个有限的世界、复杂的生态关系和热力学定律），要求技术、偏好、分配和生活方式等非物质的参数与我们作为其中一部分的复杂的生物物理系统有可行的和合理的均衡”[③]。戴利深深地服膺生态学，他明确地意识到：“物质的定量规模是给定的东西，而非物质的定性的生活方式则是可变的量。”[④]所以，“人口的数量和资本货物的积累是不可能永远增长的，在某个

① 这并不是逻辑上的悖论，而是现代性或现代文明的矛盾。

② [美]赫尔曼·E. 戴利：《超越增长——可持续发展的经济学》，诸大建、胡圣等译，上海译文出版社2001年版，第5页。

③ [美]赫尔曼·E. 戴利：《超越增长——可持续发展的经济学》，诸大建、胡圣等译，上海译文出版社2001年版，第6页。

④ [美]赫尔曼·E. 戴利：《超越增长——可持续发展的经济学》，诸大建、胡圣等译，上海译文出版社2001年版，第6页。

点上数量性增长必须让位于质量性发展以作为进步的途径。”[①] 他主张把发展定义为“质量性改变”，而增长只意味着“数量性增加”[②]。发展不等于增长。社会（或文明）总是要谋求进步的，但当经济增长达到生态极限时，我们就“不是通过增长而是通过发展”以谋求进步。[③]

目前，戴利等生态经济学家还不是主流经济学家，因为他们不能像正统经济学家们那样建构数学模型，而只能提出大的概念，所以仍常受主流经济学家的批判和鄙夷。但这并不意味着生态经济学是错的而主流经济学是对的。我认为戴利等人提出的生态经济学非常有意义，我们不应因其缺乏数学模型而否认其思想价值。一位古希腊诗人说：狐狸知道许多事，但是豪猪知道一件大事。20世纪英国著名思想家以塞亚·伯林（Isaiah Berlin）据此把知识分子分为两类：狐狸式的与豪猪式的。加勒特·哈丁（Garrett Hardin）说：“做一只摆弄统计资料的狐狸或许比做一只寻找凤毛麟角的大概括的豪猪更舒服”，但没有大概括我们就无从发现“过多琐碎事实”的重要意义。[④] 今天的生态经济学家是豪猪式的经济学家，他们知道“一件大事”：人类经济系统只是地球生态系统的子系统，人类的经济活动不能只顺从“市场规律”，它还必须服从生态规律。忽视了这一件大事，经济学越发达，经济系统或许越有“效率”（不是生态效率），但越有效率的经济活动会越快地破坏生态系统，从而越快地把人类文明推向毁灭的深渊。

我个人认为，为消解“可持续发展悖论”，可以不区分“增长”和“发展”，但一定要区分“经济增长”和“物质财富增长”。我们可以重新定义

① [美]赫尔曼·E.戴利：《超越增长——可持续发展的经济学》，诸大建、胡圣等译，上海译文出版社2001年版，第10页。

② [美]赫尔曼·E.戴利：《超越增长——可持续发展的经济学》，诸大建、胡圣等译，上海译文出版社2001年版，第13页。

③ [美]赫尔曼·E.戴利：《超越增长——可持续发展的经济学》，诸大建、胡圣等译，上海译文出版社2001年版，第10页。

④ [美]加勒特·哈丁：《生活在极限之内——生态学、经济学和人口禁忌》，戴星翼、张真译，上海译文出版社2001年版，第54页。

"经济增长"，使"经济增长"不蕴涵"物质财富的增长"。未来的经济增长可以是这样的：经济在继续增长，但物质财富不再增加，从而经济系统与生态系统之间的物质流量不再增加。这就要求我们改变经济成分，改变经济结构，改变经济增长模式，使经济增长不再依赖于物质财富的增长。这样，就可以消解可持续发展的悖论。如此一来，"发展"仍然蕴含"经济增长"。这种经济增长可以通过以下两种方式而得以实现。第一，物质经济变成稳态的生态经济（当然是循环经济），这可以通过发展绿色科技、生态科技而得以实现。在生态化的稳态物质生产中，物质财富不再增长，物质财富的流动是健康的、不破坏环境的。第二，大力发展非物质经济。物质经济达到稳态后，促进非物质经济增长就是我们谋求经济增长的根本途径。因为物质经济达到极限了，增长就只能在非物质经济部分得以实现。对非物质经济，国内外都只有零星的研究。甚至有人强烈批评这个概念，认为它不科学，说"发展非物质经济问题"是个"伪问题"[①]。但我认为，发展非物质经济是我们谋求经济增长的根本出路。如果我们谋求可持续发展，那么发展非物质经济就是必由之路。

二、非物质经济与市场机制

什么是非物质经济呢？非物质经济指注重满足人们的精神需要，降低对物质的需要和依赖，生产和消费精神价值的经济。那么，发展非物质经济是否就完全不需要物质了呢？答案自然是否定的。非物质经济不是完全脱离物质的经济，人的精神活动也不能完全脱离物质。例如，读书是纯粹的精神活动，但如果没有纸张、电脑等物质载体，就无法阅读。信息技术

① 指斥对手谈论的问题为伪问题，或把对手表达的思想指斥为伪命题，是逻辑实证主义者的拿手好戏。伪问题即没有意义的问题，无解的问题。如果你能为阐述一个问题讲出充分的道理，那么该问题就不是伪问题。我们能为为什么要发展非物质经济讲出充分的道理。

的飞速进步为经济活动的非物质化和非物质经济发展提供了技术条件。有学者指出："……目前电脑网络的日益普及，启动了非物质化的经济，因为信息本身就是经济效益。"[①]

非物质经济正孕育于晚期资本主义的发展中。资本主义世界的诸多新问题、新事物，值得我们重新审视。美国在线公司与时代华纳公司之间的超强合并，曾引起评论家们的评论。其中美国学者里夫金的评论值得关注。他认为，美国在线与时代华纳之间的超强合并的意义远远超出了这两个媒体巨头之间的结合本身。这种超强合并表明："建立在生产商品、提供服务甚至创造信息基础之上的资本主义在一定程度上开始让位于一种新形式的、建立在让人的时间商品化基础之上的超资本主义，以产品和财产所有权商品化为起点的资本主义的旅程将随着人类文化自身的商品化而终结。"[②] 在所谓的超资本主义阶段，经济正逐渐呈现出非物质化趋势。"文化自身的商品化"就是文化的商业化与产业化，文化产业正是非物质经济的核心部分。

既然非物质经济活动仍然是一种经济活动，就仍需要用货币单位进行关于生产、销售等各方面的计量，通过支付货币鼓励人们发明创造，用货币单位统计最终产品和最终消费的数量，简言之，还必须统计GDP。既然生产和消费非物质"财富"仍然是经济活动，就势必不能回避如何对待市场的问题。为发展非物质经济，我们到底应该采取什么路线，是彻底废除市场经济，废除资本的作用，回到计划经济状态？还是完全诉诸市场？抑或走某种中间道路？

理想主义者容易把金钱和物质财富看作是腐蚀人的精神的卑污的东西，极"左"的理想主义者可能认为，社会生活的非物质化只能通过人的精神提升而得以实现；为能使人成为"高尚的人，纯粹的人，有道德的人，脱离了低级趣味的人，有益于人民的人"，必须拒斥市场经济，废除"资本的

① 迟维东：《非物质经济时代》评析，《经济论坛》，2001年第19期。

② 迟维东：《非物质经济时代》评析，《经济论坛》，2001年第19期。

逻辑”，回到计划经济的财产公有制。他们绝不相信所谓的“超资本主义”会创造出什么真正的非物质经济。但我认为，20 世纪的历史已雄辩地证明，前苏联式的计划经济公有制不仅是没有效率的，也是压制个性、剥夺人权的。弗里德曼论证得很清楚：经济自由和政治自由是有内在关联的，一个社会如果失去了经济自由，政治自由也将不复存在。这在中国“文革”期间表现得非常明显，我们当时那么不自由，不仅因为失去了政治自由，还因为失去了经济自由。要经济自由，就不能杜绝市场经济。

中国近三十多年来经济建设的伟大成就得益于市场经济，得益于“资本的逻辑”，得益于私人产权制度的逐渐建立和私人财产权的逐渐明晰化，得益于货币作用的日益增强。但在这一过程中，我们也看到了市场经济和“资本的逻辑”的负面效应。目前，中国的制度建设和创新在很大程度上受制于“资本的逻辑”，即制度（包括法律和公共政策）的制定和改变（所谓创新）都是为了保证经济增长。这样，各种政策法律就较有利于资本持有者（特别有利于官僚资本家），较有利于富人。三十年来，我们的“经济蛋糕”越做越大，但这并没有如经济主义者所预测的那样，让所有人都分享到了发展的成果。而且，“资本的逻辑”指导下的制度非常不利于环境保护，它甚至激励对生态健康的破坏。尽管我们也有环境保护法，但由于整个法律体系受制于“资本的逻辑”，故环境保护法执行不力。资本只流向有利润的行业和地方，它不顾惜环境与生态。市场只显示商品和服务的价格，而不显示环境污染和生态破坏。正因为如此，我国三十多年的快速发展付出了环境污染的惨重代价。概括地说，“资本的逻辑”统治社会所引发的问题有两类：一是贫富悬殊，社会腐败。中国目前钱权勾结，官僚和官僚资本家瓜分利润，仍有不少贫困人口享受不到发展的成果，一些投机取巧者腰缠万贯，而辛勤劳作者所得甚少，绝对贫困人口虽然逐年减少，但贫富悬殊仍在加剧。二是极其严重的环境污染和生态破坏。

为解决问题，我们必须废除“资本的逻辑”吗？不！完全漠视市场在资源配置方面的重要作用是不行的。既然人人都追求自我价值的实现，且自我利益是无法消除的，那么，在经济领域就必须继续利用市场机制和资本的作用，用私利这一“杠杆”去推动发展的“火车头”。

发展非物质经济离不开市场和资本。发展非物质经济仍需要明晰产权。精神价值似乎具有天然的共享性。有一个常用的比喻：我用一个苹果换你一个梨，交换的结果是一人有一个苹果，一人有一个梨；但如果我用一个想法换你一个想法，结果是每个人都有两个想法。这样看来，非物质价值似乎并非排他的。其实不可一概而论。人很难改变追求个人利益最大化的倾向。凡需要艰苦努力的事情（无论是体力劳动还是脑力劳动）都需要社会激励，非物质生产（创新或创作）也不例外。正因为如此，专利制度是必要的，知识产权制度也是必要的。技术发明（攻关）和艺术创作是典型的非物质生产，但必须耗费艰辛的劳动（主要是脑力劳动）。如果一个人的技术发明或艺术创作立即成为“天下之公器”，他得不到任何特殊回报，那么他的工作就得不到鼓励，他以后可能就没有继续攻关或创作的积极性了。

自由主义经济学制度创新的经典策略就是通过制度设置让个人及企业以追求私利的热情去实现特定的公共目标。这种方法体现在环保领域，无非就是污染权交易、碳交易等。市场可以激励私人企业和科技人员寻找新能源、发明新技术，从而保护环境，维护生态健康。当然，仅仅凭市场是不够的，还需要有政府去制定相关的政策和法律，才能把负的外部性内部化。

自由主义经济学的这一策略也可用于激励非物质经济的发展。当代文化产业正蓬勃发展。现在美国文化产品出口每年在700亿美元以上，文化产业占据其出口首位，超过了它的汽车工业和航空工业。[①]我国的文化产业也在蓬勃发展，国家政策显然也支持文化事业的产业化。市场和资本在文化产业中显然在发挥着极其重要的作用。

肯定了市场机制的重要性绝不意味着赞成市场万能论。为发展非物质

① 童卉欣：《文化产业发展需要民间力量》，《中国青年报》，2010年1月29日。

经济，我们既不能完全诉诸市场，也不能回到过去计划经济的老路，我们只能探索某种中间道路！为了保证经济的健康增长，必须让“市场规律”和“资本的逻辑”服从生态规律，而绝不能让它们凌驾于生态规律之上。现代工业文明导致了严重的环境污染和生态破坏，就因为人们长期以来只知道“市场规律”和“资本的逻辑”，却无视生态规律。我们能走的中间道路就是让市场规律服从于生态规律的道路，即不废除市场制度和“资本的逻辑”，但将市场规律和“资本的逻辑”置于生态规律的规约之中。

无论是物质经济的生态化还是非物质经济的扩大化，都应该纳入生态文明建设的伟大目标之中。仅当非物质经济的发展遵循生态规律时，才能既保持经济增长又不破坏生态。生态学应是发展非物质经济的科学依据。信息产业可以支持经济的非物质化。但假如生产每个笔记本电脑都要耗费上万吨水，那么增加笔记本电脑生产的经济就显然不是非物质经济。真正的非物质经济就是文化产业，文化产业的发展会激励和引导人们在文化消费中度过休闲时光。但失去了生态学的指导，文化产业也可以破坏环境。例如，拍一部影片就毁掉一大片树林，拍下了一幅自然美景却毁掉了一片自然美景，那就不是健康的非物质经济了。旅游业可以成为非物质经济的一部分。但仅当多数人都具有生态意识时，旅游业的发展才是有利于生态保护的。宗教文化也可以部分商业化。现实中的各种宗教都已经不同程度的商业化了。[①] 台湾的某些佛教教派能够掌控巨额资本，靠的就是信徒捐赠等半商业化运作。生态学指导的非物质经济发展了，就既能增加GDP，又能遏制生态破坏，维护生态健康。也只有这样的经济增长才是可持续的。

简言之，生态文明的经济就是生态化的、稳态的物质经济和扩大化的非物质经济。无论是物质经济，还是非物质经济，都必须遵循生态学规律。我们建设生态文明的初衷是谋求可持续发展，谋求人类文明与自然的和谐共生和协同进化。因为生态系统的承载力是有限的，故当人类经济活动的

① 宗教商业化是好是坏，必须具体分析，不可一概而论。

生态足迹超过生态系统的承载极限时，就要求降低单位 GDP 的能耗，提高商品的量值比（即单位质量的物质所具有的价值，可以“元／kg”衡量）。只有这样，才可能在谋求经济持续增长的同时不破坏生态健康。一般来讲，物质生产之单位 GDP 能耗要大于非物质生产之单位 GDP 能耗，而且物质产品的量值比要远小于非物质产品的量值比。例如，汽车的量值比是 200 元／kg，而精湛电影光碟的量值比也许可达 10000 元／kg。国画大师创作一幅画的能耗微乎其微，但其作品的量值比可达 1000000 元/kg 以上。可见，物质经济增长达到极限后，可通过发展非物质经济而谋求可持续增长。

三、生态价值观与生态文明

为建设生态文明而发展非物质经济，必须反对物质主义价值观，树立生态主义价值观（或生态价值观）。

物质主义是我们这个时代占主导地位的价值观。这种价值观认为，精神家园、道德理想和天地境界等统统都是虚幻的，最真实、最有价值的东西就是物质财富。如何表明你自己是成功人士呢？开名车，住豪宅，永不知足地获取物质财富，不断提高你的消费档次和消费品位！只有这样，才能表明你的人生是有意义的，表明你的自我价值得到了实现。否则，像颜回那样“一箪食，一瓢饮，在陋巷”，无论你有多高的境界，你都是个失败者。这就是物质主义，就是如今占主导地位的价值观和人生观。正因为这种价值观居于主导地位，所以当今社会贤人不多，永不知足地赚钱的人则不少。而且这种人已成为现代社会的中坚，已成为众多人学习的榜样，他们强有力地影响甚至操控着制度的改变或“创新”。

只有当人们放弃了物质主义价值观，不再以无限追求物质财富的方式追求人生意义，即在物质追求方面知足，在意义追求方面不知足时，非物质经济的发展才会是亲自然、亲生态的。如果多数人仍以无限追求物质财富的方式追求人生意义，那么，信息产业和文化产业就仍然只为人们追求物质财富提供有效工具和信念支持。这样，信息产业越发达，环境破坏可能越严重；文化产业越发达，人们的物欲可能越强烈！

人们的价值观不改变，非物质经济的市场就难以发育成熟，物质经济的生态化也难以实现。如果人们不改变物质主义价值观，其消费偏好就不会改变，就不会由偏重物质消费改变为偏重非物质消费，非物质经济市场就不可能充分发展。如果人们没有树立生态主义价值观，则其物质消费也不会发生亲绿色产品的改变，那么物质经济的生态化也难以落到实处。

为发展非物质经济、建设生态文明，需要越来越多的人们能认识到，人活着是追求意义的，当一个人觉得自己活着是有意义的时，他自然会感到幸福；为能生活幸福，不一定要有名车豪宅；人完全可以通过非物质活动来实现人生价值，即以尽可能少依赖于物质财富的方式去实现人生价值（可以大卫·梭罗为榜样）；我们不必因为车子和房子不如别人的就自惭形秽。让所有人都放弃物质主义价值观是不可能的，但逐渐让越来越多的人们放弃物质主义价值观是可能的。制度的改变依赖于人们价值观的改变。当13亿人口中有一半以上的人放弃了物质主义价值观时，立法者中才可能有一半以上的人不再是物质主义的经济主义者。那时，我们的制度才可能是亲生态、亲自然的。

许多经济学家企图证明，物质主义的经济主义是一种中立的科学思想，它如实地描述了人的本性，想占有越来越多的物质财富就是人的本质。事实不然！虽然历来就有贪得无厌地追求物质财富的人，但只有在资本主义问世以后，不知餍足地追求物质财富的人们才变得越来越多，直至因成为多数而成为社会的中坚。古代中国历朝历代都不乏贪得无厌地聚敛财富的贪官污吏，但绝大多数平民百姓是知足常乐的。这既与中国传统儒学的影响有关，也与重本抑末[①]的制度有关。在现代化的过程中，物质主义的经济主义逐渐大化流行，现代制度的变迁逐渐受制于“资本的逻辑”。在现代社

① 农为本而商为末。

会，日益发达的媒体无时不在劝诱人们发财致富，制度则无形地胁迫人们发财致富。于是，永不知足地追求物质财富的人变得越来越多。这种状况是一种社会建构的结果，即现代化的结果，而不是人的本然生存状态。这种状况是可以改变的，也是必须要改变的。不改变这种状况，物质经济的生态化无望，亲生态的非物质经济发展无望，生态文明建设无望！不改变这种状况，我们只会在生态危机中越陷越深！

在文化、信仰、价值、利益多元化的今天，制度的中立性是一种值得追求的政治目标。物质主义的经济主义似乎较好地保持了对各种宗教的中立[①]，但它并非中立于一切利益集团。它就是多数资本持有者的信仰，是为资本持有者的利益辩护的意识形态，它努力把物质经济的增长说成是人人都需要的“公共的善”。实际上，当物质经济增长达到生态极限后，其继续增长非但不是什么公共的善，反而是公共的恶。现代经济学对制度变迁具有很大的影响。但现代经济学也不中立，它常常预设了物质主义的经济主义，从而打着科学的旗号诱导人们无止境地追求物质财富。生态主义是比经济主义更中立的价值观，生态学是比现代经济学更中立的科学。[②]用生态学和生态价值观指导未来的制度建设，才能保证我们走向生态文明。

① 与其说是物质主义的经济主义保持了对各种宗教的中立，不如说现代宗教几乎都对物质主义的经济主义妥协了。

② 卢风:《生态价值观与制度中立》,《上海师范大学学报》(哲学社会科学版)，2009年第2期。

人与自然互领

——关于池田大作环境保护思想的一点认识

曲鸿亮[①]

笔者有幸参加了2008年5月在广州华南师范大学举办的“和平发展中的文化与教育”学术研讨会。是次会议上，与会者在讨论中涉及了池田先生对环境保护思想方面的贡献，有学者在发言中提出，池田先生是世界上最早提倡环境保护、是环境保护理论的首倡者。当时，笔者不敢苟同这一论断，并提出了自己的看法。此后，笔者就曾经思考写一篇文章，探讨池田先生有关环境保护的思想，并断断续续地做了一些资料的收集，在此基础上，形成这篇文章，以求教于方家。

一

关于池田先生的环境保护思想，迄今为止中国学者的研究，主要集中在池田先生的自然观、未来观、生命平等观、天人合一思想、和谐观等方面。

在自然观方面，有学者认为，池田大作有着极为丰富的关于自然的思想，“这些思想以佛教哲学为基础，贯穿于他的和平理念、人的革命的主张中，涉及对自然的总体理解、对生命尊严的态度、对自然的剖析，以及对

① 福建社会科学院精神文明建设研究所所长，研究员。从事精神文明建设、文化建设和社区建设等方面问题研究。

保护自然的设想等许多方面”。池田先生在看待自然的价值时首先把它理解为人类物质文明和精神文明得以产生和发展的家园，是与人类生存息息相关的存在。因此，在池田那里，对自然的态度即是对人生的态度，自然观与人生观密不可分，改变对自然的做法就要改变对人生的看法。要使每个人做到，不仅绝不为了自身的欲望和利益而伤害大自然，而且还要使全人类永远树立与大自然和谐发展、共存共亡的自然观和人生观。池田先生所理解的自然价值就是自然对人类生存和发展的支撑力、维持力。人类的行为破坏了这种力量就是在损害甚至毁灭自然的价值，而这实际上是在自毁人类的前程。人与自然及自然之间的这种依存关系，也可称作“生命网络”，即任何生命都不是孤立地、只依靠自己的生存，那些乍一看彼此没有联系的生物与自然之间也有着惊人的关联。由此，池田先生得出了“自然与人都是有机关联的‘有生命的存在’”“人领有自然，自然也领有人”的结论。[①]

在未来人与世界关系方面，池田大作认为人同自然、社会是相互依存的，只有在和谐的环境下，人类才能免除危机，取得持续的发展。因此，人必须改变自己是自然主人的看法，要将自身看成自然的一部分，才能保障人类的生存与发展。因此，池田认为自文艺复兴以来，为了改变基督教轻视人间、重视天国的态度，宣扬人文主义，将重心转移到人间本无可厚非，但是却走向了另外一个极端，把人看成是自然界的主人，把人与自然看成是对立的关系，用对立的态度处理人与自然之间的一系列问题。这种态度是出现严重的环境危机，“使现代的自然和人类的协调关系崩溃的一个原因”。所以，“威胁人类生存的不是天灾，而是人灾”[②]。

生命平等涉及生态伦理问题，许多有识之士都主张从整个生态系统出发，把人与自然作为统一的整体来认识处理和解决生态问题。这种生态伦

① 曾建平：《拯救自然的佛法之路——池田大作自然观述评》，《江西师范大学学报》（哲学社会科学版），第36卷第1期，2003年1月。

② 德光：《池田大作的中道思想与未来观》，《苏州大学学报》（哲学社会科学版），2002年第3期。

理思想提出尊重生命、敬畏生命的新的伦理观念，主张把道德权利扩大到动物、植物、土壤、水域和其他自然界的实体，确认它们在一种自然状态中持续存在的权利，并且认为，只有当一个人把植物和动物的生命看得与他的同胞的生命同样重要的时候，才是一个真正有道德的人。有人认为，池田先生的生命平等观与这种生态伦理思想是不谋而合的。在池田看来，在地球环境遭受到如此严重破坏的今天，必须树立这种绝对平等的生命观，人类才能真正在自己生命内部确立对自然的正确态度，建立人与自然的紧密关系，改变人与自然的紧张对立状态，从而为人类彻底解决生态危机问题找到一条根本的出路。①池田先生突出了生命的广义性和至上性，认为宇宙生命"超越了生死、生灭、大小、广狭的相对性的、永恒不变的实际存在"，"贯穿着时间、空间的无始无终的实际存在"。宇宙中的森罗万象也都和人一样，是有生命的。"在包括生物界和无机界的自然中，有着肉眼看不见的'生命的丝'，这些丝织成漂亮的'生命的布'——整个宇宙的完美的调和。"所以，在宇宙中"尊贵的生命是平等的，生命没有高低之分，每个生命各有个性"。这样，生命的尊严性就不仅仅是人的生命的尊严性，而且也包括宇宙全体及其存在万物，包括自然界的微生物和无机物也都有生命的尊严性。池田先生特别指出，仅仅强调人的生命尊严是狭隘的，"只尊重人的生命，往往会使人类陷入利己主义"。"把尊重生命的精神推广到动物身上，才是最根本的尊重生命的精神。"他强调，人是自然的一部分，如果人用技术损害了自然，就意味着损害了人本身。基于这种认识，池田先生指出："地球是人类藉以生存的宇宙中的绿洲。我们无论如何要挽救这唯一宝贵的地球免于毁灭。""必须严肃考虑人类行为对自然运行、自然界的协调所产生的影响，严格限制那些尽管十分微小但却孕育着危险的行为。"②

天人关系就是自然与人的关系，"天人合一"思想反映了中国乃至东方

① 王伟英：《生命的尊严 试析池田大作的人学思想》，《新视野》，2005 年第 1 期。

② 杨君游、苏卫平、蔡德麟：《论池田大作的世界和平观》，《江淮论坛》，2005 年第 2 期。

源远流长的天人关系思想。“天人合一”主张人与自然的统一与和谐，是东方文化倡导的极高的一种人生境界。有学者认为，池田先生继承了“天人合一”思想，强调自然对人类的价值，认为人的生命来源于自然，人与自然具有统一性。他反对对大自然的肆意破坏，只有自然发展了，人才能更好地发展，反之会招致人类的灭亡。池田先生看到了人类的生存与外界有着不可分割的联系，人与自然是同为一体、相互依存的，应该不断加强同自然的交流，在保护自然的过程中促进人本身的发展。这种对大自然及生物的关怀，正是作为一名为善者心中爱的延伸，这种“天人合一”的观点是其“一切众生平等”思想的继续，是心中的爱释放到自然界及万物的体现。[①]

综上所述，虽然池田先生没有就有关环境保护问题做出单独的专门论述，而是散见于先生的诸多对话录和其他著述之中，但是人们依然可以从中梳理出一条清晰的逻辑线条，即他是从人与自然的关系出发，遵循自然和宇宙中所有生命（人类、动物和植物均包含在内）都是绝对平等的原则，来理解和认识人在自然中的位置、保护自然环境与人类生死存亡关系等重大问题的。所以，笔者认为，从池田先生“人领有自然，自然也领有人”这句话提炼出的“人与自然互领”，可以在相当程度上概括先生的环境保护思想。

二

环境和生态问题事关人类的生存大计。然而，由于人类在认识方面受到的主、客观因素限制，人类在环境与生态问题上的认识却始终是被动的。恩格斯曾经说过，对于人类的每一次征服，大自然总是以自己的方式给予

① 陈文苑、王德明：《池田大作先生的“人学”》，《广西师范大学学报》（哲学社会科学版），第43卷第1期，2007年1月。

报复。因大量排放二氧化碳造成了温室效应，氟化剂的使用导致地球臭氧层出现空洞，工业污染物造成了大气、海洋、水资源的污染，不仅使人类的生存环境受到威胁，而且对人类本身产生了直接的危害，危及人类的健康和繁衍。从日本的“水俣病”（汞中毒）开始，人们认识到工业污染、化学污染已然成为社会的公害；而近年来气候的异常和极端天气的频频出现，耕地的大面积荒漠化，使人类在遭受巨大的生命和财产损失之后，终于认识到：“地球病了。”而这种病正是人类漠视自然、凌驾于自然之上所造成的恶果。

实际上，人类中的有识之士早就认识到保护自然的重要。被誉为现代环保主义鼻祖的美国人亨利·戴维·梭罗（Henry David Thoreau）认为，人除了必需的物品，其他一无所有也能在大自然中愉快地生活。他在19世纪（1848年）干了一件罕见的事情：他拿了一把斧头，到马萨诸塞州康科德镇郊外的林中自己搭建了一座小木屋，然后每年劳动六周，其余时间用来阅读和思考。他的一切所需均依靠自己动手获取，这样在湖畔生活了两年，之后将湖畔生活写成了被称作超验主义（亦有称为自然主义）圣经的《瓦尔登湖》一书。这是关于人与自然关系，以及环境保护的第一部不朽的著作，对后世的影响是十分深远的。

还是在美国。奥尔多·利奥波德（Aldo Leopold）于1949年出版的《沙乡年鉴》，对于唤醒人们的环境意识起到了振聋发聩的作用，从而被誉为与19世纪最著名的美国自然主义著作的经典作品——亨利·戴维·梭罗的《瓦尔登湖》占据着同等重要的位置。该书表达了一种几乎是不朽的关于人和土地的生态及其伦理观。利奥波德是一个有国际威望的科学家和环境保护主义者，《沙乡年鉴》的最后一篇《土地伦理》是其最具代表性的作品，也是利奥波德的思想基础。他力图在阐释土地的生态功能的基础上去强化人们对土地的了解，从而激发人们对土地共同体的热爱和尊敬。利奥波德的土地伦理概念成为几个美国全国性环境保护组织和政府机构行动宗旨的基础，在世界上也广为流传。①因此，苏珊·福莱德评论说："今天，《沙乡年鉴》被认为是自然史文献中的一部经典，是环境保护主义的圣经；……人们可以毫不夸张地说，是利奥波德为一代人指出了一种新的自然观和一个用以透视人与自然关系的新视角。"而贝尔德·克里考特（Baird Callicotl）则指出："《沙乡年鉴》中的土地伦理观……是西方文献中第一个自觉不懈地试图创建一种包括整个地球自然界和将整个地球自然界作为一个整体置于道德视野的伦理理论。"②

1962年，美国生物学家蕾切尔·卡逊（Rachel Carson）的《寂静的春天》一书揭露了农药对环境和生态系统的严重污染，造成生物和人体的损害，推动了广大公众对环境问题的深切关注。1963年，当时的美国总统肯尼迪任命了一个特别委员会调查书中结论。国会立即召开听证会，美国第一个民间环境组织由此应运而生，美国环境保护署也在此背景下于1970年成立。由于该书的影响，仅至1962年年底，美国各州立法机关就向政府提出了四十多件有关限制使用杀虫剂的提案。美国克林顿政府时的副总统戈尔在该书再版时写的前言中给予这样的评价："它是一座丰碑，它为思想的力量比政治家的力量更强大提供了无可辩驳的证据。……当《寂静的春天》第一次出版时，公众政策中还没有'环境'这款项。""《寂静的春天》犹如旷野中的一声呐喊，用它深切的感受、全面的研究和雄辩的论点改变了历史的进程。如果没有这本书，环境运动也许会被延误很长时间，或者现在还没有开始。""无疑，《寂静的春天》的影响可以与《汤姆叔叔的小屋》媲美。两本珍贵的书都改变了我们的社会。"所以，在1992年，一个杰出美国人的组织推选《寂静的春天》为近五十年来最具有影响的书。③

① 参阅苏珊·福莱德为[美]奥尔多·利奥波德《沙乡年鉴》一书所作的《序》，侯文蕙译，吉林人民出版社1997年版，第2—3页。

② [美]奥尔多·利奥波德：《沙乡年鉴》，侯文蕙译，吉林人民出版社1997年版，封底。

③ 参阅美国前副总统阿尔·戈尔为蕾切尔·卡逊《寂静的春天》一书再版时所作的《前言》，吕瑞兰、李长生译，吉林人民出版社1997年版，第9—19页。

1970 年 4 月 22 日，美国的环境保护工作者和社会名流发起了一场声势浩大的“地球日”运动，这是人类历史上第一次规模宏大的群众性环境保护运动。在这种形势下，联合国人类环境会议 1972 年 6 月 5 日在瑞典斯德哥尔摩召开。这次会议旨在通过国际合作为从事保护和改善人类环境的政府和国际组织提供帮助，消除环境污染造成的损害。113 个国家和国际机构的 1300 多位代表参加会议。这是世界环境保护的一个重要里程碑，也是人类面对严重复杂的环境问题做出的清醒和理智的选择，对推动世界各国保护和改善人类环境发挥了重要作用。

在人类环境保护思想发展历程中，必须特别提到的是 1972 年发表的《增长的极限——罗马俱乐部关于人类困境的报告》。作为未来学研究中的悲观派的代表作，这份报告提出的全球性问题：人口问题、粮食问题、资源问题、环境污染（生态平衡）问题等，是人类所面临的不可忽视，并且必须亟待解决的重大问题。罗马俱乐部认为，产业革命以来的经济增长模式所倡导的“人类征服自然”，其后果是使人与自然处于尖锐的矛盾之中，并不断地受到自然的报复，这条传统工业化的道路，已经导致全球性的人口激增、资源短缺、环境污染和生态破坏，使人类社会面临严重困境，实际上引导人类走上了一条不能持续发展的道路。[①] 该报告被认为是“以科学的方式对待环境问题的最重要的著作。它是用模型方法看待全球环境资源问题的第一个重要尝试”[②]。

此外，1983 年由联合国大会决定成立的世界环境与发展委员会，于 1987 年 4 月发表了报告《我们共同的未来》，报告指出：“地球正在经历着一个巨大发展和根本变迁的时期。我们这个 50 亿的人类世界，必须在有限

① [美] 丹尼斯 · 米都斯等：《增长的极限——罗马俱乐部关于人类困境的报告》，李恒宝译，吉林人民出版社 1997 年版，第 2 页。

② [加] 斯科特 · 斯洛康布：见 [美] 丹尼斯 · 米都斯等：《增长的极限——罗马俱乐部关于人类困境的报告》，李恒宝译，吉林人民出版社 1997 年版，封底。

的环境中为另一个人类世界腾出地方。”[①] 报告对环境变化问题做了透彻分析，系统地研究了人类面临的重大经济、社会化环境问题，以“可持续发展”为基本纲领，从保护和发展环境资源、满足当代和后代的需要出发，提出了一系列政策目标和行动建议，成为可持续发展的路标。因此被誉为“关于可持续发展的第一个真正的国际性宣言”[②]。

1992年6月，联合国在巴西里约热内卢召开环境与发展大会，期望在全球范围内采取协调一致的行动，有效解决环境与发展问题，制定了实施既满足当代人需求、又不对后代人满足其需求构成危害的全球可持续发展战略。大会通过了《里约环境与发展宣言》、《21世纪议程》、《关于森林问题的原则声明》等重要文件，签署了联合国《气候变化框架公约》、联合国《生物多样性公约》，充分体现了人类社会可持续发展的新思想。尤其是《21世纪议程》，已经成为指导世界各国制定和实施可持续发展战略的纲领性文件，为新世纪人类和自然的发展，为人口、资源、环境以及经济和社会的协调发展，指明了正确的新方向。

人类是自然界进化到高级阶段后的产物，必须依靠大自然的供养而生存和发展。人类创造的一切物质财富，无一不是源于自然界的慷慨恩赐。是否正确处理与大自然的关系，是人类创造一切文明的共同根基。离开了这一根基，破坏、弱化了自然生态系统，人类自身的生存和发展将受到极大的威胁和损害，人类所创造的一切形式的文明也将不复存在。关于这一点的认识，我们不得不经常提起“生物圈二号”的试验给予人们的极大启示和警醒。

生物圈二号（Biosphere 2）是美国1984年建于亚利桑那州图森市以北沙漠中的一座微型人工生态循环系统，因把地球本身称作生物圈一号而得

① 世界环境与发展委员会：《我们共同的未来》，王之佳、柯金良等译，吉林人民出版社1997年版，第5页。

② 世界环境与发展委员会：《我们共同的未来》，王之佳、柯金良等译，吉林人民出版社1997年版，封底。

此名。它的建设历时八年，占地1.3万平方米，耗资近2亿美元。这一建筑物远远望去仿佛是一个巨大的温室，所有的窗户都是完全密闭的，室内有碧绿的麦田、如茵的草地、碧波荡漾的鱼塘，微型“海洋”不时卷起阵阵细浪，室内还放养着猪、牛、羊和其他家禽，还有住房。为了试验人类离开地球能否生存，“生物圈二号”计划设计在密闭状态下进行生态与环境研究，帮助人类了解地球是如何运作，并研究在仿真地球生态环境的条件下，人类是否适合生存的问题。为了尽量贴近自然环境，该圈中的土壤、草皮、海水、淡水均取自外界的不同地理区间，通过一定的人工处理再利用。例如，实验用的海水是将运进来的海水和淡水按照适当比例配制而成的。1993年1月，8位科学家进入生物圈二号。按照预定计划，他们将在里面待上两年，试验结束前不能出来，除非身体发生严重意外。8位科学家在生物圈二号里一边从事科学研究，一边饲养家畜，耕种收获，过着完全自给自足的生活。两年中除了提供包括种子在内的第一批物品外，其余的一切都需要他们自己解决：能源，取自太阳能；氧气，由自己种植的植物制造；粮食，靠种地获得；肉类和蛋白质，取自他们自己养的鸡、鸭、猪、羊。甚至室内的气温和气候，也由他们自己设法控制，并尽可能模拟地球的气候。总之，科学家们必须保证这个小小的生态系统的平衡，但是要做到，却非常不容易。比如，绿色植物过多，没有充足的肥料和二氧化碳供它们呼吸，植物会死亡；要想多吃肉，必须多养动物；而动物过多，粮食和饲料会紧张，氧气的消耗会增加，空气中二氧化碳浓度会升高，从而影响他们自身的生存。这都需要科学家们做周密的计划和细致的安排。任何方面出现偏差，都会使整个计划前功尽弃。从科学家进驻那天起，全世界都在密切关注这一实验的结果。但实验的结果却并不令人乐观。一年多后，土壤中的碳与氧气反应生成二氧化碳，部分二氧化碳与建筑生物圈二号所用混凝土中的钙发生反应生成碳酸钙，导致氧气含量从21%下降到14%。加之没有调节好内部气候，致使粮食歉收，科学家们不得不靠吃种子勉强度日，结果是提前撤出生物圈二号。更令人意外的是，运行三年后，生物圈二号中一氧化碳含量猛增到79%，足以使人体合成维生素B_{12}的能力减弱，从而危害大脑健康。1996年1月1日，美国哥伦比亚大学接管生物圈二号。9月，由数名科学家组成的委员会对实验进行了总结，他们认为，在现有技术条件下，人类还无法模拟出一个类似地球、可供人类生存的生态环境。

生物圈二号实验的意义在于向世人昭示了迄今为止地球仍是人类唯一的家园，人类应当努力保护它，而不是破坏它。①

综上所述，通过对现代环境保护思想发展过程和实验结果的回顾，我们可以明确：

第一，人类在与自然关系问题上，走过的是一条曲折、漫长而不平坦的道路。在付出了巨大代价之后，人类终于明白，我们只有一个地球。而当代科技发展的局限，使得人们不得不承认：在可预见的未来，地球赐予人类栖身的家园尚不可复制。

第二，池田大作先生有关环境保护、特别是有关人与自然关系的思想，与这些环境保护先驱者是一脉相承的。然而，虽然池田先生在环境保护方面有着深刻的思想，在提倡环境保护、尊崇自然、生命平等方面有着许多贡献，但科学必须尊重客观、尊重事实。无论如何，我们不能说先生是最早提倡环境保护的人，是现代环境保护理论的首倡者。

三

我认为，池田先生“人领有自然，自然也领有人”这句话，包含着深刻的辩证思想。

人类是在自然界中进化最高级的动物，长期以来，人类以“天之骄子”自诩，却忘记了自己始终无法摆脱“自然之子”的身份。对于人在自然中的位置，池田先生有着十分清醒的认识，他说：“大自然对于人类的生存是

①《拯救地球 人类行为篇：“生物圈2号”的终结》，http://www.j12sy.cn。

唯一无二的母体和基盘。它不仅对维持肉体是必要的，而且是人类精神的基盘，也是繁荣文化、文明的源泉。因而可以说，对自然的破坏和损害包含着直接导致人类衰退和灭亡的危险性。反过来说，维持和增进丰富的自然的规律是人类永远繁荣的最大的关键，这么说绝不过分。”[①] 作为宗教思想家，池田先生依据佛法“依正不二”原理，得出了“我即宇宙”“宇宙即我”“人领有自然，自然也领有人”的结论。[②]

在自然界的进化过程中，人在芸芸众生之中脱颖而出，相对于各种生物而言，他是独立于自然之上的。同时，由于人类的活动，使得地球上几乎不存在原生态的自然界，即天然自然，打上人类烙印的人化自然和人工自然则满目皆是。[③] 人们在生产活动和日常生活中，借助科技的进步，在一定程度上认识了自然，并改造着自然和有限度地战胜着自然。从这个意义上可以说“人领有自然”。而另一方面，即使科技发展到今天的发达水平，人类对自然界和宇宙的了解仅仅还是皮毛，大到天气的准确预报、小到人体自身的奥秘，都还存在着许许多多的未解之谜。对于这些谜一般的问题，人类往往束手无策，任由自然主宰。因此，说“自然也领有人”，则完全是顺理成章的。

“人领有自然”，告诉世人在正确认识和掌握自然力的前提下，人类可以利用自然，使自己的生活更美好；“自然也领有人”，警醒人类必须对自然存有敬畏之心，不能逆自然规律而动，否则将遭受自然界的残酷报复，甚至灭亡人类。对于池田先生的这句话，我们是否可以做出“人与自然互领”这样的解读呢？

---

① [日]池田大作：《人生箴言》，卞立强译，中国文联出版社 1995 年版，第 195 页。

② [日]池田大作：《人生箴言》，卞立强译，中国文联出版社 1995 年版，第 197 页。

③ 天然自然是人类的认识和作用手段尚未触及的那部分自然界；人化自然是人类观测所及、从而能够感知其信息的那部分自然界；人工自然是人类实践手段所及从而变革了的那部分自然界。

建设21世纪科学技术文明的哲学思考

刘继生[①]

一、现代科学技术文明的危机

科学技术为人类生活环境的改善做出了巨大贡献。从太空的宇宙工作站到微细的纳米世界，从简单的语言记号到深奥的知识体系，这些都是科学技术数千年来所创造出的文明。现代文明就是科学技术文明。兴起于20世纪50年代的信息科学、系统科学、计算机科学、生命科学形成了新的科学基础，促进了现代科学技术的急速发展。[②]现在，科学技术充满于每一个空间，人类生存已经离不开科学技术。但是现代科学技术却蕴含着两个重要的不确定因素。其一，科学技术的进步日新月异，新概念层出不穷，使我们对科学技术的未来发展方向难以预测。其二，高度发达的科学技术蕴含着极大的力量，如果人类不能善用这些力量将反受其冲击。

美国科学家克莱格·凡特（Craig Venter）博士率领美国的民间研究所（克莱格·凡特研究所）于2010年5月成功地研制出了人工生物。[③]人工生物创造的成功轰动了世界的科学界。凡特研究所首先模拟天然细菌的基因组化学合成了DNA断片，然后把DNA断片连接起来形成了人工基因组，

① 创价大学。

② 劉継生:《情報システム概論》，創価大学通信教育部出版，2005年，第30—56页。

③ アメリカ科学誌“サイエンス”電子版，2010年5月21日公開。

再把它移植到除去了基因组的其他细菌体内，使其自我繁殖。这也是继2000年结束的人类基因组计划（human genome project）之后的又一重要研究成果。人工生物将对新药研制、治理污染、开发生物能源等领域有着重要意义。同时在生命安全和社会伦理方面人工生物又带来了新的不安因素。不久的将来，科学家将如同计算机程序一样可对遗传基因（生命设计图）进行编程。通过这种“遗传基因操作”，科学家可以从患者的基因组里除去能引起疾病的异常基因而加入健康的基因，还可以“设计婴儿”（designer baby，按父母对外表、体力、智商的希望来改换受精卵内的遗传基因），甚至能造出超级人类（super human）。为了防止遗传基因操作的滥用，联合国教科文组织在2003年制定了“关于人类遗传基因的国际宣言”。宣言规定除了遗传病和疑难病的治疗以外，不能滥用遗传基因操作，目的是维护生命的尊严并保护人权。遗憾的是这个宣言没形成法律也就没有太大的约束力。[①] 另一方面，随着人工智能研究的进步，机器人开发已经进入了高度发达阶段。特别是进入21世纪后出现的“仿人型机器人”，它将在二十年后进入社会，进入我们的家庭，与人类共同生活，协调工作。这样的社会被称为“人与机器人共生社会”[②]。机器人能否独立思考？赋予机器人心灵和意识是对或错？这些问题已经成为重要的哲学命题。[③]

对于改善我们衣食住行的传统科学（比如汽车制造、城市建设等），我们能够毫无考虑地去接受它们。可是，对于直接作用于生命的遗传基因操作、仿人型机器人开发等现代先端高科技，任何人都有着强烈的危机感。为什么呢？因为传统的科学技术的误用已引起了环境污染和资源枯竭等社会问题。现代先端高科技就像一把利剑，恶用一步就能直接导致人类的消

① 劉継生：《池田先生の科学観》，《創立者池田大作先生の思想と哲学》第2卷，第三文明社，2006年，第3—27页。

② 井上博允、金出武雄、安西祐一郎、瀬名秀明：《ロボット学創成》，岩波書店，2004年，第77—120页。

③ 喜多村直：《ロボットは心持つか》，共立出版，2000年，第171—196页。

亡与地球的毁灭。所以有些学者担心地说，科学技术发展至今日之先进已经足够了，人类不需要更高的科技。也有很多学者提出了如下警告：今日的“科学技术至上主义”如任其发展，必然导致文明的崩溃与人类的终结。[①]那么如何阻止科学技术的唯我独尊，使其善用，贡献于文明建设呢？唯有正确的科学哲学和伦理观。既能解决环境污染和能源枯竭的问题，使生命的尊严不被侵犯、又能为21世纪科学技术发展所需的哲学与伦理是什么呢？本篇论文将从池田大作思想之中探讨答案。

二、生命的信息化与生命尊严

（一）生体信息化

由于密码容易被破解，更严密更安全的“生体识别”或“生物识别”（biometrics）技术近年来被广泛应用。[②]生体识别是用指纹、静脉、虹彩等身体固有的特征来确认本人（网络里不叫身份）的技术。目前，用于生体识别的部位主要是食指指纹、掌心静脉、瞳孔虹彩等。在生体识别时，把特征部位放在传感器上，计算机或工作人员把传感器读取的指纹或静脉的形状与事先登录在数据库里的形状进行图像比较。也就是说，按事先登录的指纹、静脉、虹彩的形状与传感器输入进来的形状的相同与否来识别本人。然而，生体识别也有令人生畏之处，就是真本人被识别为非本人的时候。这种把真本人识别为非本人的现象被称为“拒否本人”，虽然概率很小，但也偶有发生。东京三菱UFJ银行的自动存取款机上装备的生体识别仪器拒否本人的概率为0.01%。虽然精确度已经很高了，但是1万人次的使用会有1次遭到拒绝。

① ビル・マッキベン：《人間の終焉》，山下篤子訳，河出書房新社，2005年，第66—91页。

② 日本自動認識システム協会：《よくわかるバイオメトリクスの基礎》，オーム社，2005年，第1—79页。

随着信息社会的高度发展，对安全技术的需求也越来越高。为了在社会上（网络、银行、税关等）证明自己的身份，人们不得不把指纹、静脉、虹彩等与生俱来的生体特征数码化，作为生体信息被登录在各机关的数据库里。对个人来讲生体信息是自己身体的固有特征，来自父母，具有至高的尊严。然而对于银行等机关企业以及数据库而言，生体信息仅是一种普通的无性的数据。储存在数据库里的生体信息有被复制、被流失、被盗用的危机。但是拥有生体信息所有权的普通个人并不知道网络里所发生的一切，所以如何保护生体信息的人权和尊严将成为信息社会的一大课题。信息社会的发展程度越高，对证明本人也越来越难，这种负相关还将持续下去。

（二）医疗信息化

“机器人手术”，就是医生操纵机器人，而机器人完全再现医生的动作对患者实施的手术。虽然手术的动作是机器人完成的，但机器人既没有思维也没有主见，只是忠实地执行医生的指示，所以机器人仅是医生的高级手术工具。医生一边观察显示器上的画像一边远程操纵机器人进行手术。机器人利用先端图像技术把体内器官以及疾患部的3D画像或视频传送到显示器上，医生可以放大或旋转画像对切割的部位进行详细观察，其精确度已经远远超过了人的视觉。同时，手术时机器人的钳子可以360度弯曲，动作极其细微，其精密度也远远高出医生的手。手术时在患者的皮肤和身上只打开能放入手术钳的口子即可，当然切口小，侵袭少，也不易感染。很多专家都认为机器人手术精密、安全、有效。

当今最有名的手术机器人是美国开发的达芬奇（da Vinci）[①]，到2009年已有1万台达芬奇在世界各地的医院里工作。达芬奇是怎样开发出来的呢？20世纪90年代美军基地遍布世界，而在基地或战场上高水平的医生很少，

① 关于手术机器人达芬奇的具体资料请参考美国Intuitive Surgical公司的网页，http://www.intuitivesurgical.com/。

为了减少士兵的死亡率，美军就产生了把手术机器人配备到现场，医生在美国国内或者航空母舰上通过远程操纵机器人对负伤的士兵实施手术的想法。达芬奇就应此而生，2000年开始进入民用。目前，在美国，比较难做的前列腺癌的手术80%都是使用达芬奇实施的。达芬奇还被用于消化道癌、肺癌、肝癌、子宫癌等手术。达芬奇放入患者体内的是内视镜和2支手术钳。内视镜内有两只眼睛，把患部的立体画像和录像传送到显示器上。医生看着录像进行操作。医生在操作盘上移动5毫米，达芬奇的手（钳子）只移动1毫米，动作被缩小5倍。2毫米的伤口达芬奇可以缝合8针，比任何手术高手都精密细致。

另外，对机器人手术也有异论。一是认为机器人手术使医疗行为变得冷漠失去了人情味。没有温度没有感情的手术机器使患者感到自己仅是一个被随意切割的物品。二是与传统医疗概念的冲突。比如，日本的"医师法"规定，"医疗"是医生和患者面对面实施的治疗行为。由于此法的存在，远程医疗以及远程操纵机器人手术还未被广泛使用。

（三）iPS细胞与再生医疗

iPS细胞（induced pluripotent stem cells）被称为"诱导式多能性干细胞"或"新型万能细胞"（master cells）。对iPS细胞进行诱导及分化可以培养出多种多样的细胞。把这些细胞移植到体内可以再生出心脏、肝脏、肾脏、脾脏等新器官。因为这些器官是由患者本人的细胞所生成的，所以没有"拒绝反应"。这也就意味着"移植手术时代"即将结束。2006年日本京都大学首次发现了制造iPS细胞的方法。现在很多国家和大学致力于研制iPS细胞。为了领先这个领域，京都大学于2010年4月1日建立了世界上第一个"iPS细胞研究中心"。

现在iPS细胞的研究还处于动物实验的阶段。二十年后，这个新技术的应用，将为病因病态的判断、新药开发、副作用的评价、医治效果等方向带来划时代的变化。同时，利用iPS细胞技术培养新的器官进行再生医疗能够延长人的寿命。但是在生殖方面可否应用 iPS 细胞技术却是一个长期的伦理性悬案。2010 年，日本文部科学省终于解禁了从 iPS 细胞生成生殖细胞的研究。但是仅限定为治疗不孕症或者考察生殖细胞成长过程等的基础研究，生殖细胞受精的研究仍被禁止。解禁之后，日本庆应大学的研究小组马上于 2010 年 7 月 23 日，把利用 iPS 细胞生成精子和卵子的研究计划递交到了该大学的“伦理审查委员会”①。在理论上用 iPS 细胞即可生成精子也可生成卵子细胞。想挑战此课题的学者很多，但是生殖操作对人类的未来有着巨大影响，不能轻易解禁，各国政府和企业应该严格控制。

三、人与机器人共生社会

（一）信息的生命化

制造能思考有生命的机器人是人类长远的梦想。近代机器人开发源于 20 世纪 40 年代的计算机以及人工智能的发展。美国科幻小说家、生化学家阿西莫夫（Issac Asimov）在 1950 年提出了有名的“机器人三原则”。第一，机器人不可伤害人类，看到人类遭遇危害时不可袖手旁观。第二，在不违反第一项原则的情况下，机器人必须服从人类给予它的命令。第三，机器人在不违反第一、第二项原则的情况下必须保护自己。这个机器人三原则是第一个约束机器人的伦理和规范。只有遵守这三项原则，机器人才能对人类没有威胁。②

随着人工智能研究的进展，机器人的水平也在日益提高。自从在工厂里从事重劳动的第一代机器人开始到现在已经发展到第四代了。特别是进入本世纪后出现的“仿人型机器人”，具有识别能力、学习能力、适应环境

---

①《iPS から生殖細胞研究へ》，朝日新聞，2010 年 7 月 23 日。

② 劉継生:《情報システム概論》，創価大学通信教育部出版，2005 年，第 90—92 页。

能力、与人互动交流的能力、独立工作的能力。有人说仿人型机器人的开发是“人造人间”，是创造人类分身的行为。为了振兴新产业、解决高龄化等社会问题，很多国家对集高科技于一身的机器人倾注了很大的期待。日本经济产业省从2009年开始实施了“支援生活机器人的实用化计划”，其目的是在五年之内，确立支援生活机器人对人的安全措施，建立国际标准，促进机器人在老人及病人护理以及家务上的实用。[①] 包括家庭用以及护理用的生活支援机器人也有很大的市场。洗碗、洗衣、扫除这样的家务只是单纯作业，同时也是重劳动，重复性劳动，将来完全可以用机器人来代替。另外，比如住房内的温度、湿度、照明等居住环境管理，家庭人员的日程管理，接电话等事情，也可以让毫无怨言的机器人来完成并安心。当机器人大量进入家庭和社会以后，人类社会将进入人与机器人共生的社会阶段。

（二）伙伴型机器人

伙伴型机器人（partner robot）是为了进入家庭与人共同生活之目的而开发的机器人，也称之为家庭用机器人。作为一名家庭成员与众人一起居住生活。伙伴型机器人具有以下功能：双足行走的功能、与人交谈的功能、收集新闻及天气预报等传递给他人的信息功能、唱歌活跃气氛的功能、朗读报纸和书籍的功能、自己学习更新记忆的功能等。不但要协助家人的各种活动，还要带给大家欢乐，这就是伙伴型机器人的家庭责任，也是其存在的价值。[②]

世界上最有名的伙伴型机器人是由本田技研工业公司开发的“ASIMO”（advanced step in innovative mobility）。为了给人以可爱之感，ASIMO的外形设计似人而非人，身高130cm（近似小学生），体重54公斤，直线行走速度为6公里/小时，弯曲行走速度为5公里/小时，与成年人基本相同。

---

① 日本経済産業省：《ものづくり白書》，経済産業調査会，2010年，第133—136页。

② 劉継生：《情報哲学の基礎理論》，《創立者池田大作先生の思想と哲学》，第1卷，第三文明社，2005年，第82—108页。

ASIMO身体灵活，既能走8字，也能上下阶梯。它能识别周围环境，用地图走到指定地点。它还能通过观察人的姿势和动作理解其意思，与人自然接触，向正在靠近它的人打招呼，从记忆里识别他们的面孔并叫出名字。现在，ASIMO能在人类的生活空间中自由活动，与人协调工作，将来还能为人类社会创造价值。

（三）慰藉型机器人

看到宠物动物时每个人都会油然生出一种可爱、乖巧、善意的主观评价。这种主观评价能带给人快乐、安慰、轻松的精神效果。为此目的开发的机器宠物就是慰藉型机器人（mental commit robot）。慰藉型机器人代替宠物动物和人类一起生活，通过身体接触和心灵互动，缓解人的工作紧张，恢复健康的精神状态，为人提供欢笑和安慰。[①]

被吉尼斯世界纪录誉为“世界上最具治疗功效机器人”是日本开发的“Paro”。外形设计模仿北极竖琴海的小海豹。在它的外皮下安装了触觉、听觉、视觉和姿势感应的传感器以及七个驱动执行器和一个相当于大脑的处理系统。通过安装在头、背、尾、腹部等处的触觉传感器，Paro可以感受到人在不同部位的触摸，然后根据内部程序理解其意思。听觉传感器可以使Paro感受到外界的音响，并且能识别声源做出反应。听到巨响时它会表现出惊恐以示拒绝，听到温柔的声音时它会摇尾巴表示欢迎。视觉传感器其实就是一个可以转动的小型摄像机，它是Paro的眼睛。它的眼睛可以根据情绪发出光芒，或者用眨眼表示想与人交流。Paro对自己身体状态的判断是通过身体内部的姿势感应器来完成的，它知道自己是被人抱着还是翻倒了，然后决定要不要起身或摆正姿势。像Paro这样的慰藉型机器人已被证实有如下的精神疗效（therapy）。心理效果：给人以健康向上的精神状

① 社团法人電気学会：《パターン·記号統合ーペットロボットのペットらしさを求めて》，丸善，2004年，第2章。

态；生理效果：减轻压力，安定血压和脉搏；社会效果：使人的交流更加丰富多彩。

（四）仿人型机器人

仿人型机器人（humanoid）是完全模仿人开发的机器人。[①] 在外表上与人没有太大区别，在茫茫人海中很难识别出哪是机器人。信息科学、计算科学、心理学、生理学、哲学、伦理学、社会学等领域的先端技术集于一身的仿人型机器人也被称为"人工生命体"。虽然在动作、语言、感情、工作上与真人还有差距，但是这个差距每年都在缩小。仿人型机器人不断继续进步，与真人的差距变得微小时就接近了人造人间的境界。而那时仿人型机器人的开发会与基督教、伊斯兰教、犹太教的教义发生冲突。因为这些一神教的教义认为，生命是神创造的，人类直接创造生命的行为是对神的挑战，甚至是亵渎。可见，科学和宗教的对立在21世纪也有可能发生。

Actroid（机器人女演员）是日本KOKORO公司与大阪大学共同研制的仿人型机器人。利用空气压缩的原理在它的上半身设有50多个可变化部位。Actroid能模仿人的各种动作。比如姿势的变动、头部的转动、眼睛的眨动、逼真的眼球及睫毛、说话时的双唇分合、呼吸时的胸部起伏。Actroid拥有和人一样细腻的皮肤和肌肉，其材料是合成树脂和硅胶。Actroid还具有学习的能力。看到自己不会的动作时，把对方的动作反射到视觉系统里，然后对亮点进行计算，再按计算结果调整全身各关节的位置。经过几次模仿就能记住这种动作。与人交谈时，Actroid用体内麦克录音对方的声音，然后通过声音识别以及人工智能的处理编辑出回话，用话筒传达给对方。为了方便与人互动，Actroid体内装备了全方位视觉传感器。通过这个传感器能维持与对方的视线接触，还可以用身体语言（body language）来表达自己的意思，比如变换表情、改变姿势等。

① 石黒浩：《ロボットは涙を流すか》，（株）PHP研究所，2010年，第39—57页。

四、科学技术竞争对生命和社会的深刻影响

（一）科学技术的发展战略

科学技术是生产力，是创新的源泉，也是振兴的动力。科学技术不仅能引导各行各业的发展，还能改善社会环境，推动文明之进步。所以为了摆脱当前的经济危机，在下一轮竞争中占有优势，很多国家都在致力于科学技术的发展。以科技立国为本的日本也是如此。以下对日本政府的科学技术战略做一简单分析。

2010 年 6 月，日本文部科学省发表了预测未来三十年科学技术发展的报告。[①] 这是对信息科学、生命科学、医学、能源、宇宙开发等领域大约 2900 名专家实施的调查结果。每个专家对自己领域的未来三十年可实现的先端科学技术进行评价，其范围之广涉及 858 个具体项目。科学技术的实现被分为两个阶段：一是技术上实现的可能性，即“技术实现”；二是作为产品或者服务提供于社会应用的可能性，即“社会实现”。下表是从 858 项中选择出的几项具有代表性的科学技术，仅供参考。

课 题	技术实现	社会实现
充电一次可行走500公里的电动汽车	2018年	2025年
具有高感度视听觉的救援灾害机器人	2019年	2027年
护理老人及病人生活的远程操纵机器人	2020年	2028年
控制癌细胞转移的药物	2023年	2031年
M6级以上地震的预测	2031年	2037年

① 《技術実現予測が後退》，朝日新聞，2010 年 6 月 15 日。

续表

课 题	技术实现	社会实现
使用iPS细胞培养人工器官	2024年	2033年
针对各种过敏症的根治	2024年	2033年
快中子增殖反应堆的再利用	2029年	2038年
永久性的有人月球基地	2032年	2040年

这个调查结果将用于制定第四次日本科学技术基本计划（2011—2015），以及国家科学技术开发预算的分配。iPS细胞研究以及对机器人的开发是日本的强项，领先世界的实现是可能的。另外，技术实现与社会实现大概有7—10年之隔。利用这段时间，除了对科学技术实施改良、推广、普及之外，更重要的是深入研究应用于社会时的限制条件及使用资格等问题，力争把科学技术对社会的负影响降至底线。但遗憾的是，这次日本文部科学省在对未来三十年技术发展预测调查时基本上没有涉及科学技术的哲学问题、伦理问题、社会问题。由此可见在全球性的科学技术竞争中，开发和利益（硬实力）受到重视，而对社会影响（软实力）则重视不够。

（二）带给生命和社会的福与祸

使用iPS细胞培养人工器官技术的应用将带来新的医疗革命。用新器官更换失去功能或者衰竭的旧器官不仅能治病救人恢复生命力，还能使人长寿。这种医疗技术被应用之后，人均寿命能够突破百岁大关，而人均寿命的提高意味着人口老龄化的加重。面对这种现实，国家和地方政府不仅需要建立新的退休制度、保健制度、医疗制度、扶养制度，而且需要更多的财政支持。然而这些财政支持主要来源于对劳动人口（18—60岁人口）的税收以及对企业的法人税收。增税会给劳动人口加重家庭负担，也不利于企业活动。可见科学技术对社会影响深刻，如果不提前预测则容易造成社会不安。

机器人代替人工作，或者人体内的一部分功能由机器人代替在技术上已经可能实现。比如，Actroid 现在就能做前台接待、话务接线、会场导游等工作。将来，仿人型机器人在一定范围内与人一样工作是可能的。在劳动力不足的社会，人们需要机器人的服务和工作。但是在失业率很高的社会，机器人和人就形成了一种竞争关系。另外，机器人工作也要报酬，如果某人拥有了几台机器人，那他就可以凭机器人的工作收入来维持生活，但是机器人却成了被剥削的对象。在人与机器人共生的社会里，人和机器人的关系很复杂，需要建立机器人不可以伤害人、人也不能剥削和虐待机器人的法律制度。人工智能的技术如果继续进步，机器人和人类之间的界线会变得更加模糊。机器人开发的终极目标是使机器人拥有自己的意识和心灵。然而，认为这个目标不可能到达或者认为不应该让机器人拥有心灵的意见也很多。机器人在某种程度上接近人就可以了，机器人与人之间应保持一定的距离，那么这个距离是什么呢？机器人和人之间的明确界线存在吗？想理解这个问题就必须先理解什么是“人”，所以答案不应该从技术上而应该从哲学上去寻找。

现代科学技术对生命对社会影响之深之广是前所未有的。在接受一个新的科学技术时，必须对它的影响进行深刻的分析和论证。根据其结果，明确制约这种科学技术的条件，建立新制度，抑制负作用。如果在条件和制度明确之前就推广新的科学技术的话，它可能给生命和社会带来重大危机。另外，科学技术人员仅致力于开发研究是不够的，他们还需有社会责任心。1946 年成立的“世界科学家联盟”，在 1948 年的第一次总会上通过了“科学家宪章”（The Charter for Scientific Workers）。按照宪章的规定，科学家应负三个责任，即对科学的责任，对社会的责任，对世界的责任。由于科学家研造出来的核武器越来越恐怖，在爱因斯坦等世界级科学家的提议下，于 1957 年在加拿大举办了第一届帕格沃什科学和世界事务会议（Pugwash Conferences on Science and World Affairs），会议再度呼吁了“科学家的社会责任”。

五、从池田大作思想考察科学技术的哲学与伦理

（一）改善认识世界的方法

学问无顶点，探索无终极，然而现代科学技术的发展却有限。为什么呢？在1974年与汤因比对谈时池田先生就指出，决定科学技术有限的原因有两方面①：

其一是科学技术所涉对象的有限性。对于人类所关心的众多现象，科学技术不能回答也无法考察的现象还很多。比如，“心”存在吗？它在哪儿，如何对其考察？如果“心”不是物质的独立存在，那么可否理解为“心”是大脑活动的副产物？没有了思维活动就没有了心的存在，所以“脑死＝人死”的定义是正确的，摘取植物人体内的器官提供给他人使用的移植手术不违背社会伦理，如此推理是正确的吗？对于这些问题现代科学技术还无法回答，将来能否回答还是未知数。

其二是科学技术认识世界方法的有限性。②在考察和分析各种现象时，由于数理化和抽象化把现象的个性过滤掉了。此种认识世界的方法对物质现象的考察也许可以，但是对生命现象和心理现象的考察就有缺陷了。对此，池田先生用佛法原理做了深刻分析。佛法说认识世界的能力有五种境界，即肉眼、天眼、慧眼、法眼、佛眼。肉眼是每个人都具有的视觉能力、天眼是能看到他人心理活动的敏锐力、慧眼是用理性把多种现象抽象化从中获得普遍原理的分析能力。所以现代科学技术认识世界的方法实际上局限于慧眼之内。而比之境界更高的认识能力则是法眼和佛眼。法眼是源于

---

① 池田大作、トインビー：《二十一世紀への対話》（上），聖教ワイド文庫，2002年，第186—187页。

② 池田大作、トインビー：《二十一世紀への対話》（上），聖教ワイド文庫，2002年，第189—195页。

心灵深处的认识能力。佛眼则是源于宇宙的认识能力，亦即宇宙即我、天人合一的境界。池田先生认为，只有磨练自己的法眼和佛眼不断提高认识世界的境界，才能使科学技术认识世界的方法突破慧眼之界而成为无限。

（二）尊重和保护生命的尊严

遗传基因的解译、iPS 细胞的研究、人工生物的制造、机器人的开发等先端高科技的出现，使人类拥有了操作和创造生命的能力。用之治病救人是可以的，但是设计婴儿、制造新人类既不符合生命尊严，又违背了社会伦理。池田先生早在 1970 年就指出，生命是有尊严的，禁止把生命当作科学技术的手段，为了科学技术而牺牲他人是不允许的。[①] 同时又指出，人的尊严既不是身份也不是名誉，尊严有两层意义[②]：第一来自“缘起”的思想。人需要与他人相互依存互相帮助才能生存下去。所以牺牲他人来满足自己的欲望是不符伦理的。第二来自“佛性”的思想。任何人的生命深处都具有佛性，所以就有了尊严。佛性是一种无限的可能性，这种可能性能自律地以各种形式表现出来。制造克隆人等，是对生命的自律性以及佛性的否定，违反生命的尊严。

（三）提高人类的道德境界

池田先生曾多次指出，科学技术随其进步所产生的力量也越来越大，然而这种力量是中性的，既能被善用，也能被误用或恶用，这取决于使用科学技术的人类自身，即人类是否具有善用科学技术力量的道德境界。[③] 科学技术进步的本身并不能直接提高社会道德和人类智慧。由于物质欲望得

---

① 池田大作：《人間とコンピュータ》，《池田大作全集》第十八卷，聖教新聞社，1989 年，第 551 页。

② 池田大作、ルネ·シマー、ギー·ブルジョ：《健康と人生——生老病死を語る》，《池田大学全集》第 107 卷，聖教新聞社，2003 年，第 349 页。

③ 池田大作、トインビー：《二十一世紀への対話》（下），聖教ワイド文庫，2003 年，第 128—131 页。

到了满足，道德境界反而容易下降[①]，比如统治、奢侈、拜金、战争等。那么如何能使科学技术得到善用呢？池田先生又指出，所有的人都持有追求和平的哲学，充满慈悲之心时，只有在这种条件下，才能使高度科学技术的文明安定化。如果所有的人都被自我和傲慢支配了，那么核武器等科学技术的恶用会让人类自己把自己建设的文明毁灭掉。[②]

（四）维持宇宙生命的和谐

池田先生认为宇宙是生命的和谐体，每一个生命都有其自己的波动旋律。作为生命的健全状态，佛法极为注重“和谐”，有了动态和谐才能有生命创造的光辉。[③]像人工生物以及仿人型机器人那样的新生命创造应该慎之又慎，绝不能破坏宇宙生命固有的和谐。[④]新种生命的无序闯入会影响和谐，引起各种新疾病的发生，使和谐遭受破坏甚至死亡。[⑤]所以随着科学技术的进步，仿人型机器人的开发不能对人类构成任何威胁，人工生物的创造也不能形成对其他生命的竞争。

结语——建设人间主义的科学技术文明

关于人性，有孟子的性善说，也有荀子的性恶说。那么科学技术之性又如何呢？科学技术推动了社会发展，为文明建设做出了贡献，于是普遍认为科学技术性善。直至20世纪60年代的工业污染和持续的环境恶化，

---

① 池田大作、トインビー：《二十一世紀への対話》（下），聖教ワイド文庫，2003年，第161—163页。

② 池田大作、C. ウィックラマシンゲ：《“宇宙”と“人間”のロマンを語る——天文学と仏教の対話》，《池田大作全集》第103卷，聖教新聞社，2000年，第58页。

③ 池田大作、C. ウィックラマシンゲ：《“宇宙”と“人間”のロマンを語る——天文学と仏教の対話》，《池田大作全集》第103卷，聖教新聞社，2000年，第29页。

④ 池田大作、ルネ·シマー、ギー·ブルジョ：《健康と人生——生老病死を語る》，第259页。

⑤ 池田大作、ルネ·シマー、ギー·ブルジョ，《健康と人生——生老病死を語る》，第369页。

人们才对科学技术产生了怀疑。实际上正如池田先生所言，科学技术是中性的，是促进文明之建设还是阻碍文明之发展，取决于人类如何使用这把利剑。[①]如今，遗传基因的解译、iPS 细胞的研制、生殖过程的操作、人工生物的创造、仿人型机器人的开发等先端高科技已经触及了生命尊严的本质，甚至有可能引起 21 世纪科学与宗教的对立。但是，当今世界仍信奉科学技术至上主义，优先科学技术的开发，而正确使用科学技术的方法抑制其副作用的对策，即从哲学、伦理、社会、心理等角度对科学技术的研究却严重滞后。

英特网以及互联网的发达为人类创造出了信息空间（cyberspace）。利用这个信息空间，何时何地任何人都可以进行信息交流。用信息移动代替人及物的移动使人的交流、物的流通、人对物的控制急速增长。计算机、网络、信息遍及各个空间，人们无论何时无论何地都可以无意识地自由地使用它们，这样的社会被称为“汎信息化社会”（ubiquitous network society）。[②]信息社会的高度发展使人类活动在一定程度上摆脱了时间以及空间的限制。遗传基因的治疗、人工器官的生成、护理机器人的开发等科学技术的应用无疑会延长人均寿命，同时也降低了“生老病死”四烦恼里面的“老”和“病”对人类的限制。这些限制条件的缓和使人类获得了更大的行为自由与生存自由。但是自由的不断扩大能否使人类超越自我，迈向大同世界呢？答案是不能。[③]因为科学技术本身并不能使人明德见性，也不能提升人的道德境界。相反还容易引发人的私欲，降低社会道德水准，私欲横流会阻碍甚至破坏文明的进步，所以对科学技术不可误用更不能恶用。

那么如何才能善用科学技术这把利剑呢？理解池田先生指出的哲学与

① 池田大作、トインビー:《二十一世紀への対話》(下)，聖教ワイド文庫，2003 年，第 200—203 页。

② 劉継生:《日本における ICT 戦略とその効果——ユビキタスネットワーク社会の実現に向けてー》,《通信教育部論集》第 13 号，創価大学通信教育部学会，2010 年，第 25—41 页。

③ 池田大作、トインビー:《二十一世紀への対話》(中)，聖教ワイド文庫，2003 年，第 226—228 页。

伦理观很重要。1）改善认识世界的方法。对于森罗万象的无限世界科学技术所涉及的范畴是有限的。同时现代科学技术在认识世界的方法上还处于慧眼的层次，远未达到法眼和佛眼之境界。2）尊重和保护生命的尊严。把生命当作手段肆意操作是不允许的。克隆人、新人类、设计婴儿等都是违反生命尊严的。3）提高人类的道德境界。科学技术没有善恶，而决定其善恶的是人类自身。不应阻止科学技术的发展进步，而要提高使用它们的人类的道德境界。4）维持宇宙生命的和谐。宇宙是众生的和谐体，人工生物等新生命的开发不能危害这个和谐，有碍和谐的新生命不宜开发。

建设 21 世纪人间主义的科学技术文明，必须要抑制科学技术对生命和社会的危机，否则文明不进反退。如何抑制科学技术危机，本文从池田先生的思想中找到了答案。但这还只是一个框架而已，对具体问题需要做更详细的分析。比如，在植物人没法表达自己的意思时家属代之决定实施移植手术，这能符合生命的尊严吗？如何解答这些疑问有待于今后的课题研究。

后　记

池田大作是日本创价学会名誉会长、国际创价学会会长、著名宗教活动家、思想家、世界和平活动家，为中日友好和中日邦交正常化做出过巨大贡献。他以其丰富的阅历，撰写出了一系列深刻的、闪耀着璀璨人性光芒的著作。他与众多国际问题、文化、教育界的杰出人物对话，阐述他对人类文化、教育、社会、生态、文明可持续发展的重要思想。荣获了世界各国高等学府和研究机构授予的名誉博士、名誉教授等荣誉称号。池田大作思想的研究对于我们建设社会主义和谐社会与尊重人权等方面有其现实意义。

池田大作又是中国人民的忠实朋友，在20世纪60年代，中日关系处于最恶劣的状态，他就振臂高呼要求恢复日中邦交。他的名言是："中国是日本的文化大恩人。而日本对中国却恩将仇报，侵略中国，给中国人民带来极大的痛苦。""要让日中友好世世代代传下去。"他十余次率领庞大的代表团访华，多次受到毛泽东、周恩来、胡耀邦、邓小平、邓颖超、江泽民、胡锦涛等党和国家领导人的接见。研究池田大作思想，有利于认清日本人民与极右势力的区别，正确对待和处理中日关系。

我们认为在池田大作思想及其实践中，他以其坚定的东方宗教信仰，传统的东方伦理道德，睿智的东方哲学思辨及和谐的东方生存法则，把佛教思想运用于现代文明与教育之中，既体现了东方传统智慧，又具有21世纪之新文明观念。尤其在西方文明越来越凸显出局限性和片面性，在人们面临精神危机和信仰危机的今天，研究建构21世纪之新文明就更加具有重要的现实意义和理论意义。

为此，我们中山大学“亚洲教育与池田大作研究所”于2010年11月金秋时分以“构建21世纪之新文明”为主题，在美丽的羊城召开了第六届池田大作思想研讨会。来自日本、中国台湾、美国以及国内诸多高校学者济济一堂，带来近80余篇高水平优质的学术论文，本书展示的就是大会研讨的主要成果，限于篇幅，我们不能一一收录。

本书出版是在中山大学、创价大学、人民出版社通力合作下得以顺利出版，感谢诸位研究者，对本书提供了高水平的研究成果，感谢创价大学为本书提供了宝贵的资助、中山大学对本书编辑审阅付出的辛劳，感谢人民出版社林敏、刘畅二位编辑的勤勉认真，才使得本书终于得以问世。

主　编

责任编辑:林 敏 刘 畅
装帧设计:亚细安

图书在版编目(CIP)数据

构建21世纪之新文明:池田大作新文明思想研究/李萍,(日)寺西宏友 主编.
-北京:人民出版社,2015.7
ISBN 978-7-01-014643-0

Ⅰ.①构… Ⅱ.①李…②寺… Ⅲ.①池田大作-思想评论 Ⅳ.①K833.137=5

中国版本图书馆CIP数据核字(2015)第053545号

构建21世纪之新文明

GOUJIAN 21 SHIJI ZHI XINWENMING

——池田大作新文明思想研究

李 萍 [日]寺西宏友 主编

人民出版社 出版发行
(100706 北京市东城区隆福寺街99号)

北京中科印刷有限公司印刷 新华书店经销

2015年7月第1版 2015年7月北京第1次印刷
开本:710毫米×1000毫米 1/16 印张:26.5
字数:370千字

ISBN 978-7-01-014643-0 定价:65.00元

邮购地址 100706 北京市东城区隆福寺街99号
人民东方图书销售中心 电话 (010)65250042 65289539